BUSINESS MODELING IN THE CARBON-NEUTRAL ERA

탄소중립시대의 비즈니스 모델링

김형진 · 곽단비 · 장민주

박영사

서문

지금 기업이 직면한 가장 큰 도전은 탄소중립을 어떻게 비즈니스 기회로 바꿀 것인가에 있습니다. ESG 경영과 탄소배출권 거래제는 더 이상 선택이 아니라 필수가 되었고, 단순한 규제를 넘어 새로운 시장과 수익 모델을 창출하는 핵심 동력으로 자리 잡고 있습니다.

우리들은 현장에서 종종 이런 질문을 받습니다.

"탄소중립 시대, 어떤 사업 모델이 살아남을 수 있을까요?"
"규제 대응을 넘어서, 어떻게 성장의 기회로 전환할 수 있을까요?"

이 책에 바로 그 질문에 대한 실무적인 답을 담았습니다. 저자들은 배출권 가격 결정 모델 개발, 친환경 원료를 활용한 업사이클링 사업, 데이터와 인공지능을 접목한 경영 전략을 실제로 연구하고 실행해 왔습니다. 책 속에 담긴 사례와 모델링 방법론은 단순한 이론에 그치지 않고, 현장에서 곧바로 적용 가능한 프레임워크입니다.

특히, 스타트업과 중소기업에게 탄소중립은 위기가 아니라 차별화의 기회가 될 수 있습니다. 새로운 규제와 제도는 초기 기업에게는 진입장벽이 아니라, 오히려 기존 대기업보다 빠르게 움직일 수 있는 시장 진입의 신호가 되기 때문입니다. 탄소 감축 기술, 친환경 소재, 데이터 기반 솔루션은 모두 비즈니스 모델 혁신의 출발점이 될 수 있습니다.

이 책을 통해 경영자, 창업가, 그리고 미래를 준비하는 실무자 분들에게 실질적인 전략과 실행 로드맵을 제공하고자 합니다. 이 책에서 다루는 기업이나 브랜드 가운데 일부는 현재는 존재하지 않는 사례일 수도 있습니다. 그러나 이러한 사례

역시 과거의 경험과 교훈을 토대로 새로운 가치를 창출하고 미래 전략을 모색하는 데 참고할 수 있는 의미 있는 자원이라 판단하여 포함했습니다. 또한, 원고 집필과 출간 시점 간의 차이로 전달되는 정보에 다소 차이가 있을 수 있어 독자에게 미리 양해를 구합니다. 이 책으로 독자 여러분께서 탄소중립이라는 거대한 흐름 속에서 새로운 성장의 기회와 경쟁 우위를 만들어 가시기를 기대합니다.

이 책이 세상에 나오기까지는 저자들만의 힘으로는 불가능했습니다. 연구와 사업 현장에서 함께 고민하며 길을 열어주신 많은 분들의 도움과 격려가 있었기에 가능했습니다. 무엇보다 본서의 가치에 공감하시고 출판의 길을 열어주신 박영사 관계자 여러분께 깊이 감사드립니다. 또한 이론과 현장이 하나가 될 수 있음을 몸소 보여주신 지도교수 김영걸 교수님께 특별한 감사를 드립니다. 박사 과정 시절 제가 창업가의 길을 걷겠다고 선언했을 때, 교수님께서 변함없는 지지와 응원을 보내주신 덕분에 지금 저는 교수와 창업가의 길을 모두 걸어갈 수 있게 되었습니다.

아울러 본서의 집필 작업을 함께해 준 제자 곽단비, 장민주 두 저자에게도 진심으로 고마움을 전합니다. 회사 업무로 바쁜 와중에도 밤을 지새우며 원고 작업에 함께해 준 덕분에 이 책을 완성할 수 있었습니다. 이번 경험이 삶의 큰 동력이자 자신감을 북돋는 계기가 되기를 바랍니다.

마지막으로, 집필 과정을 이해해 주시고 묵묵히 응원해 주신 사랑하는 가족과 가까운 동료들께도 감사의 마음을 전합니다. 여러분의 지지와 배려가 없었다면 끝까지 완성해 낼 수 없었을 것입니다.

2025년 9월

저자들을 대표하여

김형진

차례

PART 1

탄소중립 시대로의 변화와 기업의 역할

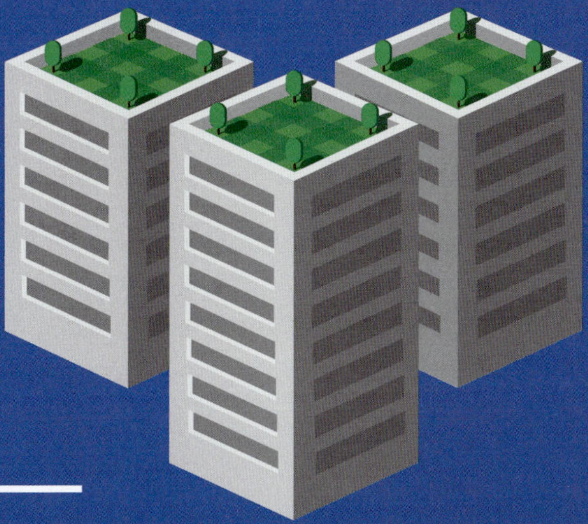

1 탄소중립의 개념과 글로벌 정책 흐름

탄소중립(Net-Zero)이란 인간 활동으로 배출되는 이산화탄소(CO_2)와 같은 온실가스를 자연적 또는 기술적 방법으로 흡수·제거함으로써 순 배출량을 '0'으로 만드는 것을 의미한다. 이는 단순한 배출 감축을 넘어, 남은 배출량을 흡수·상쇄(Carbon offset)하는 모든 활동을 포함한다. 탄소중립은 파리협정(2015) 이후 국제사회의 기후 대응의 핵심 전략으로 자리 잡았으며, 유럽연합(EU), 미국, 중국, 일본, 한국 등 주요국들은 2050~2060년까지의 탄소중립 달성 목표를 공식화하고 있다.

예컨대, EU는 '유럽 그린딜(Green Deal)'을 통해 2050년 탄소중립 실현을 위한 강력한 규제 체계를 마련했으며, 중국은 2030년 탄소피크 후 2060년 탄소중립 달성을 선언하고, 산업구조와 에너지 시스템의 전환을 추진하고 있다(Ma, 2023; Evro et al., 2024). 일본, 싱가포르, 홍콩 등의 아시아 국가들도 경쟁적으로 탄소금융, 친환경 인프라 개발 등을 포함한 정책 도구를 운용 중이다(Liu et al., 2023).

2 탄소중립이 비즈니스에 미치는 영향

탄소중립은 이제 단순한 윤리적 의무를 넘어, 기업의 생존 전략이자 경쟁력 확보의 핵심 요인으로 자리잡고 있다. 기후변화 대응을 위한 국제적 요구와 규제가 강화되면서, 기업은 의무적으로 자사의 온실가스 배출 전 과정을 체계적으로 측정·관리하게 되었다. 그 기준으로는 국제적으로 통용되는 GHG 프로토콜(Greenhouse Gas Protocol)의 Scope 1, 2, 3 분류 체계가 활용되고 있다. 기업은 온실가스 배출의 전 영역(Scope 1, 2, 3)을 관리해야 하며, 이는 기업 운영의 원가구조, 투자 유치, 규제 대응, 평판 등 다양한 측면에서 영향을 준다.

Scope 1: 직접 배출(Direct Emissions)

기업이 소유하거나 통제하는 시설에서 직접적으로 배출되는 온실가스를 의미한다. 예를 들어, 석유화학 회사가 자사 플랜트에서 천연가스를 연소시킬 때 발생하는 CO_2는 Scope 1에 해당할 수 있다.

Scope 2: 간접 에너지 배출(Indirect Emissions from Purchased Energy)

외부에서 구매한 전기, 열, 증기, 냉방 등의 사용에 따른 간접 배출을 의미한다. 즉, 해당 기업이 직접 배출하지 않지만, 에너지를 생산하는 발전소에서 발생한 배출을 포함한다. 예를 들어, 데이터 센터가 사용하는 전력으로 인해 발전소에서 발생하는 CO_2 배출은 Scope 2에 해당한다.

Scope 3: 기타 간접 배출(Other Indirect Emissions)

제품의 원재료 생산, 물류, 직원 출퇴근, 고객의 제품 사용 및 폐기 등 공급망 전체 및 제품 생애주기 전반에서 발생하는 기타 간접 배출을 의미한다. 예를 들어, 스마트폰 제조사가 부품 공급업체로부터의 탄소배출, 고객이 제품을 충전하면서 사용하는 전력, 폐기 시 처리되는 과정까지 모두 Scope 3에 포함된다.

이처럼 Scope 1, 2는 관리와 측정이 상대적으로 명확한 반면, Scope 3는 공급망 전반에 걸쳐 다양한 이해관계자와 협력이 필요하며 가장 복잡하고 측정이 어려운 영역이다. 하지만, 현재 대부분의 기업에서 총 배출량 중 Scope 3가 차지하는 비중이 가장 높기 때문에, 이에 대한 전략적 관리가 탄소중립 이행의 핵심이

될 수 있다.

이러한 상황에서, 글로벌 투자자들과 금융기관은 이제 단순한 재무성과뿐 아니라 ESG(ECO환경 · Social사회 · Governance거버넌스) 기준에 따른 비재무적 성과를 중시한다. 탄소배출량, 감축계획, 인증 여부, 외부 공개 수준 등이 평가 항목에 직접 반영되며, 이는 곧 자본 조달 능력, 시장 가치, 고객 선호도에 영향을 주기 때문이다. 예를 들어, 애플(Apple)은 자사의 제품 생산에 참여하는 모든 공급업체에 Scope 1, 2, 3 정보를 요구하고, 이들에 대한 감축 목표를 설정하고 공개함으로써 시장 내 ESG 리더십을 확보해 왔다. 이러한 방식은 단지 규제를 충족하는 차원을 넘어서, 투자자의 신뢰와 고객의 충성도를 동시에 확보하는 전략으로 작동한다.

3 탄소중립 대응을 위한 기업 전략의 진화

탄소중립을 실현하기 위해서는 단순한 기술 도입을 넘어, 기업 전반의 비즈니스 모델 구조에 대한 전략적 재설계가 필요하다. 이는 다음 네 가지 주요 전략으로 접근할 수 있다.

전략 #1. 에너지 효율성 제고 및 재생에너지로의 전환

에너지 사용의 최적화와 재생에너지 도입은 Scope 2 배출을 줄이는 핵심 전략이다. 기업들은 고효율 설비 도입, 스마트 센서 기반 에너지 관리 시스템, 태양광 · 풍력 발전소 설치 등을 통해 전력 소비를 절감하고 있다. 예를 들어, 프랑스 럭셔리 브랜드 끌로애(Chloé)는 공급망 전체에 재생에너지와 효율적 설비를 도입함으로써 Scope 1과 2의 탄소배출량을 19% 감축했다(Wang et al., 2023).

전략 #2. 친환경 소재 및 저탄소 기술의 도입

바이오 기반 소재, 재활용 원료, 고효율 생산공정 등은 Scope 1과 3의 배출 저감에 효과적일 수 있다. 특히, 패션 · 전자 · 제조 등의 업계에서는 제품 수명주기 초기에 탄소 집약도를 낮추는 전략이 활용된다. 예를 들어, 비야디(BYD) 및 테슬라(Tesla)는 배터리 셀 생산에 고효율 전해질 기술과 재활용 코발트를 사용하며 탄소배출을 크게 줄이고 있다(Li et al., 2023).

전략 #3. 저탄소 공급망 및 물류 시스템 구축

공급망 전반의 탈탄소화는 Scope 3 배출의 핵심으로, 협력사의 ESG 데이터 요구, 친환경 운송수단 도입, 공급망 디지털화 등이 주요 전략이다. JD.com은 전기 물류차 도입과 스마트 경로 최적화 시스템을 통해 물류 탄소배출량을 획기적으로 감축하고 있으며, ESG 보고서에 정기적으로 공개 중이다(Wang et al., 2023).

전략 #4. 자원순환경제(Circular Economy) 기반 설계와 운영

자원순환경제 전략은 폐기물의 최소화 및 자원 재사용 극대화를 통해 Scope 전반의 배출 저감에 기여한다. 생애주기평가(Life Cycle Assessment, LCA), 재제조 시스템, 폐자원 회수 시스템이 그 예가 될 수 있다(Patil et al., 2023). 중국 정부와 제조업체들은 생산 부산물의 재활용, 부품 재사용을 포함한 원형 공급망을 확대하고 있으며 이는 탄소감축 전략의 중심축으로 볼 수 있다(Khodykina, 2023).

4 ESG 경영과 지속가능한 기업 책임

탄소중립은 더 이상 환경관련 부서만의 과제가 아니다. 오늘날 기업 경영의 중심축으로 자리 잡고 있는 ESG 경영체계 속에서, 탄소중립은 핵심적인 전략 목표로 통합되고 있다. 특히 환경 부문의 주요 성과지표 중 하나로, 기업의 탄소배출 감축 능력은 ESG 평가의 중대한 평가 항목으로 간주된다. 이러한 배경에서, 탄소중립과 ESG는 단절된 영역이 아닌 유기적으로 연결된 구조다. ESG는 본질적으로 기업이 환경적 책임을 다하고, 사회적 신뢰를 확보하며, 투명하고 건전한 지배구조를 유지하고 있는지를 종합적으로 평가하는 프레임이다. 그 중에서도 환경 요소는 기후변화 대응, 자원 순환, 탄소배출 절감 등의 분야에서 기업이 얼마나 실질적인 노력을 기울이고 있는지를 측정하는 주요 척도다.

실제 기업 사례와 연구는 이러한 흐름을 명확히 보여준다. ESG에 적극 대응하고 있는 기업일수록 정책 리스크에 민감하게 대응하며, 위기 상황에서도 유연한 대처가 가능하다는 점에서 투자자와 소비자 모두의 신뢰를 얻고 있다. 이는 곧 브랜드 충성도와 기업 이미지 향상으로 이어지고, 궁극적으로는 장기적인 재무성과 향상이라는 결과로 나타난다.

예컨대 Salin et al.(2024)의 연구는 ESG가 단순한 윤리적 선택이 아닌, 리스크 관리의 전략적 수단으로 작용한다고 강조한다. ESG가 잘 수행될수록 규제 회피 가능성이 높고, 공급망 안정성과 위기 복원력도 향상된다는 것이다. 실제로 여러 기업들은 탄소배출 감축을 주요 목표로 삼아 ESG 경영체계를 도입하고 있으며, 이러한 노력이 기업 신뢰도와 투자 유치 가능성에 긍정적인 영향을 미치고 있다.

이와 같은 ESG 경영은 소비자 행동에도 분명한 영향을 준다. Puriwat and Tripopsakul(2023)은 지속가능성을 중시하는 소비자일수록 ESG를 잘 수행하는 브랜드에 높은 충성도를 보인다고 분석하였다. 소비자는 브랜드가 환경적 책임을 다하고 있다는 인식을 가질 때, 제품이나 서비스를 반복 구매하고, 긍정적인 입소문을 유도하는 경향이 높았다. 이는 기업에게 있어 단순한 '사회적 기여'를 넘어서 브랜드 자산 강화를 위한 효과적인 전략이라는 점을 시사한다.

이와 유사하게 Bai et al.(2025)의 분석에 따르면, ESG 성과는 재무적 가치 창출에도 명확한 기여를 한다. ESG 평가 등급이 높은 기업은 자본 조달 비용이 낮으며, 시장 가치가 안정적으로 유지되는 특성을 보였다. 이는 ESG 전략이 단순한 마케팅 수단이 아니라, 지속가능한 성장을 위한 실질적인 경영 자산으로 작동함을 보여주는 중요한 지표다.

결론적으로, ESG 경영은 탄소중립 달성을 위한 유력한 실행 프레임이자, 기업의 지속가능한 경쟁력을 구축하는 핵심 전략이다. 탄소 감축이 '규제 대응' 수준에서 머무는 것이 아니라, 기업 정체성과 비즈니스 모델의 일환으로 자리매김할 때, ESG는 그 본연의 가치를 실현할 수 있다. 오늘날 ESG는 선택이 아니라 필수이며, 탄소중립은 그 전략의 선봉에 있는 과제다.

PART 2

비즈니스 모델의 이해와 친환경 전환

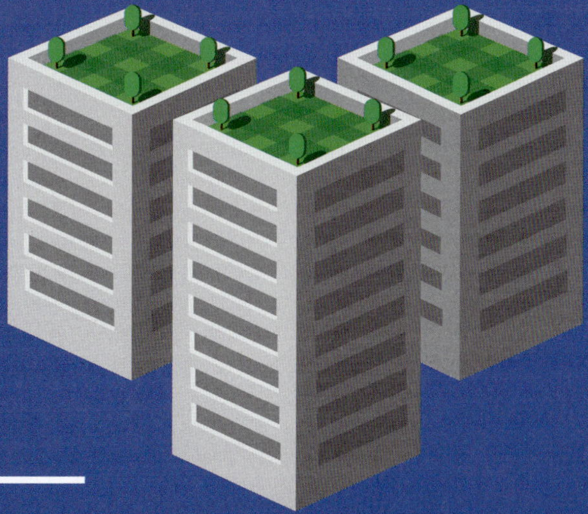

1 비즈니스 모델이란 무엇인가?

비즈니스 모델은 단순히 상품을 판매하는 방식이 아니라, 기업이 어떤 가치를 누구에게, 어떻게 전달하고, 수익을 창출하는지를 설명하는 통합적 구조이다. 이 구조는 기업의 핵심 자원, 활동, 파트너 네트워크, 고객 세그먼트, 비용 및 수익 구조 등으로 구성된다(Osterwalder & Pigneur, 2010).

탄소중립 시대에 접어들며, 비즈니스 모델은 단지 경제적 수익을 창출하는 도구를 넘어서 환경적 책임과 사회적 가치까지 포함하는 프레임워크로 확장되고 있다. 즉, 비즈니스 모델은 제품의 생산, 사용, 폐기 전 과정에서 탄소배출을 최소화하며, 동시에 지속가능한 가치 창출을 가능케 하는 방향으로 진화해야 한다. 이 과정에서 탄소 비용(carbon cost)을 낮추고, 새로운 비즈니스 기회를 탐색하는 것이 핵심 과제다.

2 지속가능성과 수익성을 동시에 달성하기 위한 조건

성공적인 친환경 비즈니스 모델은 다음의 네 가지 전략 요건을 갖추어야 한다.

환경 중심의 기업 미션 수립

친환경 비즈니스 모델의 시작은 단순히 '녹색 제품'을 생산하는 데 그치지 않는다. 기업의 존재 목적 자체가 환경 문제 해결에 기여해야 한다. 다시 말해, 지속가능성을 브랜드의 중심 가치로 삼고, 이로부터 수익 모델을 파생시켜야 한다. 예를 들어, CarbonCure Technologies는 콘크리트 제조 시 이산화탄소를 주입하여 탄소를 '잠금(carbon lock-in)'시키는 기술을 보급하고 있다. 이 기술은 단순한 기술적 혁신을 넘어, 건설 산업의 탈탄소화를 주도하며 수익성과 환경성과를 동시에 실현하고 있다(Hakovirta, 2023).

수익과 지속가능성의 동시 확보

지속가능한 비즈니스는 환경을 보호하면서도 경제적으로도 지속 가능해야 한다. 단기 보조금에 의존하는 것이 아니라, 장기적으로 고객이 지불할 가치가 있는 친환경 제품이나 서비스를 제공해야 한다. 대표적 사례로 'Too Good To Go' 앱은 음식물 폐기를 줄이는 것을 사명으로 하면서, 식당은 남은 식사를 판매하고 소비자는 저렴한 가격에 구매하는 구조를 만든다. 이로써 환경적, 경제적, 사회적 가치가 동시에 실현된다(Hakovirta, 2023).

정책 및 시장 변화에 대한 유연성 확보

탄소세, 탄소배출권 거래제도, ESG 공시 의무화 등 정부의 기후 정책이 빠르게 강화되고 있다. 기업은 이런 변화에 민감하게 대응할 수 있는 경영체계를 갖추어야 한다. 유럽의 자동차 제조사들은 2035년까지 내연기관차 판매 금지라는 규제에 맞춰 전기차 및 배터리 소재 전환을 서두르고 있다. 이를 통해 단순한 규제 대응을 넘어서 시장 선점 기회로의 전환도 이루어지고 있다(Küfeoğlu, 2024).

탄소 성과의 정량적 측정과 투명한 보고

오늘날의 투자자, 소비자, 규제기관은 "지속가능하다"는 말만으로는 만족하지 않는다. 기업은 탄소배출량을 수치로 측정하고, 이를 외부에 투명하게 공개할 수 있어야 한다. 이를 위해 탄소 회계(Carbon Accounting), 생애주기평가, ESG 지표 기반의 보고 시스템이 필요하다. 예를 들어, 마이크로소프트(Microsoft)는 자체 플랫폼을 활용해 공급망 전체의 탄소를 추적하고, 연간 보고서를 통해 이를 외부 이해관계자에게 상세히 공유하고 있다(Küfeoğlu, 2024).

3 친환경 비즈니스 모델의 대표 유형

탄소중립을 실현하기 위해 기업들이 채택하고 있는 대표적인 비즈니스 모델 유형은 다음과 같다.

자원순환형 모델(Circular Resource Model)

자원순환형 모델은 폐기물을 단순히 처리하는 수준을 넘어서, 새로운 원료 또는 제품으로 업사이클링하여 경제적 가치를 창출하는 방식이다. 이 모델은 자원 사용의 효율성을 높이는 동시에 탄소배출 저감에도 기여한다. 영국의 낫플라(Notpla)[1]는 해조류 기반의 친환경 포장재를 생산하는 스타트업으로, 일회용 플라스틱을 대체할 수 있는 생분해성 필름을 개발하였다. 이 포장재는 물에 녹거나 자연에서 완전 분해되기 때문에, 자원 순환과 폐기물 제로를 동시에 실현할 수 있다. 런던 마라톤, JustEat 등의 대형 이벤트 및 플랫폼과 협력하고 있으며, 2022년 Earthshot Prize 수상 이후 빠르게 글로벌 B2B 시장으로 확장 중이다.

저탄소 기술 기반 모델(Low-Carbon Tech Model)

이 모델은 제품 생산 및 운영 과정에 있어 탄소 발생 자체를 줄이는 기술을 개발하거나 적용하는 방식이다. 기술 중심 스타트업들이 중심이 되어, 수익과 탄소 감축이라는 두 마리 토끼를 동시에 잡고 있다. 미국의 Charm Industrial[2]은 농업 폐기물에서 바이오오일을 생산한 뒤, 이를 지하에 주입하여 지속적으로 탄소를 제거하는 'Bio-oil sequestration' 기술을 상용화하고 있다. 이 방식은 기존의

1 https://www.notpla.com/

2 https://charmindustrial.com/

DAC(Direct Air Capture)보다 더 빠르고 비용 효율적으로 탄소를 격리할 수 있는 대안으로 주목받고 있으며, 마이크로소프트 및 Shopify와 탄소제거 크레딧 계약을 체결한 바 있다.

서비스·플랫폼 전환 모델(Platform-as-a-Service)

이 모델은 제품을 '판매'하지 않고, 제품 또는 솔루션 기반의 서비스를 구독 또는 공유 방식으로 제공하는 구조다. 고객은 물리적 소유 대신 지속가능한 사용을 선택하며, 기업은 자원 효율성과 수익성을 동시에 강화한다. 프랑스의 Sweep[3]은 기업 고객을 대상으로 탄소배출 추적 및 감축 관리 서비스를 SaaS(Software-as-a-service) 형태로 제공하는 플랫폼이다. 이 플랫폼은 공급망의 탄소 데이터를 실시간 수집하고 분석하여, 기업이 자체 ESG 전략을 수립하고 이행하는 데 도움을 준다. LVMH, BNP Paribas, JCDecaux 등이 Sweep의 고객으로 참여하고 있으며, 2024년까지 Scope 3 배출량 관리 기능을 강화하여 플랫폼 기능을 확장하고 있다.

4 탄소중립 목표에 부합하는 비즈니스 모델 설계 원칙

탄소중립은 단순히 신기술을 적용한다고 해서 달성되는 목표가 아니다. 기업은 전략 수립과 조직 설계 단계에서부터 탄소 감축을 전방위적으로 통합하는 경영 구조를 설계해야 하며, 그 핵심은 다음 네 가지 원칙으로 요약할 수 있다.

원칙 1. 제품 및 서비스의 전 생애 주기를 고려한 설계

탄소중립 시대의 제품과 서비스는 전 생애 주기를 기준으로 설계되어야 한다. 이는 자원의 추출, 생산, 운송, 사용, 폐기까지 모든 과정에서 발생하는 환경 영향을 분석하고, 이를 줄이기 위한 설계 개선을 의미한다. 예를 들어, IKEA는 제품 설계 단계에서부터 모듈형 구조와 재활용 소재 사용률 확대를 통해 전체 공급망의 탄소 발자국을 줄이고 있다. 이러한 접근은 단순한 친환경 마케팅을 넘어서, 글로

3 https://www.sweep.net/

벌 시장에서 지속가능한 소비자 선호와 연결되고 있다. Yang and Vezzoli(2024)의 연구에 따르면, 제품 설계에 전 생애 주기에 대한 평가 원칙을 통합한 기업은 제품 전체 생애주기에서 최대 26%까지 탄소배출을 줄일 수 있고, 동시에 환경 규제에 대한 준수 수준도 더 높은 것으로 나타났다.

원칙 2. 데이터 기반 탄소 성과 측정 및 보고

탄소중립 달성의 전제는 측정 가능성이다. 따라서 기업은 탄소배출량을 정량화할 수 있는 신뢰성 있는 회계 시스템을 구축하고, 이 데이터를 기반으로 외부 이해관계자에게 투명하게 공개해야 한다. 최근 많은 글로벌 기업들이 GHG(Green house Gas) Protocol, ISO 14067, Science-Based Targets initiative(SBTi) 등의 표준에 기반해 Scope 1, 2, 3 배출량을 측정하고 있으며, ESG 보고서를 통해 외부 감사와 투자자 검증을 받고 있다. 글로벌 기업인 Salesforce는 자사 플랫폼을 통해 공급망 전체의 탄소데이터를 실시간 분석하며, SBTi 검증을 받은 감축 목표를 외부에 공표하고 있다. Asif et al.(2023)는 탄소 회계와 지속가능경영 보고 시스템이 비즈니스 모델 혁신을 촉진하는 핵심 동인임을 실증하였으며, 탄소정보공개프로젝트 데이터를 통해 분석된 기업들은 전략적 기민성과 환경성과 사이의 유의미한 연관성을 보였다.

원칙 3. 공급망 차원의 협력 설계

탄소중립은 개별 기업만의 노력으로는 달성될 수 없다. 특히 Scope 3 배출은 원재료 생산, 협력업체의 제조 과정, 물류 및 유통 등 공급망 전반에서 발생하기 때문에, 이를 감축하기 위한 공동 책임 구조 설계가 필요하다. 애플은 2030년까지 전체 공급망의 탄소중립화를 목표로, 협력사들에게 100% 재생에너지 전환을 요구하고 있다. 이행 기업에게는 기술 지원, 장기 계약, ESG 프리미엄 등 인센티브를 제공하며 공동 감축 구조를 형성하고 있다. Mukherjee et al.(2024)의 연구는 공급망의 지속가능성 협력 구조가 Scope 3 감축에 직접적 기여하며, 탄소감축을 위한 파트너십과 시스템 혁신이 원가 절감, 경쟁력 확보에도 긍정적인 영향을 줌을 실증적으로 보여주고 있다.

원칙 4. 이해관계자 기반의 공유가치 창출

탄소중립은 단지 내부 경영 전략이 아니라, 다양한 외부 이해관계자들과의 지속가능 생태계 구축을 전제로 한다. 특히 고객, 정부, 지역사회, NGO 등과 협력해 경제적 가치와 환경적 가치를 동시에 창출하는 것이 중요하다. 이를 '공유가치창출(Creating Shared Value, CSV)'이라고 하며, 이는 단순한 기업의 사회공헌 활동을 넘어 기업의 핵심 경쟁력과 직결된다. 유니레버는 자사 농산물 공급망에서 소규모 농가와의 협력 프로그램을 통해, 저탄소 재배 기술을 보급하고 있다. 이 접근은 지역사회 환경 영향 감소뿐만 아니라, 브랜드 가치 향상 및 지속가능한 소비자 신뢰 확보로 이어지고 있다. ESG 시대의 기업 전략에서 CSV 접근법은 기업의 지속가능성 성과와 이해관계자 간 협력 수준을 유의미하게 향상시킨다. 특히, 탄소중립 목표를 포함한 환경 부문에서는, 생산자-소비자-규제자 간 공동 생태계 설계가 효과적인 전략으로 작동할 수 있다.

탄소중립 목표에 부합하는 비즈니스 모델은 단지 에너지 절감 기술을 도입하는 것이 아니라, 제품 설계, 데이터 보고, 공급망 전략, 가치 네트워크 설계 전반에 걸친 전략적 통합을 필요로 한다. 이러한 모델은 단기적으로는 도전 과제를 수반하지만, 장기적으로는 규제 회피, 투자 유치, 소비자 선호, 비용 절감이라는 복합적 이점을 제공하며 지속가능한 성장의 기반을 마련하게 된다.

PART 3

비즈니스 모델 분석 툴

성공적인 친환경 비즈니스를 설계하려면 아이디어만으로는 부족하며, 사업의 지속가능성, 시장 반응, 환경적 영향까지 꼼꼼히 살펴볼 수 있는 분석 도구가 필요하다. Part 3에서는 초보자들도 쉽게 이해하고 사용할 수 있는 세 가지 핵심 분석 도구를 소개하고자 하며, 해당 분석 도구를 바탕으로 Part 4의 여러 사례들을 분석하여 제시할 예정이다.

1 Environmental/Social Lean Canvas(비즈니스 모델의 평가)

Environmental/Social Lean Canvas는 간단한 표 한 장으로 비즈니스 아이디어를 명확하게 정리할 수 있게 해주는 도구이다. Ash Maurya(2010)가 제시한 Lean Canvas에 본 저자들이 ESG 가치 요소인 Environmental(or Social) Costs와 Environmental(or Social) Benefits를 추가하여 제시한 툴이다. 원래 Lean Canvas의 요소인 경쟁력, 시장수용성, 생존가능성과 ESG 가치 요소의 세부 구성 요소들을 바탕으로 비즈니스 모델을 평가할 수 있게 구성하였다.

The Lean Canvas

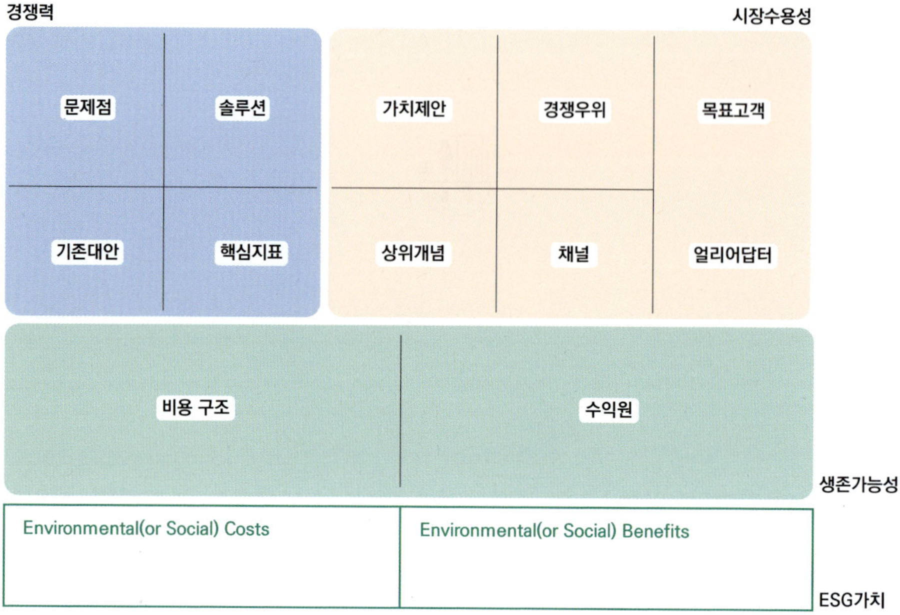

• 경쟁력

- 문제점: 내가 해결하고자 하는 환경 또는 사회 문제(예: 해양 플라스틱 오염)
- 기존 대안: 현재의 해결 방식(예: 기존의 플라스틱 재활용 시스템)
- 솔루션: 우리가 제시하는 새로운 방법(예: 해양 폐플라스틱을 활용한 제품 제작)
- 핵심지표: 성과 측정 방법(예: 수거된 폐플라스틱의 양)

• 시장수용성

- 가치제안: 소비자에게 제공하는 구체적인 혜택(예: 깨끗한 바다와 지속 가능한 제품)
- 상위개념: 한마디로 표현하기(예: "바다를 구하는 친환경 브랜드")
- 경쟁우위: 경쟁자가 따라하기 힘든 특별한 장점(예: 특허받은 재활용 기술)
- 채널: 고객에게 알리고 전달하는 통로(예: 온라인 몰, 환경 캠페인)
- 고객군: 주 타깃 고객(예: 친환경 라이프스타일 소비자)

• 생존가능성

- 비용구조: 사업 운영에 필요한 주요 비용(예: 재활용 공장 운영비)
- 수익원: 수익이 들어오는 방식(예: 제품 판매, 친환경 펀딩)

• ESG 요소

- Environmental/Social Costs: 사업 운영에서 나올 수 있는 환경적/사회적 피해(예: 제품 제조 과정 중 발생하는 에너지 소비)
- Environmental/Social Benefits: 창출하는 긍정적 효과(예: 해양 오염 감소, 일자리 창출)

2 비즈니스 모델 도해 (비즈니스의 작동 방식 확인)

Environmental/Social Lean Canvas를 통해 비즈니스 모델의 평가를 완료하였다면, 비즈니스 모델 도해를 통해 비즈니스의 작동 방식을 확인하고자 한다. 본서에서 활용하는 비즈니스 모델 도해는 곤도 데쓰로(2018)가 『Business Model 2.0 Zukan(한 장으로 끝내는 비즈니스 모델 100)』에서 제시한 방식을 활용하고자 한다. 본 비즈니스 모델 도해 방식은 물건, 돈, 정보, 사람의 새로운 흐름에 집중한다.

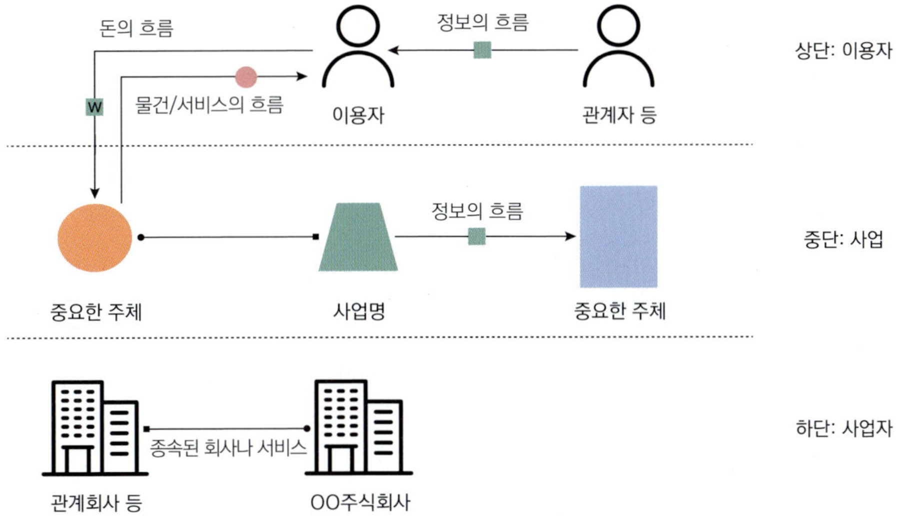

• **상단(이용자)**: 제품이나 서비스를 최종 사용하는 사람들
• **중단(사업 흐름)**: 비즈니스가 운영되고 가치가 창출되는 과정
• **하단(공급자/파트너)**: 필요한 자원이나 기술을 제공하는 사람들

이들 사이에는 정보, 물건(서비스), 자금 흐름이 있는데, 이큐브랩의 사례를 바탕으로 설명하고자 한다. 이큐브랩은 2011년 설립된 스마트 폐기물 관리 솔루션 기업으로, 태양광 압축 쓰레기통, 초음파 센서, 클라우드 기반 플랫폼 등 독자 기술을 통해 도시의 폐기물 수거 효율을 높이고 있다. 서울시, LGU+, 더블린공항 등과 협력하며, 환경·사회적 가치를 실현하는 도시 인프라 혁신 기업으로 성장 중이다.

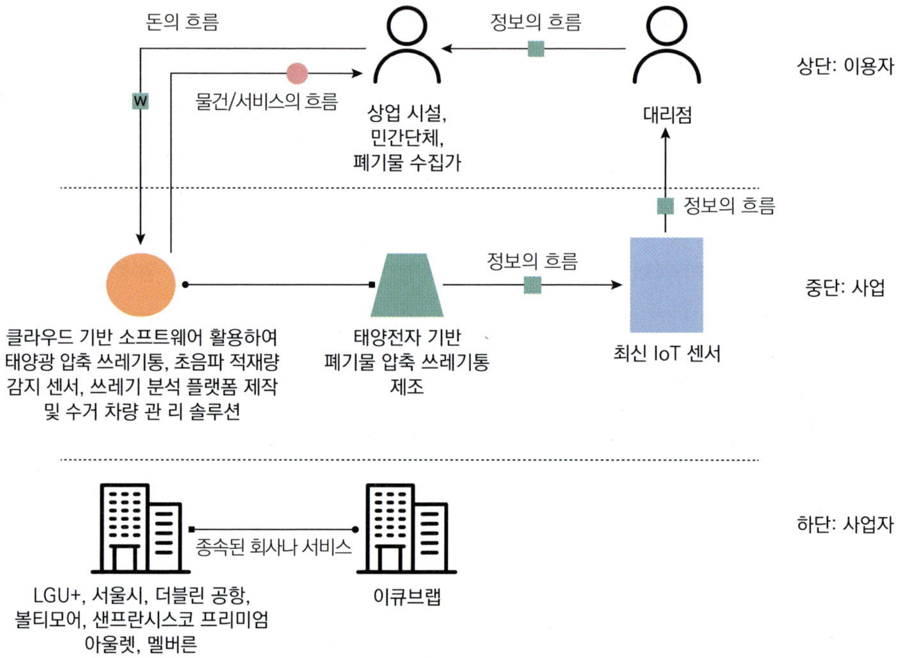

- **정보 흐름**

- 출발점: CleanCUBE(스마트 압축 쓰레기통)와 CleanCAP(초음파 센서)이 실시간으로 폐기물 적재량을 측정
- 전송 방식: 수집된 데이터는 클라우드 플랫폼인 CleanCityNetworks로 자동 전송
- 활용 주체: 지자체, 환경미화원, 민간 수거업체 등 다양한 이해관계자가 해당 정보를 열람
- 활용 목적: 수거 일정 및 경로 최적화 → 불필요한 수거 차량 출동 방지 → 탄소배출 절감에 기여

• 서비스/제품 흐름

- 이큐브랩은 스마트 쓰레기통과 감지 센서를 고객(지자체, 대형 시설 등)에게 공급
- 클라우드 기반 수거 관리 시스템을 통해 운영 전반을 자동화
- 유통 주체(대리점, 수거업체)는 장비를 설치 · 운영하며, 수거를 담당
- 고객은 스마트 시스템을 통해 효율적 폐기물 관리 경험 제공받음

• 자금 흐름

- 고객 → 이큐브랩: 스마트 쓰레기통 및 클라우드 서비스 사용료 지급
- 광고주 → 이큐브랩: 제품 외부 광고를 통한 부가 수익 발생
- 이큐브랩 ↔ 유통 파트너: 대리점/수거업체는 고객과의 계약으로 수익을 창출하고, 이큐브랩은 이들에게 수수료 지급

3 혁신의 10가지 유형 확인(혁신 요소를 통한 경쟁력 확보)

비즈니스 모델 도해를 통해 비즈니스의 작동 방식을 확인하였다면, 해당 비즈니스 모델이 지니고 있는 혁신 요소를 파악하고 이를 통한 경쟁력 확보가 가능한지 분석할 필요가 있다. 이를 위해 Doblin社[4]가 2012년에 제시한 혁신의 10가지 유형에 기반한 프레임워크를 바탕으로 혁신의 요소를 분석하고자 한다.

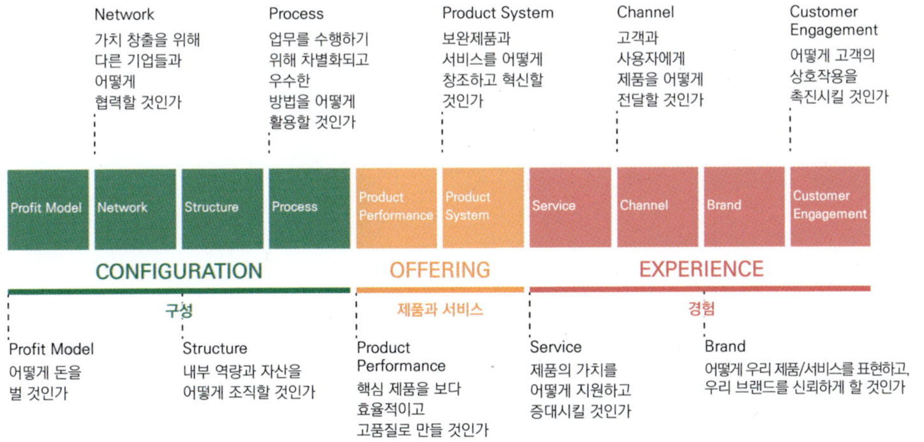

4 미국 시카고에 본사를 둔 디자인 전문 컨설팅사로 2012년 Deliotte가 인수하였음.

• **구성(Configuration)**

- 이익모델: 돈 버는 방식의 혁신(예: 구독형 친환경 제품 서비스)
- 네트워크: 외부 파트너와의 협력(예: 지자체와 폐기물 관리 협력)
- 조직구조: 내부 운영과 조직 체계 혁신(예: 탄소배출량을 줄이는 사내 프로그램)
- 프로세스: 업무 효율성과 운영 방식 혁신(예: 인공지능을 활용한 폐기물 관리)

• **제품과 서비스(Offering)**

- 제품 성능: 제품의 성능과 품질 개선(예: 완전 생분해성 플라스틱)
- 제품 시스템: 여러 제품과 서비스를 결합(예: 회수-재활용-재판매 시스템)

• **경험(Experience)**

- 서비스: 고객에게 제공하는 서비스 개선(예: 제품 사용 후 회수 서비스)
- 채널: 고객에게 접근하는 방식 개선(예: 친환경 제품 전문 온라인 쇼핑몰)
- 브랜드: 브랜드 이미지 구축 및 신뢰 강화(예: 환경 인증 라벨 부착)
- 고객 참여: 소비자를 비즈니스에 참여시키는 방식 혁신(예: 소비자가 참여하는 환경 캠페인)

이 세 가지 분석 도구를 통해 친환경 비즈니스 아이디어는 더욱 체계적이고 강력한 비즈니스 모델로 발전할 수 있다. 이어지는 Part 4에서는 이를 바탕으로 여러 비즈니스를 분석하고자 한다.

PART 4

친환경 비즈니스 모델 사례분석

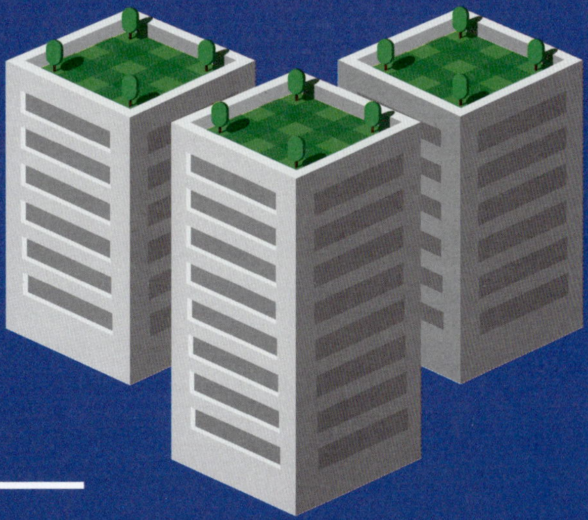

CHAPTER 1

일상 생활 속 친환경 혁신

어라운드블루(Aroundblue)
바이오매스를 활용한 친환경 플라스틱 대체소재 개발 기업

1 기업개요

어라운드블루는 CLC(Cellulose-Lignin Composite) 신소재 기반의 바이오 플라스틱 대체소재를 개발하여, 커피 찌꺼기, 인삼 찌꺼기, 종이, 왕겨, 목분 등 바이오매스 원료로 각종 응용 제품을 제작하는 친환경 소재 기업이다. 기존 석유계 플라스틱의 물성 한계를 극복하고, 사용 후 자연 분해가 가능한 복합 바이오 소재를 개발하였으며, CLC 분해 조절 기술을 통해 사용처별 요구에 맞춘 제품 제작이 가능하다. 이 소재는 내구성과 강도를 유지하면서도 폐기 시 재활용 혹은 분해가 가능하다는 점에서, 플라스틱의 환경 오염 문제 해결을 목표로 한 지속가능 소재 산업의 대안으로 주목받고 있다.

2 Environmental/Social Lean Canvas 분석

경쟁력 / 시장수용성

문제점	솔루션	가치제안	경쟁우위	목표고객
- 급격한 플라스틱 소비 증가로 해양 플라스틱 및 미세플라스틱 문제 심화 - 생분해 플라스틱은 대부분 화학적 기반으로 제조되어 환경에 악영향 - 기존 소재는 생산 공정상 고탄소 배출 구조	- 목분, 왕겨, 옥수수가루, 종이, 인삼 등을 활용한 친환경 소재 'CLC' 개발 - 100% 자연유래 성분으로 구성되어 생분해 가능 - 소개특성상 용도에 따라 물성 조절 가능해 다양한 응용 가능	- 목분, 왕겨, 옥수수 가루, 종이, 인삼 찌꺼기, 맥주 찌꺼기, 커피 찌꺼기를 활용하여 플라스틱으로 만들고 미래를 바꾸자	- 화학첨가제 없이 원재료만으로도 물성 확보 - 다공성 구조의 소재로 무독성, 안전성 확보 - 분해기간 조절이 가능한 소개 구조	- 친환경 소재를 찾는 소비자 및 기업 - 바이오 플라스틱 대체재를 찾는 제조사
기존대안	**핵심지표**	**상위개념**	**채널**	**얼리어답터**
- 플라스틱 재활용 - 화학 기반 생분해성 바이오 플라스틱	- 100% 바이오 베이스 및 자연분해 가능 - 고정탄소율 1.46%/kg, 탄소 저감 효과 - 미세플라스틱 미발생 - 다양한 폐기 바이오매스 활용 가능	- 폐기되는 자원을 활용한 바이오 순환 소재로, 기존 바이오 플라스틱의 한계를 극복하는 대안 기술	- 박람회 - 전시회 - 자사 홈페이지 - 해외 수출	- 친환경 소재 도입을 추진 중인 식품 포장 업체, 반려동물 관련 용품 제조업체

비용 구조	수익원
- 연구개발 비용 - CLC 전용 금형 제작 비용 - 인건비 - 마케팅 비용 - 공장 설립 및 유지 비용	- 투자 수익 - 경진대회 우승 상금 - CLC 신소재로 제작한 제품 판매 비용

생존가능성

Environmental(or Social) Costs	Environmental(or Social) Benefits
- 수집, 운반 과정에서의 온실가스 배출, 기계적 처리, 전처리 과정에서의 에너지 소모 및 오염물질 발생 가능성 존재	- 사용 후 폐기 시 기존 플라스틱 대비 1kg당 2.9kg의 CO2 저감 효과 - 폐기되는 목재 등을 재활용함으로써 1kg당 1.464kg의 CO2 고정 효과 - CLC로 만들어진 모든 제품은 재활용 가능 - 연간 소비되는 586,500톤의 플라스틱 대체 가능 - 미세플라스틱 미발생

ESG가치

경쟁력

어라운드블루의 비즈니스 모델은 화학 기반의 기존 바이오 플라스틱 한계를 극복하고, 자연분해 가능한 순환 자원 기반 소재를 통해 환경오염을 근본적으로 해결하고자 설계되었다. **문제점 정의** 측면에서 어라운드블루는 해양 쓰레기의 주범인 플라스틱 소비 증가와 이에 따른 미세플라스틱, 탄소배출 문제를 핵심 과제로 설정하였다. 이를 해결하기 위한 **솔루션**으로, 목분, 왕겨, 종이, 인삼, 커피 찌꺼기 등 버려지는 유기성 바이오매스를 원료로 하여 100% 바이오 베이스 친환경 소재 'CLC'를 개발하였다. 이 소재는 화학첨가제 없이도 성형이 가능하고, 사용 후 자연분해가 가능하며, 다공성 구조를 활용해 분해 기간 조절 및 탄소 고정 효과까지 갖춘 것이 특징이다. **기존 대안**인 재활용 플라스틱이나 바이오매스 기반 생분해성 플라스틱은 여전히 화학적 공정과 온실가스 배출이 불가피하다는 한계를 지닌다. 이에 반해 어라운드블루는 CLC 바이오플라스틱 소재를 활용한 자체 LCA 분석(Food Grade 기준)을 통해, 기존 석유계 플라스틱 대비 CO_2 배출량 1kg당 2.9kg 저감, 1.46kg의 탄소 고정, 미세플라스틱 미발생 등의 **핵심 지표**를 제시하며 대체재로서의 경쟁력을 입증하고 있다.

시장수용성

가치제안 측면에서는 미세플라스틱 없이 자연분해되는 100% 바이오 베이스 소재를 통해, 기존 플라스틱 대비 탄소배출과 환경오염을 획기적으로 줄이는 효과를 제공한다. 이는 단순한 소재 대체가 아닌, 탄소중립 실현과 해양오염 예방 등 환경적 가치와 직결된다. **경쟁우위**는 목분, 왕겨, 종이 등 자연 유래 물질을 바탕으로 한 CLC 소재 기술과, 이중분자결합 방식으로 구현된 강한 물성에 있다. 이를 통해 성형 안정성과 생분해 특성을 동시에 확보하며, 진입장벽과 차별성을 확보하고 있다. **고객 세그먼트**는 친환경 소비를 지향하는 일반 소비자와, 플라스틱 대체 소재를 찾는 패키징 및 유통 기업 등이다. 특히, ESG 기반 생분해 포장재를 요구하는 글로벌 브랜드가 주요 **얼리어답터**로 설정되어 있다. **상위 개념**으로는 기존 플라스틱을 대체하는 생분해 가능 소재를 넘어, 자원 순환과 탄소 감축까지 아우르는 기후 대응형 소재 플랫폼으로 포지셔닝된다. **유통 채널**은 박람회, 온라인 홍보, 수출, 정부 및 기관 협업 등이며, 친환경 인증을 활용한 B2B 중심의 시장 공략 전략을 병행하고 있다.

생존가능성

수익원은 크게 세 가지로 구성된다. 첫째, CLC 소재 자체를 활용한 제품 판매 수익, 둘째, 해당 소재 기반 제품의 OEM 및 응용 제품 유통, 셋째, 기술력에 기반한 정부 지원 및 투자 유치다. 실제로 2022년 기준 약 14억 원 이상의 외부 투자를 유치했고, 정부로부터 다수의 친환경 인증 및 지원사업 선정을 받았다. **비용 구조** 측면에서는 연구개발비와 CLC 전용 금형 설비 비용, 마케팅 및 공정 유지를 위한 운용비가 주요 항목을 구성한다. 현재로선 원가 부담이 높은 편이나, 향후 생산 규모 확대에 따라 규모의 경제가 기대되는 구조다.

ESG가치

ESG 측면의 환경 및 사회적 영향을 살펴보면, 어라운드블루는 사용 후 분해되는 바이오 소재를 통해 기존 플라스틱 대비 kg당 2.9kg의 탄소를 저감하며, 폐기되는 목재 및 농식품 폐기물을 활용하여 1kg당 1.46kg의 고정탄소 효과를 실현하고 있다. 화학첨가제가 없고 미세플라스틱을 배출하지 않으며, 저온 공정과 간단한 설비만으로 소재 생산이 가능해 에너지 사용도 절감된다. 또한, 연간 약 58만 톤 규모의 플라스틱을 대체할 수 있을 만큼 확장성 있는 기술로, 환경뿐만 아니라 원료 확보와 소비자 수용성 측면에서도 사회적 파급력이 크다.

3 돈과 정보의 흐름 분석

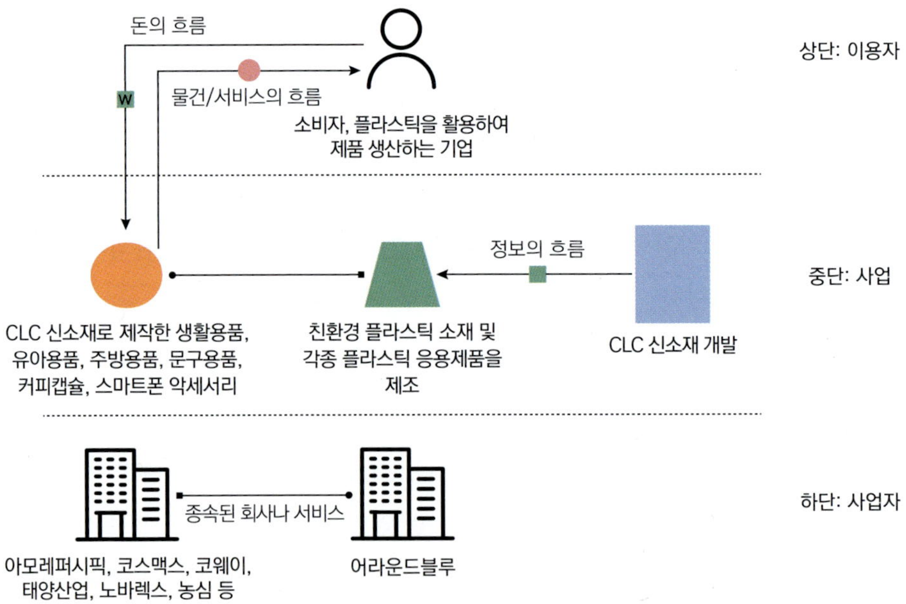

어라운드블루의 비즈니스 구조는 소재 개발부터 응용제품 생산, 최종 소비자까지 이어지는 정보와 금전 흐름의 선순환 구조로 구성되어 있다. 먼저 정보의 흐름은 CLC 신소재 개발 단계에서 시작된다. 목분, 왕겨 등 자연 유래 소재를 기반으로 개발된 CLC 소재는 응용 제품화가 용이하도록 지속적으로 성분 조정과 시험을 거친다. 이 과정을 통해 확보한 소재 데이터는 생활용품, 유아용품, 주방용품, 커피캡슐 등 다양한 제조사와 공유되며, 실제 사용성과 생산 가능성에 대한 피드백을 기반으로 소재 고도화에 활용된다. 이를 통해 어라운드블루는 기술력 기반의 소재 플랫폼 기업으로서 B2B 파트너사와의 긴밀한 협력 구조를 유지하고 있다.

돈의 흐름은 주로 응용제품의 완제품 판매 및 B2B 공급 계약을 통해 발생한다. 어라운드블루는 자체 브랜드 또는 파트너사를 통해 CLC 기반 제품을 제작하여, 일반 소비자와 기업 고객(유통사, 완제품 제조사 등)에게 판매한다. 소비자는 CLC 소재로 만든 생활용품, 문구, 전자기기 악세서리 등을 구매하며, 해당 매출은 어라운드블루와 제조사, 유통사 간 수익 분배 구조로 이어진다. 또한 B2B 채널에서는 기업 고객이 자사 제품의 플라스틱 대체재로 CLC를 채택할 경우, 장기 공급계약이나 ODM 방식으로 수익이 발생한다. 이처럼 어라운드블루는 친환경 소재 개발 → 응용제품 기획 및 생산 → 소비자와 기업 고객에게 공급 → 사용 피드백과 같은 과정을 기반으로, 기술 고도화의 흐름을 통해 탄소 저감과 플라스틱 대체라는 ESG 가치 실현과 사업 수익성 확보를 동시에 추구하는 순환형 비즈니스 모델을 실현하고 있다.

4 Innovation Type 분석

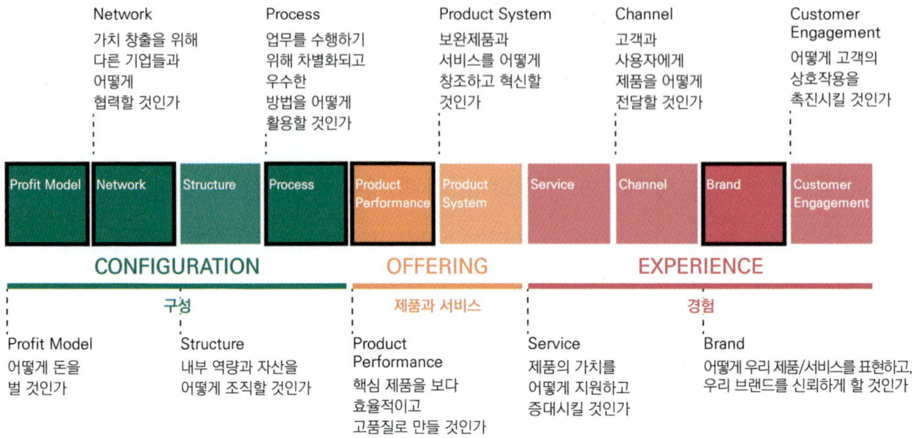

어라운드블루는 총 다섯 가지 유형의 혁신을 수행하고 있다.

Profit Model

식품, 유아용품, 문구, 주방용품 등 다양한 분야에 적용 가능한 친환경 플라스틱 소재(CLC)를 자체 개발하고, 해당 소재를 기반으로 응용제품까지 직접 제조 및 유통함으로써 소재 수익과 완제품 수익을 동시에 확보하고 있다. 특히, CLC 소재는 기존 석유계 플라스틱 대비 1kg당 약 2.9kg의 탄소 저감 효과를 보유하고 있어, 탄소중립 대응을 위한 수요처(기업, 기관 등)에서 안정적 시장을 확보할 수 있다. 이처럼 원재료 → 소재 → 제품까지 수직계열화된 수익 구조를 갖춘 점이 수익 모델의 차별화 지점이다.

Network

국내외 다양한 기업들과의 파트너십을 통해 자사 소재의 응용 범위를 빠르게 확장하고 있다. 기존 전통 제조업체와 협업하여 CLC 소재를 적용한 제품을 공동 개발하거나, 자체 브랜드가 없는 업체에 원재료 또는 반가공품을 공급하는 형태로 네트워크 기반 수익을 다변화하고 있다. 특히, 유통, 화장품, 식품 산업과의 협업 사례를 통해 시장 전환 장벽을 낮추는 구조는 '가치 창출을 위한 전략적 제휴'의 좋은 예라 할 수 있다.

Process

기존 바이오 플라스틱은 내열성 부족이나 물성 저하 등으로 상용화에 한계가 있었으나, 어라운드블루는 공정 구조에서 차별화를 이뤘다. 대표적으로 다양한 천연 부산물 간 이중물질 분자체가 분리되지 않고 자연스럽게 결합되도록 만든 자체 공정을 통해 소재 생산 시 별도 화학 첨가제 없이도 강한 내구성과 성형 안정성을 확보하였다. 또한, 분해 기간을 용도에 따라 조절할 수 있는 공정 기술을 보유하여 다목적 제품화가 가능하다.

Product Performance

CLC는 기존 생분해성 플라스틱(Bio-PBS, PLA 등)의 한계를 극복한 고기능 친환경 소재로, 내열성(최대 120도), 내습성, 기계적 강도를 확보하면서도 100% 자연분해가 가능하다. 특히, 음식물 접촉 제품이나 유아용품에도 적용 가능한 수준의 안정성을 인증받았으며, 미세플라스틱 미발생, 용도별 분해 기간 조절 가능 등의 기능을 통해 생분해성 소재 시장에서 확실한 차별성을 확보하고 있다.

Brand

어라운드블루는 CLC 소재의 안전성과 환경 기여도를 인증 기반으로 증명하고 있다. 국내외 다수의 식품안전성, 인체 무해성, 미세플라스틱 미발생, 탄소저감 인증을 확보하고 있으며, 이를 소비자 중심의 커뮤니케이션으로 연결하여 '신뢰할 수 있는 친환경 대체 소재'라는 브랜드 이미지를 구축하고 있다. 자체 브랜드로 유통되는 제품군 외에도 OEM 제품에도 'CLC 소재 사용'이 강조되며 브랜드 인지도를 확대 중이다.

코드오브네이처(Code of Nature)
자연 기반 복원 기술을 통한 지속가능 산림 생태계 실현

1 기업개요

코드오브네이처는 이끼포자배양 기반 산림 복원 솔루션을 개발하는 기업으로 화학처리나 인공 조림 방식이 아닌 자연 생태 순환에 기반한 복원 기술을 제공한다. 자체 개발한 이끼 키트는 척박한 지형에서도 토양 수분과 유기물 함량을 회복시켜 후속 식생의 정착을 돕는다. 제주 오름, 산불 피해지, 도심 녹지 등 다양한 지역에 적용되었으며, 토양 분석과 원격 모니터링을 통해 복원 효율을 높이고 있다. 코드오브네이처는 생물 기반 복원 기술을 바탕으로 기후변화 대응형 생태 서비스로 영역을 확장해 가고 있다.

2 Business Model Canvas 분석

경쟁력

코드오브네이처의 비즈니스 모델은 산림 복원 기술의 효율성과 생태적 지속가능성을 동시에 실현하기 위한 구조로 설계되어 있다. **문제점 정의**에서 코드오브네이처는 산불 등 재난으로 인해 산림이 훼손된 지역에서 전통적인 묘목 식재 방식이 과도한 인력과 시간, 비용을 요구하며, 결과적으로 복구 기간이 10~30년에 달한다는 점을 핵심 과제로 설정하였다. 이를 해결하기 위한 **솔루션**으로는 독자적인 이끼포자배양 기술을 기반으로 한 3D 매핑 복원 키트, 토양 적합성 분석, 원격 생육 예측, 식재 추천 알고리즘 등을 제시한다. **기존 대안**이 물리적 인력에 의존한 방식이었다면, 코드오브네이처는 이끼를 활용한 자생 기반의 복원 구조를 통해 복구 효율을 높이고 복원 속도를 단축시키며, **핵심 지표**(예: 복원 소요 시간 단축률, 인건비 절감률, 활착률)를 명확히 제시한다.

경쟁력 / 시장수용성

문제점	솔루션	가치제안	경쟁우위	목표고객
- 오염된 환경과 손실된 생태계로 인한 생물 다양성 위협 - 산림 복원에 막대한 시간과 비용이 필요 - 산불, 무단 벌채 등으로 황폐화된 산림 복원이 장기 소요 (10~30년)	- 독자적인 기술인 이끼 포자 배양을 이용하여 황폐화된 토양 복원 - 복원 대상지의 3D 매핑과 최적의 복원 솔루션 제공 - 복원도 예측 솔루션 제공 - 식재 추천 서비스 제공	- 이끼의 강인한 생명력을 통해 친환경으로 산림을 복원해 보세요!	- 이끼의 빠른 활착력 (14주 내 발아) - 이끼를 다양한 분야에 활용 가능 - 유효인산이 이끼 살포 전에 비해 72배까지 상승, 토양 등급이 불량에서 양호 등급으로 상승	- 산림 복원이 필요한 공공기관 및 지자체 - 재난 피해 지역 - 개발제한구역 및 산림복원 정책 대상지
기존대안	**핵심지표**	**상위개념**	**채널**	**얼리어답터**
- 인공 조림(나무식재) - 자연적 복구	- 대상지 토양에 알맞은 이끼 종을 선정 가능 - 기존의 복원 방식보다 비용은 40%, 투입 인력은 70% 감소 가능 - 자연적 복구와 비교했을 때 토양을 되돌리는 시간을 90% 가량 앞당김	- 독자적인 기술인 이끼 포자 배양을 이용한 황폐화 토양 복원 키트와 솔루션 제공	- 박람회 - 전시회 - 공공 입찰 및 조달 플랫폼 - 자사 홈페이지 - 해외 수출	- 산불 등 재난 피해 지역을 관리하는 지자체 - 기존 식재 복원 방식에 한계를 느끼는 환경 단체 및 기관

비용 구조	수익원
- 제품 개발 및 제작 비용 - 인건비 - 마케팅 비용 - 웹사이트 유지 비용 - 공장 설립 및 유지 비용	- 투자 수익 - 공모전 및 경진대회 수상금 - 정부 및 공공기관 복원 프로젝트 수주 - 제품(이끼 키트 및 서비스) 판매

생존가능성

Environmental(or Social) Costs	Environmental(or Social) Benefits
- 이끼 기술이 비자연적 종 도입, 토착 생태계 교란, 생물다양성 변화를 초래할 수 있으며, 특히 장마철 영향에 대한 생태학적 데이터 부족 위협 존재	- 기후위기 이슈로 온실가스 흡수원인 산림보존에 대한 중요성이 강조되고 있으므로 사회적 가치 증진 - 100억 원의 매출을 올리면 430m² 규모의 산불 피해 지역이 복구 가능 - 이끼를 다양한 분야에 활용 가능 - 키트 구성물로 오염된 흙을 걷어내고 새 흙을 채우는 기존의 복원 방식보다 비용은 40%, 투입 인력은 70% 감소 가능 - 자연적 복구와 비교했을 때 토양을 되돌리는 시간을 90% 가량 앞당김

ESG가치

시장수용성

가치제안 측면에서는 복구 비용과 시간을 크게 줄이면서도, 생태계 회복 기반을 마련할 수 있다는 점에서 기후변화 대응형 복원 솔루션으로 기능한다. 실제 복구 시간이 50% 단축되고, 투입 인건비는 기존 대비 70% 이상 감소하며, 토양 유실 방지 등 간접 효과도 동반된다. **경쟁우위**는 이끼의 생리적 특성과 빠른 정착력, 다양한 기후·지형 적응성에 기반하고 있으며, 이는 기존 방식 대비 생존율과 복구 안정성 면에서 강한 차별성을 보인다. **고객 세그먼트**는 산불이나 산사태 등 자연재해가 발생한 국공유림, 지방자치단체, 대형 산지 복구 사업 주체 등이며, 초기 실증사업을 통해 효과를 검증한 지역 기반 확산 전략을 펼치고 있다. 특히, 빠른 복원이 요구되는 도시 인근 완충녹지나 국립공원 주변 생태 회복 구역, 생태관광지 등을 중심으로 기술 도입에 적극적인 지자체나 산림공공기관이 주요 **얼리어답터**로 작용하고 있다. **상위 개념**으로는 단순한 복원 제품이 아닌, 토양 데이터 기반의 디지털 생태 솔루션으로 포지셔닝하며, 이는 향후 플랫폼화로의 확장 가능성을 내포한다. **유통 채널**은 각종 생태복원 박람회, 지자체 공공조달, 산림청 인증 절차를 통한 제도 기반 유통망 등으로 구성된다.

생존가능성

수익원은 크게 네 가지로 구성된다. 첫째, 이끼 복원 키트 및 솔루션 판매 수익, 둘째, 산림 재난 대응 사업 참여에 따른 정부지원금, 셋째, 공공기관 대상 컨설팅 및 생태계 모니터링 데이터 제공 수익, 넷째, 국·내외 파트너사와의 프로젝트 수주 수익이다. **비용 구조**는 R&D 및 시제품 제작비, 토양 분석을 위한 데이터 수집 및 운영비, 인건비, 마케팅 및 인증 획득 비용 등으로 구성되며, 복원 기술 상용화에 따른 규모의 경제 실현 가능성을 내포하고 있다. 특히 키트당 매출 대비 복구 범위가 넓어 단가 수익성도 우수한 편이다.

ESG가치

ESG 측면의 환경 및 사회적 영향을 살펴보면, 이끼 기반 복원 기술은 인위적 개입을 최소화하면서도 토양 유실 방지, 수분 보존, 유기물 축적 등 생태적 회복 기능을 동시에 수행한다. 화학 비료나 중장비 사용 없이도 생물 다양성과 생태 연결성을 회복할 수 있으며, 복원 대상지의 이산화탄소 흡수 능력을 조기에 회복시켜 탄소저감 효과 또한 기대할 수 있다. 사회적 측면에서는 기후위기 대응 및 복원력 강화 정책과 연계되어 공공부문 ESG 전략과도 정합성을 가지며, 산림자원 관리의 전환적 대안을 제공한다.

3 돈과 정보의 흐름 분석

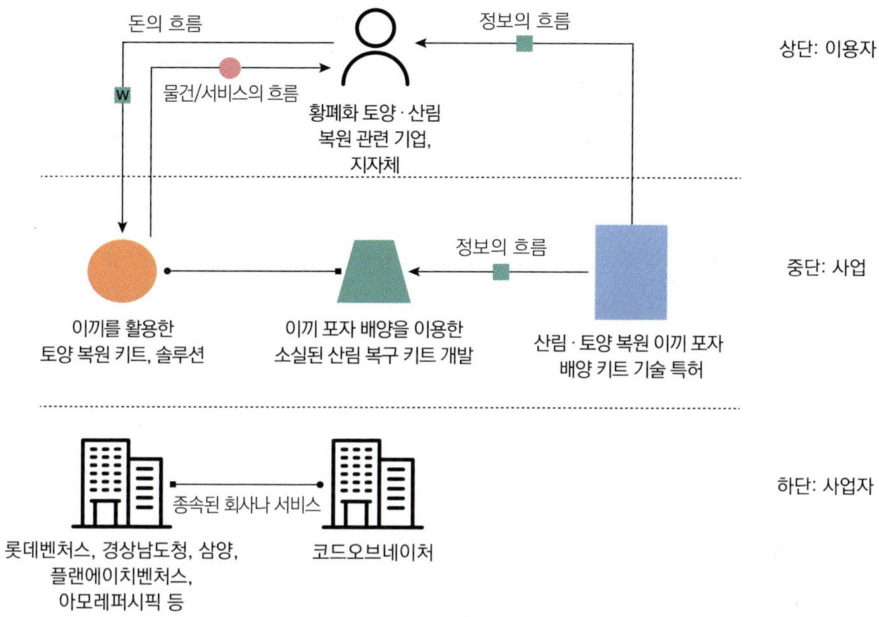

코드오브네이처의 비즈니스 구조는 이끼를 활용한 산림 복원 솔루션을 중심으로 기술 개발자(자체), 구매 주체(지자체, 복원기업), 사용자(생태 회복 대상지 관리 기관) 간의 유기적인 흐름을 기반으로 구성된다. 먼저 정보의 흐름은 자체 개발한 이끼 포자 배양 기술과 복원 키트가 핵심이다. 코드오브네이처는 산림 · 토양 복원 관련 특허 기술을 기반으로 대상 지역의 토양 수분, 오염도, 유실률 등의 데이터를 수집하고 이를 바탕으로 복원 솔루션을 설계한다. 이렇게 생산된 데이터는 고객인 지자체나 복원 관련 기관에게 제공되며, 키트 적용 전후의 생태 변화와 복구 진행 상황을 실시간으로 모니터링할 수 있는 시스템으로 활용된다.

돈의 흐름은 제품을 구매하는 지자체, 공공기관, 복원 전문 기업으로부터 시작된다. 이들은 황폐화된 산지나 산불 피해지, 생태 복구 대상지에 적용할 수 있는 키트를 직접 구매하거나 복원 서비스 계약을 체결하여 솔루션을 도입한다. 복원 솔루션에는 키트 제작 비용뿐 아니라 현장 적용, 데이터 분석, 후속 보고 등의 부가 서비스가 포함되어 있으며, 이로 인해 지속적인 수익 창출이 가능하다. 또한 일부 지자체 및 공공기관의 산림복원 관련 예산 및 국책 과제를 통해 보조금 형태의 수익도 함께 유입된다. 이처럼 코드오브네이처는 '복원 솔루션 개발 및 데이터 기반 컨설팅 → 제품 판매 및 현장 적용 → 생태 변화 분석 및 고객 피드백'이라는 정보의 선순환 구조와, '고객 기관의 수요 발생 → 솔루션 및 키트 공급 → 서비스 수익 및 연구 보조금 확보'라는 돈의 흐름을 연결함으로써 기술 중심 생태 복원 모델을 실현하고 있다.

4 Innovation Type 분석

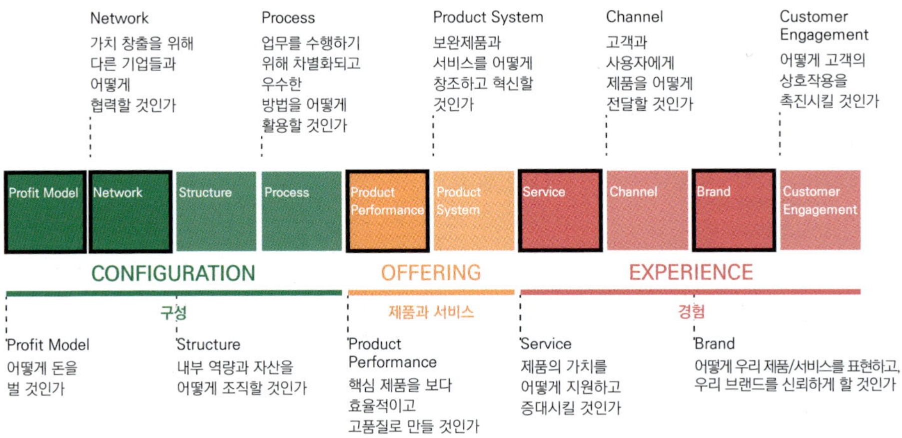

코드오브네이처는 총 다섯 가지 유형의 혁신을 수행하고 있다.

Profit Model

코드오브네이처는 산림 복구 과정에서 '이끼'를 핵심 복원 수단으로 활용하는 독자적인 기술 기반 수익 구조를 구축하고 있다. 기존의 복원 방식이 대형 수종 식재나 토양 성분 보정 등 인건비와 장비 투입이 큰 작업이었다면, 코드오브네이처는 상대적으로 저비용-고효율 구조를 형성한다. 이끼 키트와 솔루션은 정량화된 복원 효율 데이터를 바탕으로 토양 고정, 수분 유지, 생태 기반 마련 등 구체적인 성과를 제공하며, 이에 따라 지자체나 기관과의 계약을 통한 매출 창출이 가능하다. 이러한 구조는 복구 솔루션 단위 판매와 맞춤형 컨설팅을 병행하는 수익 모델로 작동한다.

Network

이끼포자배양 기술을 활용한 키트 복원 사업은 지자체, 산림청, 복원 기업 등과의 협업을 기반으로 운영된다. 또한, 제주 오름, 울산 태화강, 함양군 등 다양한 지역에서 실증과 공동 사업을 추진하며, 국토부, 기획재정부 등 정책 유관기관 및 연구기관과도 협력하고 있다. 이처럼 공공-민간 연계의 네트워크 기반 사업 구조를 통해 고객 접점과 신뢰성을 확보하고, 복원 성과에 대한 공식 인증과 행정적 지원까지 유도한다는 점에서 차별화된 네트워크 전략을 확보하고 있다.

Product Performance

이끼 키트는 척박한 지역에서도 활착이 뛰어나고, 기후·지형 조건에 무관하게 자라기 때문에 다양한 환경에서 복원 성과를 낼 수 있는 제품이다. 실제로 동일 조건의 복원 작업에서 이끼 키트를 활용할 경우 50% 이상 복구 시간이 단축되고, 수분 보존 및 유기물 함량 증가, 토양 미생물 활동 활성화 등 부가 효과가 입증되었다. 또한, 유해물질 없이 생물 기반 원료로 제작된 키트는 비가 오면 확산되어 쉽게 뿌려지며, 고가 장비 없이도 작업이 가능하다는 실용적 강점을 지닌다.

Service

이끼 복원 키트의 효과를 극대화하기 위해 사용자 환경에 맞춘 맞춤형 품종 구성과 복원 가이드를 함께 제공한다. 기후, 지형, 토양 조건에 따라 적합한 이끼 품종(예: 아기돌솜이끼, 꼬물이끼, 쨰꼬미이끼)을 구분하고, 현장 적용 시 생존율과 착근력을 높일 수 있도록 뿌리는 방식과 관리 요령까지 안내하고 있다. 이러한 서비스는 제품을 누구나 쉽게 사용할 수 있도록 돕는 동시에 복원 대상지에 따라 생물다양성 회복률과 생육 성공률을 높이는 방식으로 제품의 실질적 가치를 지원하고 증대시키는 역할을 한다.

Brand

단순한 복원 자재 브랜드가 아닌, '자연 기반 복원 솔루션 전문 기업'이라는 정체성을 강화하고 있다. 브랜드 메시지는 '기술로 이끼를 키워 자연을 되살린다'는 점에 초점이 맞춰져 있으며, 정부와 지자체에 다양한 실적을 축적하면서 '과학적 복원'이라는 공공 이미지도 함께 구축되고 있다. 특히, 산불 재난 복구, 생태 공공 조경 등 민감한 영역에서의 복원 성과는 브랜드 신뢰도를 더욱 공고히 하는 자산으로 작용하고 있다.

레미디(Remedi)
업사이클링 기반 반려동물 용품을 통한 감성적 순환소비 실현

1 기업개요

레미디는 업사이클링 소재를 활용해 반려동물 용품을 제작·판매하는 커머스 브랜드 '레미투미'를 운영하는 기업이다. 자원 재활용, 친환경 원료, 공정 거래 등 ESG 요소를 반영한 생활용품을 통해, 소비자가 일상 속에서 환경 문제를 실천적이고 감성적으로 해결할 수 있도록 돕는다. 특히 제품의 실용성과 정서적 만족을 동시에 추구하며, 다음 세대에게 물려줄 수 있는 '아름다운 지구'를 만들고자 하는 브랜드 철학을 기반으로 커머스를 전개하고 있다.

2 Environmental/Social Lean Canvas 분석

경쟁력 / 시장수용성

문제점	솔루션	가치제안	경쟁우위	목표고객
- 호텔 등에서 단기간 사용 후 폐기되는 고급 침구 원단 발생	- 폐기되는 원단을 수거해 반려동물 패브릭 용품으로 업사이클	- 버려지는 호텔 침구의 재발견	- 5성급 침구류를 활용한 제품으로 일본에서 2,000% 가까운 크라우드 펀딩 실적 달성	- 반려동물 관련 종사자 - 동물병원 - 반려동물 카페 운영자 - 일반 반려인
기존대안	**핵심지표**	**상위개념**	**채널**	**얼리어답터**
- 단순 폐기	- 고급 소재 활용을 통한 업사이클링 구현	- 폐자원을 활용하여 가치있는 제품으로 재자원화	- 자사 홈페이지 - 박람회 - 크라우드 펀딩	- 친환경 반려용품 수요자

비용 구조	수익원
- 공장 가동 비용(제품 제작비) - 작업실 운영비 - 박람회 참여 비용	- 반려동물 패브릭 제품 판매 수익

생존가능성

Environmental(or Social) Costs	Environmental(or Social) Benefits
- 폐기물 운반, 전처리 등에 의한 추가적인 환경 비용	- 폐기물을 자원화함으로써 탄소 배출 차단 - 새로운 자원 채굴 없이 생산 가능

ESG가치

경쟁력

일상적으로 폐기되는 호텔용 고급 침구 원단에 주목해, 반려동물 용품 시장에서 지속가능한 소비 방식을 제안하는 커머스 브랜드다. **문제점 정의**는 5성급 호텔 등에서 1~2년 정도 사용된 침구가 품질에 비해 너무 이른 시점에 폐기된다는 점, 이 과정에서 양질의 소재가 재사용되지 못하고 자원 낭비 및 환경 오염으로 이어진다는 데에서 출발한다. 이러한 문제를 해결하기 위한 **솔루션**으로 레미디는 폐침구 원단을 수거하여 반려동물 패브릭 제품(담요, 장난감, 외출가방 등)으로 업사이클링하는 방식을 채택하였다. **기존 대안**은 단순 폐기 또는 산업 폐기물 처리에 불과하며, 소비자가 체감할 수 있는 상품으로 전환되는 구조는 존재하지 않았다. 레미디는 소재의 질감과 감성을 그대로 살리면서, 버려지는 원단에 새로운 용도를 부여하는 업사이클링 방식으로 접근하고 있으며, 이를 통해 제품 자체의 기능성과 브랜드 메시지를 동시에 실현한다. **핵심 지표**는 '호텔 고급 원단의 재사용률'과 '업사이클링 제품의 자발적 구매율'로 설정된다.

시장수용성

가치제안 측면에서는 기존에 쉽게 폐기되던 고급 소재를 감성적이고 실용적인 반려동물 용품으로 재탄생시킨다는 점이 핵심이다. 이는 단순한 친환경을 넘어, 소비자가 윤리적 소비를 통해 정서적 만족까지 얻을 수 있도록 설계된 소비 경험이다. **경쟁우위**는 5성급 호텔에서 실제 사용된 고급 침구를 재활용한다는 점이며, 이는 품질 면에서 차별화 요소로 작용할 뿐만 아니라, 브랜드의 정체성을 직관적으로 전달하는 데도 효과적이다. **고객 세그먼트**는 반려동물 관련 종사자, 반려동물 동호회 운영자, 감성소비에 관심 있는 일반 반려인을 포함하며, **얼리어답터**는 친환경 소비와 반려동물 복지를 동시에 중시하는 MZ세대 소비자층이다. **상위 개념**은 '지속가능한 감성 순환소비'라는 브랜드 철학이며, 이는 기존의 재활용 중심 기업과는 다른 방향으로 시장에서 차별화를 이루는 기반이 된다. **유통 채널**은 자사 홈페이지를 중심으로 크라우드 펀딩, 오프라인 박람회 등을 통해 고객과 접점을 넓혀가고 있다.

생존가능성

수익원은 반려동물 패브릭 제품 판매를 중심으로 구성되며, 특히 크라우드 펀딩을 통해 초기 시장에서 수요 검증과 고객 피드백을 확보해 왔다. 이후 자사몰 중심의 판매 채널 확장을 통해 브랜드 충성도를 확보하고 있으며, 향후에는 B2B 형태의 반려동물 매장 입점도 계획하고 있다. **비용 구조**는 업사이클 제품 제작을 위한 공정 가공비, 장비 운용비, 박람회 참가비 등으로 구성되며, 원단 자체가 폐기물로 공급되기 때문에 재료비 부담은 낮은 편이다. 이는 일반 제품 대비 제조원가를 절감하는 동시에, 환경적 가치와 수익성을 함께 확보할 수 있는 구조로 작동하고 있다.

ESG가치

ESG 측면의 환경 및 사회적 영향에서 레미디는 버려지는 자원을 감성적 방식으로 재발견하고, 소비자가 쉽게 접근할 수 있는 제품 형태로 전환함으로써 자원순환의 대중화를 이끌고 있다. 특히 매년 6,000톤 이상 발생하는 폐침구류를 원천 차단하여 소각 시 발생하는 탄소배출을 줄이고, 폐기 단계의 온실가스 유출도 막을 수 있다는 점에서 환경적 기여도가 높다. 또한 새로운 원단을 생산하지 않고 기존 자원을 그대로 활용한다는 점에서, 공급망 전반의 부담을 줄이는 효과도 함께 가져온다. 제품을 통해 전달되는 메시지 또한 윤리적 소비에 대한 공감과 행동으로 연결되어, 사회적 인식 변화에 긍정적으로 작용하고 있다.

3 돈과 정보의 흐름 분석

레미디의 사업 구조는 호텔, 일반 소비자, 그리고 자체 브랜드인 '레미투미'를 중심으로 구성되어 있으며, 이들 사이에서 정보의 흐름과 금전 흐름이 순환되는 구조를 갖고 있다. 정보의 흐름은 호텔에서 시작된다. 국내외 호텔에서 수거된 5성급 침구류가 레미디로 전달되며, 이 침구는 레미디의 업사이클링 브랜드인 '레미투미'를 통해 반려동물 용품 제품으로 재가공된다. 수거된 침구류는 원단 상태나 활용 가능성 등을 고려해 제품 제작에 사용되며, 이는 반려동물 소비자들에게 전달되는 제품의 핵심 원료가 된다.

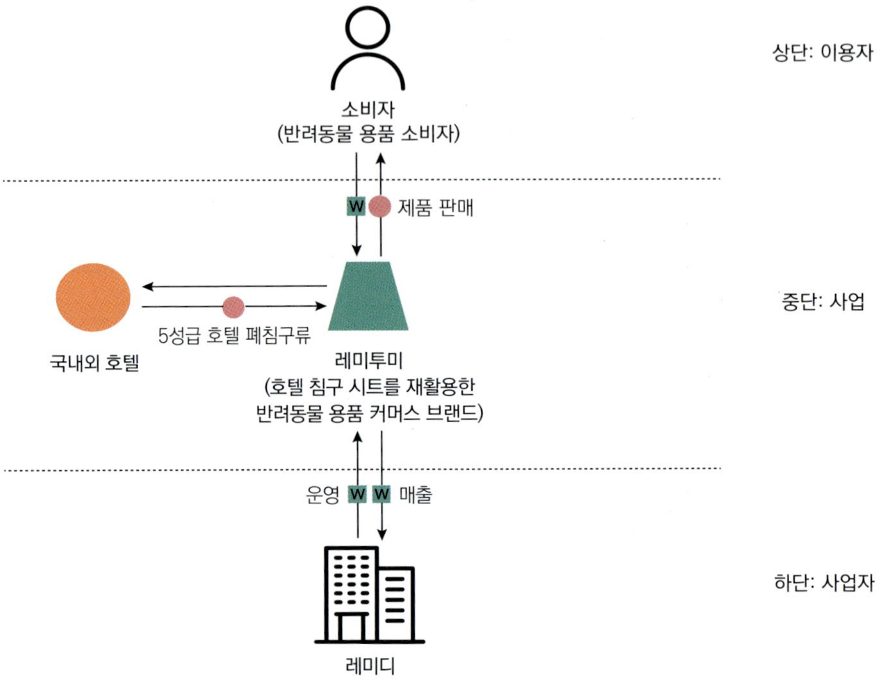

돈의 흐름은 크게 두 가지 방향으로 구성된다. 첫째, 레미디는 호텔로부터 무상 또는 협의된 조건에 따라 폐침구를 공급받고, 이를 재가공하여 제품으로 만든 뒤 소비자에게 판매한다. 둘째, 완성된 제품은 자사 브랜드 '레미투미'를 통해 직접 판매되며, 소비자로부터 수익을 창출한다. 소비자는 레미투미가 제공하는 반려동물 용품을 구매하며 금전적 대가를 지불하고, 이 수익은 다시 레미디의 제품 개발 및 운영비용으로 활용된다. 이처럼 레미디는 자원 순환 기반의 구조 속에서 호텔과 소비자 간 자원을 연결하고, 자사 브랜드를 통해 업사이클 제품을 시장에 공급하는 구조를 바탕으로 사업을 전개하고 있다.

4 Innovation Type 분석

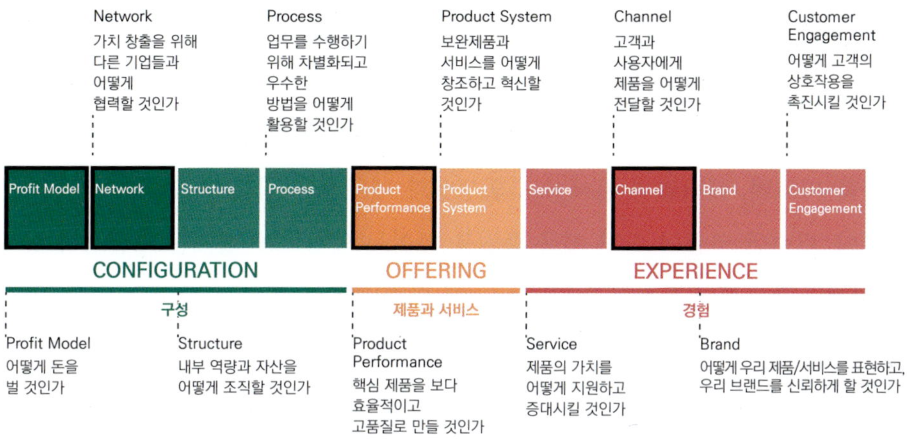

레미디는 총 네 가지 유형의 혁신을 수행하고 있다.

Profit Model

호텔에서 수거한 고급 침구류를 업사이클링하여 반려동물 용품으로 재가공하고, 이를 자사 브랜드 '레미투미'를 통해 소비자에게 판매하는 방식으로 수익을 창출한다. 일반적인 원단 구매가 아닌, 자원 재사용을 전제로 한 모델이기 때문에 원가 절감과 동시에 친환경 가치를 실현하고 있다. 침구 원단은 일반적인 섬유보다 두껍고 내구성이 높아 반려동물 용품으로 적합하며, 새 원단을 구매하는 대신 자원 재활용을 기반으로 생산이 이뤄진다.

Network

제주창조경제혁신센터 주최 데모데이에서 수상한 뒤, 도전 J-스타트업 엑셀러레이팅 프로그램에 선정되며 초기 네트워크를 확장했다. 호텔로부터 폐기된 침구류를 공급받기 위해 일부 파트너 호텔과 협력 체계를 구축했으며, 원단의 안정적인 확보를 위한 공급 기반을 마련했다. 또한, 일본 마쿠아케에서의 크라우드 펀딩 성과를 통해 해외 유통 가능성도 확보하고 있다.

Product Performance

레미디의 제품은 사용된 침구류의 위생 상태, 재봉 공정, 후처리 단계까지 고려한 정교한 업사이클링 과정을 통해 완성된다. 특히 커버 제품에는 EPP(발포폴리프로필렌) 충전재가 적용되어 모양 복원력과 통기성을 동시에 확보하고 있으며, 일부 제품에는 무형광 원단이 사용되어 안전성을 높였다. 또한, 인체용 제품에 준하는 공정을 거치며, 펫박람회 등에서도 위생성과 내구성을 검증받은 사례가 다수 존재한다. 단순한 리폼이 아닌 제품 품질을 높이는 업사이클 설계는 제품성과 관련된 경쟁력 요소로 작용하고 있다.

Channel

자사 홈페이지 기반의 커머스 운영을 중심으로 제품을 직접 판매하고 있으며, 호텔과 협력한 폐자원 수거 구조를 구축해 생산 전 과정을 투명하게 공개한다. 이후 제품화된 반려동물 용품은 온라인 직판 외에도 '서울국제소싱페어'와 같은 전시회나 펫박람회, 그리고 일본의 마쿠아케 플랫폼을 통해 소비자에게 전달된다. 특히 마쿠아케 펀딩에서는 목표 대비 2,000% 이상을 달성하며 높은 소비자 반응을 이끌어냈고, 이 성과를 바탕으로 향후 글로벌 시장 진출 가능성 또한 확보했다.

아코플레닝(Acoplanning)
재생 가죽으로 실현하는 지속가능 소재 혁신

1 기업개요

아코플레닝은 천연 가죽의 대체재로 기능하는 친환경 재생 가죽 소재를 개발·생산하는 소재 기술 기업으로, 소각되거나 매립되는 소가죽 부산물의 환경 문제를 해결하기 위해 재생 가죽, 가죽 실, 가죽 원단 등 고부가가치 제품을 자체 공정으로 상용화하고 있다. 아코 레더(재생 가죽)와 아코 레더 실(리싸이클 섬유 기반 가죽 실)은 각각 99%의 효율성을 갖추었으며, 기존 가죽 제조 대비 탄소배출량을 약 600분의 1 수준으로 줄인다는 점에서 국내외의 주목을 받고 있다. 또한, 전 과정에 화학약품이나 물을 사용하지 않는 무방류 공정도 자체 기술로 확보하고 있다. 아코플레닝은 단순한 친환경 소재 생산을 넘어, 전통 섬유·가죽 산업의 순환경제 전환을 이끄는 지속가능 기술 기업으로 자리매김하고 있다.

2 Environmental/Social Lean Canvas 분석

경쟁력

아코플레닝은 가죽 산업의 환경적 문제를 순환경제 관점에서 해결하고자 하는 기술 기반의 비즈니스 모델을 구축하고 있다. **문제점 정의** 측면에서, 아코플레닝은 가죽 제조 공정에서 연간 60만 톤 이상 발생하는 가죽 폐기물의 심각성에 주목하였다. 이 폐기물은 대부분 매립되거나 소각되며, 이를 처리하는 데에는 월드컵 경기장 6개 규모에 해당하는 부지가 필요하다는 점에서 근본적인 대안이 필요했다. 이러한 문제를 해결하기 위한 **솔루션**으로, 아코플레닝은 아코 레더와 아코 레더 실을 포함한 다양한 친환경 소재를 자체 기술로 개발하고 있다. 특히 아코 레더는 100% 천연 재생가죽을 기반으로 하며, 건식 공정을 통해 물과 화학약품을 전혀 사용하지 않는 무방류 생산이 가능하다. **기존 대안**인 비건 가죽(예: Pinatex, Mylo

등)도 친환경성을 지향하나, 일부 제품은 내구성이나 생산 효율 측면에서 상업화에 한계가 있었다. 반면, 아코플레닝은 **핵심 지표**로서 100% 천연재생 소재 사용, 건식 제작 방식, 손실률 1% 미만이라는 기술적 성과를 확보하고 있으며, 주요 소재에 대한 특허 및 상표 출원을 통해 기술 보호 체계도 마련하고 있다.

경쟁력 / 시장수용성

문제점
- 가죽 공정 과정에서 연간 60만 톤의 가죽 폐기물 발생
- 매립 시 대규모 부지 필요(예: 월드컵 경기장 6개 규모)

솔루션
- 지속가능한 재생가죽 소재 및 전 세계 최초 가죽 실 등 다양한 소재 개발

가치제안
- 친환경 가죽 소재와 실로 지속가능한 자원 순환을 실현하자!

경쟁우위
- 폐가죽에서 실을 뽑아내는 세계 최초 기술
- 가죽 폐기물을 주원료로 사용
- 물, 화학약품 없이 재생 가능한 무방류 공정 기술

목표고객
- 친환경 가죽 및 가죽실을 활용하고자 하는 소비자 및 기업

기존대안
- 친환경 가죽, 비건 가죽 등 제한적 대체재

핵심지표
- 고부가가치 재생 가죽 소재 생산 (아코레더, 아코 레더 실)
- 100% 천연재생가죽 제조 공정 확보
- 재생 가죽 생산 시 건식 제작 방식
- 재생가죽 특허·상표 출원

상위개념
- 지속가능한 섬유 소재로의 확장 기반 구축 (아코 레더, 아코 레더 실, 친환경 원단 등)

채널
- 박람회/엑스포
- 경진대회
- 자사 홈페이지
- SNS 광고
- 해외 수출

얼리어답터
- 기존 친환경 가죽이나 비건 가죽에 한계를 느낀 소비자 및 기업
- 신뢰도 높은 친환경 소재를 도입하고자 하는 브랜드

비용 구조
- 연구, 개발 비용
- 인건비
- 마케팅 비용
- 제품 제작, 설치, 관리 비용
- 폐가죽 수집, 손질 등 추가 공정 비용

수익원
- 투자 수익
- 폐가죽을 활용한 제품 및 소재 판매 수익

생존가능성

Environmental(or Social) Costs
- 전력 사용으로 인한 탄소배출, 설비 제조 및 폐기 자원 부담 등 존재

Environmental(or Social) Benefits
- 아코 레더는 천연가죽 대비 손실률 1% 미만
- 가죽 폐기물 연간 45만 톤 온실가스 감축 효과
- 폐가죽에 새로운 부가가치 부여
- 다양한 가공방식(가방, 시트 등)으로 순환 구조 확산

ESG가치

시장수용성

가치제안은 폐기되는 가죽에 새로운 생명을 부여하고, 실까지 뽑아내어 순환 가능한 소재 생태계를 만든다는 데 있다. 이러한 순환 구조는 소재 자체의 친환경성뿐만 아니라, 소비자와 브랜드가 ESG 가치를 실현하는 데도 효과적인 수단으로 작용한다. **경쟁우위**는 무엇보다 세계 최초로 가죽에서 실을 추출할 수 있는 독자 기술에 있다. 이는 기존 친환경 소재에서는 찾아볼 수 없었던 형태로, 물과 화학약품을 사용하지 않으며, 가죽 폐기물을 그대로 주원료로 활용할 수 있다는 점에

서 진입장벽이 높다. **고객 세그먼트**로는 친환경 가죽 제품을 개발하고자 하는 브랜드와 가죽 실을 활용한 섬유 생산 기업 등이 포함된다. 또한, 기존의 친환경 가죽이나 비건 가죽에 만족하지 못했던 기업을 **얼리어답터**로 설정하여, 기술 신뢰도가 높은 프리미엄 친환경 소재로 시장에 접근하고 있다. **상위개념**으로는 아코 레더, 아코 레더 실, 리사이클 텍스타일 원단 등으로 이어지는 지속가능한 섬유 소재군 전체를 포괄하며, 이는 단일 제품이 아닌 소재 플랫폼으로 확장 가능한 구조를 갖는다. **유통 채널**은 박람회와 견적대회 등 오프라인 행사, 자사 홈페이지와 SNS 광고 등 온라인 홍보, 그리고 해외 수출까지 다양한 방식으로 구성되어 있다.

생존가능성

수익원은 크게 두 가지로 구성된다. 첫째는 재생 가죽과 가죽 실의 판매 수익이며, 둘째는 순환소재 기술에 대한 시장 관심을 바탕으로 한 투자 유치다. 실제로 폐기물 문제 해결과 ESG 실현에 관심이 높은 기업과 투자기관들이 주목하고 있으며, 국내외 수요가 지속적으로 증가하고 있다. **비용 구조**는 소재 기술 기업 특성상 연구개발 비용과 인건비 비중이 크고, 마케팅·유통비와 함께 폐기물 수거 및 공정 전환에 따른 추가 비용이 발생한다. 그러나 공정 자체가 물과 화학약품을 쓰지 않는 구조이기 때문에 장기적으로는 에너지 및 환경비용 절감 효과가 예상된다.

ESG가치

ESG 측면의 환경 및 사회적 영향을 살펴보면, 가죽 폐기물을 주원료로 사용하는 생산 방식은 자원 낭비를 줄이고, 온실가스 배출 저감에도 기여한다. 또한, 무방류 공정을 통해 물과 화학약품 사용을 최소화함으로써, 생산 과정에서의 환경 오염을 예방하고 순환 가능한 소재 구조를 실현하고 있다.

3 돈과 정보의 흐름 분석

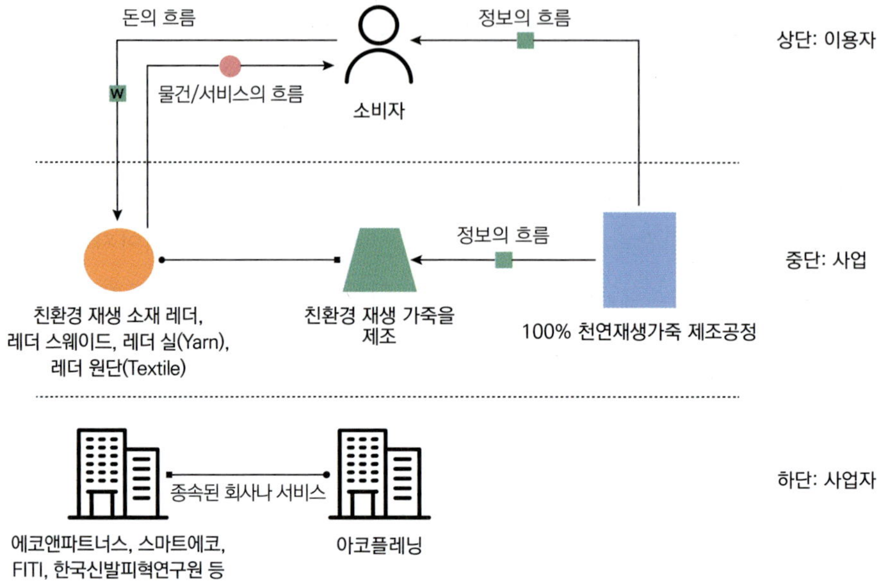

아코플레닝의 사업 구조는 최종 소비자, 중간 생산 공정, 기술 기반 제조 플랫폼 간의 유기적인 흐름으로 구성되어 있으며, 각 주체 간의 정보와 금전 흐름은 순환 구조 안에서 작동한다. 먼저 정보의 흐름은 100% 천연재생가죽을 제조하는 공정에서 시작된다. 가죽 폐기물을 활용한 친환경 제조공정을 통해 생산된 레더, 레더 스웨이드, 레더 실(Yarn), 레더 원단(Textile) 등의 소재는 소비자 또는 브랜드에 전달되며, 실제 사용 경험과 수요 피드백은 다시 아코플레닝으로 수렴된다. 이 피드백은 이후 제품 개선과 품질 보정, 맞춤형 제품 개발 등에 활용되며, 순환적인 정보 흐름 구조를 통해 기술과 생산 모두가 고도화된다.

돈의 흐름은 제품 공급과 서비스 제공 과정에서 발생한다. 소비자는 아코플레닝의 친환경 소재를 구매하며, 그에 따른 비용은 직접적으로 회사의 수익으로 이어진다. 동시에 B2B 파트너십을 기반으로, 친환경 브랜드나 섬유·패션 기업은 아코플레닝과의 계약을 통해 안정적인 원료 확보와 ESG 경영 실현이라는 가치를 취득하게 된다. 아코플레닝은 이 거래 구조를 통해 발생한 수익을 재투자하여 기술 개발 및 생산 효율화에 반영함으로써, 다시 고객에게 더 나은 제품을 제공하는 순환 구조를 형성하고 있다.

4 Innovation Type 분석

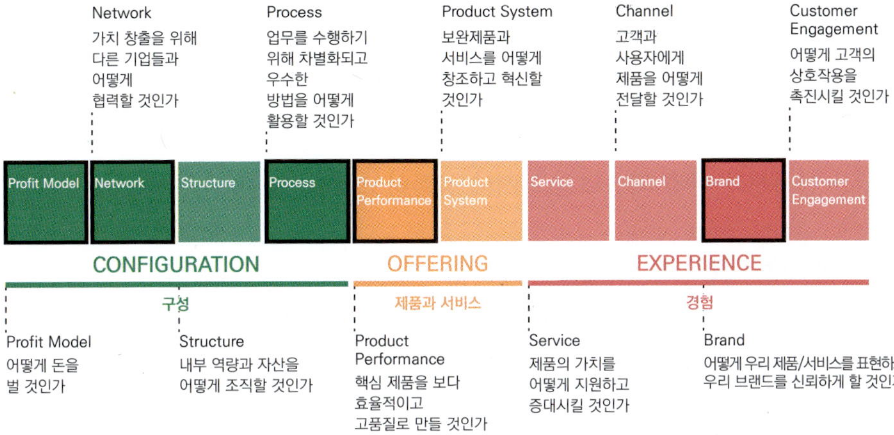

아코플레닝은 총 다섯 가지 유형의 혁신을 수행하고 있다.

Profit Model

아코플레닝은 전 세계적으로 연간 700만 톤 이상 발생하는 가죽 폐기물을 순환 자원화하는 데서 사업 모델의 출발점을 잡고 있다. 가죽 폐기물 중 90% 이상이 소각되거나 매립되며, 재활용되는 비율은 매우 낮은 현실에서, 아코플레닝은 해당 폐기물을 100% 재활용해 레더, 레더 실, 레더 원단 등으로 상업화하고 있다. 이를 통해 소재 자체의 부가가치를 높이고, 온실가스 감축 효과까지 확보하며 순환경제 기반의 수익 창출 구조를 실현하고 있다.

Network

글로벌 ESG 인식이 높아진 섬유·패션 업계와 협업 네트워크를 구축하고 있다. 다국적 친환경 브랜드들의 요구에 대응하여, 가죽 폐기물 기반의 친환경 소재를 공동 개발하거나 OEM 형태로 납품하고 있으며, 다양한 방식의 외부 파트너십을 확장 중이다. 이러한 협력은 기술의 사회적 확산뿐 아니라 지속가능 공급망 구축에도 기여하고 있다.

Process

가죽에서 실을 뽑아내는 기술은 기존 산업에서는 존재하지 않았던 방식으로, 아코플레닝은 이를 통해 세계 최초의 건식 가죽 실 제조 공정을 상업화하였다. 이 공정은 물과 화학약품을 전혀 사용하지 않는 무방류 시스템으로 설계되어, 오염물 배출 없이 균질한 품질의 소재를 생산할 수 있다. 이러한 차별화된 제조 방식은 생산 안정성과 환경 대응력을 동시에 강화하고 있다.

Product Performance

아코플레닝은 고부가가치 재생 가죽 소재를 생산하면서도 제품의 성능 면에서도 완성도를 확보하고 있다. 손실률 1% 미만, 다양한 물성 구현, 맞춤형 컬러와 질감 제공 등 소비자 사용성 중심의 기술을 확보하고 있으며, 실제로 가방, 신발, 시트, 내장재 등 다양한 영역에서 적용 가능한 물성과 내구성을 보유하고 있다.

Brand

재생 가죽 소재의 기술력과 친환경 철학을 바탕으로, 아코플레닝은 다양한 글로벌 기관 및 시상식에서 브랜드 신뢰성을 확보해 왔다. 국내에서는 GRS(Global Recycled Standard), ISO 14001 등 공식 인증을 획득했으며, 해외에서는 Red Dot, 독일 프라운호퍼 연구소, 프리미어비전 등 글로벌 유수 기관에서 기술 우수성과 지속가능 브랜드로서의 가치를 인정받고 있다.

마일포스트(Milepost)
헴프 기반 대체식품을 통한 건강한 식생활 전환 실현

1 기업개요

마일포스트는 헴프씨드(대마씨앗)를 기반으로 한 식음료와 건강기능식품을 개발·공급하는 식물성 대체식품 전문 기업이다. 단순한 기능식품 개발을 넘어, 오메가3·6 지방산, 불포화지방산, 식물성 단백질 등 헴프 특유의 영양 성분을 일상 식생활에 도입할 수 있도록 다양한 제품군을 확장하고 있으며, '빠른 수익 실현'과 동시에 '헴프의 국민식재료화'를 지향한다. 2021년 헴프 원두를 시작으로, 헴프티·에너지드링크·헴프단백질·헴프푸드쉐이크 등의 기능성 음료를 개발해 왔으며, 카페 창업 경험을 기반으로 일상 식사에서 간편하게 섭취할 수 있는 헴프 제품 개발에 집중하고 있다. 특히 최근에는 일반 우유와 유사한 헴프유유를 개발하여, 동물성 원료를 대체할 수 있는 식물성 단백질 공급원으로서의 가능성을 확장해 나가고 있다.

2 Environmental/Social Lean Canvas 분석

경쟁력

마일포스트는 식물성 단백질 대체식품의 부재와 환경적 지속가능성 요구에 대응하기 위한 헴프 기반 제품을 개발해 일부 제품을 이미 출시하였으며, 상용화 범위를 확장하기 위한 기술 검증과 제품군 확대를 지속하고 있다. **문제점 정의**는 기존 곡물 단백질의 기능적 한계와, 축산 기반 단백질 생산이 갖는 환경 오염 및 ESG 기준 미충족에서 출발한다. 이를 해결하기 위한 **솔루션**으로 마일포스트는 헴프씨드 가공에 특화된 로스팅 기술을 도입하여, 단백질 변형 없이 기능성 식품으로 전환하는 방식을 개발했다. **기존 대안**으로는 단순한 헴프 오일 제품이 있으나, 이는 성분 활용 범위가 제한적이며, 대중소비재로 확장하기 어렵다는 단점이 있었다. 마일포스트는 헴프씨드를 로스팅하여 고형 단백질을 보존하는 자체 기술을 바탕으로 헴프유유, 헴프에너지 음료 등 다양한 제품군으로 확장하고 있으며, 수율이 개선된 우유 단백질 생산 방법 등을 포함한 십여 개의 관련 특허를 보유하고 있다. **핵심 지표**로는 고령층 대상 단백질 기능식 및 알레르기 대체식으로의 상업화 가능성, 음료·유제품 시장 내 대체 우유 제품으로서의 진입 가능성 등이 꼽힌다.

경쟁력 / 시장수용성

문제점	솔루션	가치제안	경쟁우위	목표고객
- 세계 6대 곡물인 헴프씨드 가공의 한계 - 환경 오염 및 ESG 흐름 속 식물성 대체 자원의 필요성	- 국내 최초 헴프씨드 가공 로스팅 기술 개발 - 단백질 성분 변형 없이 헴프식품 가공 - 헴프유유 등 대체우유 솔루션 제공	- 국내에서 개발이 미비했던 대체 단백질 원료로서 헴프 활용	- 헴프 로스팅 기술은 국내 최초 - 단백질 변형 없이 고기능 식품화 가능	- 근감소증 환자, 40대 이상 건강기능 식품 수요자 - 우유 알레르기 등 특수식 요구 고객
기존대안	**핵심지표**	**상위개념**	**채널**	**얼리어답터**
- 헴프 오일 제품 - 중심의 제한적 활용	- 헴프씨드를 활용한 단백질 보충식품(유유, 음료, 오일 등) 개발 - 세계 최초 헴프씨드 로스팅 기술 상용화	- 식물성 단백질 시장에서 새로운 원료로 사용 - 대체 우유로 활용	- 박람회/엑스포/전시회 - B2B 시장 - 협업 기업 시장 - 해외 진출 시장	- 식물성 단백질 식품에 관심 있는 소비자 - 대체식품 전문 브랜드, 식물성 식품 제조기업

비용 구조	수익원
- 헴프씨드 가공 로스팅기 운용비용 - 헴프씨드 기반 식품 연구/개발 비용 - 헴프씨드 기반 단백질 연구/개발 비용 - 해외 시장 진출 비용 - 박람회/엑스포 등 참여비용	- 국내외 시장 헴프 식품 판매 - 투자 금액 - 기능식품 및 음료 제품군 확장 수익

생존가능성

Environmental(or Social) Costs	Environmental(or Social) Benefits
- 기존 단백질 식품 대비 제조 과정에서 에너지 부담 높음 - 원료 확보 및 생산 초기 비용 부담	- 동물성 단백질 대체 가능 - 우유 알레르기 대안 제공 - 헴프 단백질의 고흡수율과 식물성 지속가능성 확보

ESG가치

시장수용성

가치제안 측면에서는 국내에서 개발이 미진했던 헴프 단백질을 새로운 식물성 원료로 사용하여, 우유 대체 음료, 단백질 보충용 음료, 기능성 간편식 등으로 다양하게 활용할 수 있는 제품을 제공한다는 점이 핵심이다. **경쟁우위**는 세계적으로도 희소한 헴프씨드 로스팅 기술을 확보하고 있다는 점이며, 단백질 성분의 변형 없이 가공해 식품화할 수 있다는 점에서 타 대체식품과 차별된다. **고객 세그먼트**는 근감소증 환자, 건강기능식품을 필요로 하는 중장년층, 우유 알레르기 등 특수 식이 니즈가 있는 소비자 등으로 구성되며, 특히 식물성 단백질 기반 대체식품을 찾는 **얼리어답터**가 주요 공략 대상이다. **상위 개념**으로는 기존 식물성 단백질 시장을 넘어, 기능성과 대체성을 겸비한 '차세대 단백질 식품'으로의 포지셔닝이 특징이며, **유통 채널**은 박람회 및 엑스포 등 오프라인 홍보 채널, B2B 기업 간 거래, 협업 브랜드 론칭, 해외 진출 등을 포괄하는 멀티채널 구조로 구성되어 있다.

생존가능성

수익원은 국내외 시장에서의 헴프 식품 및 음료 제품 판매를 중심으로 구성되며, 이와 함께 기능식품에 대한 투자 유치와 공동개발 사업을 통한 수익 확보도 병행되고 있다. 특히 헴프유유, 헴프에너지티 등은 기존의 음료 시장과 병행 진입이 가능해 빠른 상업화가 기대되는 제품군이다. **비용 구조**는 헴프 가공을 위한 설비 및 운영비용, 제품 개발을 위한 식품 R&D, 그리고 해외 시장 진출을 위한 인증 및 박람회 참여 비용 등으로 구성되며, 초기 고정비 부담이 있는 대신 진입 후 수요 확대에 따른 단가 절감 여지도 확보하고 있다.

ESG가치

ESG 측면의 환경 및 사회적 영향에서 마일포스트는 동물성 단백질 생산 과정에서 발생하는 온실가스, 자원 소비, 동물 복지 문제를 회피하고, 식물성 기반으로 전환된 단백질 공급 체계를 제시하고 있다. 특히 헴프 단백질은 오메가3·6 불포화지방산을 다량 함유하고 있어, 기존 단백질 섭취 대비 건강 기능성과 지속가능성을 동시에 제공할 수 있다. 또한, 헴프유유는 우유 알레르기 대체 식품으로 활용 가능해 식품 다양성, 접근성, 소비자 선택권 확대라는 사회적 가치를 함께 창출하고 있다.

3 돈과 정보의 흐름 분석

마일포스트의 비즈니스 구조는 헴프를 기반으로 한 건강기능 식품을 개발·공급하는 기업으로서, 원료 조달부터 제품 개발, 소비자 유통까지 전 과정에서 정보와 자본이 순환되는 구조로 설계되어 있다. 주요 이해관계자는 헴프 원두 및 식음료 완제품의 수요자, 국내외 유통 파트너, 그리고 마일포스트 자체의 가공 및 연구개발 시스템으로 구성된다. 정보의 흐름은 헴프 원물 공급자 및 소비자의 제품 피드백에서 출발한다. 마일포스트는 헴프씨드 탈피박을 활용한 음료, 콤부차, 에너지드링크 등 다양한 제품을 개발하면서, 고객사로부터 수요 데이터와 기능성 검증 결과, 시제품 반응 등 주요 정보를 수집한다. 이 정보는 신제품 개발과 헴프 가공 기술 개선에 반영되며, 소비자의 구매 패턴, 알레르기 대응력, 고령층 섭취 적합성 등의 데이터를 기반으로 제품 포트폴리오를 확장해 나간다. 또한 해외 유통사와의 업무 협약을 통해 현지 시장 특성, 인증 기준, 물류 및 라벨링 정보 등을 교환하며, 이러한 정보는 해외 진출 전략 수립의 핵심 자원이 된다.

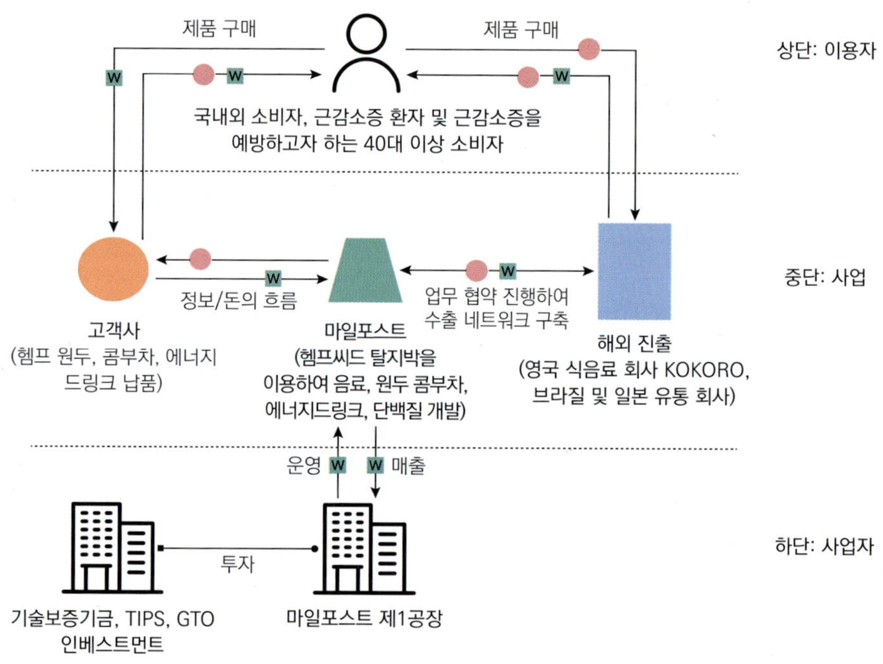

돈의 흐름은 크게 세 방향으로 나뉜다. 첫째, 제품을 구매한 소비자가 직접 지불하는 제품 매출이 있다. 마일포스트는 기능성 음료와 단백질 보충 제품을 통해 40대 이상 소비자, 근감소증 환자, 알레르기 대체 식품 수요자 등으로부터 안정적인 수익을 창출하고 있다. 둘째, 헴프 원두 및 음료 제품을 납품받는 B2B 고객사로부터 납품 단가 기준의 비용을 수취하며, 고객사는 이를 자사 유통망을 통해 재판매하거나 소비자 대상 기능식으로 공급한다. 셋째, TIPS, 기술보증기금, GTO 인베스트먼트 등으로부터 받은 투자 자금을 통해, 제1공장의 설비 운영과 추가 연구개발 자금이 확보되고 있다. 이처럼 마일포스트는 고객의 수요 및 기능성 정보 → 제품 개발 및 기능 개선 → 시장 확대라는 정보 순환 구조와, 직접 판매 → 납품 수익 → 투자 유치 및 운영비 회수라는 돈의 흐름을 결합하여, 건강한 식물성 단백질 식품 시장에서의 경쟁력 있는 순환형 비즈니스 모델을 구축하고 있다.

4 Innovation Type 분석

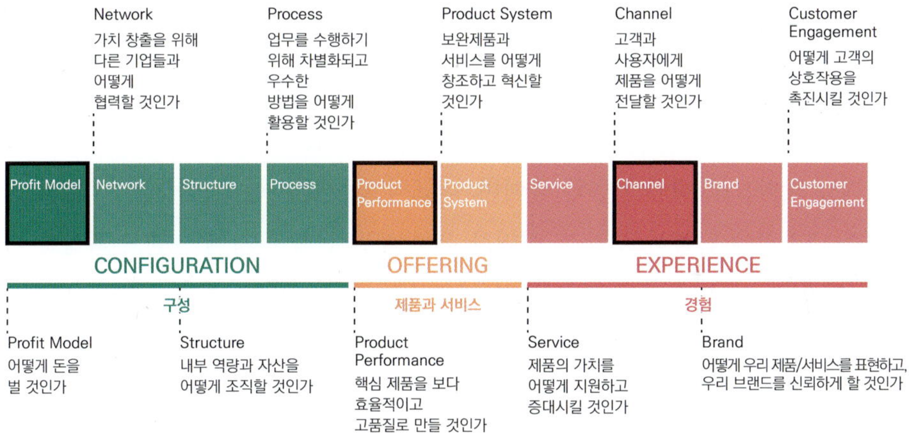

마일포스트는 총 세 가지 유형의 혁신을 수행하고 있다.

Profit Model

헴프씨드는 미국 FDA가 지정한 세계 6대 슈퍼곡물 중 하나로, 최근에는 산업용 헴프에 대한 법적 규제가 전 세계적으로 완화되는 추세다. 국내에서는 헴프 오일 외에는 제품화가 활발하지 않은 상황에서, 마일포스트는 국내 최초로 헴프씨드 탈피박을 가공하여 단백질 성분 변형 없이 식음료 제품으로 활용할 수 있는 로스팅 기술을 개발하였다. 이를 통해 헴프 원두, 헴프 유유 등 다양한 제품군을 구성하고 있으며, 제품 판매 수익 외에도 기능성 식품으로서의 확장성과 가공기술을 기반으로 한 기술 이전 및 OEM 매출 등 다양한 수익 모델을 확보해 나가고 있다.

Product Performance

기존 산업용 대마는 환각물질(THC) 우려로 인해 국내에서 활용 범위가 제한적이었다. 마일포스트는 THC 성분이 제거된 식용 헴프씨드를 활용하여, 단백질, 식이섬유, 불포화지방산 등 기능성 영양 성분을 변형 없이 가공할 수 있는 기술을 확보하였다. 특히 헴프 단백질은 인구 고령화와 함께 증가하는 근감소증 예방, 우유 대체 수요, 장건강 개선 등에서 기능성을 입증하고 있으며, 마일포스트는 이를 기반으로 헬스케어 식품 시장에서의 실질 활용 가능성을 높이고 있다.

Channel

마일포스트는 자사몰과 오프라인 푸드테크 전시회, B2B 유통망 등을 통해 다양한 고객과 접점을 형성하고 있다. 20곳 이상의 기업과 협업을 맺고 OEM 또는 공동개발 방식으로 제품을 공급 중이며, 대표적으로 헴프 원두, 콤부차, 에너지 드링크를 대기업에 납품하고 있다. 이러한 유통 채널 전략은 자체 브랜드 확장뿐 아니라, 시장 내 기술력 인정 및 식물성 대체식품 카테고리 내 입지 강화를 동시에 달성하고 있다.

CHAPTER 2

미래 도시와 스마트 환경

이큐브랩(Ecube Labs)
스마트 폐기물 관리를 통한 지속가능 도시 실현

1 기업개요

이큐브랩은 2011년 설립된 스마트 폐기물 관리 솔루션 기업으로, 태양광 압축 쓰레기통, 초음파 적재량 센서, 클라우드 기반 데이터 플랫폼을 통해 도시의 폐기물 수거 효율을 극대화한다. 'CleanCUBE(스마트 태양광 압축 쓰레기통)', 'CleanFlex(초음파 감지 센서)', 'CleanCityNetworks(데이터 기반 수거 경로 최적화 소프트웨어)'라는 독자 기술을 보유하며, 서울시와는 공공 실증 사업을 통해 스마트 쓰레기통 및 적재량 센서를 적용하고 있으며, LGU+와는 NB-IoT 기반의 통신 인프라 실증을 공동으로 수행한 바 있다. 또한, 더블린 공항과 샌프란시스코 프리미엄 아울렛 등 해외 주요 거점에는 실제 운영 사례로 제품이 도입되어 사용되고 있다. 이큐브랩은 단순한 기술기업을 넘어, 환경·사회적 가치를 함께 실현하는 도시 인프라 혁신 기업으로 자리잡고 있다.

2 Business Model Canvas 분석

경쟁력 / 시장수용성

문제점	솔루션	가치제안	경쟁우위	목표고객
- 쓰레기통이 주기적으로 수거되지 않아 넘쳐나는 경우 속출 - 비효율적인 폐기물수거 쓰레기통에 생기는 벌레와 해충	- 일반쓰레기통에 비해 폐기물을 최대 5배 더 많이 담을 수 있음 - 바퀴 달린 쓰레기통과 호환 - 클라우드 기반 모니터링 및 데이터 분석 플랫폼에 무선 전송을 통해 실시간 전달 - GPS 위치추적	- 50% 이상 향상된 폐기물 수집 효율성으로 더 많이, 더 편리하게, 더 스마트하게 쓰레기 관리하세요!	- 클라우드 기반 소프트웨어를 최신 IoT 센서와 쓰레기통 기술에 결합	- 지자체 - 쇼핑몰/백화점 - 공항 - 사무실 단지 - 대학교 - 병원 - 폐기물 수집가 (소규모운송업체)
기존대안	**핵심지표**	**상위개념**	**채널**	**얼리어답터**
- 쓰레기통에 QR 코드를 부착하여 스마트폰으로 쓰레기통 관리 요청 - 태양광 압축 쓰레기통	- 종합적인 스마트 쓰레기 관리 솔루션을 제공하여 효과적인 폐기물 관리 - 실시간으로 폐기물 현황을 제공하여 인건비 절약 - IoT 센서를 통해 쓰레기가 얼마나 찼는지 전달하고, 쓰레기 수거를 위한 최적의 경로를 제공하여 비용 절약	- 클라우드 기반 소프트웨어를 최신 IoT 센서와 스마트 쓰레기통 기술에 결합하여 종합적인 스마트 쓰레기 관리 솔루션을 제공	- 박람회 - 각종 SNS 광고 (인스타그램, 페이스북 등) - 지자체 및 공공기관에 기부하여 쓰레기통에 자체적으로 광고	- 유동인구가 많아 폐기물 배출이 많은 장소를 관리 및 운영하는 업체

비용 구조	수익원
- 데이터 및 서버 관리 비용 - 인건비 - 마케팅 비용 - 제품제작 비용 - 폐기물 수거 비용 - 에이전트 수수료 제공 비용	- 폐기물관리 솔루션 제공 - 쓰레기통 판매 및 대여 비용 - 쓰레기통에 홍보물 부착하여 광고 수익

생존가능성

Environmental(or Social) Costs	Environmental(or Social) Benefits
- 실시간 모니터링과 수거 경로 최적화에 필요한 데이터 센서, 서버 인프라, 통신망 사용으로 인한 전력 소모	- 넘치는 쓰레기를 자동으로 압축하여 쓰레기 범람과 해충 문제를 줄여 깨끗하고 위생적인 도시환경 조성 - 수집되는 데이터를 기반으로 예측 및 통찰 분석을 진행하여 폐기물 수거관리 운영을 개선 - 실시간으로 폐기물 현황을 확인할 수 있어서 폐기물 작업 간소화하고 최적화하여 폐기물을 효율적으로 수집 - 스마트 Iot 기반 하드웨어 소프트웨어 솔루션으로 도시의 쓰레기수거 비용을 최대 50% 절감

ESG가치

경쟁력

이큐브랩의 비즈니스 모델은 폐기물 관리의 효율성과 지속가능성을 동시에 달성하기 위한 ESG 기반의 구조로 설계되어 있다. **문제점 정의**에서 이큐브랩은 기존 도시 쓰레기통이 정기적으로 수거되지 않아 넘치는 문제, 비효율적인 수거 시스템, 위생 문제(벌레, 악취 등)를 핵심 과제로 설정하였다. 이 같은 문제를 해결하기 위해 **솔루션**으로는 일반 쓰레기통 대비 최대 5배 더 많은 폐기물을 수용할 수 있어 수거 주기를 줄이는 태양광 기반 스마트 압축 쓰레기통, 실시간 데이터 전송 시스템, 바퀴 및 GPS 기능이 포함된 수거 최적화 장치를 제시한다. **기존 대안**은 QR코드 기반 수동 요청 방식이나 단순 압축 쓰레기통에 그친 반면, 이큐브랩은 데이터 기반으로 스스로 상태를 판단하고, 필요한 정보를 자동 전송할 수 있는 지능형 시스템을 통해 **핵심 지표**(예: 폐기물 수거 효율, 비용 절감률)를 명확히 제시한다.

시장수용성

가치제안 측면에서는 CleanFLEX 초음파 센서와 CleanCityNetworks 플랫폼을 통한 운영 효율성 향상으로, 실제 도시 도입 사례에서 폐기물 수거 효율이 최대 50% 이상 개선되었음을 통해 '더 많이, 더 편리하게, 더 스마트하게' 폐기물을 관리할 수 있는 효과를 제공한다. 이는 단지 운영 효율의 문제가 아니라, 위생적인 도시환경 조성과 탄소배출 저감이라는 환경적 가치와도 직결된다. **경쟁우위**는 최신 IoT 센서와 결합된 클라우드 기반 소프트웨어를 중심으로 구축되어 있으며, 이는 기술력에 기반한 진입장벽과 차별화된 서비스 경험을 제공한다. **고객 세그먼트**로는 지자체, 공항, 쇼핑몰, 병원, 대학, 소규모 폐기물 수거업체 등 폐기물이 많이 발생하는 다양한 기관과 기업을 대상으로 한다. 특히 유동인구가 많은 지역을 관리하는 얼리어답터를 주요 공략 대상으로 설정하고 있다. **상위 개념**으로는 이러한 고객들에게 단순한 제품이 아니라, 스마트 기술을 활용한 통합 폐기물 관리 솔루션을 제공한다는 점에서 서비스형 비즈니스로 전환한 것이 특징이다. **유통 채널**은 박람회, SNS 광고(인스타그램, 페이스북 등), 그리고 공공기관과의 파트너십을 통한 기부 방식 등 B2G 및 B2B 환경을 모두 포괄한다. 특히, 기부형 채널을 활용한 사회적 마케팅 방식은 ESG 전략과 자연스럽게 맞물려 있다.

생존가능성

수익원은 크게 세 가지로 구성된다. 첫째, 폐기물 관리 솔루션의 사용료, 둘째, 스마트 쓰레기통의 판매 및 대여료, 셋째, 쓰레기통에 부착된 광고를 통한 광고 수익이다. **비용 구조**는 데이터 및 서버 운영비, 인건비, 마케팅, 제품 생산 및 유지비, 그리고 대리점 및 에이전트 운영비용 등으로 구성되며, 이는 ESG 기반 비즈니스의 지속가능성과 수익성을 동시에 고려하고 있음을 보여준다.

ESG가치

ESG 측면의 환경 및 사회적 영향을 살펴보면, 정보 기반 쓰레기 수거는 작업자의 인력 부담을 줄이고, 도시 위생을 향상시키며, 불필요한 수거 차량 운행을 줄여 탄소배출까지 감축시킨다. 또한, 예측 가능한 관리 방식은 쓰레기 범람을 방지하고, 해충이나 악취 등 도시 생활의 질을 저해하는 요소들을 줄이는 데 기여한다.

3 돈과 정보의 흐름 분석

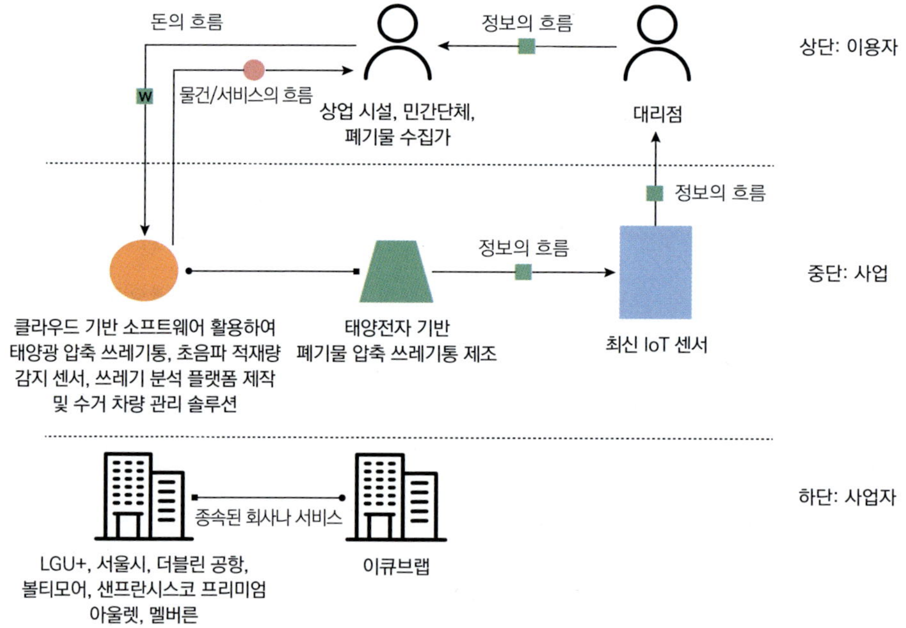

이큐브랩의 비즈니스 구조는 사용자(고객), 중간 유통 주체(대리점, 폐기물 수거업체), 그리고 이큐브랩 본사(서비스 제공자) 간의 유기적인 정보 흐름과 금전적 가치 흐름을 기반으로 운영된다. 먼저 정보의 흐름은 이큐브랩의 스마트 폐기물 관리

시스템에서 출발한다. CleanCUBE와 CleanFlex가 실시간으로 수집한 쓰레기 적재 데이터를 클라우드 기반 플랫폼으로 전송한다. 이 정보는 환경미화원, 지자체, 민간 수거업체 등 이해관계자에게 제공되며, 폐기물 수거 시점 및 경로 최적화에 활용된다. 특히 이 정보는 수거 차량의 운영 효율성을 높이고, 불필요한 출동을 줄여 탄소배출 저감에도 기여한다.

돈의 흐름은 고객과 서비스 제공자 간 거래, 그리고 중개 주체와의 파트너십 수익 구조로 나뉜다. 고객(지자체, 공항, 대형 상업시설 등)은 스마트 쓰레기통 및 데이터 관리 솔루션 사용료를 이큐브랩에 지불한다. 동시에 광고주로부터의 부가 수익(쓰레기통 외부 부착 광고 등)도 존재한다. 폐기물 수거업체나 대리점은 고객과의 계약을 통해 수익을 창출하며, 이큐브랩은 이들에게 일정 비율의 수수료를 제공한다. 이처럼 이큐브랩은 실시간 데이터 수집 → 운영 최적화 → 수거 비용 절감이라는 정보의 선순환 구조와, 제품 판매/대여 및 광고·데이터 기반 수익 창출이라는 돈의 순환 구조를 결합하여 지속가능한 비즈니스 모델을 실현하고 있다.

4 Innovation Type 분석

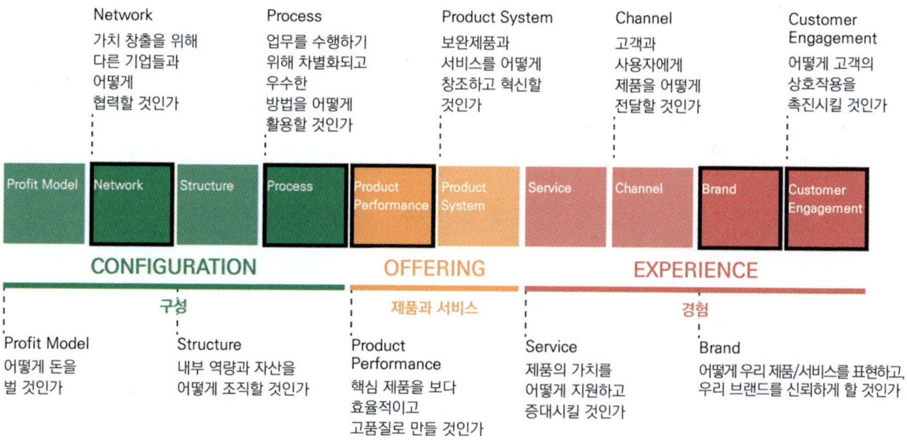

이큐브랩은 총 다섯 가지 유형의 혁신을 수행하고 있다.

Network

기존에도 태양광을 이용한 압축 쓰레기통이 존재했지만, 단순히 쓰레기 용량을 줄이기 위한 목적에 그쳤다. 이에 반해 이큐브랩의 스마트 태양광 압축 쓰레기통은 쓰레기가 쌓이면 자동으로 압축하여 최대 8배까지 적재할 수 있도록 설계하였다. 또한 자체 개발한 클라우드 기반 소프트웨어를 LGU+의 최신 IoT 센서와 결합하여, 쓰레기 적재량 정보를 각 지자체 관제센터와 환경미화원의 스마트폰으로 실시간 전송할 수 있도록 하였다. 이를 통해 폐기물 수거 작업을 간소화하고, 인건비를 절감할 수 있도록 하였다.

Process

실시간 및 과거 데이터를 활용하여 폐기물 수거 일정과 경로를 최적화할 수 있도록 하였다. 이러한 기록 데이터는 운영을 개선하는 데 기여할 뿐만 아니라, 예측 분석과 통찰력을 제공하는 기반이 되어 자원 운용의 효율성을 높일 수 있도록 하였다.

Product Performance

초음파 적재량 감지 센서를 공공 쓰레기통은 물론 지하 쓰레기통이나 탱크 등 다양한 폐기물 용기에 부착할 수 있도록 하였다. 고체뿐 아니라 액체 폐기물도 모니터링할 수 있게 하여, 보다 다양한 환경에서 활용 가능하도록 설계하였다. 클라우드 플랫폼과 함께 사용할 경우, 도시 및 폐기물 관리 업체가 폐기물 수집 효율을 최대 50%까지 향상시킬 수 있도록 하였다.

Brand

에너지관리공단의 '신재생에너지 해외진출지원사업'과 한국환경산업기술원의 '환경기술 국제공동 현지 사업화 지원사업' 등에 선정되었으며, 2014년 산업통상자원부 장관상 수상, 녹색기술인증 획득, 프로스트 & 설리반 Green Excellence 기술혁신상, 서울시 공공 IoT 해커톤 최우수상, 세계도시 전자정부협의체(WeGO) 금상, 대한민국 ICT Innovation 대상(장관표창) 등을 수상하여 기술력과 공공 신뢰성을 인정받도록 하였다.

Customer Engagement

고객이 제품을 사용할 경우 얼마나 비용을 절감할 수 있는지 직관적으로 확인할 수 있도록 '저축 계산기' 서비스를 제공하였다. 별도의 견적서 요청이나 수기 계산 없이, 몇 번의 클릭만으로 절감 효과를 확인할 수 있도록 하여 고객의 접근성과 만족도를 높이도록 하였다.

테코플러스(Tecoplus)
생분해 기능성 소재를 통한 친환경 소비 혁신

1 기업개요

테코플러스는 바이오매스를 기반으로 한 친환경 플라스틱을 개발하고, 여기에 항균, 탈취, 분해 촉진 등의 기능성 첨가제를 적용하여 플라스틱 폐기물 문제 해결을 시도하는 소재 기술 스타트업이다. 기존 플라스틱 대비 별도의 설비 변경 없이 적용 가능한 원료를 제공하며, 코코넛 껍질 등 자연 부산물을 활용해 제조원가를 절감하고 기능성을 확보하고 있다. 생분해 제품 수요가 증가하고 있으나, 생분해 소재라고 해서 반드시 환경적으로 바람직한 것은 아니라는 점도 함께 고려되고 있다. 실제 분해 조건이나 사용 방식에 따라 환경적 효과가 제한될 수 있기 때문이다. 테코플러스는 이러한 한계를 인식하고, 생분해 기능성과 실용성을 동시에 갖춘 소재 개발을 통해 국내 편의점 체인 및 대기업과의 납품 계약을 체결하며 사업을 확장해 나가고 있다.

2 Environmental/Social Lean Canvas 분석

경쟁력

테코플러스는 기존 플라스틱의 환경 오염 문제와 규제 강화 흐름에 대응하여, 식물 유래 바이오매스를 기반으로 한 친환경 플라스틱 소재와 기능성 첨가제를 개발하고 있다. **문제점 정의**에서 테코플러스는 기존 플라스틱이 생산과 폐기 과정에서 유발하는 환경 오염과 재활용 한계를 핵심 과제로 설정했다. 이에 대한 **솔루션**으로는 별도의 설비 교체 없이 기존 공정에 적용 가능한 친환경 첨가제, 그리고 탄소배출을 줄이면서 생분해가 가능한 소재 기술을 제시하고 있다. **기존 대안**이 플라스틱 감축 규제나 재활용 중심 기술에 머물렀던 것과 달리, 테코플러스는 미생물 분해·광분해 기반의 분해 촉진 기술과 식품용 안전 인증(FDA, LFGB)을 확보한 고신뢰 원료를 기반으로 한 독립적 솔루션을 보유하고 있다. 핵심 지표로는 다양한 소비자와 산업군의 니즈에 따라 맞춤 설계 가능한 첨가제 기술, 별도 설비 변경 없이 적용 가능한 범용성, 그리고 실제 기업 적용성과가 제시되고 있다.

경쟁력 / 시장수용성

문제점	솔루션	가치제안	경쟁우위	목표고객
- 일반 플라스틱 생산과 폐기로 인한 환경오염	- 친환경 플라스틱 원료 생산 - 식품용 등급의 기능성 첨가제를 적용해 분해를 유도	- 친환경 플라스틱 원료와 첨가제를 개발하여 플라스틱을 현명하게 사용한다.	- 식품용 안전 인증 (FDA, LFGB) 보유 - 다양한 국제 인증 확보 (Oxo-biodegradable 기술 등)	- 바이오매스 발생 기업 - 유아용품 및 화장품 제조업체 - 전자제품, 편의점 제조사
기존대안	**핵심지표**	**상위개념**	**채널**	**얼리어답터**
- 플라스틱 감축 및 규제 정책 - 플라스틱 재활용 및 대체물 개발	- 별도 설비 변경 없이 - 적용 가능한 첨가제 개발 - 기후 변화 및 소비자 니즈에 따라 다양한 맞춤형 소재 제공	- 석유 유래 플라스틱을 - 대체하는 지속가능 제품 솔루션	- 박람회/엑스포/전시회 - B2B 시장 - 오프라인 마케팅 시장 - 해외 진출 시장	- 유아용품 및 - 배달용기 제조 업체

비용 구조	수익원
- 친환경 플라스틱 원료 연구·개발·제조 비용 - 플라스틱 분해 첨가제 연구·개발·제조 비용 - 항균·제습·탈취 기술 개발 비용 - 박람회 참가 비용	- 플라스틱 원료 판매 수익 - 플라스틱 분해 첨가제 판매 수익

생존가능성

Environmental(or Social) Costs	Environmental(or Social) Benefits
- 석유 유래 제품 대비 높은 원료비 및 친환경 첨가제 개발 비용	- 식물 유래 바이오매스를 기반으로 한 플라스틱 원료 사용 - 폐기 시 분해를 유도하는 기능성 첨가제로 자원 절약 및 환경 보전 가능

ESG가치

시장수용성

가치제안 측면에서는 기존 석유 기반 플라스틱에 비해 환경 오염을 줄이고, 제품 생산·폐기 과정에서 탄소배출을 줄일 수 있는 대체 소재를 제공함으로써 고객의 지속가능성 전략을 강화하는 데 기여하고 있다. 경쟁우위는 국내외 다수의 식품안전 및 환경 인증 확보뿐만 아니라, 분해 촉진 기술, 항균·탈취 등 기능성 첨가제 개발 역량에 기반한다. 고객 세그먼트로는 바이오매스를 다루는 기업, 화장품 및 유아용품 제조사, 편의점 브랜드, 전자제품 제조사 등 다양한 산업군이 포함된다. 특히 유아용품 및 배달용기 분야는 재활용 규제 강화에 따라 얼리어답터로서 선제적 수요를 창출하고 있으며, 상위 개념으로는 다양한 산업의 탄소중립 대응을 위한 '플라스틱 대체 첨가제 및 원료 솔루션'을 제공한다는 점에서, 단순 제조업이 아닌 지속가능 기술기업으로의 전환 전략이 반영된다. **유통 채널**은 전시회, B2B 마케팅, 글로벌 진출 등으로 구성되며, 온라인 기반 홍보 및 파트너십을 통해 국내외 수요 확대를 추진하고 있다.

생존가능성

수익원은 크게 두 갈래로 나뉜다. 첫째는 친환경 바이오 플라스틱 원료 자체의 판매 수익, 둘째는 이를 활용한 기능성 첨가제(항균, 분해 촉진, 탈취 등)의 판매 수익이다. 특히 해당 첨가제는 기존 플라스틱 제품의 품질을 해치지 않으면서 기능을 더하는 방식이기 때문에, 다품종 소량 생산이 필요한 업계에서 유연하게 활용할 수 있다는 장점을 갖는다. **비용 구조**는 소재 연구개발, 성분 테스트, 원료 가공 공정 설비, 박람회 및 판로 개척 비용 등으로 구성되며, 이는 초기 R&D 중심 스타트업의 일반적인 구조와 유사하나, 식품용 인증과 분해 촉진이라는 기술적 진입장벽이 비용 투자 대비 생존가능성을 높이고 있다.

ESG가치

ESG 측면의 환경 및 사회적 영향을 살펴보면, 테코플러스는 생분해 첨가제를 통해 플라스틱의 분해 기간을 단축하고, 별도의 에너지 소비없이 탄소중립 목표 달성에 기여하고 있다. 폐기물 배출을 줄이는 것은 물론, 미세플라스틱 문제까지 고려한 설계는 사회적 신뢰성 확보에도 긍정적으로 작용한다. 또한 식물 유래 원료를 기반으로 함으로써 공급망 측면에서도 비교적 안전하며, 기존 석유 기반 플라스틱 대비 원료의 다양성과 생분해성을 동시에 확보한 점에서, 탄소중립 시대에 적합한 대안 소재로 기능하고 있다.

3 돈과 정보의 흐름 분석

테코플러스의 사업 구조는 상단의 최종 소비자, 중단의 플라스틱 사용자 기업, 하단의 투자 및 운영 주체 간의 유기적 연결을 기반으로 구성되어 있다. 정보의 흐름은 주로 플라스틱을 실제 사용하는 식음료·전자제품·편의점 업계 등 고객사와의 커뮤니케이션에서 출발한다. 이들 기업은 ESG 대응, 규제 충족, 기능 개선 등의 니즈에 따라 생분해 플라스틱 원료 및 기능성 첨가제에 대한 요구사항을 테코플러스에 전달한다. 이에 따라 테코플러스는 다양한 산업별, 용도별 맞춤형 첨가제를 기획·개발하고, 고객사에 기능 테스트 결과와 기술 정보를 제공한다. 이 정보는 다시 소비자 접점까지 전달되어 생분해성, 항균성, 탈취력 등의 제품 특징을 안내하는 데 활용된다.

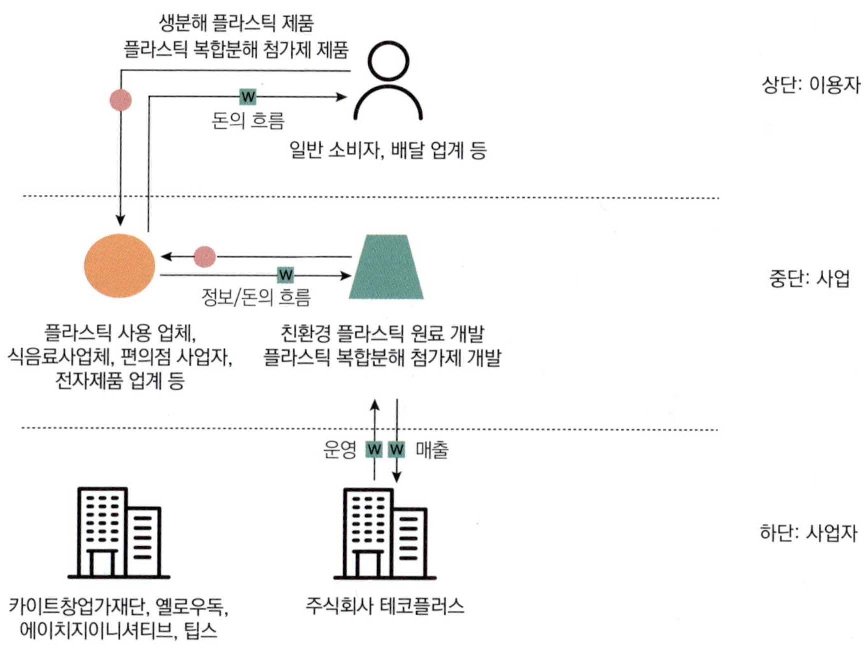

돈의 흐름은 크게 두 방향으로 발생한다. 먼저 중단에 위치한 플라스틱 사용 업체는 테코플러스가 개발한 친환경 원료 및 첨가제를 구입하여 자체 제품에 적용하며, 그에 따른 비용을 테코플러스에 지급한다. 이어 이들이 생산한 제품은 다시 일반 소비자 또는 배달·유아용품 등 특정 수요처에 판매되고, 이 최종 소비자로부터 발생한 수익이 고객사(중단)와 테코플러스로 이어지는 구조다. 테코플러스는 자사 원료가 적용된 제품의 기능성과 지속가능성을 강조함으로써 시장 내 가치를 높이고 있으며, 이를 통해 간접적인 브랜딩 효과도 얻고 있다. 또한, 하단에서는 투자 기반 운영 구조가 존재한다. 테코플러스는 카이트창업가재단, 엘로우독, 에이치지이니셔티브, 팁스(TIPS) 등으로부터 초기 투자와 기술지원을 받으며, 기술 고도화 및 제품군 확장을 진행하고 있다. 이러한 투자금은 원료 R&D, 성능 검증, 생산설비 확보, 글로벌 인증 획득 등 테코플러스의 전반적인 사업 운영에 활용되며, 이는 장기적으로 지속가능한 비즈니스 모델로서의 확장을 가능케 하는 핵심 기반이 된다. 이처럼 테코플러스는 산업체 요구 기반의 기술 공급 구조, 소비자 접점의 제품 정보 흐름, 그리고 투자 기반의 운영 재정 구조를 결합하여, 친환경 플라스틱 소재 분야에서 실질적인 돈과 정보의 순환 체계를 실현하고 있다.

4 Innovation Type 분석

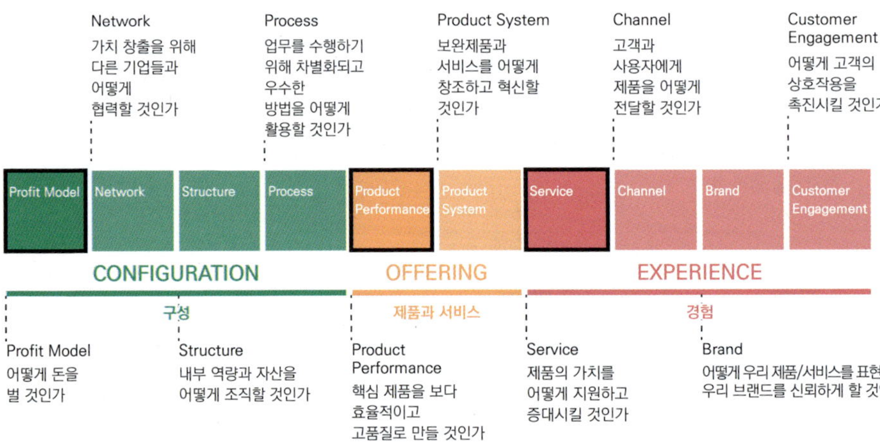

테코플러스는 총 세 가지 유형의 혁신을 수행하고 있다.

Profit Model

기존 플라스틱 제조 방식을 유지하면서도 환경 규제에 대응할 수 있는 생분해 첨가제를 개발해 수익을 창출하고 있다. 기존 플라스틱 생산 설비를 변경하지 않아도 바로 적용할 수 있어, 고객 기업은 새로운 기술로 전환하는 데 드는 비용과 시간을 절감할 수 있다. 특히 단순 생분해 원료 판매가 아니라, 고객의 니즈에 맞춰 첨가제 성능을 조정할 수 있다는 점은 반복 거래와 B2B 매출 구조를 견고히 하는 기반이 되고 있다.

Product Performance

테코플러스는 옥수수 전분, 셀룰로오스, 코코넛 껍질 등 바이오매스를 기반으로 플라스틱 생분해 첨가제를 개발하고 있다. 기존 원료 대비 저렴한 가격과 유연한 적용성을 확보하면서, 다양한 기계적 성질(투명성, 탄성, 항균성 등)을 유지할 수 있도록 성능을 차별화하였다. 이러한 기술력은 단순 생분해를 넘어 '기능성' 생분해 제품군이라는 신시장을 창출하며, 기업 고객의 ESG 목표 달성을 기술적으로 뒷받침하고 있다.

Service

항균성(T-ABA), 탈취(T-OEA), 항균 보존력(T-DHA) 등 기능별로 분화된 다양한 첨가제를 제공하며, 플라스틱 제조사별 맞춤형 레시피와 적용 가이드를 함께 제공한다. 이로 인해 고객사는 소재의 혼합비율이나 가공 방법에 대한 반복 테스트 부담을 줄일 수 있으며, 별도 설비 변경 없이 제품을 상용화할 수 있게 된다. 이러한 부가적인 기술 지원은 고객 충성도와 장기 거래를 유도하는 구조로 이어진다.

케이씨엠티(KCMT)
폐페트병을 철근으로 바꾸는 자원순환 신소재 기업

1 기업개요

케이씨엠티는 세계 최초로 폐페트병을 활용한 친환경 철근 대체재를 개발한 자원순환 기반의 소재 혁신 기업이다. 플라스틱 소비가 급증하고 철강 산업의 탄소배출이 심각해지는 가운데, 이 회사는 후세대에 물려줄 깨끗한 지구를 만들겠다는 비전 아래 철근을 대체할 수 있는 고강도·친환경 복합 소재를 개발했다. 폐페트병을 활용해 연간 약 20만 톤 규모의 철근 대체재를 생산할 수 있으며, 기존 철근 대비 탄소배출을 73% 이상 저감하는 효과도 거두고 있다. 케이씨엠티는 2021년 SK에코플랜트와의 공동 연구개발을 시작으로, 유해 폐기물 없는 순환형 자재 공급망을 구축하고 있으며, 향후 건설·토목 분야를 중심으로 ESG 기반의 구조재 혁신을 확대하고 있다.

2 Environmental/Social Lean Canvas 분석

경쟁력

케이씨엠티는 철근을 대체할 수 있는 폐페트병 기반 친환경 신소재를 개발하고 있는 기업이다. **문제점 정의**에서 케이씨엠티는 지속적으로 증가하는 폐페트병 쓰레기, 산업 내 탄소배출 1위인 철강산업, 그리고 철근의 부식으로 인한 구조물 생애주기 단축 문제를 핵심 이슈로 설정하였다. 이러한 문제를 해결하기 위해 **솔루션**으로는 세계 최초로 폐페트병을 활용해 만든 철근 대체재를 제시한다. 이는 스마트팩토리 기반의 인위적 오류를 방지하는 폐쇄형 시스템에서 생산되며, 단순 재활용을 넘어 독보적인 기술력을 바탕으로 케이씨엠티 공식 제품 사양 기준 인장강도 845MPa로 일반 철근(SD400) 대비 약 2배 수준의 강도와 함께, 높은 내구성과 경량성, 부식 방지 등의 기능을 갖춘 구조용 자재이다. **기존 대안**으로는 일반 철근과 유리섬유강화플라스틱 등이 있으나, 안전성과 원가 절감, 친환경성을 동시에 충족시키기에는 한계가 존재한다. 케이씨엠티는 친환경, 저탄소, 리사이클링을 **핵심 지표**로 삼고, 자원순환체계를 구축하여 새로운 자재 시장을 개척하고 있다.

경쟁력 / **시장수용성**

문제점	솔루션	가치제안	경쟁우위	목표고객
- 지속적으로 증가하는 페페트병 쓰레기로 인한 지구온난화 심각 - 산업별 탄소 배출 1위가 철강산업 - 철근의 부식으로 인한 구조물 생애주기 단축	- 페페트병으로 만든 철근 대체재	- 세계 최초 페페트병으로 만든 철근 대체재!	- 사용수명이 100년에 달하는 반영구적 자재로서 장비비용 절감 - 철근 대비 2배 이상의 인장강도로 안정성 확보 - 부식이 되지 않아 여러 환경에서 사용 가능 - 단위 중량이 철의 ¼로 매우 가벼움	- 친환경적이고, 철근을 대체할 저탄소 저비용 자재를 구입하고자 하는 기업
기존대안	**핵심지표**	**상위개념**	**채널**	**얼리어답터**
- 철근 - 유리섬유강화 플라스틱	- 스마트팩토리로 인위적 오류를 원천적으로 방지하는 폐쇄형 시스템 구축 - 페페트병 재활용, 독보적 기술력 보유 - 친환경, 저탄소, 자원순환 체계, 리사이클링 구축	- 페페트병을 철근으로 대체할 수 있는 친환경 자재로 전환 - 폐기물의 부가가치를 높이고, 자원순환을 통한 질적 고도화	- 박람회 - 경진대회 - 자사 홈페이지 - 해외 수출	- 원가 절감을 하고자 하며, 안전에는 문제가 없는 자재를 구하는 건설사

비용 구조	수익원
- 연구, 개발 비용 - 인건비 - 마케팅 비용 - 물류비용 - 공장 설립 비용 - 장비 비용	- 페페트병을 이용한 친환경 철근 판매 수익

생존가능성

Environmental(or Social) Costs	Environmental(or Social) Benefits
- 재활용 공정의 에너지 및 자원 소비 - 저장 및 폐기에 따른 환경부담 - 신소재에 대한 내구성, 안전성, 장비 성능 검증 등을 통한 시장 및 소비자 신뢰 확보 비용 발생	- 토목 건축 구조물의 수명 연장 - 유지보수 비용의 절감 - 구조물의 슬림화로 공사비용 절감 - 단위 중량이 철근 대비 3%에 불과하기 때문에 운반하기 위한 인건비, 장비비, 물류비 등 다양한 공사비를 절감 - 현장에서 발생할 수 있는 안전사고 예방 가능 - 철근 대비 2배 높은 인장강도로 인해 구조적 안정성 확보 - 페페트병의 부가가치 향상

ESG가치

시장수용성

가치제안 측면에서 케이씨엠티는 세계 최초로 페페트병으로 만든 철근 대체재라는 상징성과 기능성을 모두 갖춘 제품을 제공한다. 사용 수명이 100년에 달하고 철근 대비 1/4 수준의 중량으로 운반 및 시공이 용이하며, 부식 위험이 없어 해양, 터널, 지하 등 다양한 환경에서도 활용 가능하다. **경쟁우위**는 고강도·경량성 소재 기술력에 있으며, 단순 건축 자재가 아닌 탄소 감축과 안전사고 예방 효과를 함께 제공하는 점에서 차별화된다. **고객 세그먼트**는 철근을 대체할 수 있는 친환경·저비용 자재를 찾는 건설사 및 대기업이며, 원가 절감과 안전을 동시에 충족해야 하는 기업들이 **얼리어답터**로 분류된다. **상위 개념**으로는 폐기물의 부가가치를 높이는 순환자원 기반의 자재 혁신으로, 기존 철강 중심의 산업 구조를 친환경 중심으로 전환하려는 ESG 흐름과 맞닿아 있다. **유통 채널**은 박람회, 경제단체, 자사 홈페이지 외에도 해외 수출을 통해 글로벌 시장 확대를 추진하고 있다.

생존가능성

수익원은 폐페트병을 활용한 친환경 철근 제품의 직접 판매 수익이며, 주요 매출처는 국내외 건설사와 자재 유통망이다. **비용 구조**는 연구개발비와 공장 설립 및 운영비, 폐페트병 수거·가공비, 장비 및 물류비, 마케팅 비용 등으로 구성된다. 케이씨엠티는 단위 중량이 철근 대비 낮아 운반과 시공 비용이 절감되며, 공정 효율성 또한 높아 구조물 전체 공사비를 줄일 수 있어 원가 절감이 가능한 구조를 갖추고 있다. 이러한 구조는 원가절감형 기술이자 환경성과 안전성을 함께 확보한 제품으로서, 장기적인 확장성과 수익성을 동시에 고려한 지속가능한 사업모델을 구성하고 있다.

ESG가치

ESG 측면의 환경 및 사회적 영향을 살펴보면, 케이씨엠티의 폐페트병 철근은 기존 철근에 비해 인장강도가 2배 이상 높아 구조물 안정성을 강화하며, 부식 위험이 없어 현장에서 발생할 수 있는 사고를 예방할 수 있다. 철근 대비 중량이 낮아 장비, 운송, 인건비 등 간접비 절감 효과도 커 공사 전반의 자원 낭비를 줄이고 탄소배출 저감에도 기여한다. 또한, 연간 약 3억 개 이상의 폐페트병을 재활용해 새로운 자재로 전환함으로써 폐기물의 부가가치를 높이고, 친환경 저탄소 자원순환을 실현하는 구조를 갖추고 있다. 이러한 제품 구조는 환경과 안전, 자원 순환을 동시에 충족시키며, 지속가능한 건축 산업 생태계를 만드는 데 핵심 역할을 수행하고 있다.

3 돈과 정보의 흐름 분석

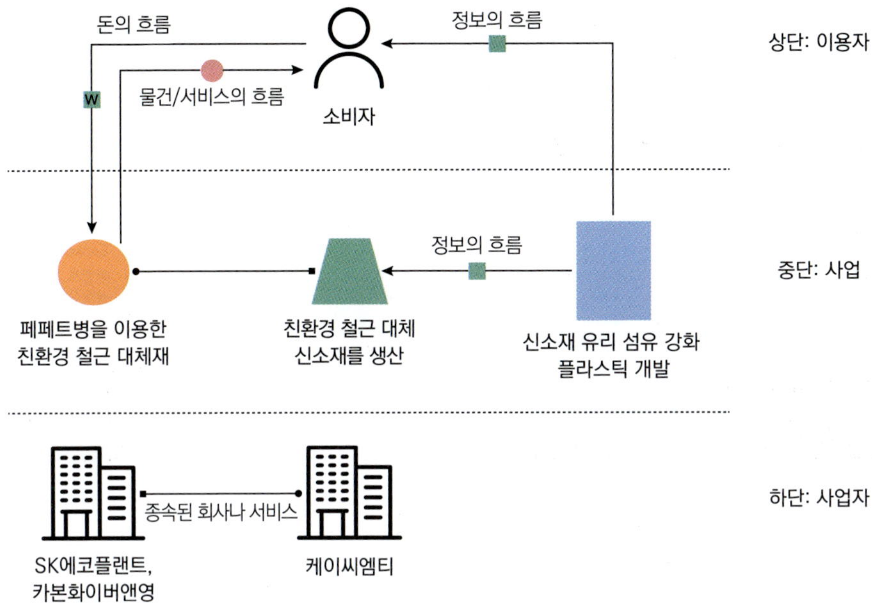

케이씨엠티의 비즈니스 구조는 사용자(소비자), 기술 공급자(소재 개발자), 그리고 케이씨엠티 본사(서비스 제공자) 간의 유기적인 정보 흐름과 금전적 가치 흐름을 기반으로 운영된다. 먼저 정보의 흐름은 신소재 유리 섬유 강화 플라스틱 개발 과정에서 출발한다. 케이씨엠티는 이를 바탕으로 폐페트병을 활용한 친환경 철근 대체 신소재를 생산하며, 제품의 품질, 성능, 적용성에 대한 정보는 소비자에게 실시간으로 제공된다. 이 과정에서 발생한 사용자 피드백, 사용 환경, 적용 사례 등은 다시 제품 고도화 및 사업 전략 수립에 반영된다.

돈의 흐름은 제품 구매에 따른 수익 구조와 관련 있다. 소비자는 폐페트병을 활용한 친환경 철근 대체재를 구매하며, 이에 따른 비용은 케이씨엠티에 귀속된다. 이와 동시에 폐기물 처리비용 감소, 건설 비용 절감 등의 간접적인 경제 효과도 수반된다. 한편, 케이씨엠티는 SK에코플랜트, 카본화이버맨엉 등과 같은 종속된 파트너사와 협력하며, 기술적·산업적 시너지를 통해 부가 수익 구조도 함께 형성하고 있다. 이처럼 케이씨엠티는 폐자원 활용 → 신소재 개발 → 친환경 건설자재 상용화 → 시장 공급이라는 정보의 선순환 구조와, 제품 판매 → 원가 절감 → 탄소 감축이라는 돈의 순환 구조를 결합하여, 환경적 가치와 경제적 지속가능성을 동시에 실현하는 비즈니스 모델을 구축하고 있다.

4 Innovation Type 분석

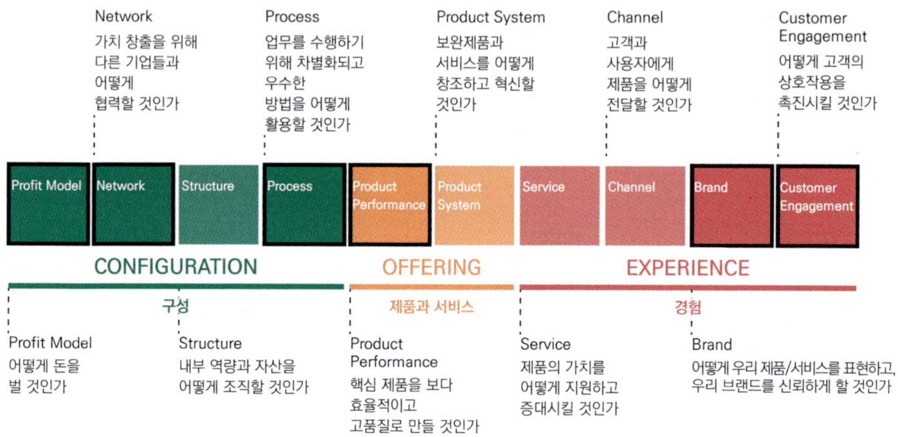

케이씨엠티는 총 여섯 가지 유형의 혁신을 수행하고 있다.

Profit Model

케이씨엠티는 후세대에 물려줄 깨끗한 지구를 만들겠다는 명확한 목표 아래, 세계 최초로 폐페트병을 활용한 철근 대체 신소재를 상용화하고 있다. 기존 철근보다 단가, 성능, 탄소 감축 효과까지 동시에 잡을 수 있어, 단순 제품 판매를 넘어 재활용 기반 순환 비즈니스 모델로서의 부가가치를 극대화하고 있다. 이는 단순한 철강 판매를 넘어, 친환경 순환 경제 시스템 내에서 수익을 창출하는 구조다.

Network

다양한 외부 기술·사업 파트너와 협력하여 친환경 신소재 기술을 고도화하고 있다. 유리섬유강화플라스틱 복합소재의 양산 기술을 확보한 이후, 연구기관 및 산업계와의 공동 R&D를 통해 생산 공정의 기술 안정성과 대량 생산 체계를 마련했다. 현재 연간 4만 톤의 생산 능력을 확보하고 있으며, 향후 20만 톤까지 증설을 계획하고 있다. 이러한 협업은 제품의 신뢰성을 높이는 동시에, 대규모 수요처 확보와 시장 확장에도 기여하고 있다.

Process

스마트팩토리를 기반으로 고품질 제품을 효율적으로 생산하고 있다. 외부 이물질 오투입을 방지하기 위해 스마트 선별 시스템을 구축하고, 자동화 시스템을 통해 인건비 절감과 생산 불량률을 동시에 낮췄다. 단일 공정이 아닌 통합 공정 최적화 모델을 도입함으로써, 연속적이고 안정적인 대량 생산 체계를 구현했다.

Product Performance

케이씨엠티의 핵심 경쟁력은 폐페트병을 철근 대체제로 전환하는 독보적 기술력에 있다. 재활용 원료이지만 기존 철근 대비 2배 이상의 인장강도를 확보하고, 부식 위험이 없으며, 시공 시 인건비 절감과 구조적 안정성 확보가 가능하다. 또한, 단열성과 비전도성, 가벼운 중량이라는 특성을 활용하여 건축물 외장재뿐 아니라 해양·지하 환경 등 다양한 산업용 건자재로의 확장성도 확보하고 있다.

Brand

국내 최초로 국토교통부 및 학회로부터 품질을 인증받았으며, 지속적인 품질 테스트 결과를 홈페이지에 공개하고 있다. 이는 단순한 기술 중심의 브랜드가 아니라, 신뢰 기반 친환경 대체 건자재 브랜드로서의 위상을 구축하고 있음을 보여준다.

Customer Engagement

동참할 수 있는 ESG 행동을 유도하기 위해 환경 NGO, 교육기관, 지역 커뮤니티와 협력하여 '친환경 건축 캠페인'을 진행하고 있으며, 일정 수익은 고향사랑기부제 형태로 환원되고 있다. 고객은 건자재를 구매하는 동시에 친환경 사회공헌 활동에 간접 참여할 수 있으며, 이를 통해 브랜드와 고객 간의 정서적 유대도 강화하고 있다.

동구밭(Donggubat)
발달장애인 고용과 환경을 함께 고려한 고체 생활용품 브랜드

1 기업개요

동구밭은 발달장애인의 자립과 환경 보호를 동시에 실현하는 고체 생활용품 제조 기업으로, 플라스틱을 줄인 비누, 샴푸바 등을 직접 생산한다. 전 직원의 절반 이상이 발달장애인으로 구성되어 있으며, 이들이 직접 제품을 제작하는 과정을 통해 안정적인 일자리를 창출하고 있다. CP(Cold Press) 공법, 이브비건 인증, 무폐수 생산 등 친환경 공정을 기반으로 하여, 식물 유래 성분으로 민감한 피부에도 안전한 제품을 만든다. 동구밭은 생산과 고용, 유통 전반에 사회적 가치를 담아내는 지속가능한 모델을 만들어 가고 있다.

2 Business Model Canvas 분석

경쟁력

동구밭의 비즈니스 모델은 환경 보호와 사회적 포용을 동시에 실현하기 위한 구조로 설계되어 있다. **문제점 정의**에서 동구밭은 일상생활 속에서 과도하게 사용되는 플라스틱과 화학 성분이 환경오염과 건강 문제를 야기하고 있으며, 발달장애인에게는 안정적인 일자리 기회가 매우 제한적이라는 점에 주목하였다. 이를 해결하기 위한 **솔루션**으로는 플라스틱 포장을 최소화한 고체 형태의 비누, 샴푸바 등 생활용품을 발달장애인과 함께 수작업으로 생산하는 방식이 도입되었다. 이때 생산 전 과정에 CP 공법, 이브비건 인증, 무폐수 시스템 등 친환경 공정을 적용하며, 원료는 식물 유래 성분을 기반으로 한다. **기존 대안**이 제품 외주 생산이나 일시적 고용 중심에 머물렀다면, 동구밭은 일자리 창출과 환경 보호를 동시에 고려한 자체 생산 기반을 통해 구조적 대안을 제시하고 있다. **핵심 지표**로는 발달장애인 채용률(50% 이상), 플라스틱 사용 저감량, 무폐수 생산 여부, 그리고 식물 유래 성분과 포장재 사용률 등이 있으며, 이는 사회적 임팩트와 친환경 성과를 함께 측정할 수 있는 정량 지표로 작동한다.

경쟁력

시장수용성

문제점
- 과도한 플라스틱 사용과 일회용품으로 인한 환경 오염
- 친환경 제품의 접근성 부족
- 발달장애인 일자리 부족

솔루션
- 비누, 설거지비누, 샴푸바 입욕제 등 플라스틱과 보존제, 화학성분을 사용하지 않는 식물유래 성분의 친환경 제품 생산
- 모든 공정은 발달장애인 사원도 일할 수 있도록 안전하고 정확한 절차를 지키도록 설계

가치제안
- 비장애인과 장애인이 함께 만드는 지속가능한 일상에 동참해 보세요!

경쟁우위
- 발달장애인 일자리 고용 및 근속 연수해결
- 수작업으로 진행되는 작업 과정
- 국내 최초 USDA 오가닉 인증, 이브비건 인증, CP 공법 등 높은 기준의 친환경 제조 공정

목표고객
- 플라스틱 사용을 줄이려는 고객
- 환경 보호에 관심 있는 고객
- 동일한 제품이라면 누군가에게 도움 되길 원하는 고객

기존대안
- 재활용
- 고체샴푸
- 정부의 장애인 고용지원 제도에 의존하는 방식

핵심지표
- 정제수와 플라스틱을 사용하지 않는 친환경 제품
- 코코넛에서 추출한 계면활 성제로 환경 영향 최소화
- 종이 포장재와 옥수수 완충제 등 친환경 부자재 사용
- 친환경 패키지로 포장되어 판매

상위개념
- 비장애인과 장애인이 함께 친환경 제품을 생산하여 제조 전 과정에서 플라스틱 사용을 줄여 나가 지속가능한 사회적 기업 모델을 제시

채널
- 박람회
- 공익광고
- 각종 지자체
- 자사 홈페이지
- 자사몰
- 해외 수출
- 오프라인 몰

얼리어답터
- 일상에서 환경 실천에 민감한 고객
- 제품 이면의 가치를 중시하는 소비자

비용 구조
- 제품 개발 및 제작 비용
- 인건비 (성과급 포함)
- 마케팅 비용
- 웹사이트 유지 비용
- 공장 설립 및 유지 비용

수익원
- 투자 수익
- 정부 지원금
- 제품 판매 수익

생존가능성

Environmental(or Social) Costs
- CP 공법으로 인한 추가적 에너지 및 시간 소요
- 업사이클 소재의 수장 및 전처리 등 에너지 소모 및 탄소 발생

Environmental(or Social) Benefits
- 발달장애인 고용을 지원함으로써 사회적 가치 증진
- 액체 화장품과 달리 정제수, 플라스틱 사용 안 하는 친환경 제품 생산
- 코코넛에서 추출한 계면활성제로 환경 영향 최소화
- 종이 포장재와 옥수수 완충제 등 친환경 부자재 사용
- 5년 내 제조공정에서도 노플라스틱 실천 목표

ESG가치

시장수용성

가치제안 측면에서 동구밭은 '누군가에게 도움이 되는 소비'를 가능하게 하는 구조를 제공한다. 동일한 제품을 구매하더라도, 그 소비가 발달장애인의 일자리를 창출하고 플라스틱 없는 제품 사용으로 환경 보호에 기여한다는 점에서 고객에게 감정적 보람과 윤리적 만족을 동시에 전달한다. **경쟁우위**는 고체형 제품이라는 물

리적 특성에 더해, 대표 제품인 고체 비누와 샴푸바는 국내 최초로 USDA 오가닉 인증과 이브비건 인증을 동시에 획득하고, CP 공법으로 생산되고 있다. 이를 통해 동구밭은 기술적 신뢰도와 인증 기반의 차별성을 동시에 확보하고 있다. **고객 세그먼트**는 환경 보호에 관심이 높거나, 취약계층의 자립을 응원하고자 하는 윤리적 소비 성향의 개인 고객으로 구성된다. 특히, 일상 속 지속가능성을 실천하려는 얼리어답터 고객을 중심으로 확산 가능성이 높다. **상위 개념**으로는 단순한 비누 제조가 아닌 '제품 생산 자체가 사회적 가치를 만들어내는 구조'를 제시한다는 점에서, 제품 판매를 넘어선 참여형 브랜드로 포지셔닝된다. **유통 채널**은 박람회, 공영방송, 자사몰, 팝업스토어, 지방자치단체 협업, 해외 수출 등으로 구성되며, B2C 중심의 구조를 유지하면서도 공공 조달 채널과의 연결성을 확보하고 있다.

생존가능성

수익원은 크게 세 가지로 구성된다. 첫째, 비누 및 샴푸바 등 고체 생활용품의 판매 수익, 둘째, 정부의 사회적기업 인증에 따른 정책 지원금, 셋째, 발달장애인 고용 기반의 사회적 가치에 주목한 투자 유치이다. **비용 구조**는 제품 개발 및 생산비, 발달장애인 채용에 따른 인건비, 마케팅과 웹사이트 운영비, 공장 설비 및 유지비, 친환경 포장재와 원료 확보 비용 등으로 구성되며, 이는 사회적 가치 실현과 경제적 자립을 동시에 추구하는 ESG 기반 모델의 지속가능성과 수익성을 함께 고려하고 있음을 보여준다.

ESG가치

ESG 측면의 환경 및 사회적 영향을 살펴보면, 동구밭은 제품의 구조부터 유통 방식까지 '낭비 없는 생산'과 '지속 가능한 소비'를 지향한다. 고체 형태의 제품 설계와 최소 포장 방식은 플라스틱 폐기물 발생을 원천적으로 줄이며, 무폐수 생산과 식물성 원료 사용은 전 과정에서 친환경 원칙을 실현한다. 동시에 전 직원의 절반 이상이 발달장애인으로 구성된 생산 구조는 고용 취약계층에게 안정적인 일자리와 직무 경험을 제공하며, 단순 고용을 넘어 장기적 자립의 기반을 마련하고 있다.

이처럼 동구밭은 환경 보호와 사회적 포용을 동시에 달성하는 구조를 통해 ESG 가치를 제품 자체에 내재화하고 있다.

3 돈과 정보의 흐름 분석

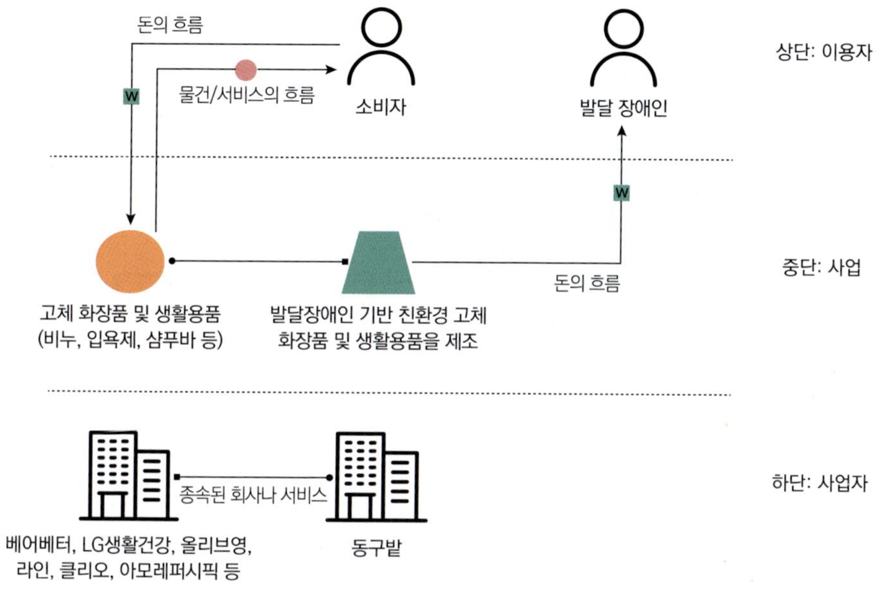

동구밭의 비즈니스 구조는 소비자, 발달장애인 생산 인력, 그리고 동구밭 본사 간의 유기적인 금전 및 가치 흐름을 중심으로 운영된다. 먼저 정보의 흐름은 제품 생산과 소비의 전 과정에서 발생한다. 소비자는 제품 구매를 통해 발달장애인의 직접 제작 상품이라는 정보를 인식하게 되며, 이를 통해 제품의 기능뿐 아니라 사회적 의미를 함께 전달받는다. 이러한 구조는 구매가 단순 소비에 그치지 않고, 사회적 행동으로 확장되는 기반이 된다. 돈의 흐름은 제품 거래에서 발생한다. 소비자는 고체 형태의 비누, 샴푸바, 입욕제 등 생활용품을 구매하고, 이 수익은 동구밭으로 귀속된다. 동구밭은 이 수익을 바탕으로 발달장애인을 직접 고용하여 생산 기반을 유지하며, 고용 확대 및 안정적 작업 환경 조성에 재투자한다. 또한, 동구밭은 발달장애인의 자립을 위한 일자리 제공 외에도 일정 수익을 복지기관에 제품 기부 형태로 환원하고 있다. 이처럼 동구밭은 구매 → 생산 → 고용 → 가치

환원의 구조를 통해 사회적 약자와 소비자를 연결하는 선순환 모델을 실현하고 있으며, 동구밭은 고체 제품 기반의 저자원 소비 모델과 발달장애인 중심의 고용 구조를 결합하고 있다. 이를 통해 환경과 고용 두 축의 사회적 가치를 동시에 실현하며, 타 지역 확장이나 공공 조달 연계 가능성을 높이고 있다.

4 Innovation Type 분석

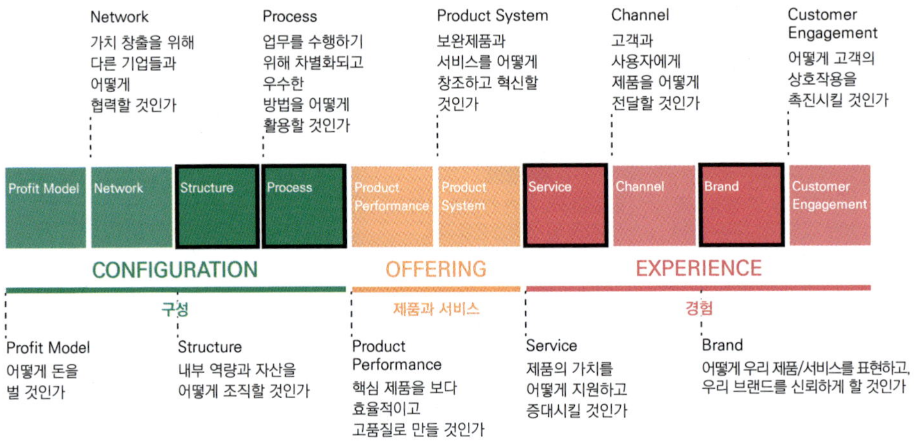

동구밭은 총 네 가지 유형의 혁신을 수행하고 있다.

Structure

전체 직원의 절반 이상을 발달장애인 사원으로 고용하며, 일자리 창출을 기업 운영의 중심에 두고 있다. 발달장애인이 지속적으로 근속할 수 있는 구조를 만들기 위해 단순 업무 이상의 숙련 공정을 설계하고 있으며, 제품 기획 · 제조 · 포장 등 전 공정에서 발달장애인의 역량이 반영될 수 있도록 업무를 구성하고 있다. 이러한 구조는 고용과 생산을 유기적으로 연결해, 제품의 사회적 가치를 높이는 방식으로 운영된다.

Process

고체 비누, 샴푸바, 바디워시 등 동구밭의 제품은 손으로 직접 반죽하고 절단하는 수작업 기반으로 생산된다. 이러한 제조 과정은 기계화가 어려운 유기농 원료와 천연 유래 재료의 특성을 반영하며, 제품별 R&D와 공정 품질관리도 수작업에 최적화되어 있다. 포장과 배송 단계에서도 최소한의 자원만을 사용하며, 제품 전체 공정에서 환경 영향을 최소화하려는 방향을 유지하고 있다.

Service

동구밭은 제품 판매를 단순한 거래로 보지 않고, 고객이 지속적으로 제품의 철학에 공감할 수 있도록 브랜드 전반에 메시지를 녹여내고 있다. 제품 패키지에 발달장애인의 일터와 노동 이야기를 포함하거나, 정기 기부처와의 연결 사실을 공지함으로써 구매자의 경험이 사회적 가치를 동반하는 구조를 형성한다.

Brand

USDA 오가닉 인증과 프랑스 이브비건 인증 등 신뢰도 높은 국제 인증을 다수 확보하며, 브랜드 이미지의 전문성과 윤리성을 동시에 강화하고 있다. 특히, 소비자에게 전달되는 메시지, 제품 소개 방식, 유통 채널에서의 브랜드 운영까지 모두가 환경과 고용의 가치가 반영되도록 설계되어 있다.

CHAPTER 3

지속 가능한 에너지와 기술

이온어스
폐배터리 기반 저탄소 에너지 솔루션

1 기업개요

이온어스는 폐배터리 재활용 기반의 에너지 솔루션 기업으로, 전기차 사용 후 배터리를 활용한 이동형 ESS(에너지저장장치)와 RE100 태양광 발전 구독 서비스를 운영한다. 대표 서비스인 '인디고(Indego)'는 EV 배터리팩 기반의 이동형 전력 공급 장치로, 디젤 발전기를 대체해 탄소중립 전력을 공급할 수 있다. 이온어스는 산업융합 규제샌드박스 실증특례를 승인받아 이동형 ESS의 상용화 기반을 마련했으며, 제주 R&D센터 설립, 북미 지사 확장, BMW, 현대, LG에너지솔루션 등과의 파트너십을 통해 산업 연계를 강화하고 있다. 특히 CES 2025에 참가해 이동형 ESS 'Indego'를 출품하고, 총 212만 달러 규모의 상담과 함께 2,100만 달러의 실제 계약을 성사시키며 글로벌 시장에서 기술력과 사업성을 동시에 인정받았다. RE100 구독형 태양광 발전 서비스를 통해 기업의 탄소저감 실적 달성도 지원하고 있으며, 미국 LA에 해외법인을 두고 글로벌 확장도 지속 중이다.

2 Business Model Canvas 분석

경쟁력 | 시장수용성

문제점	솔루션	가치제안	경쟁우위	목표고객
- 전기차 사용 후 버려지는 배터리 문제 - 디젤 발전기의 환경오염 문제 및 유지비 - 일반 ESS용 배터리는 과충전이나 한번 고온에 노출되면 손상 복구가 되지않음	- 버려지는 폐배터리를 활용하여 이동형 ESS를 설치해 전기차 충전 - 차량 탑재 이동형 ESS를 통해 디젤 발전기 대비 이산화탄소 배출 저감 가능	- 연료비 절감 및 ESG 경영에 유리 - 인디고와 RE100 구독형 태양광 서비스를 결합해, 저탄소, 저소음, 연료비 절감과 탄소권 활용을 동시에 제공	- 국내 최초로 폐배터리를 이용한 이동형 ESS를 설치해 전기차를 충전한 서비스 개발 - 디젤 발전기 대비 73% CO2 저감 성능 검증 - RE100 태양광 구독 서비스 도입 사례 보유(오비맥주, BAT 코리아 등)	- 지자체 - 해외 시장 - 공연/행사 관련 업계 - 건설업계 - 탄소중립이 필요한 기업
기존대안	**핵심지표**	**상위개념**	**채널**	**얼리어답터**
- 일반 ESS 배터리 사용한다. - 폐배터리를 재제조, - 재사용, 재활용 한다.	- 버려지는 전기차용 폐배터리를 ESS(에너지저장장치)로 안전하게재활용한다. - 전기차의 폐배터리팩을 모듈화해 제작한 ESS를 차량에 탑재해 전력이 필요한 곳으로 이동시킨다.	- (인디고) 내연 기관 발전기를 친환경적으로 사용 - (RE100) 탄소 배출 및 온실가스를 감축하여 기업의 사회적 책임을 이행, 기후위기 대응 실천	- 박람회/엑스포 - B2B 기업 - 해외 수출 시장 - 축제/행사 시장	- 방송, 영화 등 야외촬영, 지역행사/학교축제, 콘서트 및 야외 음악 공연등에 쓰이는 디젤발전기 시장관계자

비용 구조	수익원
- 특허/상표권 출원 및 개발 비용 - 인건비 - 마케팅 비용 - ESS 연구 · 개발 비용 - RE100 연구 · 개발 비용 - RE100 구독 시 설치 및 세팅 비용 - R&D 과제 · 개발 비용	- 인디고 ESS 판매/대여 수익 - RE100 구독 계약료 - R&D 과제 지원금

생존가능성

Environmental(or Social) Costs	Environmental(or Social) Benefits
- 높은 배터리 차량 비용과 ESS 시스템의 설치 비용 - 배터리팩, 충전기, ESS 시스템 하드웨어 제조 과정에서 자원 사용 및 환경부담	- 디젤 발전기에 필요한 연료비, 시험운전, 정기정비 등 운영비용이 거의 발생하지 않아 비용 절감 효과 - 디젤 발전기 대비 이산화탄소 배출량 약 73% 감축, 소음과 매연 저감으로 지역 주민 피해 감소 - 실시간 원격 통신 관리 시스템을 통해 배터리 수명 예측, 사고 위험 및 유지보수 부담 감소 - 이동형 ESS 특성상 장소 제약 없이 활용 가능하여 유연성자원, 분산형 전력, 이동형 충전소 등 다양한 응용 가능

ESG가치

경쟁력

전기차 사용 후 배터리 처리 문제는 재사용 가능성과 환경오염 위험을 동시에 안고 있으며, 일반 ESS 배터리는 고온에 취약하고 손상 시 폭발 우려가 크다는 문제점이 있다. 디젤 발전기는 온실가스와 미세먼지를 배출해 ESG 경영 기조와 맞지 않는 에너지 수단이다. 이온어스의 솔루션은 사용 후 배터리를 안전하게 재가공한 뒤 이동형 ESS 형태로 제작하고, 차량 탑재 이동형 ESS인 '인디고'를 통해 전기차 충전, 행사장, 건설현장 등 다양한 장소에서 전력 공급이 가능하게 하는 것이며, 고정형 ESS도 태양광 발전 연계 시스템으로 제공 중이다. **기존 대안**으로는, 국내에서는 폐배터리 기반 이동형 ESS가 아직 실증 또는 개발 단계에 머무는 경우가 많으며, 이온어스는 이를 실질적인 이동형 제품으로 구현해 상용화한 선도 사례 중 하나다. RE100 실현을 위한 태양광 구축은 비용·관리 부담으로 도입이 제한적이었다. **핵심 지표**는 다음과 같다. 이온어스 관계자에 따르면 기존 디젤발전기 대비 온실가스를 73% 이상 저감하는 효과를 검증받았으며, CES 2025에서 2,100만 달러 규모의 수출 계약을 체결하였다. BMW, 현대자동차, LG에너지솔루션, KCC, BAT코리아 등 국내외 주요 기업과의 파트너십을 통해 기술 신뢰성과 시장 경쟁력을 동시에 확보하고 있다.

시장수용성

가치제안의 경우 이온어스는 초기 투자 없이도 RE100 실적을 달성할 수 있는 태양광 발전 구독 모델과, 친환경·저탄소 전력 공급이 가능한 이동형 ESS 인디고를 통해 고객의 탄소 저감 및 에너지 자립을 동시에 실현할 수 있는 솔루션을 제공한다. **경쟁우위**로는 산업융합 규제샌드박스를 통한 제도적 실증 특례를 확보하였고, 전기차 배터리 안전 규격 충족, 정숙성, 원격 제어 기능 등 다방면에서 기존 디젤 발전기 대비 기술적 경쟁력을 입증하였다. 또한 이동성과 구독형 모델을 결합한 제품 구조로 인해 시장 진입 장벽이 낮고, 다양한 수요처에 유연하게 대응할 수 있다. **고객 세그먼트**는 RE100 이행이 필요한 중견기업, ESG를 중시하는 공공기관, 탄소중립 전환이 요구되는 건설현장, 축제 및 대규모 야외 이벤트 운영 지자체 등이 주요 고객군이다. **얼리어답터**의 경우 디젤 발전기를 대체할 필요가 있는 방송·촬영팀, 대규모 야외 행사 주최자, 에너지 전환을 선도하고자 하는 제조업체 등이 초기 수요처로 자리 잡고 있다. **상위개념**으로는 폐배터리 기반의 ESS와 재생에너지를 결합한 분산형 에너지 인프라 모델이라고 볼 수 있으며, 자원 순환 및 탄소 중립을 동시에 달성할 수 있는 지속가능한 에너지 솔루션이다. **유통 채널**

은 국내외 전시회 및 B2B 프로젝트 계약 중심의 유통 경로를 운영하며, RE100 구독 서비스는 SaaS 형태로 플랫폼 기반 관리가 가능하다. 해외 수출 확대도 병행 중이다.

생존가능성

이온어스는 제품 판매뿐만 아니라 구독형 모델과 연구개발 수익을 함께 확보하며, 단기 매출과 중장기 지속성을 동시에 고려한 **수익 구조**를 구축하고 있다. 수익원은 인디고 ESS의 판매 및 구독형 대여 수익, RE100 태양광 발전소 구독료, 정부 및 민간 R&D 과제 수행에 따른 연구개발비 수주 등이다. **비용 구조**는 이동형 ESS 및 태양광 시스템 제작비, 폐배터리 수급 및 재가공 비용, 제품 인증 및 안전 검증 비용, 기술 개발 및 유지보수 인력비, 마케팅과 운영관리 비용 등으로 구성된다.

ESG가치

ESG 측면의 환경 및 사회적 영향을 살펴보면, 이온어스의 기술은 탄소중립 사회로의 전환을 가속화하는 데 기여하고 있다. 디젤 대비 온실가스와 미세먼지를 배출하지 않는 인디고는 친환경적 전력 공급 수단으로 재난 대응, 야외 행사 등에서 활용 가능성이 크다. 폐배터리의 안전한 재활용은 자원순환형 산업의 구축에 기여하며, 기존 전력망 구축이 어려운 지역에 에너지를 공급함으로써 사회적 에너지 접근성 또한 향상시킨다. 태양광 기반 RE100 구독 서비스는 기업의 ESG 실적을 간접적으로 향상시킬 수 있으며, 원격 제어 기반의 고효율 ESS 운영은 안전성과 유지비용 측면에서도 우수한 지속가능성을 보여준다.

3 돈과 정보의 흐름 분석

이온어스의 사업 구조를 세가지 측면에서 알아 보겠다. 물류와 서비스 측면에서 이온어스는 전기차 사용 후 배터리를 수급한 후, 이를 재가공하여 이동형 ESS '인디고' 제품을 생산하고 있다. 해당 제품은 전력 공급이 필요한 건설 현장, 축제, 방송 촬영 현장 등지에 판매되거나 구독형 방식으로 제공된다. 또한, RE100 실현을 위한 태양광 발전소 구독 서비스 역시 별도 인프라 없이 공급되며, 고객은 월 구독료를 통해 지속적으로 전력을 공급받는다.

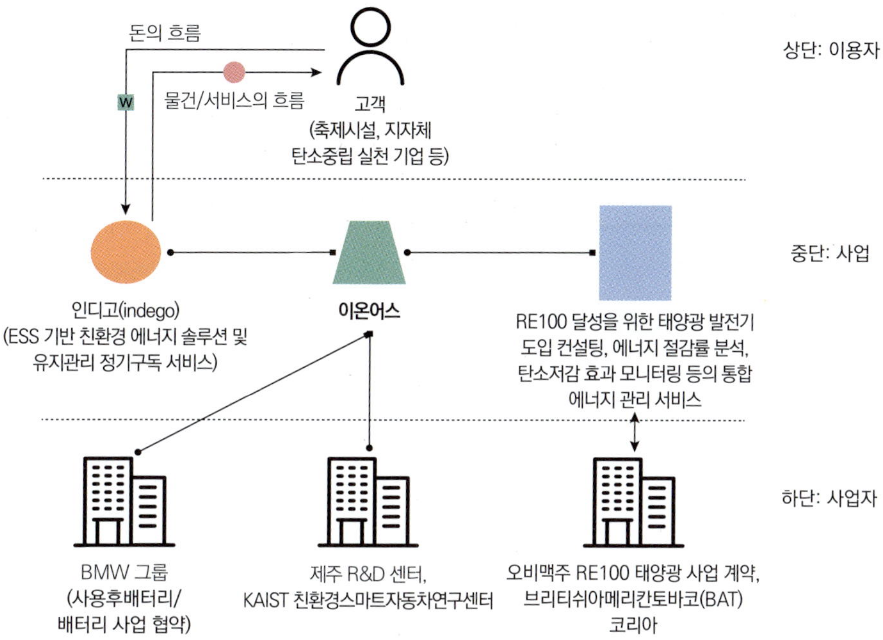

정보 흐름의 측면에서는, 제품의 배터리 상태, 충전량, 실시간 운영 데이터 등을 클라우드 기반 플랫폼에서 수집하고 있으며, 이를 통해 고객은 원격으로 기기를 관리할 수 있다. 이러한 정보는 유지보수 예측, 수명 관리, 에너지 사용 최적화에 활용되며, ESG 실적 증빙 자료로도 제공된다.

자금 흐름은 인디고 ESS 제품의 판매·임대 수익과 태양광 구독 서비스로부터 발생하는 반복 수익, 그리고 정부 및 민간의 연구개발 프로젝트 수행에 따른 사업비 수주 등을 통해 형성된다. 발생한 수익은 제품 고도화, 재가공 설비 확충, 해외 수출 인프라 구축 등으로 재투자되어 선순환 구조를 완성하고 있다.

4 Innovation Type 분석

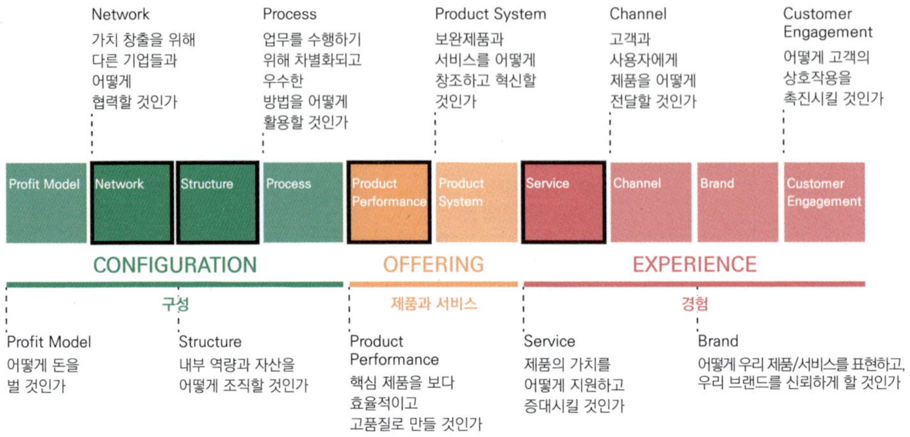

이온어스는 총 네 가지 유형의 혁신을 수행하고 있다.

Network

이온어스는 2017년 BMW와의 협업으로 '인디고' 프로토타입을 공동 개발한 이후, 제주도에 국내 최초 폐배터리 기반 이동형 ESS 충전소 '이고팡(e-GOPANG)'을 설치하면서 상용화를 본격화했다. 이후 제주 R&D 센터 설립(2020), 산업융합 규제 샌드박스 실증특례 승인(2021), 북미 지사 확장과 글로벌 배터리·ESS 기업들과의 협력 체계 구축을 통해 사업을 고도화하고 있다. 2025년 CES 참가를 통해 2,100만 달러 규모 수출 계약을 체결한 것은 글로벌 시장에서의 기술 신뢰도와 사업성을 입증한 성과라 할 수 있다.

Structure

조직 구조 측면에서 이온어스는 청정에너지 분야 전문가들로 구성된 전문 조직을 갖추고 있다. 배터리, 자동차, 전기차 충전, 재생에너지 등 각 분야 실무진과 CDM(Clean Development Mechanism) 전문가를 포함해 약 20여 명의 핵심 인력이 기술개발부터 사업화, 운영까지 전 주기를 이끌고 있다. 내부적으로는 부설연구소와 사업 본부, 경영지원팀으로 구분되며, 안정적인 기업 운영 체계를 갖추고 있다.

Product Performance

이온어스의 핵심 제품 '인디고'는 전기차 배터리팩을 재활용하여 개발된 친환경 이동형 ESS로, 디젤 발전기를 대체할 수 있는 정숙하고 고효율의 전력 공급 장치이다. 고온 환경에서도 안정적으로 작동하며, 복수 장비를 실시간으로 원격 통제할 수 있고, 표준화된 모듈 구조를 통해 대용량 연계와 VPP(가상발전소) 자원으로의 활용도 가능하다. 또한, 태양광 발전소 구독형 서비스(RE100)는 고객이 별도의 설비 구축 없이도 간편하게 탄소중립 실적을 확보할 수 있는 새로운 에너지 모델로 주목받고 있다.

Service

인디고는 직접 구매 또는 구독형 임대 모델로 제공되며, 구독 서비스 이용 시 고장 발생 시 동급 제품으로 교환받을 수 있는 유지관리 옵션도 함께 제공된다. RE100 서비스는 고객 대신 자가소비형 태양광 설비를 구축하고, 월 구독료를 통해 지속적으로 전력을 공급하며 RE100 이행을 지원한다. 이러한 구독형 비즈니스 구조는 초기 투자 부담을 줄이고, 고객의 접근성을 높이는 동시에 이온어스의 안정적인 반복 수익 구조를 가능하게 한다.

식스티헤르츠
재생에너지 발전량 예측 기반 IT 기업

1 기업개요

식스티헤르츠는 인공지능 기반 재생에너지 출력 예측 솔루션을 개발하여, 전력의 수요와 공급을 정밀하게 조율하는 기술 스타트업이다. 풍력, 태양광 등 재생에너지의 변동성과 불확실성 문제를 해결하기 위해 AI 기술을 접목한 출력 예측 및 제어 시스템을 구축하고 있으며, 이를 통해 출력 제한으로 인한 재생에너지 손실을 최소화하고 전력망의 안정성을 제고하고 있다. 자체 개발한 에너지관리시스템(EMS)은 2023년 CES에서 스마트 에너지 부문 혁신상을 수상하였으며, 2024년에는 IPEF(인도 · 태평양 경제 프레임워크)가 선정한 아시아 · 태평양 100대 기후테크 기업에 이름을 올리는 등 글로벌 기술력과 시장성을 동시에 인정받고 있다. 주요 제품군으로는 가상발전소(VPP) 소프트웨어 플랫폼, 재생에너지 발전량 예측 서비스, 출력 제어 자동화 시스템, 월간 햇빛 · 바람 지도 구독 서비스 등이 있으며, 이를 통해 에너지 전환과 효율적 전력 운영을 실현하고 있다.

2 Business Model Canvas 분석

경쟁력

식스티헤르츠가 해결하려고 한 **문제점**은 재생에너지의 출력 불안정성과 예측의 불확실성이다. 태양광 · 풍력 중심의 재생에너지 구조는 기상 변화에 민감해 전력 계통의 불안정을 유발하고, 수요 · 공급 조정에 어려움을 준다. 낮은 예측 정확도, 개별 발전소 중심의 수동 제어, 입지 규제, 민간 중심의 분산 운영 구조는 통합 관리와 안정적 시장 참여에 한계를 드러내고 있다. 식스티헤르츠의 **솔루션**으로는 인공지능 기반의 예측 시스템을 통해 발전소의 실시간 출력 데이터를 수집 · 분석하고, 이를 바탕으로 자동 출력 제어 기술을 구현하였다. 이 기술은 단일 발전소가 아닌 복수의 분산 자원을 통합해 운용할 수 있는 가상발전소(VPP) 플랫폼과 연계

경쟁력 | 시장수용성

문제점	솔루션	가치제안	경쟁우위	목표고객
- 민간 신규 사업자에 불리한 구조 - 풍력 중심, 출력 변동성 심화 - 설비 설치·운영비용 부담 - 날씨 의존도 높음. 출력 불안정	- 실시간 발전량 모니터링 - 발전 예측 · 제어 시스템 - 자동화 플랫폼 운영 - 수요 · 공급 최적화 기술 적용	- 환경 · 경제적 가치를 실현할 수 있는 에너지 IT 솔루션 제공 - 탄소중립 실행 지원	- 국내 최초 재생에너지 IT시장 개척 - 대기업 · 공공기관 협력 과제 다수 수행 - RE100 대응 플랫폼 구축	- 정부 · 공공기관 - 연구기관 · NGO - 협동조합 - 발전사업자 - 에너지 관리 기업 등
기존대안	**핵심지표**	**상위개념**	**채널**	**얼리어답터**
- 생산설비 중심의 재생에너지 구조 - 출력 불확실성으로 제한적 공급 - 전력 안정성 확보 위한 조정 부족	- 예측 정확도 ±2.6% 수준 확보 - 전국 8만 개 발전소 실시간 모니터링 - CES 혁신상 대한민국 대통령상 수상 - 자회사 굿뉴스에너지 통한 RE100 플랫폼 운영	- IT 기술력을 기반으로 기후변화 및 환경 문제 해결에 기여 및 사회 공헌	- 박람회 · 엑스포 - 자사 홈페이지 - 해외 수출 시장 - 국가 공모전	- 재생에너지 관련 스타트업 - RE100 목표 기업 및 ESG 도입 선도 업계

비용 구조	수익원
- 특허/상표권 출원 및 개발 비용 - AI 예측 엔진 개발 인력 및 IT 운영비 - 가상발전소 소프트웨어 연구/개발 비용 - REC 거래 중개 관련 사업비 - 재생 에너지 관리 솔루션 연구/개발 비용 - R&D 과제/개발 비용	- 월간 햇빛바람 지도 구독 수익 - 가상발전소 소프트웨어 솔루션 판매 - 재생에너지 통합관리 플랫폼 에너지스크림 구독 수익 - RE100 대응 플랫폼 굿뉴스에너지 구독 수익 - 전력중개 및 발전량 예측 기반 수수료 수익(예정)

생존가능성

Environmental(or Social) Costs	Environmental(or Social) Benefits
- 데이터 처리 및 서버 인프라 전력 소비 - 가상 데이터 수집, 유지 리소스	- 발전소 가동률 향상 및 예측 기반 운영 효율화 - 화석연료 발전소 가동 시간 단축으로 온실가스 저감 - 지역사회 친환경 인프라 확대에 기여

ESG가치

되어 있으며, 운영 효율화와 출력 안정화에 실질적인 기여를 하고 있다. 이를 통해 출력 제어로 인한 손실을 최소화하고, 발전량 예측 정확도를 향상시킴으로써 재생에너지 자원의 활용도를 극대화하고 있다. 다음은 **기존 대안**이다. 기존 재생에너지 운영은 설비 중심의 물리적 대응에 치중되어 있었다. 출력 변동성 대응을 위해 수동 제어나 과도한 예비전력 확보에 의존했으며, 이는 발전 손실과 경제적 비효율로 이어졌다. 또한 출력 예측 기술은 수치예보나 단기 데이터에 기반해 정밀도가 낮았고, 발전소 단위의 분산 운용으로 집단 제어나 시장 통합에는 한계가 존재했다. 식스티헤르츠의 **핵심 지표**는 다음과 같다. 발전량 예측 정확도 ±2.6% 수준을 달성하였으며, 전국 8,000여 개 재생에너지 발전소의 데이터를 활용한 실시간 모니터링 체계를 운영하고 있다. 2023년 CES 혁신상 및 대한민국 대통령상을 수상하며 기술력을 인정받았고, 자회사 '굿뉴스에너지'를 설립해 RE100 이행을 위한 통합관리 플랫폼을 본격적으로 상용화하고 있다.

시장수용성

가치제안의 경우 식스티헤르츠는 재생에너지의 불확실성과 변동성을 극복하기 위해 인공지능 기반의 예측·제어 솔루션을 제공하며, 이를 통해 전력망의 안정성과 재생에너지 수용성을 동시에 향상시키는 기술 기반 플랫폼 기업이다. 특히, 출력 제어 자동화 시스템 및 가상발전소 플랫폼은 전력 생산과 소비의 균형을 실시간으로 조율할 수 있는 핵심 기능을 제공하며, 에너지 생산자와 수요자 모두에게 효율성과 수익성을 동시에 보장하는 새로운 전력 운영 모델을 제시한다. **경쟁우위**로는 기존 출력 예측 기술이 단기 예보 또는 수동 제어 방식에 머무르고 있는 반면, 식스티헤르츠는 AI 기반의 장단기 통합 예측과 자동화된 출력 제어를 결합한 시스템을 보유하고 있다. 특히, 국내에서 다수의 풍력발전소와 협업하며 실제 데이터를 기반으로 시스템을 고도화하고 있으며, 2023 CES 혁신상 수상, 2024 IPEF 기후테크 100대 기업 선정 등의 외부 평가를 통해 기술력과 시장성을 동시에 입증받고 있다. 또한, 국내 최초로 '전력시장 참여형 가상발전소' 실증을 통해 수익형 구조로서의 가능성도 확보했다. **고객 세그먼트**는 출력 제어 비율이 높은 중·소형 풍력발전소 운영 사업자, 분산형 전원 구축이 필요한 정부, 지자체 및 공공기관, RE100 대응이 필요한 민간 기업, 그리고 자체 전력관리가 필요한 에너지 산업 내 B2B 기업군이다. 식스티헤르츠의 초기 수요층은 제주·전남 등지에서 출력 제한 문제를 겪고 있는 중소형 풍력발전소 운영자들로 구성되며, 이들은 실질적인 제어 기술과 출력 예측의 필요성이 큰 고객군이다. 동시에, 재생에너지 기반 스타트업이나 에너지관리시스템을 운영하는 기업 등도 식스티헤르츠의 기술을 조기 도입할 가능성이 높은 **얼리어답터**로 분류된다. 이들은 기술 민감도가 높고, 출력 제어 자동화나 가상발전소 운영 등 신기술을 활용해 사업 경쟁력을 확보하려는 목적을 갖고 있다. 식스티헤르츠는 인공지능과 빅데이터 기반의 IT 기술력을 바탕으로, 기후변화와 재생에너지 확대 과정에서 발생하는 환경적 문제를 기술적으로 해결하고자 하는 사회적 기술 기업이다. **상위개념**으로는 단순한 에너지 예측을 넘어, 분산형 재생에너지의 계통 연계 문제와 출력 변동성을 완화함으로써, 지속가능한 에너지 전환과 탄소중립 실현에 기여하는 것을 목표로 한다. 이러한 기술적 개입은 환경 문제 대응뿐 아니라 사회적 가치 창출과 공공 기여의 측면에서도 의미를 지닌다. 식스티헤르츠의 **유통 채널**의 경우 현재는 B2B 중심의 협약 체계를 기반으로, 풍력 및 태양광 발전소 운영사, 지자체, 공공기관 등을 대상으로 한 맞춤형 기술 제공 방식이 주요 유통 경로이다. 월간 햇빛·바람 지도 구독 서비스, 굿뉴스에너지 플랫폼 기반 서비스 등도 함께 운영되고 있다.

생존가능성

주요 수익원은 '월간 햇빛·바람 지도'에 대한 정기 구독료, 가상발전소 소프트웨어 솔루션의 판매 및 라이선스 수익, 재생에너지 통합관리 솔루션 '에너지스크럼'의 구독 기반 수익, 그리고 RE100 대응 플랫폼 '굿뉴스에너지'를 통한 B2B 구독료 등으로 구성된다. 또한, 전력중개 서비스와 발전량 예측 기반 수수료 수익은 향후 제도 개선 및 시장 활성화에 따라 새로운 성장동력으로 작용할 예정이다. 이러한 수익 모델은 정기적 구독을 중심으로 하면서도 기술 판매와 예측 서비스 등 다양한 유입 구조를 함께 유지하고 있다. **비용 구조**는 AI 기반 예측 엔진의 지속적인 고도화를 위한 연구개발 인력 인건비, IT 인프라 운영비 및 데이터 관리 비용, 특허·상표권 등 지식재산권 출원 및 관리 비용, 가상발전소 소프트웨어 및 '에너지스크럼' 관련 기술 개발비로 구성된다. 이외에도 REC(신재생에너지 공급인증서) 거래 중개 시스템 구축 사업비, R&D 과제 수행에 따른 개발비, 고객사 대응을 위한 운영 인력 및 사업개발 관련 마케팅 비용도 주요 지출 항목이다. 특히 기후테크 시장의 기술 경쟁 심화에 따라 연구개발 투자 비중이 높으며, 민간·공공의 과제 수주를 통해 이를 보완하고 있다.

ESG가치

ESG 측면의 환경 및 사회적 영향을 살펴보면, 식스티헤르츠는 인공지능 기반 출력 예측과 에너지관리시스템을 통해 발전소 가동률과 운영 효율을 높이고, 화석연료 사용을 줄여 온실가스 배출 저감에 기여하고 있다. 발전량 예측 정확도를 높여 에너지 낭비를 방지하며, 기상·발전 데이터를 통합 분석해 비용 절감 효과도 확보하고 있다. 또한, 소규모 발전사업자와 협동조합 등의 시장 진입을 지원함으로써 지역 단위 친환경 인프라 확산과 에너지 자립 기반 마련에도 긍정적 영향을 미치고 있다. 이처럼 식스티헤르츠는 환경적 측면에서는 탄소중립 실현을, 사회적 측면에서는 지역 에너지 전환과 ESG 이행을 돕는 역할을 수행하고 있다.

3 돈과 정보의 흐름 분석

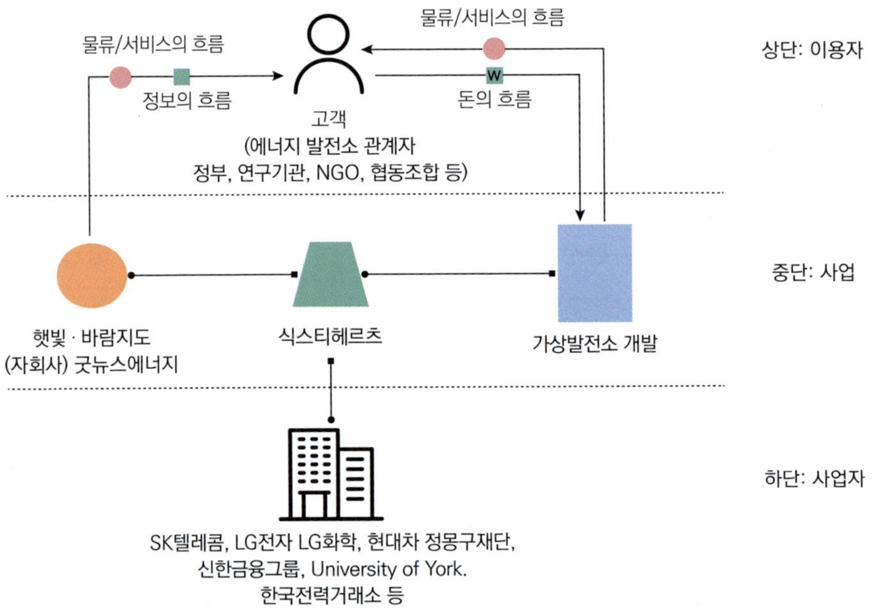

식스티헤르츠의 사업 구조는 물류 · 서비스 흐름, 정보 흐름, 자금 흐름 세 축으로 구성된다. 먼저, 물류와 서비스 측면이다. 식스티헤르츠는 자회사인 '굿뉴스에너지'를 통해 월간 햇빛 · 바람 지도, RE100 대응 플랫폼, 발전량 예측 시스템 등 다양한 에너지 데이터 기반 서비스를 제공하고 있으며, 이를 통해 고객에게 발전소 운영 최적화 및 예측 기반의 의사결정 도구를 전달한다. 동시에 가상발전소 개발을 통해 발전소 간 집합적 관리 및 제어가 가능한 통합 솔루션을 구현하고 있다.

정보의 흐름은 다음과 같다. 기후 · 기상 · 발전 데이터는 Indego햇빛 · 바람지도, 가상발전소 운영 소프트웨어, 에너지관리시스템 등을 통해 식스티헤르츠의 중앙 플랫폼으로 집적되며, 여기서 분석된 정보는 고객인 발전소 운영사, 공공기관, NGO, 협동조합 등 다양한 수요자에게 실시간으로 제공된다. 이러한 정보 흐름을 통해 발전량 예측, 출력 제어, RE100 대응 여부 판단 등 기술 기반의 신속한 결정을 가능하게 하고 있다.

자금의 흐름은 주로 플랫폼 기반 구독료, 소프트웨어 솔루션 판매, 데이터 기반 컨설팅 및 전력중개 수수료 등으로 구성된다. 햇빛·바람지도 구독, 가상발전소 플랫폼 '에너지스크럼' 사용료, RE100 대응 플랫폼 이용 수익 등이 반복적으로 발생하고 있으며, 예측 정확도에 따른 정산금 제도를 활용한 신규 수익 모델도 준비 중이다. 이러한 수익은 다시 기술 개발, 인력 확충, R&D 강화에 재투자되며, SK텔레콤, LG전자·LG화학, 현대차 정몽구재단 등과의 공동 프로젝트 및 실증사업을 통해 외부 자본과 전략적 투자가 유입되는 구조를 갖추고 있다.

4 Innovation Type 분석

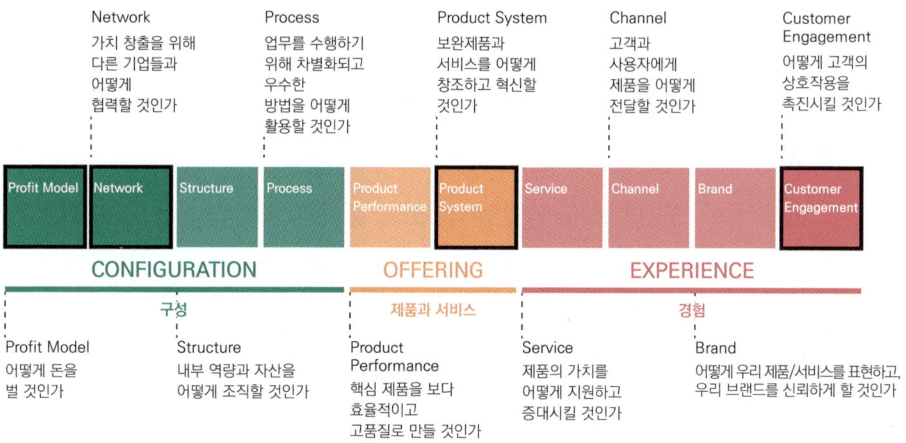

식스티헤르츠는 총 네 가지 유형의 혁신을 수행하고 있다.

Profit Model

식스티헤르츠는 재생에너지의 출력 변동성과 예측 불확실성, 전력망의 불안정성 문제를 해결하기 위해 창업된 기업이다. 기상 정보와 발전소 데이터를 기반으로 출력량을 예측하고, RE100 대응 솔루션 및 REC 중개 서비스를 통해 다양한 수익 모델을 구축하고 있다. 대표적으로 '햇빛·바람지도' 구독 서비스와 RE100 대응 플랫폼 '굿뉴스에너지'를 통해 정기 수익을 창출하고 있으며, 가상발전소 소프트웨어를 활용한 SaaS형 솔루션 또한 주요 수익원이다. 특히 '굿뉴스에너지'는 단순한 플랫폼을 넘어 자회사로 분리 설립되어 식스티헤르츠의 RE100 서비스 전담 법인으로 운영되며, 전문성과 실행력을 강화하고 있다. 2023년에는 SKT, 현대건설 등 대기업의 전략적 투자를 유치하고, 전력중개사업 본격화를 통해 수익모델의 다각화를 가속화하고 있다. 식스티헤르츠는 단순한 IT 솔루션 제공을 넘어, 에너지 시스템 전반에서 지속 가능한 수익 창출 구조를 갖춘 에너지 플랫폼 기업으로 진화하고 있다.

Network

식스티헤르츠는 창업 초기부터 정부기관, 대기업, 재생에너지 기업과의 전략적 제휴를 적극 추진해 왔다. LG소셜펠로우, 현대차 정몽구재단, SK에너지 등 대기업 주도의 스타트업 육성 프로그램에 참여하며 기술력을 인정받았고, 한국전력거래소, 중부발전, SKT, 현대건설 등과 MOU를 체결하며 사업 영역을 확장하고 있다. 특히 재생에너지 발전소의 유지보수 전문기업 '청남', 스마트그리드 수요관리 기업 '그리즈위드', 도시가스사 연합체 '인업스' 등과의 협력을 통해 전국 단위 통합형 에너지 플랫폼을 실현하고 있다. 또한 식스티헤르츠는 RE100을 목표로 하는 기업들에게 기술뿐 아니라 실질적인 컨설팅을 제공하여, 지역 시민발전조합과 대기업을 잇는 신뢰 기반의 에너지 거래 생태계를 구축하고 있다. 이처럼 식스티헤르츠는 신뢰도 높은 다자 간 파트너십 기반을 바탕으로 자사 IT 플랫폼의 적용 범위와 영향력을 점차 확대하고 있다.

Product System

식스티헤르츠는 공공데이터 기반의 시각화 서비스 'Indego햇빛·바람지도'를 통해 8만여 개의 재생에너지 발전소 정보를 통합 제공하고 있으며, AI 기반 예측 알고리즘을 활용한 에너지 관리 시스템 '에너지스크럼'으로 CES 2023에서 혁신상을 수상했다. 이 플랫폼은 태양광, 전기차 충전기, ESS 등 다양한 분산 전원을 통합 관리하며, 기존 충전 인프라나 주유소 등에 손쉽게 적용 가능하도록 설계되었다. 더불어, 정부가 시행 중인 발전량 예측 정산 제도에 대응하는 가상발전소 소프트웨어를 개발해 공급 중이며, 발전사업자는 이를 통해 예측 정확도를 높여 수익을 극대화할 수 있다. 이러한 제품들은 모두 기상데이터, 실측정보, 위치정보 등 복합 데이터를 통합 분석하여, 실시간 발전량 예측, 설비 가동률 향상, 온실가스 저감 등의 실질적 에너지 효율성과 환경적 기여를 동시에 달성하고 있다.

Customer Engagement

식스티헤르츠는 고객과의 신뢰 기반 파트너십을 강조하며, 공공데이터를 활용한 'Indego햇빛·바람지도'를 시민들에게 무료로 공개해 에너지 정보에 대한 접근성을 확대하고 있다. 발전소 운영자, 공공기관, NGO, 기업 등 다양한 고객층을 대상으로 기술과 정보를 투명하게 공유하며, 고객이 자사 솔루션을 효과적으로 활용할 수 있도록 강의 및 가이드라인도 제공한다. 특히 시민발전조합과의 협업 사례처럼, 기술 중심의 일방적 공급을 넘어서 사회적 가치와 참여를 유도하는 방식으로 고객 참여를 유도하고 있다. 이러한 접근 방식은 고객과의 장기적인 협력 관계를 형성하며, 사회적 신뢰와 기술 확산을 동시에 추구하는 모델로 주목받고 있다.

지속가능발전소 후즈굿(Who's Good)
AI 기반 ESG 리스크 분석을 통한 투자 의사결정 지원

1 기업개요

지속가능발전소는 ESG 관련 리스크와 성과 정보를 분석하여 제공하는 데이터 기반 서비스 기업으로, 인공지능 기술을 활용해 ESG 사건사고를 실시간 반영하고 평가하는 체계를 구축하고 있다. 특히 중소기업에 특화된 ESG 평가모델을 바탕으로, 등급 진단, 사건 분석 리포트 등 다양한 형태의 분석 정보를 기업과 기관에 제공한다. 자체 개발한 '후즈굿(Who's Good)' 플랫폼을 중심으로 평가 자동화와 데이터 통합 분석 체계를 강화하며, 금융기관, 공공기관, 투자기관의 ESG 기반 의사결정 지원을 목표로 하는 구조로 운영된다. 단순한 정보 제공을 넘어, 국내 최대 자산운용사 및 글로벌 기관과의 협업을 통해 ESG 비즈니스의 신뢰성과 실효성을 동시에 지향하고 있다.

2 Environmental/Social Lean Canvas 분석

경쟁력

지속가능발전소는 ESG 평가의 실효성과 신뢰도를 높이기 위한 기술 기반 솔루션을 중심으로 비즈니스 모델을 설계하고 있다. **문제점 정의**는 기존 ESG 평가 시스템이 데이터 범위가 좁고, 정보 커버리지와 업데이트 속도에 한계를 보이며, 기업 내부 데이터를 반영하지 못한다는 점에 주목하고 있다. 특히, 공공 ESG 모델의 경우 현장 적용성이 떨어져 실무 활용이 어렵다는 구조적 한계를 지닌다. 이를 해결하기 위한 **솔루션**으로, 지속가능발전소는 ESG 등급 진단과 공급망 리스크 모니터링 기능을 통합하여 실시간 위험 요소를 식별하고, ESG 이슈를 정량적으로 분석할 수 있는 인공지능 기반 플랫폼을 제공한다. **기존 대안**은 유엔에서 제시한 글로벌 공공 ESG 프레임워크가 대표적이나, 이는 기업 개별 상황에 대한 구체적 반영이 어렵고 경영 실무로 연결되기 어려운 한계를 지닌다. 반면, 지속가능발전소는 ESG 등급화, 공급망 내 리스크 지표화, 실시간 대응 기능 등 **핵심 지표**를 명확히 제시함으로써 기술 기반 ESG 평가의 대안으로 자리잡고 있다.

경쟁력

문제점	솔루션
- ESG 평가에 활용되는 데이터의 범위가 제한적 - 업데이트 주기가 느려 실시간 리스크 대응이 어려움 - 기업 내부 데이터를 반영하지 못해 정확도가 낮음	- ESG 진단 평가 및 공급망 리스크 모니터링 기능을 통해 기업 리스크를 식별 - ESG 이슈에 정량적 분석을 적용해 해결 가능한 기술 기반 솔루션 제공
기존대안	**핵심지표**
- UN이 발표한 공급망 솔루션을 기업 자체가 확인하거나 대기업 위주 솔루션이 제공	- ESG 등급과 공급망 리스크를 정량화해 제공 - 지속가능발전을 위한 ESG 통합 분석 시스템

시장수용성

가치제안	경쟁우위	목표고객
- 기존 ESG 평가의 문제점을 AI를 통해 해결하며, 필요한 기술을 개발	- 아시아 최초로 AI 기반 ESG 공급망 솔루션을 제공 - ESG 투자, 금융, 리스크 관리가 통합된 플랫폼	- 기관투자자 - 은행 - 증권사 - 기업 - 개인투자자
상위개념	**채널**	**얼리어답터**
- 지속가능금융의 확산을 위한 ESG 데이터 인프라 구축	- 자사 웹 기반 플랫폼 - FACTEST 플랫폼 (전 세계 3개 글로벌 금융정보제공기관)	- ESG 평가에 관심 있는 중소기업 또는 업계

생존가능성

비용 구조	수익원
- web 서버 개발/ 플랫폼 구축 비용 - AI 기술 개발비용 - 인건비 - 리스크 분석 기술 및 ESG 공급망 솔루션 개발비용	- 국정부지원사업 투자금 - 국내외 기관투자자, 자산운용사 및 개인투자자 유료 구독 - 자산운용사, 증권사 등에 기업분석정보(콘텐츠) 제공 서비스(B2B2C)

ESG가치

Environmental(or Social) Costs	Environmental(or Social) Benefits
- 서버 및 데이터 운용으로 인한 전력 소비 - AI 모델 학습 및 유지 관리 과정에서 에너지 부담 높음	- 탄소중립과 ESG 경영을 올바르게 수행하게 하는 솔루션 제공 - 공급망 ESG 평가를 통해 ESG 성과를 분석하여 AI로 기존 평가의 문제점을 개선 - ESG 리스크 솔루션을 통해 기업 리스크 모니터링하여 부정적인 이슈 예방

시장수용성

가치제안 측면에서 지속가능발전소는 기존 ESG 평가 시스템의 한계를 보완해, 기업이 자발적으로 ESG 리스크를 진단하고 문제를 사전에 파악할 수 있도록 지원한다. 이는 단순한 데이터 제공을 넘어, ESG 경영 실현과 탄소중립 전략 수립을 가능하게 한다는 점에서 강점을 지닌다. **경쟁우위**는 아시아 최초로 공급망 리스크 분석을 포함한 AI 기반 ESG 통합 솔루션을 제공하고 있다는 점에서 형성된다. 이를 통해 금융기관, 기업, 정부기관 등 다양한 **고객 세그먼트**를 대상으로 ESG 평가와 투자판단을 동시에 지원한다. 특히 ESG 평가 도입에 관심이 높은 중소기업과 관련 스타트업을 **얼리어답터**로 설정하고 있으며, **상위 개념**으로는 지속가능금융의 기반을 형성하는 ESG 데이터 인프라로서의 역할을 지향하고 있다. **유통 채널**은 자사 웹 플랫폼과 글로벌 금융정보 서비스(예: 팩트셋) 연계를 통해 구성되며, 정형·비정형 데이터를 모두 포괄하는 서비스형 데이터 비즈니스 모델로 확장되고 있다.

생존가능성

수익원은 정부 지원사업을 통한 초기 매출, 민간 투자기관 및 금융사의 유료 구독, ESG 진단 콘텐츠와 공급망 분석 정보 제공에 따른 데이터 판매 수익 등으로 구성된다. 이와 함께 금융기관이나 플랫폼 기업 등 중간 고객을 통해 최종 사용자에게 ESG 데이터를 제공하는 구조로 반복적인 수익을 창출하고 있다. **비용 구조**는 웹 기반 플랫폼 유지비용, ESG 알고리즘 및 AI 모델 개발비용, 분석 인력의 인건비, 서비스 고도화를 위한 지속적인 기술 투자 등으로 구성되며, 고정비 중심의 구조이지만 고객 확보와 데이터 연동을 통해 점진적으로 단위 비용을 절감할 수 있는 구조를 갖추고 있다.

ESG가치

ESG 측면의 환경 및 사회적 영향에서 지속가능발전소는 ESG 경영을 기업 스스로 내재화할 수 있도록 지원하는 역할을 수행하고 있다. 공급망 내 리스크를 조기에 파악하고, ESG 사건 데이터를 체계적으로 분석함으로써, 기업의 부정적 이슈를 사전에 차단하고 지속가능한 성장을 유도한다. 특히, 탄소중립 경영 및 사회적 책임 이행을 위한 실질적 솔루션을 제공함으로써, ESG 정보의 비대칭성을 해소하고, 정책 설계 및 제도화에도 간접적으로 기여하고 있다.

3 돈과 정보의 흐름 분석

지속가능발전소의 비즈니스 구조는 ESG 데이터를 필요로 하는 평가 의뢰 기업, 그 기업의 공급망 내 협력사, 그리고 지속가능발전소가 직접 운영하는 플랫폼

'후즈굿' 간의 유기적인 정보 흐름과 금전적 흐름을 기반으로 구성되어 있다. 정보의 흐름은 ESG 데이터 분석 플랫폼인 후즈굿을 통해 시작된다. 지속가능발전소는 이 플랫폼을 통해 ESG 공급망 리스크, 성과 지표, 자가진단 결과, 보고서 등 다양한 정보를 평가 의뢰 기업에 제공하고 있으며, 해당 정보는 협력사에게도 실사 솔루션의 형태로 전달된다. 협력사는 ESG 관련 리스크를 사전에 진단하고 이를 개선할 수 있는 정보를 수집하게 되며, 평가 의뢰 기업은 공급망 전체의 ESG 수준을 통합적으로 파악하고 이를 투자 판단이나 경영 전략 수립에 활용한다. 이렇게 수집된 정보는 다시 후즈굿 플랫폼으로 환류되어 ESG 경영에 필요한 데이터 자산으로 활용된다.

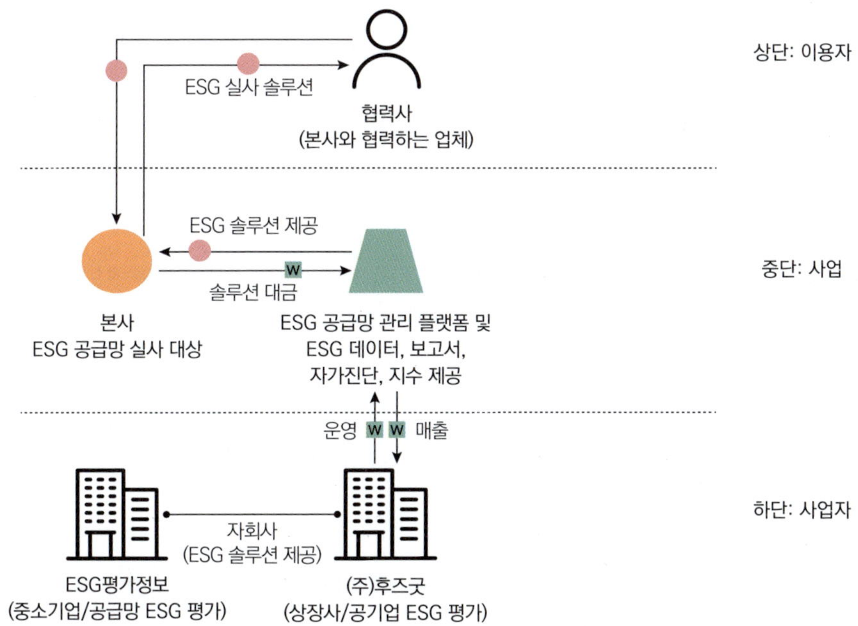

돈의 흐름은 ESG 평가와 실사를 요청한 평가 의뢰 기업이 플랫폼 이용료 및 데이터 분석 서비스를 구매하면서 발생한다. 후즈굿은 평가 시스템을 직접 운영하며, 여기서 발생하는 매출은 ESG 리포트 제공, 공급망 실사, 정기 구독형 데이터 서비스 등 다양한 형태로 회수된다. 협력사는 직접적인 비용을 지불하지 않지만, 평가 의뢰 기업 주도의 ESG 평가 및 공급망 실사 과정에 참여함으로써 간접적으로 이 플랫폼 생태계에 포함된다. 이처럼 지속가능발전소는 데이터 수집 → 분석 및 가공 → 공급망 전체에 정보 제공 → ESG 경영에 활용되는 정보 흐름과, 솔루션 운영 → 서비스 제공 및 데이터 판매 → 정기 수익 확보라는 구조를 결합해, 정보 순환과 수익 창출이 동시에 일어나는 ESG 데이터 기반 비즈니스 모델을 구축하고 있다.

4 Innovation Type 분석

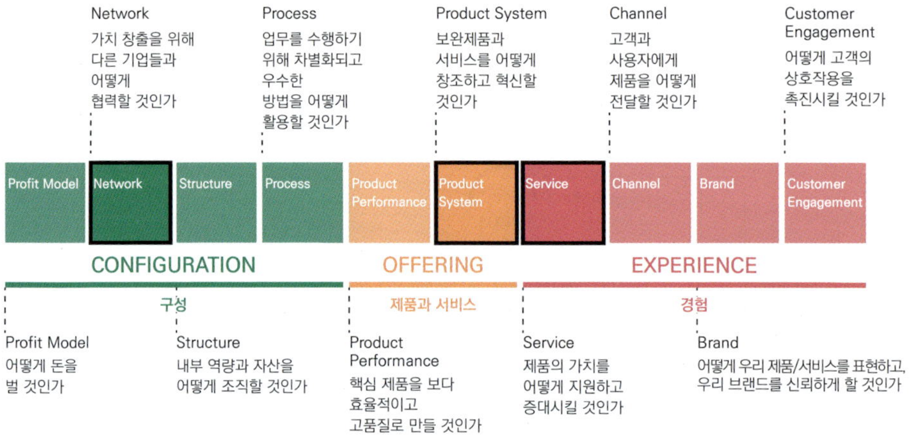

지속가능발전소는 총 세 가지 유형의 혁신을 수행하고 있다.

Network

지속가능발전소는 ESG 평가를 수행하는 데이터 기반 전문기관으로서, 다양한 국내외 기관과 협력 네트워크를 구축하고 있다. AI 기반 ESG 평가 플랫폼인 '후즈굿'을 통해, UNGC 한국협회와 함께 국내 최초로 상장사 대상 UNGC 10대 원칙 준수 현황을 분석하여 발표하였으며, UN PRI(유엔 책임투자원칙) 가입과 동시에 국내 평가기관 및 펀드운용사와의 MOU를 체결하였다. 이를 기반으로 ESG 벤치마크 지수, 신용평가모델, 공급망 ESG 리스크 관리 솔루션 등을 공동 개발하며, ESG 경영 확산을 위한 데이터 인프라를 제공하고 있다.

Product Performance

기존 ESG 평가 시스템은 설문조사나 자가 보고서를 기반으로 이루어지는 경우가 많아, 기준이 명확하지 않고 결과가 주관적으로 해석될 여지가 크다. 이로 인해 기업 간 성과를 객관적으로 비교하기 어렵고, 실제 행위가 실시간으로 반영되지 않아 ESG 이슈에 능동적으로 대응하기에도 한계가 있다. 지속가능발전소는 이러한 문제를 해결하기 위해, 기업의 ESG 성과와 리스크를 평가하는 글로벌 표준을 도입하고, 정량화된 지표와 자동화된 데이터 수집 기술을 결합했다. 특히, 국내외에서 신뢰성 있게 검증된 80여 개 언론사의 뉴스 데이터를 활용함으로써, ESG 사건에 대한 감지력과 문제 식별 정확도를 동시에 확보하고 있다.

Service

ESG 플랫폼을 통해 고객사에 평가 결과뿐만 아니라 분석 보고서, 자가진단 항목, 리스크 대응 방향까지 포함한 통합형 솔루션을 제공하고 있다. 특히, ESG 리스크 식별부터 신용평가, 공공조달 적합성, 성장 가능성 분석에 이르기까지 다양한 분석 목적을 고려해 서비스를 구분하고 있으며, 기업별 니즈에 따라 유연한 정보를 제공하는 방식이 특징이다. 이러한 ESG 진단 및 분석 솔루션은 단순한 점수 제공을 넘어, ESG 경영 내재화를 위한 실질적 도구로 기능하고 있다.

그리너리(Greenery)
자발적 탄소 감축 거래를 통한 ESG 실천 플랫폼

1 기업개요

그리너리는 자발적 탄소 감축 실적을 거래할 수 있는 디지털 플랫폼 '팝플'을 운영하는 기후테크 스타트업으로, 탄소 감축 인증·발급 시스템, MRV(측정·보고·검증) 자동화 기술, 탄소 크레딧 마켓플레이스를 통합 제공한다. '팝플' 플랫폼을 통해 온실가스 감축 실적을 등록하고 검증받은 개인과 기업은 크레딧을 발급받아 자유롭게 거래할 수 있으며, 감축 실적은 RE100 이행이나 탄소중립 활동에 활용 가능하다. 그리너리는 자체 개발한 디지털 MRV 시스템과 탄소 감축량 자동 산정 알고리즘을 바탕으로, 인력 개입과 시간 소요를 최소화한 효율적인 감축 인증 구조를 구축하고 있다. 현재 다양한 민간 기업 및 공공기관과 협력하며, 자발적 탄소 시장의 참여 문턱을 낮추고 탄소 감축을 일상적인 실천으로 확장하는 기술 기반 플랫폼 기업으로 성장하고 있다.

2 Environmental/Social Lean Canvas 분석

경쟁력

그리너리의 비즈니스 모델은 누구나 자발적으로 온실가스 감축에 참여하고, 이를 시장에서 거래 가능한 자산으로 전환할 수 있도록 설계된 플랫폼 기반 구조다. **문제점 정의**에서 그리너리는 기존의 탄소배출권 시장이 정부 규제에 의존하고 있으며, 개인이나 기업이 자발적으로 감축 실적을 인증받고 거래하기에는 높은 진입 장벽과 제도적 한계가 있다는 점에 주목했다. 이러한 문제를 해결하기 위한 **솔루션**으로 그리너리는 국내 최초로 자발적 탄소 감축 실적을 인증하고 크레딧을 발행하며, 이를 거래할 수 있는 플랫폼 '팝플'을 개발했다. 사용자는 감축 실적을 등록하면 디지털 MRV 시스템을 통해 자동으로 인증과 크레딧 발행이 이루어지며,

크레딧은 블록체인 기반으로 관리되어 거래의 투명성과 신뢰성을 높였다. **기존 대안**의 해외 인증기관이나 정부 주도 배출권 시장과 달리, 그리너리는 누구나 접근할 수 있는 참여형 구조와 국내 인증 체계를 기반으로 자발적 감축 시장을 현실화하고 있다는 점에서 차별화된다. **핵심 지표**는 크레딧 인증률, 발급량, 감축 방법론 등록 수, 플랫폼 거래 실적 등이며, 이들은 실질적인 감축 활동과 시장 수요의 연동성을 측정하는 지표로 활용된다.

경쟁력 | 시장수용성

문제점	솔루션	가치제안	경쟁우위	목표고객
- 온실가스 감축이 필요하나 배출권 중심 구조의 한계 - 자발적 탄소중립 실천 경로 부족	- 자발적 감축 실적을 등록하고 크레딧을 발행 판매할 수 있는 국내 최초 플랫폼 구축 - 디지털 기반 인증 시스템으로 거래 신뢰성 확보	- 국내 최초 자발적 탄소 거래에 동참하세요!	- 탄소 중립 실현을 위한 다양한 서비스 제공 - 디지털 MRV 개발 - 마켓플레이스 운영 - 팝플 인증서 발급 - 블록체인 기반의 IT 기술을 적용하여 투명성·신뢰성 확보	- 탄소 감축실적이 필요한 기업 - 기후 대응을 실천하려는 개인
기존대안	**핵심지표**	**상위개념**	**채널**	**얼리어답터**
- 해외 인증기관 기반 플랫폼 - 정부 탄소배출권 중심 구조	- 탄소중립 전략 수립, 방법론 개발, 탄소감축 프로젝트 기획 - 자발적 탄소크레딧 인증센터 운영, 감축량 인증 및 크레딧 발급 - 자발적 탄소크레딧 거래 플랫폼 운영	- 자발적 탄소 감축 실천을 위한 데이터 기반 플랫폼	- 박람회 - 자사 홈페이지, 어플 - 모바일 서비스 - 해외시장	- 해외 인증기관 이용 중인 기업 - 개인용 탄소 크레딧 도입에 관심 있는 사용자

비용 구조	수익원
- 제품 개발 비용 - 인건비 - 마케팅 비용 - 웹사이트/모바일 서비스 유지 비용 - 앱, 데이터 관리 비용	- 투자 수익 - 정부 지원금 - 탄소 감축량 산정 구독 서비스 수익 - API 기반의 크레딧 판매 수익 - 탄소배출량 컨설팅 수익 - 거래 수수료 수익

생존가능성

Environmental(or Social) Costs	Environmental(or Social) Benefits
- LCA 플랫폼 및 데이터 처리 인프라 전력 소비 - 시장 초기 단계의 신뢰 확보를 위한 검증 체계 구축 부담	- 자발적인 탄소 배출 감소 가능 - 탄소크레딧을 활용하여 기부 가능 - 누적 크레딧 발급량은 약 5만 1,000톤으로, 30년생 소나무 600만 그루가 1년 동안 탄소를 흡수하는 양과 같음

ESG가치

시장수용성

가치제안 측면에서 그리너리는 '국내 최초 자발적 탄소 거래 시스템'이라는 명확한 메시지를 통해, 기업과 개인이 온실가스 감축 실천을 실질적인 시장 참여로 연결할 수 있는 구조를 제시한다. **경쟁우위**는 자동화된 감축 실적 검증 시스템, 블록체인 기반의 데이터 무결성 확보, 사용자 접근성 높은 모바일 인터페이스 등에서 도출된다. **고객 세그먼트**는 온실가스 감축이 필요한 기업(탄소중립 · RE100 이행 기업), 감축 실적을 외부에 인정받고자 하는 개인 및 스타트업이며, **얼리어답터**는 해외 인증기관을 이용해 온 기업이나 탄소 크레딧 거래에 선제적으로 접근하고자 하는 기술 기반 기업들이다. **상위 개념**은 탄소 감축 실천을 생활의 일부로 전환시킬 수 있는 디지털 기후 행동 플랫폼이며, **유통 채널**은 자사 홈페이지, 앱, 박람회, 글로벌 온 · 오프라인 채널 등을 통해 운영된다.

생존가능성

수익원은 플랫폼 기반 크레딧 인증 및 거래 수수료, 기업 대상 감축 솔루션 구축 비용, 정부 및 민간 투자 유치 등으로 구성된다. 특히 기업이 구입한 크레딧은 탄소중립 보고, ESG 공시, RE100 이행 실적 등에 활용 가능하다는 점에서, 플랫폼 이용 기업의 비즈니스 전략과 연결된 고부가 서비스로 작용하고 있다. **비용 구조**는 시스템 개발 및 유지관리 비용, 인건비, 마케팅, 데이터 인프라 운영 비용 등으로 구성되며, 크레딧 인증 자동화와 MRV 프로세스의 디지털화로 고정비를 최소화하고 있다. 이처럼 기술 기반 자동화와 거래 구조의 정교한 설계를 통해, 플랫폼 수익성과 운영 지속가능성을 동시에 확보하고 있다.

ESG가치

ESG 측면의 환경 및 사회적 영향을 살펴보면, 그리너리는 자발적 감축 실적을 인증하고 이를 크레딧으로 전환함으로써, 정부 제도 밖에서도 온실가스 배출을 실질적으로 줄이는 민간 기반의 감축 실천 구조를 확산시키고 있다. 또한, 개인도 크레딧을 구매함으로써 탄소중립 활동에 참여할 수 있으며, 해당 크레딧은 실제 감축 실적을 기반으로 발행되기 때문에 실질적 기여 효과를 갖는다. 블록체인 기반 데이터 구조와 디지털 MRV 시스템은 감축 데이터의 위 · 변조 가능성을 낮추고, 감축 실천의 투명성과 신뢰를 높이기 위한 핵심 수단으로 작용하고 있다.

3 돈과 정보의 흐름 분석

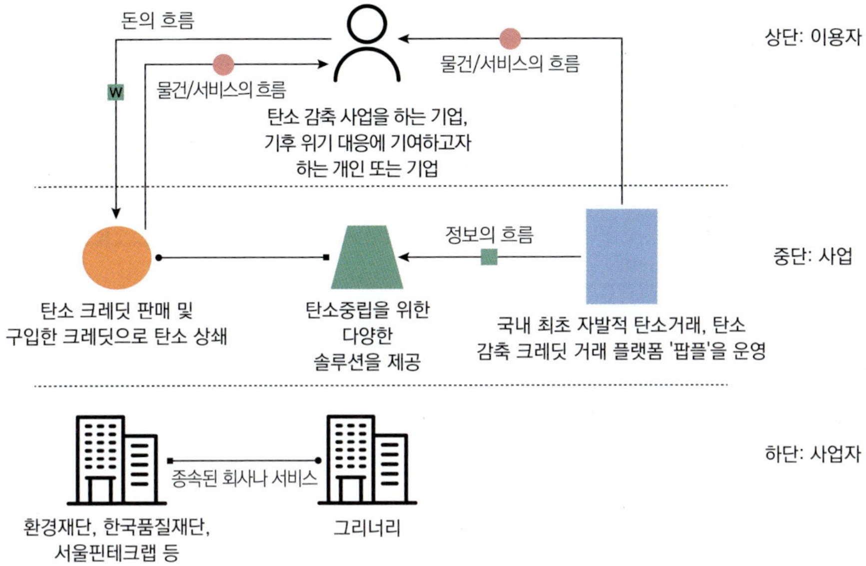

그리너리의 비즈니스 구조는 크레딧 발행자(감축 실적 보유자), 구매자(기업 또는 개인), 그리고 플랫폼 운영사인 그리너리 간의 정보 흐름과 금전 흐름을 중심으로 구성된다. 먼저 정보의 흐름은 사용자가 온실가스 감축 활동을 팝플 플랫폼에 등록하면서 시작된다. 해당 실적은 디지털 MRV 시스템을 통해 자동으로 검증되며, 발급된 탄소 크레딧은 블록체인 기반으로 관리되어 거래의 투명성과 신뢰성을 확보한다.

돈의 흐름은 탄소 크레딧 구매자가 지불한 금액이 감축 실적 보유자에게 전달되는 구조로, 이 과정에서 그리너리는 인증 및 거래 수수료를 수익으로 확보한다. 기업은 구매한 크레딧을 탄소 상쇄 또는 RE100 등 지속가능경영 지표 실현에 활용하고, 개인은 기후 행동 참여 수단으로 이용한다. 이처럼 그리너리는 감축 실적 등록 → 인증 및 발행 → 크레딧 거래로 이어지는 정보 흐름과, 구매 → 수익 분배 → 플랫폼 성장으로 이어지는 돈의 흐름을 결합해 자발적 탄소 시장 기반의 비즈니스 모델을 실현하고 있다.

4 Innovation Type 분석

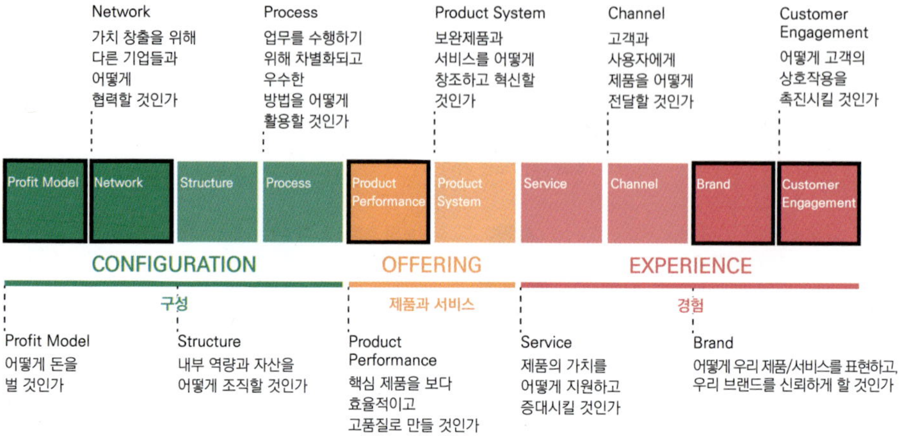

그리너리는 총 다섯 가지 유형의 혁신을 수행하고 있다.

Profit Model

자발적 탄소 감축 실적을 수익화할 수 있는 거래 구조를 제시함으로써, 기존에 존재하지 않았던 자발적 탄소 시장 기반의 수익 모델을 개척하고 있다. 사용자는 감축 활동을 팝플 플랫폼에 등록하고, MRV 검증을 거쳐 크레딧을 발행한 뒤, 이를 판매하거나 기부함으로써 금전적 또는 사회적 가치를 창출할 수 있다. 기업은 이 과정을 통해 RE100 달성이나 탄소중립 보고 등 ESG 활동을 강화하고 있으며, 그리너리는 이를 수수료 기반의 거래 수익으로 연결하고 있다.

Network

그리너리는 정부 기관, 환경재단, 한국품질재단 등과의 협업을 통해 자발적 탄소 시장에 대한 제도적 기반과 신뢰성을 확보하고 있다. 특히, 국내에서 유일하게 디지털 기반 MRV 시스템을 적용해 자체 검증이 가능한 구조를 갖췄으며, 이 시스템은 제3자 검증기관과 연계되어 공신력 있는 감축 인증 생태계를 만들어가고 있다. 이를 통해 그리너리는 단순 기술기업을 넘어 다양한 이해관계자와 협력하는 기후 플랫폼으로 자리매김하고 있다.

Product Performance

디지털 MRV 기반의 자동 인증·발급 시스템을 통해 감축 실적 검증의 속도와 정확도를 동시에 확보하고 있으며, 블록체인 기반의 데이터 구조를 통해 크레딧의 위변조 방지를 실현하고 있다. 이 시스템은 기존의 수기 또는 대면 인증 방식보다 운영 효율성이 뛰어나며, 기업 사용자에게는 Scope 3 보고에도 활용 가능한 수준의 정밀성과 확장성을 제공한다.

Brand

'자발적 탄소 감축 참여 플랫폼'이라는 정체성을 중심으로, 기후 실천 참여를 권장하는 투명하고 신뢰도 높은 브랜드 이미지를 형성해 나가고 있다. 기업이 발급받은 크레딧은 마켓플레이스를 통해 구매자와 연결되며, 발급자 및 프로젝트 정보가 모두 공개된다. 이를 통해 탄소 감축의 결과가 브랜드 신뢰로 연결되도록 설계되어 있으며, 향후에는 크레딧을 기업 CSR 성과, ESG 보고서 등에 연계할 수 있는 확장성도 준비하고 있다.

Customer Engagement

그리너리는 팝플 플랫폼 내에서 누구나 탄소 감축 활동에 참여하고, 실적을 등록하거나 크레딧을 구매해 기후 행동에 기여할 수 있도록 설계하였다. 개인 이용자는 마켓플레이스에서 손쉽게 크레딧을 구매할 수 있고, 인증 정보를 SNS에 공유함으로써 사회적 참여를 확산시킬 수 있는 구조를 갖추고 있다. 이를 통해 기업뿐 아니라 개인 사용자도 기후 실천의 주체로 참여하게 만들며, 자발적 탄소 감축에 대한 관심과 재참여를 유도하고 있다.

FCMT
수소연료전지 기반 탈탄소 모빌리티 솔루션을 선도하는 에너지 기술 기업

1 기업개요

FCMT는 수소연료전지 시스템의 핵심 부품인 MEA(Membrane Electrode Assembly, 막전극접합체)를 중심으로 수소 모빌리티 산업의 기술 내재화와 공급망 독립을 목표로 설립된 친환경 에너지 전문 기업이다. FCMT는 2021년 설립 이후 에스퓨얼셀과 MEA 공급 계약을 체결하며 본격적인 시장 진입을 시작했고, 국비 130억 원 규모의 연구개발 사업 지원을 통해 기술 고도화 기반을 마련하였다. 또한 동아퓨얼셀, 경기도경제과학진흥원 등과의 협약을 통해 수소이륜차 보급 및 배터리 교환형 스테이션 인프라 구축을 추진하고 있으며, 'Hyvolution 2022' 등 수소산업 박람회에 참가하여 국내외 기업 및 정부기관과의 협업 가능성을 지속적으로 넓혀가고 있다. 수소 모빌리티 시장에서 MEA의 안정적 공급과 기술 자립을 통해 수소전지 시장의 생태계 확장에 기여하고 있으며, 국내외 수요처와의 전략적 파트너십을 바탕으로 친환경 모빌리티 전환을 가속화하고 있다.

2 Business Model Canvas 분석

경쟁력

기존의 내연기관 기반 모빌리티는 석유 및 석탄과 같은 화석 연료를 연소하는 과정에서 대기 오염 물질과 온실가스를 다량 배출하며, 이는 기후변화와 미세먼지 문제를 심화시키는 원인 중 하나로 지목되고 있다. 특히 물류·운송, 배달 등 도시 내 단거리 주행이 많은 부문에서는 소형 내연기관 차량이 주는 환경적 영향이 **문제점**으로 작용하고 있다. FCMT는 어떤 솔루션으로 수소연료전지 시스템의 핵심 부품인 MEA를 국산화하여, 고정형 및 이동형 수소전지 시스템에 적용 가능한 기술을 독자적으로 개발하고 있다. 이를 통해 배출가스가 없는 청정에너지

경쟁력

시장수용성

문제점	솔루션	가치제안	경쟁우위	목표고객
- 석유·석탄 연료 기반 내연기관 차량은 대기오염과 온실가스 배출을 유발하며 충전소 인프라 부족으로 전기차의 대중 확산에 제약이 존재함	- 배터리 교환형 전기이륜차(FCEV) 플랫폼 구축 수소연료전지 기반 전동화 모빌리티 개발 및 전환 추진	- 친환경적인 기술의 발전 에너지 산업의 성장, 지구촌 친환경 에너지 균등 공급에 따른 배터리 교환 서비스로 실시간 모빌리티 확보, 도심 배달 및 물류의 친환경 전환 지원	- 해외에서 독점하던 MEA 시장의 판도를 바꾸는 기술력 - 자체 교환 스테이션 네트워크 및 통합 플랫폼 역량 보유, 충전소 대비 대기시간 최소화	- 모빌리티 기업 및 도심형 물류 기업 - 건물·주택 발전 분야 - 선박·항공기 등 고부가가치 시장 - 수소 전환 검토 중인 민간 B2B 기업

기존대안	핵심지표	상위개념	채널	얼리어답터
- 충전식 전기이륜차가 주류이나 긴 충전 시간·충전소 부족 등 운영상 제약 존재 - 해외 친환경 에너지 수입 또 수소차 충전 인프라 확대 시도 병행	- MEA(막전극접합체) 국내 자체 생산 기반 확보 - 2022년 기준 61억 원 규모 투자 유치, 수소연료전지 공동개발 MOU 체결	- 이산화탄소 배출을 줄이고, 미래 에너지원을 활용 - 도심 내 배터리 교환형 전기이륜차 기반의 탄소중립 모빌리티 인프라 구축	- 박람회/엑스포 - 자사 홈페이지 - 국내 직업·가맹형 스테이션 - 배달 플랫폼, 지자체 등 B2B 제휴 - 해외 진출 시장	- 수소 연료 전지 기반 기술을 실험 중인 ESG 경영 지향 기업 - 기존 전기 모빌리티의 한계를 인식하고 대안을 찾는 선도 기업 - 신재생에너지 기반 인프라 구축에 관심 있는 공공·민간 파트너

비용 구조	수익원
- MEA 연구·개발 비용 - 국내외 파트너 기업 협약 관련 비용 - STACK 연구·개발 비용 - 해외시장 사업화 비용	- MEA 계약을 통한 B2B 수익 - 국내 수소연료전지 시장 내 MEA 스택 제품 판매 수익 - 글로벌 수소연료전지 시장 해외 판매 수익

생존가능성

Environmental(or Social) Costs	Environmental(or Social) Benefits
- MEA 등 소재 제조에 고정밀 화학 소재, 귀금속 촉매 등이 필요하며, 추출과 가공 과정에서 자원 고갈과 탄소 배출이 발생	- 화석연료 대비 에너지 효율이 10~20% 높고, 이산화탄소 질소산화물·황산화물 등 유해물질 배출이 거의 없음 - 연소 과정이 없어 기계적 에너지 전환 손실이 적으며, 실사용 공간 제약이 낮고 분산형 발전 설계에 적합 - 수소 기반 사업은 장기적으로 친환경 가치와 에너지 자립을 동시에 충족시킬 수 있는 지속가능한 에너지 전환 모델로 평가됨

ESG가치

원 기반의 모빌리티 **솔루션**을 구현하고 있으며, 기존 내연기관의 한계를 대체할 수 있는 수소 기반 인프라 확장에 기여하고 있다. 특히, 도심형 배터리 교환형 수소이륜차에 최적화된 연료전지 시스템을 통해 실질적인 탄소중립 실현을 목표로 한다. **기존 대안**으로는 충전식 전기이륜차 중심의 친환경 모빌리티가 대안으로 공급되어 왔으나, 긴 충전 시간과 부족한 충전 인프라로 인해 운용 효율성과 접근성 측면에서 제약이 있었다. 또한 화석연료 사용 감축을 위해 수소차 보급 및 고정형 충전소 설치, 해외 친환경 에너지원을 수입하려는 시도가 병행되어 왔으나, 기술적·경제적 장벽으로 인해 보편화되기 어려운 한계가 존재했다. **핵심 지표**는 다음과 같다. FCMT는 수소연료전지 핵심 부품인 MEA를 자체 기술로 양산할 수 있는 역량을 보유하고 있으며, 에스퓨얼셀과의 공급 계약 체결을 통해 실제 시장 공급 기반을 마련하였다. 국내에서 자립 가능한 수소연료전지 기술은 수입 의존도를 낮추고 공급 안정성을 높여 국내 수소 모빌리티 산업의 독립성과 확장성 측면에서 전략적 가치를 지닌다.

시장수용성

FCMT는 수소 기반 이륜차 및 배터리 교환형 플랫폼이라는 새로운 **가치제안**을 통해, 기존 내연기관 및 전기충전 방식 모빌리티의 한계를 극복하고 보다 효율적인 탄소중립형 도시 모빌리티 인프라 구축을 지향하고 있다. 이러한 제품군은 고정형 충전 인프라의 제약을 해결하고, 배터리 교환형 모빌리티의 확산을 촉진하는 촉매 역할을 수행하고 있다. FCMT의 **경쟁우위**는 고성능 수소 연료전지 부품(특히 MEA와 스택) 기술력에 기반한다. 국내 수소 모빌리티 생태계에서 FCMT는 동아퓨얼셀, 에스퓨얼셀 등과의 기술 제휴를 통해 국산화된 MEA 공급체계를 확립했으며, 이는 안정적인 공급망 구축과 가격 경쟁력 확보에 긍정적인 영향을 미치고 있다. 주요 **고객 세그먼트**는 배달 플랫폼 기업, 물류 기업, 지자체 등 B2B 수요처를 중심으로 구성되어 있다. 특히 수소 인프라 확산 정책과 연계한 공공 부문 및 실증사업 중심의 초기 수요가 활발히 형성되어 있으며, 향후에는 건물·주택의 마이크로그리드 발전, 선박·항공기 등 고부가가치 에너지 수요 시장으로의 확장도 가능성이 크다. **얼리어답터**는 친환경 전환에 관심 있는 ESG 지향 기업 및 기관들로 구성된다. 이들은 기존 전기 모빌리티의 충전 한계 및 인프라 문제를 인식하고 있으며, 수소 기반의 새로운 동력 시스템을 실험하고자 하는 선도 기업들이다. 또한, 신재생에너지 기반의 지역 인프라 구축에 관심을 가진 지자체와 공공 파트너 역시 주요 얼리어답터로 포함된다. FCMT의 **상위 개념**은 '미래 도시형 에너지 자립 인프라 구축'에 있다. 단순한 수소차 보급을 넘어, 도심 내 수소 충전 및 배터리 교환 시스템을 중심으로 한 통합 플랫폼을 지향하며, 수소 연료전지를 기반으로 한 저탄소 전환을 실현하려는 국가 및 글로벌 정책과 궤를 같이하고 있다. 이 같은 접근은 '도심형 스마트 에너지 생태계' 구축이라는 비전으로 확장되고 있다. **유통 채널**은 박람회 및 엑스포 등 전문 전시회, 자사 홈페이지를 통한 B2B 마케팅, 그리고 배달 플랫폼 기업 및 지자체와의 전략적 제휴 형태로 운영되고 있다. 또한,

HYVOLUTION KOREA 2022 등 국내외 수소 산업 행사에 참가하며 글로벌 시장 진출을 위한 네트워크를 확대하고 있으며, 일부 온라인 모빌리티 플랫폼 및 직영·가맹형 교환 스테이션도 유통 채널로서 함께 개발 중이다. 이를 통해 FCMT는 수요처와의 실시간 정보 공유와 기술 피드백을 유도하며, 맞춤형 수소 솔루션 공급을 강화하고 있다.

생존가능성

FCMT는 수소 연료전지의 핵심 부품인 MEA를 중심으로 다양한 **수익원**을 확보하고 있다. 주요 수익원은 국내외 수소연료전지 시장에 대한 제품 공급으로, 특히 동아퓨얼셀·에스퓨얼셀 등 국내 수소에너지 기업들과의 MEA 공급 계약을 기반으로 안정적인 수익을 창출하고 있다. 또한, 정부의 수소경제 활성화 정책에 따라 늘어나는 공공 및 민간 수요에 대응하며, 실증사업과 민관 협력 프로젝트를 통한 추가 수익 구조도 형성하고 있다. 이러한 B2B 중심의 공급 구조는 배달 플랫폼, 물류 기업, 지자체 등 수소 모빌리티 및 분산발전 수요처와의 전략적 협력을 통해 더욱 확장되고 있다. FCMT의 주요 **비용 구조**는 연구개발비와 해외 진출에 따른 사업 확장 비용을 중심으로 구성된다. 수소 연료전지의 성능을 좌우하는 MEA와 스택 기술의 고도화를 위해 지속적인 R&D 투자가 이루어지고 있으며, 관련 인력 운용비와 시험 장비 운용비가 주요 항목을 차지한다. 또한, 수소 산업 특성상 기업 간 협약 및 실증사업 참여가 필수적이기 때문에, 이와 관련된 제휴·운영 비용 역시 핵심 비용 구조에 포함된다. 해외 시장 진출을 위한 마케팅, 인증 획득, 물류 체계 구축 등에 드는 비용도 점차 증가하고 있으며, 향후 수출 비중 확대에 따라 이러한 항목의 비중은 더욱 커질 것으로 예상된다.

ESG가치

ESG 측면의 환경 및 사회적 영향을 살펴보면, FCMT는 수소 연료전지를 통해 온실가스 감축과 에너지 고효율이라는 두 가지 목표를 동시에 실현하며, ESG 중심의 지속가능한 전환 모델을 제시하고 있다. 선박 및 차량 등 수송수단에서 배출되는 탄소는 기후위기의 핵심 원인으로 지목되고 있으며, 국제해사기구(IMO)를 비롯한 글로벌 규제 기구들은 이에 대한 감축을 지속적으로 요구하고 있다. 이에 따라 미국을 포함한 주요국에서는 수소 선박을 비롯한 대체 에너지 기술 도입을 본격화하고 있으며, FCMT는 이러한 흐름에 대응해 건물, 발전, 수송용 등 다양한 분야에 적용 가능한 수소 연료전지 솔루션을 개발하고 있다. 수소 연료전지는 석탄 및 기타 화석연료 대비 10~20% 높은 에너지 효율을 보이며, 연소 과정이 없어 기계적 손실이 적고, 이산화탄소·질소산화물·황산화물 등의 유해물질 배출이 거의 발생하지 않는다. 이로 인해 실내 및 도심형 공간에서도 활용도가 높고, 분산형 발전 설계에도 적합하다는 평가를 받고 있다. FCMT는 이러한 기술을 바탕으로 ESG 가치를 실현함과 동시에, 미래 에너지 자립을 위한 핵심 기술 기업으로서의 입지를 강화하고 있다.

3 돈과 정보의 흐름 분석

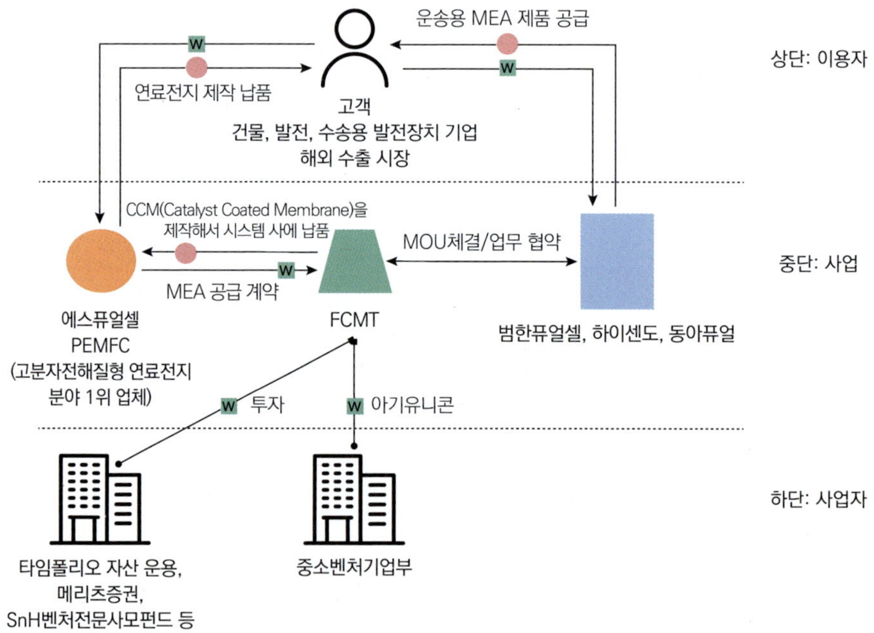

FCMT는 수소 연료전지의 핵심 부품인 MEA를 중심으로 다양한 산업 주체들과 긴밀한 가치사슬을 형성하며, 기술 확산과 수익 창출의 선순환 구조를 구축하

고 있다. 연료전지 제조 기업, 발전 및 모빌리티 관련 기업들을 대상으로 MEA 제품을 공급하고 있으며, 이 과정에서 확보한 실사용 데이터와 고객사의 기술적 요구 사항은 FCMT의 제품 개선 및 R&D 방향 설정에 실질적인 기반이 되고 있다. 에너지 기업들과의 협약 또한 주요 흐름의 중심을 이룬다. 하이센도는 FCMT로부터 MEA를 공급받아 연료전지를 양산하고 있으며, 해당 제품을 자사의 중국 네트워크를 통해 현지 시장에 유통하고 있다. 이 과정에서 GDL, 접착제 등 부자재의 공급단가와 가격 경쟁력도 공동으로 조율하며 협력 체계를 유지 중이다. 범한퓨얼셀과는 선박·버스 등 모빌리티용 연료전지 개발을 위한 공동연구와 MOU를 체결했으며, 이를 통해 실증 기반의 시너지 창출을 적극 도모하고 있다. FCMT는 CCM(Catalyst Coated Membrane)을 비롯한 주요 소재를 국내 연료전지 전문기업으로부터 조달받고 있으며, 제품의 품질과 안정성을 확보하고 있다. 또한, 타임폴리오자산운용, 메리츠증권, S&H벤처전문사모펀드 등 주요 투자기관들로부터 자금을 유치하고, 중소벤처기업부의 아기유니콘으로 선정되며 기술기업으로서의 성장을 이어가고 있다. 이러한 기술, 자금, 수요처 간의 유기적인 연결 구조는 FCMT가 수소 연료전지 분야에서 독립적인 기술 경쟁력을 갖춘 사업자로서 입지를 강화하는 데 중요한 기반이 되고 있다.

4 Innovation Type 분석

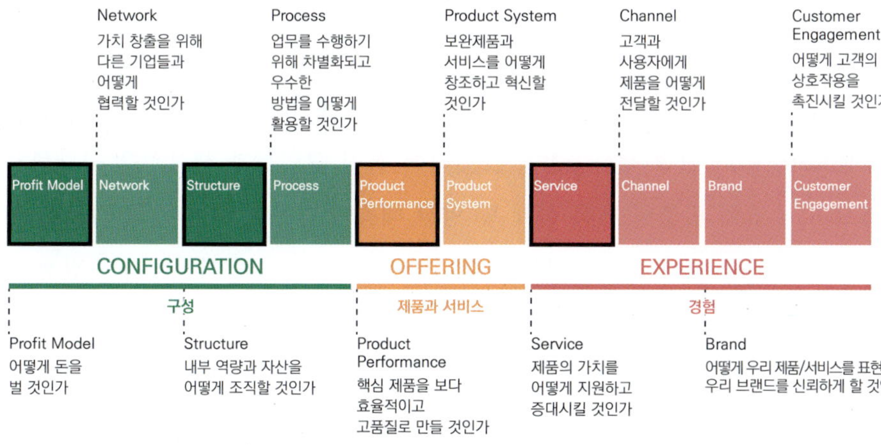

FCMT는 총 네 가지 유형의 혁신을 수행하고 있다.

Profit Model

FCMT는 연료전지 및 수전해용 핵심 부품인 MEA 분야에서 차별화된 기술력과 생산 역량을 바탕으로, 국내외 시장을 대상으로 다양한 수익모델을 구축하고 있다. 특히 고내구성·고출력 MEA 제품의 양산기술을 보유하고 있으며, 해외 제조사가 독점해 오던 시장에서 국산화에 성공하며 경쟁우위를 확보했다.

Structure

FCMT는 기술 중심 스타트업으로서, 국내·외 연료전지 분야에서 20년 이상의 연구개발 및 사업화 경험을 보유한 전문 인력을 중심으로 조직을 구성하고 있다. 2021년 기준, 전담 연구인력은 약 15명 규모이며, '기술보증기금 기술평가 프론티어'와 '신용보증기금 퍼스트펭귄' 최고 등급을 모두 획득한 바 있다. 내부적으로는 '기술력', '혁신성', '실행력'을 핵심 가치로 삼아 유연하고 실행 중심의 조직문화를 추구하고 있으며, 중소벤처기업부의 아기유니콘 육성사업에도 선정되어 성장 가능성을 대외적으로 인정받고 있다.

Product Performance

FCMT는 수소연료전지의 핵심 구성품인 MEA와 스택 부품을 직접 개발·양산할 수 있는 역량을 갖추고 있다. MEA는 연료전지 내 전기화학 반응이 발생하는 부분으로, 수송용, 발전용, 건물용 등 다양한 응용 분야에서 고성능이 요구되는 핵심 기술이다. FCMT는 연간 20만 장 이상의 MEA 생산이 가능한 양산체계를 확보하고 있으며, 향후 100만 장 규모로 캐파 증설을 계획 중이다. Sheet형 제품 외에도 Roll-to-Roll 연속 생산공정을 도입하여 품질 균일성과 생산성을 극대화하고 있으며, 수요처 맞춤형 제품 설계 및 양산 대응이 가능한 것이 큰 강점으로 작용하고 있다. 이를 통해 수입 대체뿐만 아니라, 해외 프리미엄 시장에서도 경쟁 가능한 제품 포트폴리오를 구축하고 있다.

Service

FCMT는 단순한 부품 공급을 넘어서, 고객 맞춤형 솔루션 제공과 기술 지원까지 포괄하는 B2B 기반 서비스를 강화하고 있다. 국내에서는 건물용 연료전지 분야에서 MEA 제품의 상용화에 성공했으며, 에스퓨얼셀과 35억 원 규모의 MEA 공급 계약을 체결하여 품질력을 입증한 바 있다. 하이센도 및 범한퓨얼셀 등과는 MOU를 체결하고, 수송용 MEA 공동개발 및 실증 프로젝트를 함께 추진 중이며, 이들 기업과의 협력을 통해 중국·동남아 시장 진출 기반도 마련하고 있다. 아울러 FCMT는 글로벌 친환경 시장의 확대 흐름에 발맞추어 유럽, 미국, 중국 등 해외 수소 시장으로의 사업 확장을 본격적으로 모색하고 있으며, 이를 통해 글로벌 수소 전문 부품 소재 기업으로의 도약을 중장기 전략으로 삼고 있다.

CHAPTER 4

지구를 구하는 식량과 농업

이그린글로벌(EgreenGlobal)
기후위기 시대의 지속가능한 씨감자 기술 혁신

1 기업개요

이그린글로벌은 마이크로튜버 기술 기반의 무병 씨감자 생산 기술을 보유한 농업생명공학 기업으로, 기존 농업 방식의 한계를 극복하고 기후변화에 대응할 수 있는 대안 종자 개발에 집중하고 있다. 기존의 씨감자 생산과 달리, 이그린글로벌은 밀폐된 실내에서 광합성 없이 온실가스 배출을 줄이며 씨감자를 생산하고, 약 5g의 소형 감자 하나로도 전 세계 어디서든 안정적인 재배가 가능하도록 시스템을 구축했다. 감자뿐 아니라 고구마, 마늘, 양파 등 다양한 작물로 확장 가능한 기술을 통해 지속가능한 식량 공급망을 실현하고 있으며, 이미 미국, 중국, 인도, 중동 등 해외에서 대규모 계약 및 공동 재배를 추진하고 있다. 이그린글로벌은 마이크로튜버 생산 자동화, 재배기간 단축, 유전자 감염 예방 등 글로벌 식량위기 해결을 위한 기술 중심 기업으로 자리잡고 있다.

2 Environmental/Social Lean Canvas 분석

경쟁력 | 시장수용성

문제점	솔루션	가치제안	경쟁우위	목표고객
- 전 세계적으로 기아 문제 심각 - UN 식량농업기구 분석에 따르면 지난 50년간 감자 생산량은 46.2% 증가에 그침 - 옥수수(158.8%), 밀(135.5%), 쌀(109.6%)과 비교해 현저히 낮은 수준	- 마이크로튜버 기술 기반 씨감자 개발로 식량 문제 해결	- 마이크로튜버 생산 기술을 통해 식량 문제를 해결하자!	- 기후위기 상황에서 환경 변화에 대응력이 높은 작물 확보 - 무병 씨감자 기술 개발 - 적은 비용으로 더 많은 씨감자 생산 가능	- 감자 가공업체
기존대안	**핵심지표**	**상위개념**	**채널**	**얼리어답터**
- 대체 식품	- 강낭콩 크기의 무병 씨감자 대량 생산 가능 - 기존 농법보다 작은 크기의 토지에서도 재배 가능 - 재배 기간을 3분의 1로 단축 - 감자 외 다양한 작물에 적용 가능 - 씨감자 생산성 향상	- 마이크로튜버 기술을 통한 지속가능한 식량 안보 솔루션 - 더 나은 품질과 생산량을 가진 씨감자를 생산하여 식량 문제 해결	- 박람회 - 경진대회 - 자사 홈페이지 - 해외 수출	- 기존 가격으로는 씨감자 구매가 어려웠던 기업

비용 구조	수익원
- 연구, 개발 비용 - 인건비 - 마케팅 비용 - 물류 비용 - 공장 설립 비용 - 장비 비용	- 투자 수익 - 씨감자 판매 수익

생존가능성

Environmental(or Social) Costs	Environmental(or Social) Benefits
- 실험실 · 설비 운영에서의 에너지 소비, 폐기물 관리, 글로벌 유통 과정에서의 탄소 배출 - 대규모 R&D 투자, 해외 진출 및 규제 대응, 농민 교육 및 인적자원 등 사회적 비용	- 마이크로튜버 기술 개발로 인해 강낭콩 크기의 무병 씨감자 대량 생산 가능 - 재배 기간 3분의 1로 단축 - 약 5~30g에 달하던 씨감자 크기를 약 0.5~1g까지 줄여 운송 관련 비용 절약 가능 - 기존 농업 방식보다 작은 크기의 토지로 씨감자 재배 가능 - 감자 외에도 고구마, 카사바, 양파, 마늘과 같은 다른 작물에도 적용 가능

ESG가치

경쟁력

이그린글로벌은 식량안보와 기후위기라는 글로벌 과제를 해결하기 위한 기술 중심의 비즈니스 모델을 구축하고 있다. **문제점 정의** 측면에서 이그린글로벌은 지난 50년간 감자 생산량 증가율이 다른 곡물(옥수수, 밀, 쌀)에 비해 현저히 낮은 현실에 주목하였다. 특히 기후 변화의 영향으로 감자 재배에 적합한 지역이 줄어드는 상황에서 기존 대안은 대체 식품 중심의 대응에 그치고 있었다. 이에 대한 **솔루션**으로 이그린글로벌은 마이크로튜버 기술 기반의 씨감자 생산 체계를 제시한다. 이 기술은 감자 씨앗을 강낭콩 크기의 무병 상태로 대량 생산할 수 있도록 하며, 기존 농법보다 적은 토지에서 재배가 가능하고, 재배 기간 역시 3분의 1 수준으로 단축시킨다. 또한, 감자 외에도 고구마, 양파, 카사바, 마늘 등 다른 작물에도 적용이 가능해 식량작물 전반의 생산성을 높일 수 있다. **기존 대안**은 지역 기후나 대규모 농지에 의존한 재배 방식에 머물러 있었으나, 이그린글로벌은 실내에서도 재배가 가능한 무병 씨감자를 통해 다양한 지역과 조건에서 적용 가능한 시스템을 마련했다. 이러한 기술 기반 혁신은 **핵심 지표**로서 씨감자 생산성 향상, 재배 기간 단축, 재배 공간 효율성 등 수치 기반의 성과로 검증되고 있다.

시장수용성

'작고 균일한 씨감자 생산을 통해 식량 문제를 해결한다'는 **가치제안**을 중심으로 사업을 확장하고 있다. 감자는 단위 수분당 생산성이 높고, 옥수수나 밀보다 평균 재배 기간이 짧아 물 부족과 고온 환경에 비교적 강한 작물로 분류된다. 이그린글로벌은 이러한 감자의 기후적 특성과 자체 실내 재배 기술을 결합하여, 아열대화된 지역에서도 안정적인 작물 공급이 가능한 대안 시스템을 구축하고 있다. 이는 단순히 감자 생산의 효율화를 넘어서, 기후위기 상황에서 안정적인 공급이 가능한 작물 체계를 구축한다는 점에서 더욱 의미가 깊다. **경쟁우위**는 무병 씨감자를 빠르게 대량 생산할 수 있는 기술력에서 비롯된다. 감자 생산의 주요 제약 요소인 기후, 재배지, 병해 등의 문제를 사전에 제거함으로써, 저비용 고효율의 씨감자 공급이 가능해졌으며, 타 작물로의 기술 확장성까지 확보하고 있다. **고객 세그먼트**는 감자 가공업체를 중심으로 구성되며, 특히 일정 품질 이상의 감자를 안정적으로 확보해야 하는 기업들에게 적합하다. 또한, 기존 씨감자 구매가 어려웠던 업체를 **얼리어답터**로 정의하여, 기술 기반의 대체 수단을 제공하고 있다. **상위 개념**으로는 단순한 작물 공급이 아닌, 식량 자립과 지속가능한 농업 시스템 구축을 위한 기술 솔루션을 지향하고 있다. **유통 채널**은 박람회, 견적대회, 자사 홈페이지 및 해외 수출을 통해 국내외 수요를 유기적으로 연결하고 있다.

생존가능성

수익원은 씨감자 판매 수익과 함께, 기술에 대한 투자 유치 수익으로 구성된다. 무병 씨감자의 대량 생산이 가능해짐에 따라 농업 기업, 공공기관 등 다양한 수요처로부터의 투자 유입이 확대되고 있다. **비용 구조**는 기술 중심 기업 특성상 연구·개발비와 인건비가 큰 비중을 차지한다. 여기에 마케팅비, 물류비, 공장 설립비, 장비 구축비 등 초기 고정비가 포함되지만, 기술 성숙도에 따라 점차 단위 생산비는 절감되는 구조를 지니고 있다.

ESG가치

이그린글로벌의 마이크로튜버 기술은 **ESG 측면의 환경 및 사회적 영향**을 함께 고려한 구조로 설계되어 있다. 무병 씨감자를 일정 크기로 균일하게 생산할 수 있어, 재배 효율성을 높이는 동시에 물류 및 운송 비용을 절감할 수 있다. 또한, 기존 농법보다 작은 토지에서 재배가 가능하고, 병해 전파 위험이 낮아 농약 사용을 줄일 수 있어 친환경적 농업 운영이 가능하다. 이러한 기술 기반의 혁신은 기후 변화에 따른 식량안보 이슈에 대응할 수 있는 실질적 대안으로 작동하고 있다.

3 돈과 정보의 흐름 분석

이그린글로벌의 사업 구조는 기술 개발 주체(본사), 중간 기술 응용 및 생산 파트(씨감자 증식), 그리고 소비자(구매 고객) 간의 유기적인 흐름으로 구성되어 있다. 이 흐름은 무병 씨감자의 생산과 공급을 중심으로, 실질적인 가치 창출과 정보 순환이 동시에 이루어지도록 설계되어 있다. 먼저, 정보의 흐름은 마이크로튜버 기술에서 출발한다. 이그린글로벌은 독자적으로 개발한 씨감자 증식 기술을 바탕으로 무병 씨감자를 생산하고, 생산 조건과 재배 데이터, 품질 기준 등을 정제된 형태로 수요처에 전달한다. 소비자는 공급받은 무병 씨감자의 품질 및 재배 결과를 다시 피드백 형태로 회신하며, 이 정보는 이그린글로벌의 품질 개선 및 생산 조건 보정에 활용된다. 이처럼 씨감자 개발 → 공급 → 재배 → 피드백 → 기술 고도화로 이어지는 반복 구조가 형성된다.

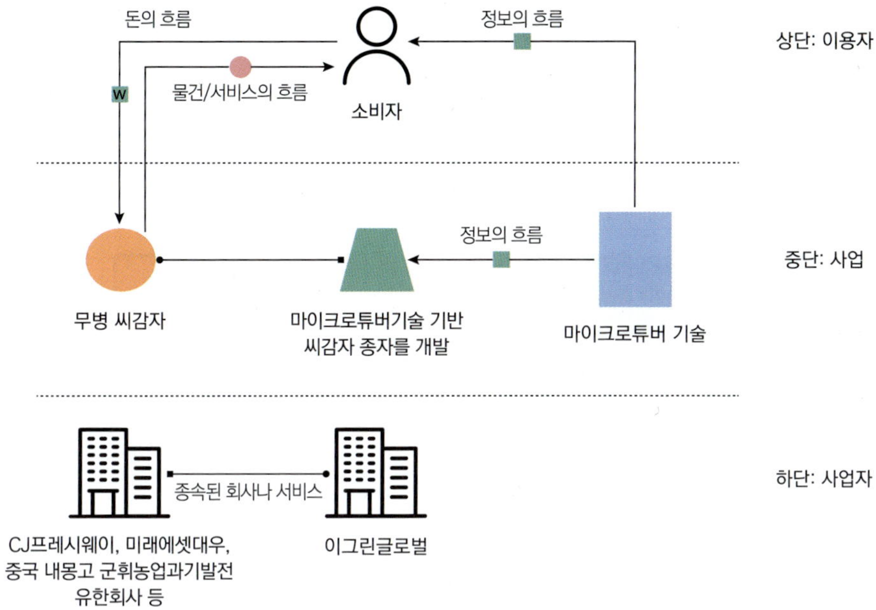

돈의 흐름은 씨감자 거래를 중심으로 구성된다. 고객(농업 법인, 식품기업 등)은 무병 씨감자를 구매하거나 기술 지원 형태로 이그린글로벌과 계약을 체결하며, 그 대가로 직접적인 금전적 대금을 지불한다. 이그린글로벌은 생산된 씨감자를 판매하는 동시에, 투자 유치를 통해 기술 고도화 및 생산 인프라를 확장하는 방식으로 자본을 조달한다. 이러한 구조는 단순한 종자 판매에 그치지 않고, 기술기반 재배 솔루션을 함께 제공함으로써 정보 기반 운영과 안정적 수익 모델을 동시에 확보하는 방향으로 작동하고 있다. 또한, 기존의 씨감자 유통처럼 중간 대리점이나 단발성 계약에 의존하는 것이 아니라, 반복 가능한 정보 순환 구조를 기반으로 장기적 신뢰 관계를 구축하고 있다는 점에서 지속가능한 비즈니스 구조로 평가된다.

4 Innovation Type 분석

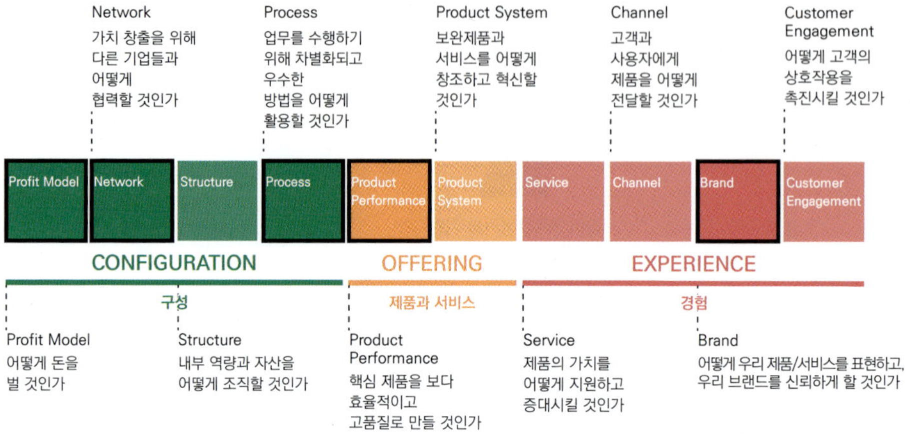

이그린글로벌은 총 다섯 가지 유형의 혁신을 수행하고 있다.

Profit Model

마이크로튜버 기술을 통해 고품질 무병 씨감자를 대량으로 생산하고, 이를 글로벌 시장에 공급함으로써 식량 문제에 대한 기술 기반의 수익 모델을 구현하고 있다. 기존 씨감자 생산은 병해와 감염 위험이 높아 유통망 확보에 어려움이 있었으나, 이그린글로벌은 무균 배양 방식으로 품질 편차를 최소화하고 생산 단가를 낮추어 수익성과 지속가능성을 동시에 확보하고 있다.

Network

중국, 미국, 네덜란드 등 해외 농업기업과 협력하여 마이크로튜버 기술 기반의 씨감자를 공동 생산하고, 글로벌 수요처에 공급하는 네트워크를 구축하였다. 중국의 경우 최대 국영 농업기업과 계약을 체결하고, 미국과 유럽 시장에서는 냉동 감자 가공 기업에 납품함으로써 공급 경로를 다변화하고 있다. 이러한 전략은 단순 수출을 넘어 기술을 공유하고 배급을 분산하는 방식으로 외부 협력을 구조화하고 있다.

Process

공장형 무균 실험실에서 감자를 연중 생산할 수 있는 시스템을 통해 기존 농업 방식의 제약을 기술로 극복하고 있다. 마이크로튜버 기반 씨감자는 재배 기간을 3분의 1로 단축하고, 크기를 0.5~1g 수준으로 균일하게 조절하여 물류 효율성도 높인다. 토양이나 계절 변화 없이 통제된 환경에서 균질한 품질을 확보할 수 있어, 기후위기 시대에 적합한 폐쇄형 식량 생산 구조를 구현하고 있다.

Product Performance

이그린글로벌은 감자 품종 중에서도 상업성이 높은 상위 80% 품종을 중심으로 무병 씨감자를 공급하며, 균일한 크기와 생육 특성을 확보하고 있다. 특히, 고구마, 양파, 마늘, 카사바 등 다른 뿌리채소류에도 적용 가능한 확장형 기술로 개발되어, 씨감자 하나의 생산성이 전체 재배 효율로 이어지는 구조를 만든다. 기술 적용 후 수확량 증가와 재배 실패율 감소가 검증되면서, 제품의 성능에 대한 신뢰도가 높아지고 있다.

Brand

다양한 국제 수상과 정부기관 사업 선정 경험을 통해 기술력뿐 아니라 신뢰성을 갖춘 브랜드로 자리 잡았다. '2021 APAC AgriTech Group 선정', 'PotatoEurope 2021 Innovation Award - Gold 수상', 'Red Herring Top 100 글로벌 위너' 등 다수의 이력을 보유하고 있으며, 아시아와 북미·유럽에 이르는 다양한 국가와 파트너십을 체결하며 국제적 위상을 강화하고 있다.

푸디웜
곤충 스마트팜으로 순환경제를 실현하는 기업

1 기업개요

푸디웜은 동애등에(블랙솔저플라이)를 활용한 곤충 스마트팜 시스템을 기반으로 음식물 폐기물을 사료, 비료, 반려동물용 제품 등으로 전환하는 자원순환형 친환경 기업이다. 폐기물 처리와 고단백 사료 생산을 동시에 실현하는 솔루션으로 주목받고 있으며, 누적 투자액은 약 70억 원에 달한다. 푸디웜은 북음성 스마트 인섹트팜을 통해 월 500톤 규모의 음식물류 폐기물을 처리할 수 있으며, 이를 통해 100~120톤가량의 단백질 자원을 추출하고 있다. 안정적인 원료 확보를 위해 자체 사육시설 외에도 곤충 사육 농가를 지속적으로 양성하고 있으며, 사료 배합, 성장률 제어, 환경 관리 시스템을 고도화하여 고품질 곤충 제품을 대량 생산하고 있다. 생산된 곤충은 동물 사료용 단백질, 유기질 비료, 반려동물 간식 등으로 가공되어 B2B 및 B2C 유통 채널을 통해 공급된다.

2 Business Model Canvas 분석

경쟁력

문제점 정의 국내에서는 연간 500만 톤 이상의 음식물 쓰레기와 유기성 폐기물이 발생하고 있으며, 이로 인한 처리 비용과 환경 오염 문제가 지속되고 있다. 기존의 매립·소각 방식은 온실가스 배출과 2차 환경 오염의 원인이 되며, 사료용 단백질은 해외 수입 의존도가 높아 식량 안보 측면에서도 불안정한 구조를 가지고 있다. 푸디웜의 **솔루션**은 동애등에를 활용한 스마트 인섹트팜 시스템을 기반으로 음식물 쓰레기를 친환경 방식으로 처리하고, 이를 단백질 사료, 유기질 비료, 반려동물 간식 등 고부가가치 제품으로 전환하는 자원순환형 친환경 솔루션을 제공한다. 충북 음성 스마트인섹트팜에서 월 500톤 수준의 음식물 폐기물을 처리하고 있으며, 이를 통해 100~120톤의 고단백 곤충 원료를 안정적으로 확보하고 있다 (2023년 기준). 곤충 생애 주기가 약 40일로 짧고, 사료·물·공간 소비가 적어 기존 축산 대비 비용과 환경 부담이 낮은 것이 특징이다. **기존 대안**으로는 음식물 쓰레기를 주로 매립하거나 소각했으며, 단백질 자원은 수입에 의존하는 경우가 많았다. 이는 환경 오염 유발, 높은 처리 비용, 자원 낭비, 공급망 불안정성과 같은 문제를 초래해 왔다. **핵심 지표**로 푸디웜은 충북 음성 공장에서 월 500톤 수준의 음식물 폐기물을 처리하고 있으며, 평균 약 23%의 단백질 전환율을 기록하고 있다. 누적 투자 유치액은 약 70억 원이며, 생산 제품은 곤충 사료, 유기질 비료, 반려동물 간식 등으로 구성된다.

경쟁력 / 시장수용성

문제점	솔루션	가치제안	경쟁우위	목표고객
- 음식물 쓰레기 농업 부산물은 매립·소각 시 대량의 온실가스 배출 유발 - 기존 곤충사육은 전통 농업 방식에 의존하여 생산규모와 품질, 단가의 한계가 있음	- 환경친화적 곤충 - 동애등에를 활용하여 반려동물 사료 간식과 바이오소재를 생산	- 생태·환경·영양학적으로 지속가능한 자원 - 경제성이 우수하여 생산성에 의한 가격 경쟁력 확보 가능 - AI-ICT 기반 자동화로 품질, 노동절감, 효율성 확보	- 푸디큐브 스마트인섹트팜(4층 컨베이어, AI모니터링 시스템 보유) - 인공지능 기술(곤충 성장 측정)	- 음식물 쓰레기 폐기 업체 - 곤충사육 업체 - 친환경 원료 기반 업체 - 반려동물 업계 소비자 - 친환경 자원 활용 업계
기존대안	**핵심지표**	**상위개념**	**채널**	**얼리어답터**
- 폐기물의 경우 매립 또는 소각하여 처리 - 곤충 사료 원료는 수입하여 제조	- 월 500톤 유충 처리 가능(충북 음성 스마트팜) - 곤충 사육 시설, 곤충 기반 - 단백질 전환율 20-25%, 폐기물 저감률 및 ESG 지표 개선	- 곤충 스마트팜 기반 자원순환형 친환경 소재 제조 기업으로 환경 오염 걱정 없이 폐기물을 처리 및 재자원화 가능	- 기업 및 공공기관 - 농가 - 자체 브랜드(라포그, 렙타일)	- 환경에 관심이 많은 지자체 및 기업 - 지속 가능한 사업을 진행하고 싶은 사업체 - 유기농 농가 - 친환경 펫푸드 소비층

비용 구조	수익원
- 스마트 인섹트팜 유지 및 동애등에 사육 비용 - ICT 데이터 및 서버 관리 비용 - R&D 비용 - 인건비 - 마케팅 비용 - 사료 및 제품 제작 비용 - 원료 개발 연구 비용 - 기업 부설 연구소 유지 비용	- 스마트팜 사육 시스템 솔루션 - 친환경 곤충 소재 원료 판매 - 친환경 곤충 원료 기반 사료 판매

생존가능성

Environmental(or Social) Costs	Environmental(or Social) Benefits
- 스마트 인섹트팜을 통한 표준화된 곤충 생산으로 생산 비용이 절감되나, 사용 후 건조·추출 과정에서 기본적으로 발생하는 온열, 환기, 전기 등 자연 소비가 존재	- 동애등에는 생애주기 약 40일로 생산성이 높고 가격 경쟁력이 있음 - 생산 과정에서 온실가스 배출이 적어 ESG 효과가 우수함 - 허물과 배설물은 비료로 재활용 가능함 - 고염분 음식물 쓰레기도 분해 가능해 매립 폐기물 감소에 기여함 - 사육 부산물까지 모두 자원화되어 폐기물이 거의 발생하지 않음

ESG가치

시장수용성

가치제안은 음식물 폐기물의 친환경 처리와 고단백 자원의 안정적 확보를 동시에 실현함으로써 ESG 경영과 지속가능한 먹거리 체계를 구축하는 데 있다. 푸디웜의 스마트 인섹트팜 기술은 고염분 음식물도 생물학적으로 분해할 수 있어 처리 효율이 높고, 균일한 품질의 곤충 단백질을 대량 생산할 수 있다. **경쟁우위**로는 동애등에를 활용했을 때 약 23%에 달하는 단백질 전환율, 짧은 생애 주기(40일 내외), 자동화된 사육 환경을 통한 생산 효율성, 고염분 폐기물까지 분해 가능한 처리 역량, 그리고 다변화된 제품군으로부터 비롯된 가격 경쟁력과 친환경 가치다. **고객 세그먼트**는 음식물 쓰레기 처리업체, 곤충 사육 협력 농가, 친환경 원료 기반 제품 제조사, 반려동물 업계 소비자, 유기농 비료 수요 농가 등이다. **얼리어답터**로는 ESG 경영에 관심이 높은 식품·반려동물 브랜드, 친환경 인증을 추진하는 지자체, 지속가능한 사료를 찾는 국내외 OEM, 사료 유통업체 등이 포함된다. **상위개념**으로는 불가사리 기반 친환경 순환소재 공급 모델로, 생태계 교란 생물을 활용한 자원순환형 ESG 인프라로 기능하고 있다. **유통 채널**은 B2B·B2C 유통망을 중심으로 구성되어 있다. 축산 사료 업체, 비료 제조사, 반려동물 식품 브랜드, 곤충 사육 농가, 친환경 원료 수요 기업 등이 주요 B2B 고객이며, 자체 브랜드 '라포그(LAFOG)'와 파충류 간식 브랜드 '렙타일(RepTile)'을 통한 온라인 B2C 유통도 함께 진행되고 있다.

생존가능성

푸디웜은 스마트팜 기반의 자동화된 곤충 사육 기술과 음식물 자원화 솔루션을 바탕으로 다양한 수익원을 확보하고 있으며, 글로벌 곤충 시장 진출과 제품 라인업 확대를 통해 장기적인 지속가능성을 높이고 있다. **수익원**은 동애등에 유충, 건조 분말 및 가수분해 단백질 등을 포함한 곤충 단백질 제품은 주력 브랜드인 '라포그' 반려동물 사료와 '렙타일' 파충류용 사료 등으로 B2B 시장에 공급되고 있다. 펫 간식 및 영양제는 '리얼인섹트 소프트키블' 등 자체 브랜드 상품으로 B2C 채널에서 판매되고 있으며, 곤충의 허물과 배설물을 활용한 유기질 액상·분말 비료 제품은 농가를 대상으로 공급되고 있다. 또한 협력 업체 등과의 공급 계약을 통해 OEM 및 위탁 제조 수익도 창출되고 있다. **비용 구조**는 곤충 사육시설 구축 및 운영비, 스마트팜 시스템 유지비, 음식물 수거·운반비, 사료 배합 및 환경 제어 기술 운영비, 제품 가공비, 인증 취득 및 유지비, 마케팅 및 물류비 등으로 구성된다.

ESG가치

ESG 측면의 환경 및 사회적 영향의 경우 음식물 쓰레기를 친환경 방식으로 자원화함으로써 온실가스 감축, 매립 및 소각 감소, 유기성 폐기물의 자원화 등 환경적 가치를 창출하고 있다. 또한 곤충 부산물을 활용한 비료 생산, 지역 기반의 곤충 농가 육성, 일자리 창출 등의 사회적 파급 효과도 함께 실현하고 있다. 곤충 기반 단백질을 중심으로 한 지속가능한 먹거리 생산 체계를 통해 순환경제 구축과 ESG 경영에 기여하는 모델을 제시하고 있다.

3 돈과 정보의 흐름 분석

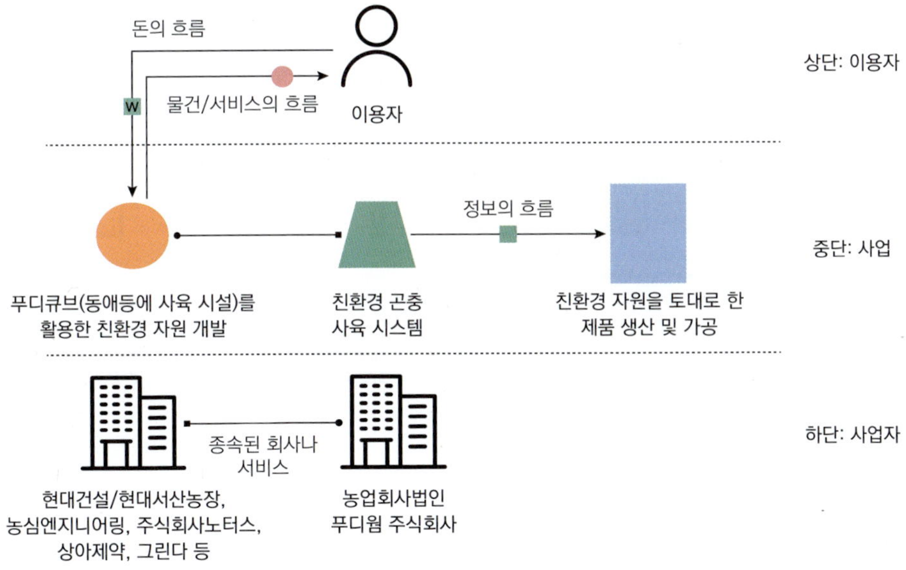

푸디웜은 폐기물-곤충-제품-시장 공급의 선순환 구조를 통해 자금과 정보를 효과적으로 연결하고 있다. 푸디웜의 돈의 흐름은 다음과 같다. 음식물 폐기물 수거 및 스마트팜 설비 운영을 통해 수익을 창출하며, 이 수익은 스마트팜 기술 고도화, 대량생산 설비 투자, R&D 및 해외 인증 확보에 재투자된다. 물건과 서비스 흐름의 경우, 충북 음성 및 서산 간척지 스마트팜에서 동애등에 유충이 사육된 후, 이를 생물, 건조, 분말 등으로 가공한다. 가공 품목은 반려동물 사료(B2B), 펫 간식(B2C), 유기질 비료 등으로 다양한 채널에서 공급되며, OEM 방식의 원료 공급도 병행된다. 후단에는 라포그, 렙타일 등 자체 브랜드와 OEM 납품을 통해 시장에 제공된다. 다음은 정보의 흐름이다. 곤충 사육과 가공 공정에서 발생하는 성장률, 단백질 함량, 육묘 조건 등의 데이터는 사육 환경 최적화와 품질 균일화에 활용된다. 현대건설, 농심엔지니어링 등 산업 협력사들과의 MOU, AI 기반 데이터 구축 사업 선정 등으로 고도화 기술 및 표준 기술 확보에 기여하고 있다.

4 Innovation Type 분석

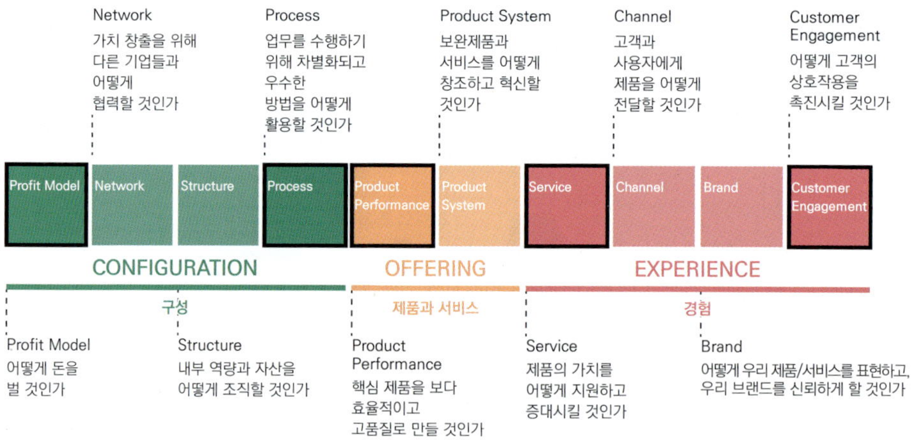

푸디웜은 총 다섯 가지 유형의 혁신을 수행하고 있다.

Profit Model

푸디웜은 동애등에의 생물학적 특성과 환경적 효율성을 기반으로, 음식물 폐기물 자원화와 고부가가치 제품 생산을 동시에 실현하는 수익 모델을 구축하고 있다. 동애등에는 기존 가축 대비 사료·물·공간 소비량이 낮고 온실가스 배출량이 적으며, 유기성 폐기물을 분해할 수 있어 지속가능한 자원으로서 활용 가치가 높다. 푸디웜은 이를 단백질, 오일, 키토산, 유기질 비료 등으로 분화해 다양한 시장군에 공급하며, 하나의 원료로 복수의 제품군을 전개할 수 있는 고효율 수익 구조를 갖추고 있다.

Process

푸디웜은 ICT 기반 스마트 인섹트팜 기술을 충북 음성 공장과 현대건설 협업 농장에 적용하여, 곤충의 사육부터 수확, 가공까지 전 과정을 자동화하고 있다. 현대건설 및 현대서산농장과의 협업을 통해 서산 간척지에 스마트 곤충팜을 구축하고, '곤충 스마트팜 고도화 MOU'를 체결하여 고품질 대량 생산 기반을 마련했다. 또한 농심엔지니어링과는 곤충 사육 및 가공 공정 고도화를 위한 기술 협약을 체결하고, 에코팜과는 곤충 소재 기반 양계 사료 생산 협력 관계를 구축했다. 푸디웜은 상표권 확보, 원천 기술에 기반한 협력 계약, 기술 인증 등도 병행하며 기술적 차별성과 사업 안정성을 동시에 확보하고 있다.

Product Performance

푸디웜은 스마트팜 기술을 기반으로 곤충 생육 환경을 자동 제어하여 생산성과 품질 균일성을 높이고 있다. 평균 단백질 전환율은 약 23% 수준이며, 스마트폰이나 PC를 통한 원격 사육 관리가 가능하다. 생물학적 추출과 습식 가공 기술을 접목해 곤충 단백질, 가수분해 단백질, 오일, 키토산 등의 소재를 생산하며, 이는 알레르기 완화·소화율 증진·항균력 보강 등 기능성 측면에서 고부가가치 소재로 인정받고 있다. 특히 곤충 오일의 경우 화장품 원료로서의 확장 가능성도 실험적으로 평가되고 있다.

Service

푸디웜은 단순한 원료 제공을 넘어 브랜드 제품까지 직접 개발하고 판매하는 구조를 갖추고 있다. 자체 브랜드 '라포그'와 '렙타일'은 반려동물용 단백질 사료로, '리얼인섹트 소프트키블'은 기능성 펫 간식으로 구성되어 있으며, 기능성 중심 제품 라인업을 통해 소비자 직판매(B2C) 및 전문 유통(B2B)에 대응하고 있다. 또한 스마트 인섹트팜 기술 기반의 OEM 및 가공지원, 생산설비 컨설팅 서비스까지 전개하며, 곤충 산업 전체 밸류체인 내에서 다각적 수익원을 확보하고 있다.

Customer Engagement

푸디웜은 곤충 단백질의 기능성과 친환경성을 중심으로 고객과의 신뢰를 구축하고 있다. 곤충 원형이 드러나지 않는 가공 방식을 도입해 소비자의 거부감을 최소화하고, 반려동물의 알레르기 예방 및 소화기 건강 개선 등 기능성을 강조한 제품 메시지를 전달하고 있다. ESG 기반의 브랜드 포지셔닝을 통해 친환경, 저탄소, 생태기여형 제품을 지향하는 고객층과 접점을 강화하고 있다.

그린다
폐식용유 기반 바이오연료 자원화 플랫폼

1 기업개요

그린다는 폐식용유와 튀김 부스러기, 음식물류 폐기물을 수거하여 바이오디젤, 지속가능항공유(SAF), 단미사료, 생분해성 플라스틱 원료 등으로 자원화하는 친환경 기업이다. 국내 최초로 '음식물류 폐기물 튀김 부스러기 적정 통보서'를 승인받았으며, ISCC EU 인증을 획득해 글로벌 친환경 바이오 연료 시장 진출을 본격화하고 있다. STX, 인포뱅크, 오라클벤처스 등과의 투자 및 협력 네트워크를 통해 생산설비 증설과 해외 사업 확장을 추진하고 있으며, 그린다오일 등 바이오연료 제품의 상용화에도 성공해 하루 30톤 규모의 생산 체계를 구축했다. 특히, '그린다 플랫폼'을 통해 폐기물 수거 예약, 수거 현황 실시간 모니터링, ESG 기여량 데이터 산출, 탄소감축 인증서 발급까지 통합 지원하는 시스템을 운영하며, ESG 중심의 폐기물 자원화 선순환 모델을 실현하고 있다.

2 Business Model Canvas 분석

경쟁력

그린다의 비즈니스 모델은 지속가능한 가치 창출을 통해 사회적 책임을 다하는 기업 모델이다. 문제점 정의로는, 국내에서 연간 40~50만 톤에 달하는 음식물 쓰레기와 폐식용유가 배출되고 있으나, 기존에는 단순 매립 또는 소각 처리되어 심각한 환경오염과 온실가스 배출 문제를 유발해 왔다. 특히 외식업체의 경우 폐기물 처리비용과 하수처리 부담이 커지며, 불법 투기로 인한 사회적 갈등도 지속되고 있다. 솔루션으로 그린다는 '그린다 플랫폼'을 통해 외식업체, 기업, 공공시설 등에서 발생하는 폐식용유와 음식물 쓰레기를 무료로 수거하고, 이를 바이오연료, SAF, 단미사료, 생분해성 플라스틱 원료, 바이오차 등 고부가가치 자원으로

경쟁력

시장수용성

문제점
- 버려지는 음식물률, 폐기물(튀김부스러기 및 폐식용유)과 이를 소각할 때 발생하는 온실가스 및 환경 오염

솔루션
- 무료
- 튀김부스러기 및 폐식용유를 수거 후 자원순환하여 바이오 연료화

기존
- 일반 음식물 쓰레기 수거 및 매립 · 소각 폐식용유 단순 처리

핵심지표
- 어플을 통한 무료 수거 및 폐기물 처리 비용 절감
- 플랫폼을 이용한 스마트 수거로 IT 융합
- 탄소감축 데이터를 실시간으로 노출해 사용자의 환경개선 의지 높이는 데 기여

가치제안
- 그린다 '플랫폼' 하나로 빠른 수거와 처리 비용을 절감하고 탄소 배출권을 확보 가능

경쟁우위
- 재활용 자원 플랫폼을 지원화하여 버튼 하나로 관리 가능
- 가공한 원료를 통해 재생산 후 판매하기 때문에 수거와 공급을 동시에 진행

목표고객
- 튀김 부스러기 및 폐식용유 처리가 어려웠던 일반 사업주부터 식음료 기업 · 기존 디젤 이용 업체 · 정부, 민간기업 등

상위개념
- 활용이 어려웠던 튀김 부스러기와 폐식용유를 가공 후 바이오 연료화를 하여 환경 개선과 온실가스 감축
- 탄소중립을 통해 화석 연료를 감축하여 국가 경제에 기여
- 폐식용유를 국산화 자원으로 가공하여 해외에 수출

채널
- 박람회
- 각종 SNS 광고
- 인터넷 뉴스매체
- 그린다 자체 플랫폼

비용 구조
- 자체 플랫폼 구축 및 운영 비용
- 그린다 협력업체 운반비 /재활용 자원 무료 수거 비용
- 마케팅 비용
- 가공 및 처리 비용
- 그린다 내부 인건비
- 친환경 자원 연구 개발 비용

수익원
- 친환경 자원 재생산 후 판매(폐식용유 추출, 곤충 사료 개발, 단미사료 개발, 플라스틱 원료 개발, 바이오 디젤 및 바이오 항공유 원료 생산)
- 폐기물 수거 서비스 연간 계약
- 친환경 자원 수출

생존가능성

Environmental(or Social) Costs
- 폐식용유 추출과 정제 공정, 슬러지 처리 설비 운영에 상당한 에너지 및 자원 투입이 예상됨.
- 슬러지는 곤충 사료나 바이오플라스틱 원료로 활용될 수 있으나, 처리되지 않은 유기 폐기물이나 불완전 분리 시 환경 리스크 발생 가능
- 폐기물 수거 허가를 획득하는 데에 오랜 시간이 걸리며, 바이오연료의 안정성과 효용을 농가, 지자체, 정유사 등에 설득하는 과정은 상당한 사회적 비용이 발생

Environmental(or Social) Benefits
- 폐식용유와 음식물 쓰레기를 원료로 활용함으로써, 하수관 막힘, 수질오염 등을 예방하고 음식물 쓰레기 처리 부담을 줄임.
- 폐기물 기반 연료 생산으로 화석연료에 대한 의존도를 낮추고, SAF 등 차세대 친환경 연료 시장 진출을 통해 기후 대응에 기여할 수 있음.

전환하는 자원순환형 서비스를 제공한다. 이 플랫폼은 수거 예약, 위치 추적, 수거량 관리, ESG 기여 데이터 산출까지 통합 지원하여, 참여 기업의 ESG 활동을 체계적으로 관리하고 지속가능 경영 실천을 뒷받침한다. **기존 대안**은 음식물 쓰레기와 폐식용유를 일반 수거 업체에 위탁하거나, 폐유 처리업체를 통해 비용을 지불하고 처리하는 것이었다. 그러나 이는 탄소배출 과다, 자원화율 저조, 불법 투기 발생 가능성 등 여러 한계가 있었다. 공공기관 중심의 음식물 쓰레기 처리 시스템은 ESG 경영과 온실가스 감축 성과를 측정하거나 인증할 수 없어 기업 ESG 지표 관리에 불리했다. 핵심 지표로는 연간 폐식용유 및 음식물류 폐기물의 수거 · 가공량, 바이오연료 및 바이오차 생산량, 온실가스 감축량, ISCC EU 등 인증 획득 건수, SAF 수출 계약, 외식업체 파트너 수 등을 **핵심 지표**로 관리하고 있다. 또한, 자

사 플랫폼을 통해 수거량, 탄소감축량 등 ESG 데이터를 실시간 제공하며 참여 기업의 성과 측정과 공시를 지원하고 있다.

시장수용성

가치제안은 폐기물 처리를 무료로 해결하고, ESG 실천 및 탄소감축 효과까지 얻을 수 있는 자원순환형 플랫폼을 제공한다. 기존에는 비용 지불 후 폐기물 처리만 가능했으나, 그린다 플랫폼은 수거부터 ESG 기여량 산출, 탄소감축 인증 발급까지 연계하여 실질적 ESG 효과를 체감할 수 있다. **경쟁우위**로는 무료 수거, 실시간 위치추적, ESG 데이터 관리, ISCC EU 인증 확보, STX와의 물류 협업망, 탄소감축 인증 서비스 등 차별화된 경쟁력을 보유하고 있다. 특히 '그린다 플랫폼'을 통해 폐기물 수거부터 ESG 기여 데이터와 인증 관리까지 통합 제공하는 서비스는 경쟁사가 보유하지 못한 독보적인 시스템이다. **고객 세그먼트**는 외식업체, 대형 프랜차이즈, 식품공장, 호텔·리조트, 관공서, 지자체, 민간단체 등에서 발생하는 폐기물 자원을 수거·가공하여 바이오연료로 공급하고 있다. **얼리어답터**의 경우 ESG 경영을 실천하려는 외식업 프랜차이즈, 친환경 브랜드, 탄소중립 캠페인 참여 외식업소, 바이오연료 활용에 관심 있는 선진국형 기업과 기관이다. **상위개념**으로는 단순한 폐기물 수거 서비스가 아닌 '자원순환형 ESG 바이오에너지 플랫폼'으로, 폐기물의 환경부담을 친환경 연료로 전환하고 ESG 실천 데이터를 제공하는 지속가능형 서비스며, **유통 채널**은 자체 그린다 플랫폼, 공공기관·외식업 지부 협약, STX 물류망, 글로벌 SAF 유통사, ESG 연료 중개업체 등 온·오프라인 채널을 통해 고객과 연결하고 있다.

생존가능성

그린다는 다각화된 친환경 제품과 탄소배출권 거래를 통한 안정적 수익 창출과, 생산설비 확충 및 글로벌 시장 진출을 위한 전략적 투자로 장기적인 생존가능성과 지속가능성을 확보하고 있다. **수익원**은 바이오연료 판매, 슬러지 기반 사료·플라스틱 원료 판매, 바이오차, ESG 인증 서비스(플랫폼 내 개발 중), SAF 원료 해외 수출을 위한 공급망 구축 중 STX와의 MOU를 통해 SAF 원료의 국내외 정

유사 납품과 수출 가능성을 확보했으며, 정식 수출 계약 체결은 협의 진행 중이다. **비용 구조**는 수거 물류비, 공장 가공비, 연구개발비, ISCC 인증 및 관리비, 플랫폼 유지비, 외식업체 리워드 지급비로 구성된다. 특히 생산설비 증설과 글로벌 SAF 시장 진출을 위한 물류비·인증비 비중이 확대되고 있다.

ESG가치

ESG 측면의 환경 및 사회적 영향을 살펴보면, 그린다는 폐기물 자원화를 통해 환경오염 방지, 온실가스 배출 저감, 음식물 쓰레기 처리비 절감, 지역 일자리 창출, ESG 경영 확산, 글로벌 친환경 에너지 수급망 구축에 기여하고 있다. ISCC EU 인증을 통해 바이오연료 생산·공급 전 과정의 친환경성을 입증했으며, 폐기물 수거량과 온실가스 감축량 데이터를 제공해 고객사의 ESG 경영 실천을 지원한다. STX 및 바이오연료 4개사, 일본 요시카와 유지 등과의 협업으로 지속가능 연료 체계와 ESG 기반 물류 협력망을 확대 중이다.

3 돈과 정보의 흐름 분석

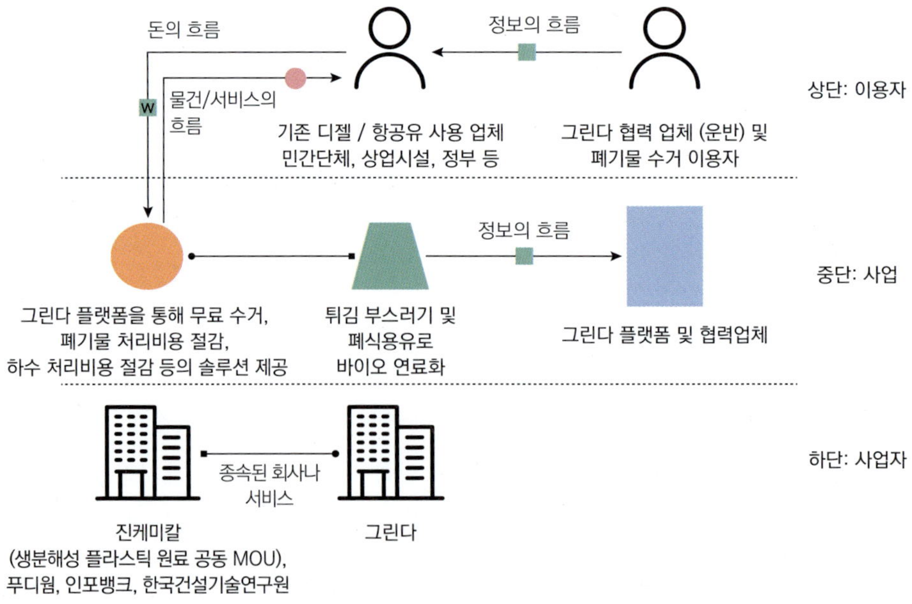

그린다는 폐식용유 및 음식물 폐기물 수거 → 협력업체 가공 → 자원화 제품 생산 → 바이오디젤·SAF·사료·플라스틱 원료 판매 → 수익창출 구조로 운영된다. '그린다 플랫폼'을 통해 폐기물 수거 예약, 수거현황, 가공내역, ESG 기여량, 탄소감축량 데이터를 실시간으로 관리하며, 참여업체별 탄소감축 인증서를 발급해 ESG 경영을 지원한다. 수익은 공장 운영, 연구개발, 글로벌 SAF 사업 확대에 재투자되는 선순환 구조다.

4 Innovation Type 분석

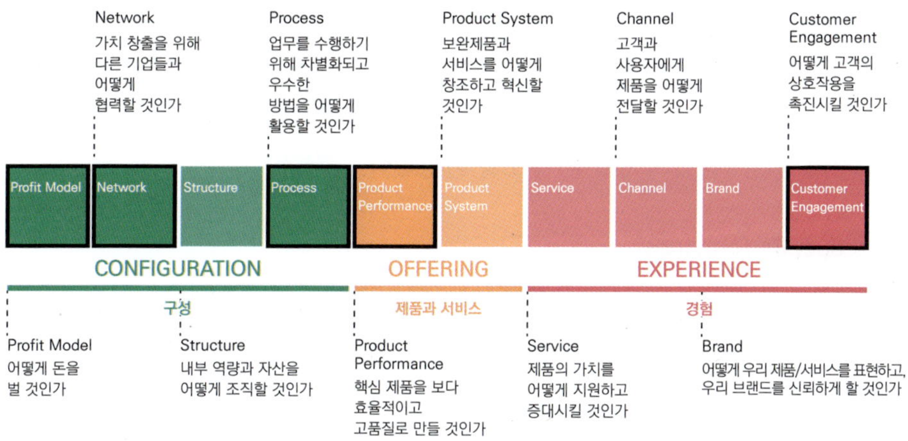

그린다는 총 다섯 가지 유형의 혁신을 수행하고 있다.

Profit Model

바이오연료, 단미사료, 플라스틱 원료, 바이오차 판매를 통한 제품 판매 수익과 ESG 인증 서비스, 탄소배출권 거래, 글로벌 SAF 공급망 사업을 통해 수익원을 다각화했다. 바이오연료 제품은 일본, 동남아시아, 유럽 항공유·선박유 업체로 수출을 준비 중이며, 글로벌 친환경 원료 시장 진출을 본격화하고 있다.

Network

그린다는 STX, 바이오연료 전문기업 4곳, 충북 외식업 지부, 일본 폐식용유 수거업체인 요시카와 유지 등과 전략적 MOU를 체결해 국내외 바이오연료 원료 공급망과 수거망을 확장하고 있다. 이를 통해 안정적인 폐기물 확보와 가공처리 협력 체계를 구축했다. 씨엔티테크, 블루포인트파트너스, 오라클벤처스 등의 기관투자자 네트워크를 통해 투자 기반을 확보하고, 바이오 연료 생산 공정 고도화와 생산량 확대를 추진 중이다.

Process

'그린다 플랫폼'을 기반으로 무료 수거 시스템과 폐기물 위치추적 기술로 수거 효율성을 높였으며, 기존 불법 투기 문제를 예방하고 폐기물 처리비용과 환경비용을 절감했다. 수거-가공-제품 출하까지 전 과정을 실시간 데이터로 관리해 투명성과 운영 효율을 동시에 확보했다. 폐식용유 수거업체, 외식업소, 바이오연료 전문기업 간 실시간 연계 시스템을 통해 물류와 생산 공정의 통합관리 체계를 구축해 수거-가공-공급의 선순환 구조를 완성했다.

Product Performance

폐식용유로 바이오디젤, SAF 원료, 단미사료, PLA 플라스틱 원료, 바이오차 등을 개발하며, '그린다오일'을 상용화하여 하루 30톤 생산 체제를 구축했다. ISCC EU 인증을 획득하며 글로벌 항공사 및 선박유 시장에서의 활용 가능성을 확보했고, 치킨박과 홍삼박을 활용한 바이오차 및 토양개량제 제품은 국내 농가와 시범사업을 통해 효과 검증을 마쳤다. 폐슬러지를 활용한 곤충 사료 및 애견 사료 개발 프로젝트도 병행하고 있다.

Customer Engagement

'그린다 플랫폼'을 통해 폐기물 수거 참여만으로 온실가스 감축, 탄소중립 기여, ESG 실천에 동참할 수 있는 시스템을 마련해 ESG 인증서 발급 서비스를 운영하고 있다. 수거 참여 업체와 소비자에게는 탄소감축량 데이터를 제공하고, 정기적인 리워드 프로그램과 탄소절감 캠페인을 운영하여 고객 ESG 기여도를 시각화하고 있다. ESG 우수업소 인증 마케팅, 캠페인 포인트 지급, SNS 캠페인 등을 통해 고객과의 접점을 지속적으로 확대하고 있다.

펴다(Pyeoda)
공유경제 기반 우산순환 시스템을 통한 생활 속 탄소 저감 실천

1 기업개요

펴다는 O2O(Online to Offline) 기반의 우산 공유 서비스를 통해 자원 낭비를 줄이고, 생활 속에서 실현 가능한 환경적 실천 모델을 구현하고자 하는 도시형 순환경제 서비스이다. 해당 서비스는 지하철역, 버스정류장, 은행, 상업시설 등 생활 거점에 우산 대여함을 설치하여 누구나 간편하게 우산을 빌리고, 반납할 수 있는 구조로 운영된다. 이를 통해 매년 반복되는 1회용 비닐우산 사용을 줄이고, 연간 수천 톤의 이산화탄소배출 저감 효과를 기대할 수 있다. 특히, 제품 생산부터 폐기까지 전 주기적 탄소발자국 감축을 유도하며, 실제로 연간 약 6,290톤의 온실가스 저감 효과를 산출하였다. 더 나아가 대여형 우산이 아닌 '우산 자체가 필요 없는 구조'로의 전환을 목표로 전국 지자체 및 공공기관과의 협약을 확대 중이다.

2 Business Model Canvas 분석

경쟁력

펴다는 도시 일상 속에서 반복되는 비효율적인 우산 소비 구조에 주목했다. 연간 약 1억 3천만 개의 우산이 버려지고, 이로 인한 폐기비용은 4천억 원에 달하며, 연간 약 276만 톤의 탄소 및 유해가스가 발생하고 있다. **문제점 정의** 측면에서, 이러한 1회용 소비 행태는 환경적 부담뿐 아니라 사회적 비용 증가로 이어진다. 이를 해결하기 위한 **솔루션**으로 펴다는 IoT 기반의 무인 스마트 우산 공유함을 개발하여 시민 누구나 필요할 때 빌리고 반납할 수 있는 셰어링 서비스를 제공한다. **기존 대안**인 양산형 우산 대여나 재활용 사업은 확장성과 실효성 측면에서 한계를 드러냈지만, 이 모델은 데이터 기반 운영과 수요 기반 배치를 통해 대여율과 회수율을 높이며, 실질적인 탄소 저감 효과(약 6,920kg/ 10회 이용 기준)를 수치화해 ESG

효과까지 확보하고 있다. 또한, 시중 우산 가격 대비 6배 이상 저렴한 대여 요금 역시 **핵심 지표**로 작동한다.

경쟁력 **시장수용성**

문제점
- 매년 1억 3천만 개 이상의 우산이 버려지며, 연간 약 4천억 원의 폐기비용 발생 연간 276만 톤에 달하는 탄소 및 유해가스 배출
- 1회성 소비 중심의 우산 사용 구조

솔루션
- 무인 스마트 우산 공유함 을 통해 언제든지 우산을 대여반납할 수 있는 우산 셰어링 서비스 제공
- 일회용 우산을 대체하여 사회적 비용 절감 및 환경 보호 실현

가치제안
- 한 번 쓰고 버려지는 비닐 우산 말고, 우산 쉐어링 해보세요! 환경도 보호하고, 비용도 절감하고!

경쟁우위
- 탄소 절감 성과를 매월 ESG 레포트 제공
- 취약계층을 고용하여 사회 공헌
- 대여비 일부를 복지 예산 및 환경 예산에 기부
- 시민/고객 복지와 편의성 및 유인효과 증대

목표고객
- 대중교통 이용자
- 우산 폐기 문제에 관심 있는 소비자
- ESG 기반 운영을 준비 중인 기관 · 지자체

기존대안
- 양심우산 대여 서비스
- 우산 재활용 사업

핵심지표
- 우산 10회 대여 기준, 6,920kg 이산화탄소 감축 (30년생 소나무 약 300그루 식재 효과)
- 시중 우산 대비 약 6배 이상 저렴한 대여 비용

상위개념
- 애플리케이션과 사물인터넷 (IoT) 기술을 접목한 스마트 보관함 장비를 통해 우산 대여 서비스 제공

채널
- 박람회
- SNS 광고 (인스타그램, 페이스북 등)
- 지자체 및 공공기관
- 지하철이나 버스정류장
- 학교나 도서관 등 공공기관

얼리어답터
- 일회용 우산 사용에 불편함을 느껴 온 대중교통 이용자
- ESG 경영 도입을 고려 하는 공공 및 민간기관

비용 구조
- 연구비용
- 인건비
- 마케팅 비용
- 제품 제작 및 설치 비용
- 앱, 데이터 관리 비용
- 복지 예산과 환경 예산에 기부하는 비용

수익원
- 무인 스마트우산 공유함의 설치 및 광고/콘텐츠 수익
- 우산 대여 수익 및 정기 구독형 서비스
- 지자체 및 공공기관 협업에 따른 유지보수 및 설치 수익
- 앱 내 광고 수익
- 투자 수익 및 경진대회 수상 수익

생존가능성

Environmental(or Social) Costs
- 초기 인프라 설치 비용
- 우산 이동, 수거, 재배치 과정에서의 물류에너지 사용

Environmental(or Social) Benefits
- 서비스를 10회만 이용해도 일회용 우산 생산 · 폐기 시 발생하는 탄소 6,920g을 절감하여 30년생 소나무 한 그루 심는 효과 발생
- 우산 대여비 일부는 복지 예산과 환경 예산에 기부되어 지속가능한 사회를 만드는 데에 공헌
- 검증된 탄소배출 감축 효과로 ESG 중 친환경 부문 실적 창출
- 우산 수리센터/수거팀에 취약계층을 고용하여 펴다 박스 도입 시 취약계층의 일자리가 늘어나, 사회 부문에 공헌

ESG가치

시장수용성

가치제안은 단순한 공유 우산 서비스가 아니라, '우산을 사지 않아도 되는 도시'를 구현하는 것이다. 이 모델은 기후변화 시대에 일상 속 탄소 감축을 실천할 수 있는 대안을 제공하며, ESG 인식이 높은 소비자층과 기관을 중심으로 긍정적인 반응을 얻고 있다. **경쟁우위**는 ESG 보고서에 활용 가능한 정량적 탄소감축 데이터, 사회적 약자 대상 계층요금제, 복지 · 환경 예산과 연계 가능한 기부형 구조 등

에서 나타난다. **고객 세그먼트**는 대중교통 이용자, 우산 폐기 문제에 공감하는 일반 소비자, 그리고 ESG 기반으로 전환 중인 기업 및 지자체이다. 특히, 초기 도입 시점에서 효과를 입증하고자 하는 기관과 중간규모의 공공 서비스 주체들이 주요 **얼리어답터**로 작용한다. **상위개념**은 IoT 기술을 활용한 도시형 순환소비 모델로, 박람회, SNS 채널, 지자체 협업 등 다양한 **유통 채널**을 통해 유연하게 확장되고 있다.

생존가능성

수익원은 크게 네 가지로 구분된다. 첫째, 무인 스마트 우산 공유함의 설치 및 운영 수익, 둘째, 우산 대여 수익 및 정기 구독형 요금제, 셋째, 관련 광고 및 콘텐츠 활용 수익, 넷째, 공공기관과의 협업에 따른 유지보수 및 위탁운영 수익이다. 또한, ESG 관련 경진대회 수상금이나 외부 투자 유치 역시 중요한 재무적 기반을 형성한다. **비용 구조**는 우산 제작 및 정비 비용, 스마트 공유함 개발비, 마케팅 및 인건비, 데이터 관리 및 분석 비용, 복지 및 기부 연계 예산 등으로 구성되어 있으며, 이는 단순한 기술 서비스가 아닌 공공성과 ESG 기여도를 함께 고려하는 사업 구조임을 보여준다.

ESG가치

ESG 측면의 환경 및 사회적 영향을 살펴보면, 무인 스마트 우산 공유함은 비닐포장 및 우산 폐기물의 발생을 억제하고, 정량화된 탄소저감 수치를 통해 ESG 보고 자료로서 활용할 수 있는 수준의 데이터 기반을 확보했다. 또한, 계층 요금제, 복지형 우산 서비스, 기부 기반 우산 보급 등 다양한 사회공헌 구조를 포함하고 있으며, 기초 지자체뿐만 아니라 복지 예산 운용기관, 교통 관련 기관 등과의 연계를 통해 실질적 ESG 실천 모델로 작동하고 있다. 단순한 일회용 소비 구조를 대체하는 것을 넘어, 공공성과 지속가능성을 겸비한 도시형 환경 인프라로 자리매김할 수 있는 잠재력을 지니고 있다.

3 돈과 정보의 흐름 분석

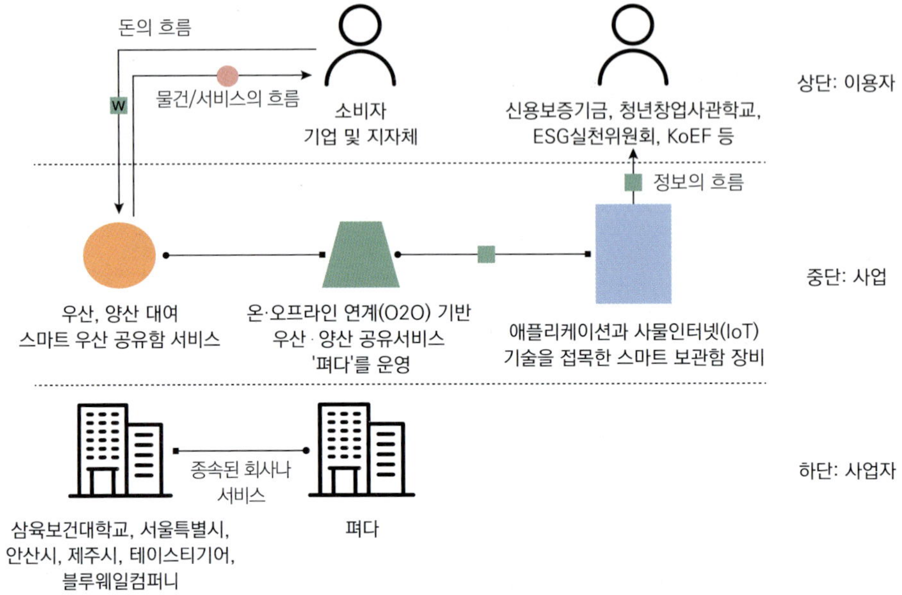

펴다의 비즈니스 구조는 사용자(소비자 및 지자체), 서비스 운영자, 기술 기반 장비 공급 주체 간의 정보와 금전의 흐름이 유기적으로 연결된 구조로 설계되어 있다. 먼저 정보의 흐름은 IoT 기반의 무인 스마트 보관함을 통해 시작된다. 우산의 대여 및 반납 데이터, 위치 기반 사용 정보, 기상 상황에 따른 수요 변화 등 다양한 정보가 수집되며, 이는 서비스 운영에 실시간으로 반영된다. 수집된 데이터는 사용자 행동 패턴을 기반으로 우산 공유함의 배치 최적화, 고장 감지, 우산 수요 예측 등에 활용된다. 또한, 지자체나 기업 등 주요 고객에게는 해당 데이터를 분석하여 탄소저감 효과, 복지 활용도, 운영 효율성 등을 리포트 형식으로 제공할 수 있어, 정책 설계나 ESG 경영 평가의 기초 자료로도 쓰인다.

돈의 흐름은 크게 두 방향으로 이루어진다. 첫째는 서비스 이용자(시민, 기업, 기관 등)가 지불하는 대여 요금이다. 이 요금은 단건 결제 또는 정기 구독 방식으로 발생하며, 일부는 광고 수익이나 개인화된 콘텐츠 제공 등으로도 확장 가능하다. 둘째는 지자체 및 공공기관 등으로부터 발생하는 수익이다. 공유 인프라 도입을 위한 초기 설치비, 유지보수비, 운영 대행 수수료 등의 형태로 수익이 발생하며,

이 구조는 단순한 소비 기반의 비즈니스가 아닌 공공성과 지속가능성을 결합한 서비스 기반 모델로 기능한다. 이처럼 데이터 중심의 운영 효율화와 정기적인 수익 흐름이 결합된 구조는 도시 내 공유 자원의 선순환을 촉진하며, 사회적 가치와 재무적 지속가능성을 동시에 확보하는 데 기여하고 있다.

4 Innovation Type 분석

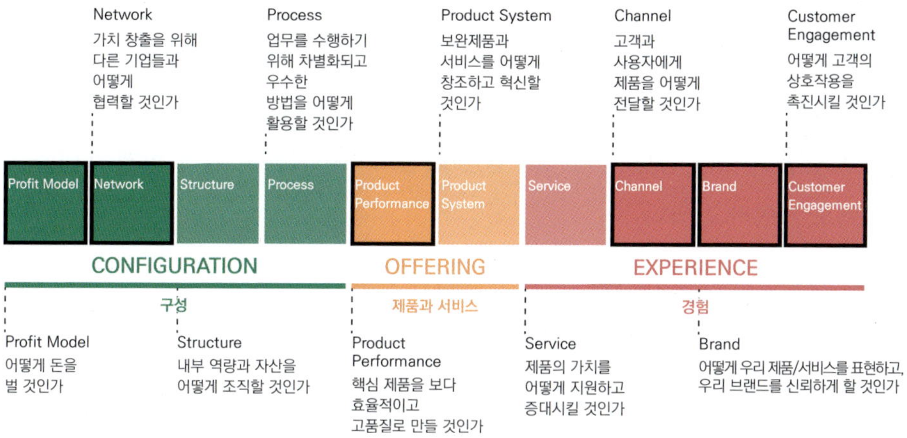

펴다는 총 여섯 가지 유형의 혁신을 수행하고 있다.

Profit Model

우산 대여라는 일상적인 행위를 새로운 수익 구조로 전환한 점이 핵심이다. 단순히 무인 스마트 우산 공유함을 판매하거나 대여하는 데 그치지 않고, 고객 맞춤형 요금제와 ESG 성과 기반 리포트 제공 등 다양한 수익원 다변화를 통해 수익 구조를 확장하였다. 특히, 지자체·공공기관을 대상으로 한 유지보수 계약, 광고 노출 수익, 기부형 서비스까지 아우르는 구조는 복합적인 재무 모델로 평가된다.

Network

기존에도 일부 지자체나 기관 단위에서 우산 대여 서비스를 시도한 사례는 있었지만, 대부분 단기 캠페인에 그치거나 관리 주체의 부재로 지속되지 못했다. 펴다는 이러한 한계를 극복하기 위해 무인 스마트 우산 공유 인프라를 기반으로 지역 맞춤형 운영 체계와 데이터를 연동한 지속 가능한 협업 모델을 구축하였다. 서울, 안산, 제주 등 다양한 지자체 및 기관과의 협력을 통해 우산 폐기 문제를 구조적으로 해결하고 있으며, 자원 순환과 ESG 실천을 위한 민관 파트너십 네트워크를 성공적으로 형성하고 있다.

Product Performance

펴다의 IoT 기술과 사용자 데이터 기반 운영 방식은 기존 양산형 우산 대여 시스템 대비 높은 편의성과 성능을 보인다. 대여와 반납 데이터를 기반으로 수요를 예측하고, 위치 기반 재배치, 수리 및 유지보수 시기 파악까지 가능하다. 탈착식 우산 보관함 구조와 통합 운영 시스템은 브랜드 이미지뿐 아니라 실제 서비스 효율성에도 기여하고 있다.

Channel

무인 스마트 우산 공유함은 도서관, 지하철, 공공시설 등 유동 인구가 많은 곳에 설치되고 있으며, 이를 통해 누구나 도시 내 다양한 생활 거점에서 서비스를 이용할 수 있다. 특히, 기상 정보와 연계한 적시성 배치, 할인 혜택 등의 커뮤니케이션 전략을 통해 소비자 접근성을 높이고 있다.

Brand

탄소 절감 효과, 공공성, ESG 연계 모델 등 브랜드 핵심 가치가 명확하게 설정되어 있다. 특히, 서비스 운영 과정에서 탄소배출 저감 효과를 수치화하고 공공기관 협업을 통해 지속가능성을 입증해 가는 방식은 ESG 평가에 있어 신뢰성과 주목도를 높이는 기반이 되고 있다.

Customer Engagement

고객은 대여 즉시 모바일 플랫폼을 통해 기여도와 탄소 절감 효과를 직관적으로 확인할 수 있으며, 복지 예산 참여, 기부 연계 등의 방식으로 서비스 운영에 간접적으로 참여할 수 있다. 시민이 단순한 사용자에서 실천 주체로 전환되도록 유도하는 구조다.

플라젠(Plajen)
폐플라스틱 열분해 기술을 통한 청정에너지 자원화 실현

1 기업개요

플라젠은 폐플라스틱, 하수슬러지 등 비재활용성 폐기물을 고온 열분해하여 에너지로 전환하는 열화학 기반의 가스화 시스템을 개발·운영하는 기술 중심의 에너지 전환 기업이다. 플라젠은 복잡한 폐기물 조성에도 유연하게 대응할 수 있는 무산소 가열·분해 공정과, 이를 통해 생성된 합성가스를 고순도로 정제하여 청정에너지로 활용하는 3세대 가스화 기술을 고도화하고 있다. 특히, 바이오매스 기반의 폐기물을 활용한 그린 메탄올 생산, 고농도 타르 분해형 원위치 정화 기술 개발, 수소 회수형 메탄 전환 등 다양한 기술 노하우를 확보하고 있으며, 경기도 고양 중부대학교 캠퍼스 내 1톤 규모 수소 실증 플랜트 구축을 포함해 국내외에서 다수의 상업화 실증 프로젝트를 수행 중이다. 플라젠은 이처럼 기술 집약형 폐기물 자원화 플랫폼을 통해, 온실가스를 줄이면서도 안정적 에너지 공급이 가능한 순환형 에너지 시스템 구축에 기여하고 있다.

2 Environmental/Social Lean Canvas 분석

경쟁력

플라젠은 유기성 폐기물의 자원화와 청정에너지 생산을 동시에 달성하기 위한 기술 중심 비즈니스 모델을 보유하고 있다. **문제점 정의**는 기존의 유기성 폐기물(하수슬러지, 음식물 쓰레기, 가축 분뇨 등)이 대부분 소각, 매립, 퇴비화 등에 의존하고 있어 온실가스를 다량 배출하며, 에너지로서의 활용도가 낮다는 데 주목한다. 또한, 이러한 방식은 처리 효율이 낮고, 환경오염을 유발하는 구조적 한계를 지닌다. 플라젠은 이에 대한 **솔루션**으로 고온의 열분해 기술을 통해 고농도 타르를 분해하고, 복합 폐기물에서도 합성가스, 메탄올, 수소 등을 고순도로 추출할 수 있는 가스화 시스템을 제시한다. 기존 대안으로 활용되던 퇴비화나 고형연료(SRF)는 에너지 전환율이 낮고 다이옥신 등 2차 오염 가능성을 내포하고 있는 반면, 플라젠은 실제 플랜트 실증을 통해 상업적 활용이 가능한 핵심 지표를 다수 확보하고 있다. 유기성 폐기물과 폐플라스틱을 합성가스로 전환하고, 이를 다시 전기 · 열 · 연료로 재활용하는 기술력은 국내외에서 기술경쟁력을 입증받고 있다.

경쟁력 / 시장수용성

문제점	솔루션	가치제안	경쟁우위	목표고객
- 온실가스를 유발하는 소각, 연소, 매립 방식 - 하수슬러지, 음식물 쓰레기, 가축 분뇨와 같은 유기성 폐기물의 처리	- 고농도 타르를 분해하는 열분해 기술 - 복잡한 유기성 폐기물의 연료화 - 바이오매스를 활용한 유기성 자원 재활용	- 바이오매스에서 청정 에너지를 생산하여 새로운 에너지 자원을 개발	- 국내 최초 재생 TPA 생산 기업 - 3대 해중합 기술 중 하나인 해중합 기술 보유 - 고도화된 타르 분해 기술 확보	- 바이오매스 발생 기업 - 합성가스, 수소 관련 기술을 보유한 친환경 에너지 기업 - 유기성 폐기물 배출 기업 및 정부 기관
기존대안	**핵심지표**	**상위개념**	**채널**	**얼리어답터**
- 사료, 퇴비, 소각, 매립 등 저부가 · 저효율 방식 - 고형연료(SRF) 중심의 단기적 재활용	- 유기성 폐기물 및 폐플라스틱으로부터 합성가스, 메탄올, 수소, 천연가스 등을 추출 전기의 열을 대체할 수 있는 청정 에너지 자원 생산	- 유기성 자원의 에너지화 및 화학 원료화 - 폐기물 문제 해결을 통한 순환형 탄소중립 에너지 모델 구축	- 박람회/엑스포/전시회 - B2B 시장 - 협업 기업 시장 - 해외 진출 시장	- 유기성 폐기물 대량 배출 산업군 - 재생에너지 기반의 연료 수요 기업

비용 구조	수익원
- 플랜트 연구/개발 비용 - 유기성 폐기물 수거 및 연구 · 개발 비용 - 플라젠 가스화 시스템 연구 · 개발 비용 - 그린에너지 생산 기술 연구 · 개발 비용 - 해외 시장 진출 비용 - 박람회, 엑스포 등 참여비용	- 그린 메탄올 등 합성 가스 상용화 수익 - 해외 시장 그린메탄올 사업 수익 (미국, 오스트리아, 인도네시아 등) - 국내 시장 판매 수익

생존가능성

Environmental(or Social) Costs	Environmental(or Social) Benefits
- 설비 구축 및 운영에 따른 에너지 비용 및 수집, 운동 과정에서의 탄소 발자국 발생 - 기존 처리 방식 대비 에너지 손실 및 비용 증가	- 폐기물의 에너지화로 온실가스 감축 - 청정 에너지 생산과 동시에 자원의 순환성 회복 - 기후위기 대응을 위한 탄소중립 전환 모델 구축

ESG가치

시장수용성

가치제안 측면에서는 유기성 폐기물을 청정에너지 자원으로 전환함으로써, 기업의 탄소중립 실현과 에너지 자립에 동시에 기여할 수 있다는 점을 핵심 가치로 제시한다. 이는 단순한 폐기물 처리의 범주를 넘어, 바이오매스를 활용한 청정 메탄올 생산과 산업용 연료화까지 포괄하는 기술력으로 확장된다. 경쟁우위는 국내 최초로 재생 TPA 생산을 상용화한 실증 기반의 기술력과, 세계 3대 해중합 기술 중 하나인 고도화된 열분해 시스템을 확보하고 있다는 점에서 확보된다. **고객 세그먼트**는 바이오매스를 활용하는 기업, 합성가스, 수소 등 친환경 연료를 필요로 하는 기업, 그리고 유기성 폐기물을 배출하는 기업 및 정부기관으로 구성된다. 특히, 유기성 폐기물을 대량 배출하는 산업군과 재생에너지 기반의 연료를 필요로 하는 기업들을 **얼리어답터**로 설정하고 있으며, **상위 개념**으로는 폐기물 문제 해결과 동시에 에너지 자립을 실현하는 '순환형 탄소중립 시스템' 구축을 지향하고 있다. **유통 채널**은 박람회 및 엑스포 등 전문 전시회, 국내외 B2B 거래, 협업 기업과의 공동 실증, 해외 시장 진출 등으로 구성되며, 실증 기반의 기술 홍보와 레퍼런스를 바탕으로 시장 신뢰를 확보해 나가고 있다.

생존가능성

수익원은 크게 세 가지로 구성된다. 첫째, 고형 폐기물로부터 생산된 합성가스 및 그린 메탄올의 판매 수익, 둘째, 해외 진출 국가(예: 오스트리아, 인도네시아 등)에서 진행되는 프로젝트의 기술 수출 수익, 셋째, 국내 기업 및 기관을 대상으로 한 B2B 기반의 설비 제공 및 기술 이전 수익이다. **비용 구조**는 플랜트 설계 및 기술 고도화를 위한 연구개발비, 유기성 폐기물 수집 및 전처리 비용, 가스화 설비 유지 및 운용 비용, 해외 인허가 및 전시회 등 시장 개척 관련 비용으로 구성되며, 기술 기반 비즈니스 특성상 초기 고정비 비중은 높지만 장기적 단가 절감 여지가 큰 구조를 갖는다.

ESG가치

ESG 측면의 환경 및 사회적 영향에서 플라젠은 유기성 폐기물의 저탄소 처리와 청정에너지 전환이라는 두 가지 목표를 동시에 달성하고 있다. 기존의 매립·소각 방식 대비 온실가스 배출량을 현저히 낮추며, 바이오매스를 활용한 연료 생산을 통해 자원 순환성과 에너지 자립 가능성을 확장시킨다. 특히, 플라젠의 가스화 기술은 다이옥신 등 2차 오염물질 발생을 최소화하고, 타르 분해 기술을 통해 공정의 안정성과 에너지 효율을 확보함으로써 ESG 경영을 실질적으로 실현할 수 있는 기반을 제공한다. 이를 통해 플라젠은 산업폐기물 처리 기업의 이미지를 넘어, 탄소중립 시대의 지속가능 에너지 솔루션 기업으로서의 역할을 수행하고 있다.

3 돈과 정보의 흐름 분석

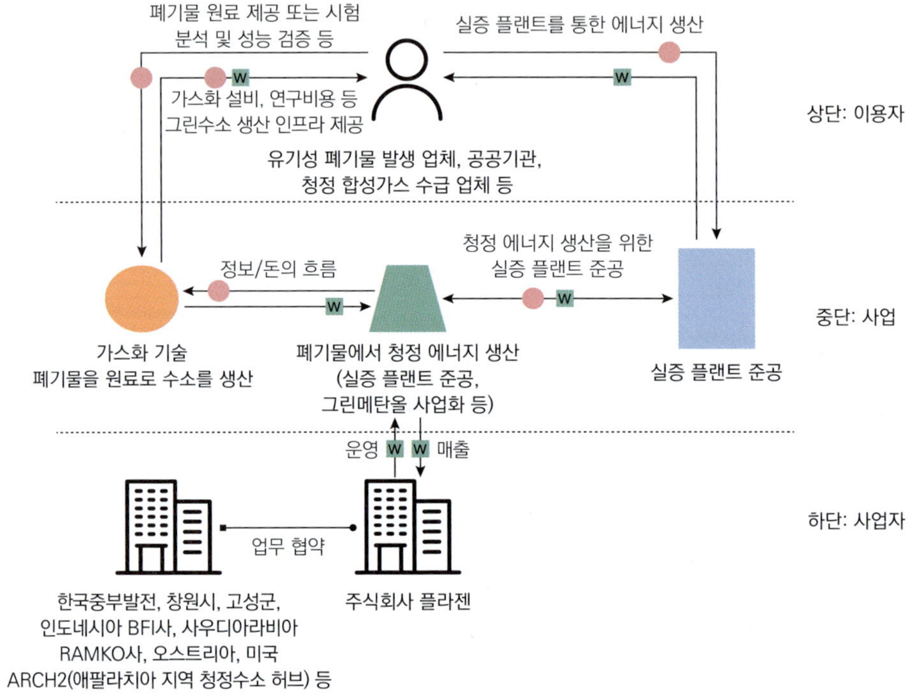

플라젠의 비즈니스 구조는 폐기물을 에너지로 전환하고자 하는 유기성 폐기물 배출 기업, 청정 연료 수요 기업, 공공기관 등과의 연결을 중심으로 구성된다. 주요 흐름은 실증 플랜트 설계 및 에너지 생산을 중심으로, 인프라 구축부터 연료 공급까지 연계된 정보·자본의 교환 관계를 통해 유지된다. 정보의 흐름은 유기성 폐기물을 제공하는 고객사 또는 파트너사로부터 시작된다. 이들은 폐기물 제공 또는 성능 시험 및 데이터 분석 요청을 통해 프로젝트에 참여하며, 플라젠은 이에 대한 가스화 설비 기술, 합성가스 생산 인프라, 청정 수소·그린메탄올 생산 시스템 등을 정보 기반으로 제공한다. 이러한 정보는 실증 플랜트 설계 및 검증을 위한 기반 데이터로 활용되며, 플라젠은 공급 기업 및 기관과 협력하여 폐기물 처리

성능, 연료 변환율, 배출 특성 등 실질 데이터를 확보하고 정제한다. 이후, 실증 기반의 기술 정보는 프로젝트에 참여한 고객에게 다시 전달되어, 향후 자체 에너지 전환 또는 정책·투자 판단에 활용된다.

돈의 흐름은 폐기물을 에너지화하려는 기업이나 기관이 플라젠에 기술 검증 비용, 플랜트 설비 구축비용, 또는 공동 사업 투자비용의 형태로 자본을 투입하는 방식으로 이루어진다. 플라젠은 폐기물에서 청정 연료(그린메탄올, 수소, 합성가스 등)를 생산하고, 이를 상업적으로 판매하거나 수요 기업에 공급하는 구조로 수익을 확보한다. 동시에, 인프라 구축이 완료된 실증 플랜트의 운영 수익, 기술 라이선스, 해외 진출을 통한 프로젝트 수익 등 다양한 형태의 매출 구조도 존재한다. 이처럼 플라젠은 폐기물 정보 확보 → 기술 적용 및 실증 → 연료 생산 및 판매라는 정보 흐름과, 설비 구축 → 실증 운영 → 수익 회수 및 확산이라는 자본 흐름을 결합하여, 순환형 에너지 전환 비즈니스 모델을 완성해 가고 있다.

4 Innovation Type 분석

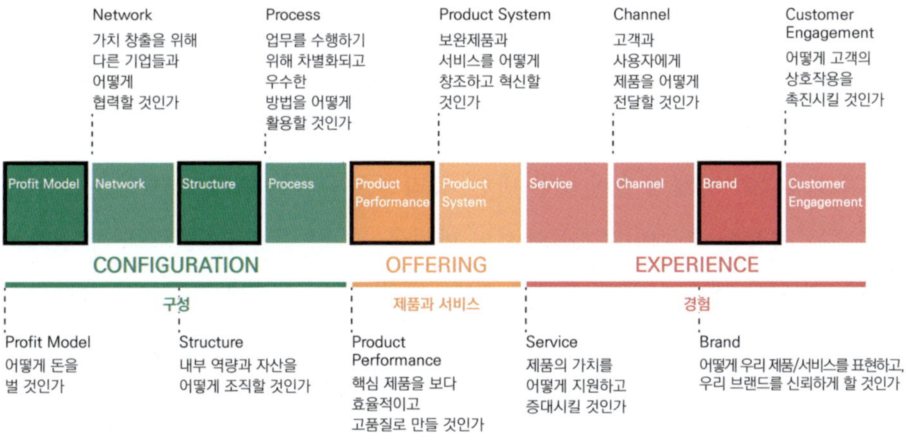

플라젠은 총 네 가지 유형의 혁신을 수행하고 있다.

Profit Model

유기성 폐기물과 폐플라스틱을 활용해 청정 연료(그린메탄올, 수소 등)를 생산하고, 이를 통해 탄소배출권 및 연료 판매 수익을 창출하는 구조를 갖추고 있다. 특히 메탄올은 전통적 연료 대비 이산화탄소배출량을 20% 이상 줄일 수 있는 저탄소 연료로, 국제해사기구(IMO)의 규제 기준을 충족하는 대체 연료로 활용 가능하다. 플라젠은 이러한 친환경 연료를 자가 생산하여 수익을 회수하고 있으며, 탄소저감 기여도를 기반으로 정부 및 기관과의 공동 사업을 확대해가는 방식으로 사업 영역을 확장하고 있다.

Structure

유기성 폐기물 처리와 연료 전환을 위한 열분해 및 가스화 시스템을 독자 개발하고 있으며, 가스화 설비, 분해 장치, 후처리 기술 등을 통합적으로 운영할 수 있는 내부 인프라를 구축하고 있다. 또한 연구개발, 실증 운영, 인허가 대응, 해외 협력 등 다양한 기능을 사내 조직 및 외부 기관(지자체, 국책연구소, 공기업 등)과 분담함으로써, 효율적인 기술 검증과 확산 체계를 동시에 운영하고 있다. 이러한 내부 역량 배치는 기술 중심 사업 구조에서의 유연성과 확장성을 동시에 확보할 수 있도록 설계되어 있다.

Product Performance

고도화된 가스화 기술을 활용하여 복합 폐기물에서도 고순도 연료 성분을 안정적으로 추출할 수 있는 공정 성능을 보유하고 있다. 일반적인 소각·연소 방식이 에너지 회수율과 정제 효율이 낮은 반면, 플라젠은 음식물 쓰레기, 가축분뇨, 바이오매스 등 복잡한 조성의 폐기물에서도 메탄올, 수소, 합성가스를 고부가 연료로 전환할 수 있는 기술 체계를 갖추고 있다. 특히, 고온 열분해 과정에서 생성되는 타르 성분을 90% 이상 분해할 수 있는 in-situ 반응 장치와, 해당 공정을 자동화해 에너지 손실 없이 연속 처리할 수 있는 PLC 기반 시스템은 기술 신뢰도를 높이는 핵심 요소로 작동하고 있다.

Brand

플라젠은 오스트리아, 인도네시아, 미국 등 다수의 해외 사업지에서 글로벌 기관과의 업무협약(MOU)을 체결하고, 청정 연료 생산 및 실증을 공동으로 수행하고 있다. 특히 미국 애팔라치아 지역의 청정수소 허브 사업(ARCH2)을 비롯해, 사우디아라비아 국영 에너지 기업, 한국중부발전, 창원시 등 다양한 이해관계자와의 협력 네트워크를 기반으로 국제적 사업 신뢰도를 축적하고 있다. 또한 유엔기후변화협약(UNFCCC)의 '2030 온실가스 40% 감축' 목표에 발맞춰, 전환 연료 생산의 정책성과 탄소저감 기여도를 강조한 브랜드 이미지를 형성하고 있으며, 정부 및 공공기관 대상 사업 확장을 통해 친환경 기술 기반의 브랜드 가치를 더욱 강화하고 있다.

뉴트리인더스트리(Nutriindustry)
음식물 자원 순환을 통한 곤충 기반 단백질 산업 혁신

1 기업개요

뉴트리인더스트리는 음식물 쓰레기를 곤충 사육 자원으로 활용해 고단백 대체 원료를 생산하는 푸드테크 기업이다. 화학 처리를 배제한 곤충 리사이클링 기술을 기반으로 음식물 100% 자원화 및 Zero-Waste 모델을 구현하고 있다. 이 과정에서 생산된 곤충 단백질은 사료, 애완동물 간식, 바이오원료 등 다양한 산업에 적용된다. 곤충 단백질은 어분·팜오일 등 기존 자원을 대체할 수 있어 해양 남획 및 산림 훼손을 줄이는 지속가능한 대안으로 주목받고 있으며, 뉴트리인더스트리는 산업 맞춤형 공정과 자동화 설비를 통해 균일한 품질의 제품을 단기간 내 생산할 수 있는 기술 경쟁력을 확보하고 있다.

2 Business Model Canvas 분석

경쟁력

뉴트리인더스트리는 음식물 폐기물이 급증하는 사회적 문제를 해결하고자, 곤충을 활용한 새로운 리사이클링 솔루션을 제시한다. **문제점 정의**는 명확하다. 2030년까지 전 세계에서 연간 12억 톤 이상의 음식물 쓰레기가 발생할 것으로 전망되며, 이 중 80% 이상이 매립되거나 소각되고 있다. 재활용률은 20%에 불과하고, 그마저도 재생산되는 부산물의 시장 가치는 낮아 자원 선순환이 이뤄지기 어렵다. 이에 대한 **솔루션**으로 뉴트리인더스트리는 곤충(동애등에)을 활용하여 음식물 쓰레기를 먹이로 삼고, 이들을 단백질 자원화하거나 그 부산물을 사료 및 비료로 재가공하는 스마트 리사이클링 시스템을 운영한다. 음식물 폐기물을 곤충의 먹이로 바꾸는 동안, 2차 폐기물은 발생하지 않고, 최종 부산물은 다시 산업용 자원으로 활용된다. **기존 대안**인 소각, 해양 투기, 바이오가스화, 일반 사료화 등은 처리 비용이 높고, 기술적·사회적 수용성이 떨어졌으며, 일정 수준 이상의 처리 효율과 안정성을 확보하기 어려웠다. 뉴트리인더스트리는 이러한 기존 한계를 극복하기 위해 스마트 팩토리 기반의 자동화 공정을 구축하고, 음식물 100kg당 약 20kg의 곤충과 30kg의 분변토를 생산하는 모델을 운영하고 있다. 이때 설정된 **핵심 지표**는 곤충 단백질 및 부산물 생산량, 처리 효율, 단가 절감률, 생산 속도, 그리고 자원 전환율 등이며, 해당 지표는 POC(개념 검증) 단계에서 실증 검토를 거쳐 상용화 가능성을 입증하고 있다.

경쟁력 / **시장수용성**

문제점	솔루션	가치제안	경쟁우위	목표고객
- 2030년에는 세계적으로 음식물쓰레기가 초에 66톤씩 쏟아져 나올 것으로 추정 - 평균 음식물 재활용률은 20% 수준에 불과 - 기존 음식물 쓰레기 재활용 부산물(사료, 비료 등)의 시장가치가 낮음	- 곤충(동애등에)을 활용하여 폐수처리 공정 없는 음식물 폐기물 처리 - 음식물 쓰레기를 먹고 자란 곤충들은 사료 원료로, 곤충 부산물은 친환경 비료로 생산	- 동애등에 기반으로 음식물 폐기물을 완벽하게 리사이클링 해보세요!	- 곤충바이오 컨버전 기술 - 리사이클링 마친 곤충으로 - 만든 맞춤형 동물 사료	- 음식물 처리 기업 - 곤충 사료 활용 농장 및 사료 업체 - 곤충 단백질 수입 대체를 원하는 해외 수요처
기존대안	**핵심지표**	**상위개념**	**채널**	**얼리어답터**
- 소각 - 하수처리 - 매립 - 사료·비료 전환	- 독자적 곤충 리사이클링 시스템 운영 - 스마트 팩토리 기반 자동화 공정 - 사료로서의 품질 검증 완료 (POC 통한 영양성분 및 생산성 확인)	- 스마트 팩토리 구축을 통해 독자적인 음식물 폐기물 리사이클링 시스템을 보유하여 환경을 보호 - 식량자원 확보를 위한 지속가능한 단백질 확보 체계	- 박람회/엑스포 - 지자체 및 정부 기관 협력 - 해외 수출 시장 - 국가 경진대회	- 친환경적인 음식물 폐기 처리를 원하는 기업 - 폐기물 처리 비용 절감이 절실한 중소 지자체 - 성장률을 높이고자 하는 가축 농가

비용 구조	수익원
- 특허/상표권 출원 및 개발 비용 - 연구/개발 비용 - 인건비 - 마케팅 비용 - 리사이클링 인프라 구축 비용 - 스마트 팩토리 설비 투자	- 음식물쓰레기 처리 용역 수익 - 곤충 사료 직접 판매 수익

생존가능성

Environmental(or Social) Costs	Environmental(or Social) Benefits
- 스마트팩토리 구축 비용 및 운영 과정에서 발생하는 에너지 사용 - 시장 형성 및 제도 적응 등에 소요되는 사회적 비용 존재	- 음식물쓰레기 폐수 배출을 저감하는 환경 가치를 창출 - 음식물쓰레기 폐기물을 곤충의 먹이로 재활용하여 처리하고, 음식물 쓰레기를 먹고 자란 곤충들은 사료 원료로, 곤충 부산물은 친환경 비료로 생산하는 독자적인 폐기물 리사이클링 시스템 보유 - 뉴트리인더스트리가 생산한 사료첨가물은 돼지의 사육 기간을 7~10일 감축시켜 사료 비용과 분뇨 처리 비용을 마리당 1만9,000원 가량 아낄 수 있다. (투자비용이 2,500원 수준인 것을 고려하면 마리 당 1만 6,450원의 원가 절감 효과)

ESG가치

시장수용성

가치제안은 '음식물 폐기물에서 발생한 곤충이 다시 산업용 단백질 자원으로 순환되는 Zero-Waste 구조'다. 이 구조는 음식물 처리 비용과 탄소배출을 모두 줄이는 동시에, 새로운 고부가가치 원료를 확보할 수 있다는 점에서 기업과 공공 모두에게 매력적인 선택지를 제공한다. **경쟁우위**는 곤충 바이오 리사이클링 기술과 맞춤형 사료 생산 역량, 그리고 리사이클링에 적합한 종자 선정과 짧은 리드타임을 실현하는 자동화된 생산 기술에 있다. 이로 인해 폐기물 처리와 동시에 고품질 단백질 자원 확보가 가능해졌으며, 이는 기존 처리방식과 차별화되는 핵심 요소로 작용한다. **고객 세그먼트**는 음식물 쓰레기 처리 인프라가 부족한 지자체, 음식물류 폐기물이 많이 발생하는 급식·외식·유통 업체, 사료 및 비료 산업군에 속한 기업 등이며, **얼리어답터**는 친환경성과 경제성을 동시에 중시하는 축산 농가나 폐기물 처리업체, 공공 파일럿 프로젝트를 추진 중인 행정기관 등이다. **상위개념**은 '음식물 쓰레기의 종말'을 지향하는 순환 자원 생태계 구축이다. 단순히 쓰레기를 줄이는 차원을 넘어, 새로운 산업용 원료 자원을 창출하고, 이를 다시 시장에 순환시키는 구조를 만든다. **유통 채널**은 정부 과제 및 조달 수주, B2B 유통 제휴, 지자체 공공 사업, 국내외 전시회 등을 중심으로 점차 확대되고 있다.

생존가능성

수익원은 크게 두 가지로 구성된다. 첫째, 하나는 음식물 쓰레기 처리에 대한 용역 수익이며, 둘째, 곤충 및 그 부산물(사료·비료)의 판매 수익이다. 여기에 더해 스마트 리사이클링 설비 구축 및 운영, 기술이전과 관련한 라이선스 수익도 함께 추진되고 있다.

비용 구조는 사육/배양 시설 설비 비용, 연구개발 및 품질 관리 비용, 인건비와 마케팅비, 스마트 팩토리 기반 자동화 시스템 구축 비용 등으로 구성된다. 특히, 사료화 시 초기 단계에 필요한 필터링, 분쇄, 분변토 처리 등에 있어 테스트베드를 통한 고도화가 진행되고 있으며, 경제성 확보가 빠르게 이루어지고 있다.

ESG가치

뉴트리인더스트리는 음식물 쓰레기의 처리 방식을 전환함으로써 **ESG 측면의 환경 및 사회적 가치**를 동시에 실현하고 있다. 곤충을 활용해 음식물 쓰레기를 처리함으로써 매립과 소각에 따른 온실가스 배출, 악취, 수질 오염 등의 환경 문제를 줄이는 한편, 최종 부산물을 사료나 비료로 활용해 자원순환 구조를 완성하고 있다. 또한, 음식물 처리와 곤충 사육 공정 전반에 걸쳐 새로운 일자리를 창출하고, 지자체 단위에서 운영 가능한 지속가능한 솔루션을 제공함으로써 지역사회와의 연계 가능성도 높이고 있다. 2025년 준공 예정인 제2공장은 하루 100톤 규모의 처리 용량을 갖출 계획으로, 연간 수천 톤에 달하는 폐기물을 순환 자원으로 전환할 수 있는 실질적 ESG 성과를 창출할 수 있을 것으로 기대된다.

3 돈과 정보의 흐름 분석

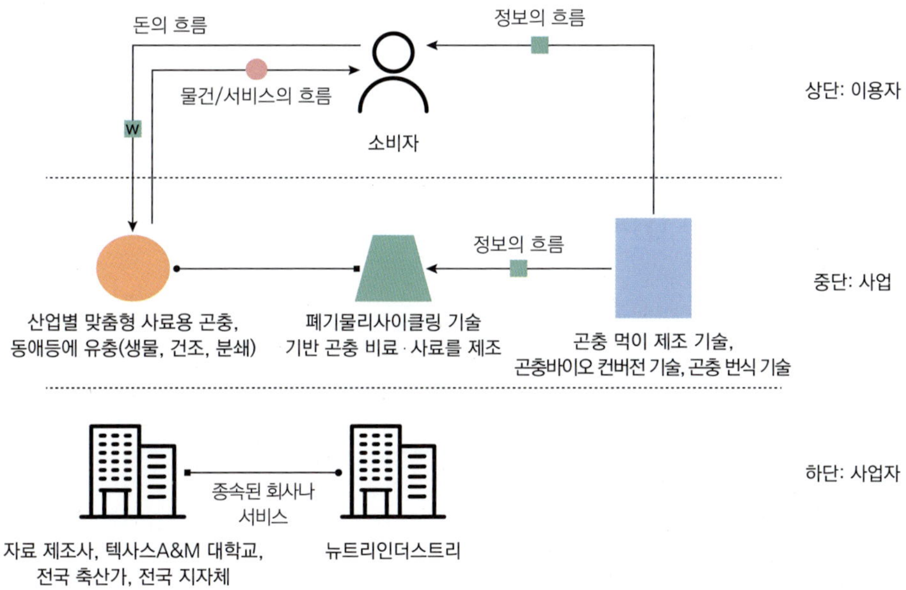

뉴트리인더스트리의 비즈니스 구조는 소비자, 중간 가공 주체, 그리고 뉴트리인더스트리 본사 간의 유기적인 정보 흐름과 금전 흐름을 기반으로 운영된다. 정

보의 흐름은 곤충 바이오 기술 및 폐기물 리사이클링 공정에서 시작된다. 음식물 쓰레기를 곤충의 먹이로 활용한 뒤, 이를 다시 사료나 비료로 전환하는 리사이클링 기술을 운영하고 있으며, 이 과정에서 생산된 데이터는 곤충 품종, 성장률, 성분, 변식 반응 등에 따라 축적된다. 축적된 정보는 곤충 먹이 배합, 바이오 컨버전 및 번식 최적화 등에 사용되며, 이를 통해 품질 균일성과 효율성을 동시에 확보하고 있다.

돈의 흐름은 소비자의 제품 구매와 더불어 유통 및 가공 채널을 통한 매출로 발생한다. 뉴트리인더스트리는 사료용 곤충 제품(생물, 건조, 분쇄)을 소비자에게 판매하거나, 전국 축산 농가 및 관련 기업에 유통하고 있다. 한편, 곤충 사육과 가공을 위한 원재료·기술은 국내외 연구기관 및 지자체와의 협력을 통해 도입되며, 일부는 OEM 계약이나 연구용 시범사업을 통해 수익화된다. 이와 같은 구조하에서 돈과 정보는 각각 제품과 성과, 고객 반응 데이터를 중심으로 순환하며, 이 데이터를 바탕으로 사료 배합 개선, 생산 공정 최적화, 시장 확대 전략 등을 수립하고 있다. 이처럼 뉴트리인더스트리는 폐기물 자원화를 중심으로 한 곤충 순환 생태계를 통해 상위 기술-가공-유통 전 과정을 통합 운영하고 있으며, 데이터 중심의 구조 내에서 정보와 금전이 유기적으로 선순환하는 지속가능한 모델을 실현 중이다.

4 Innovation Type 분석

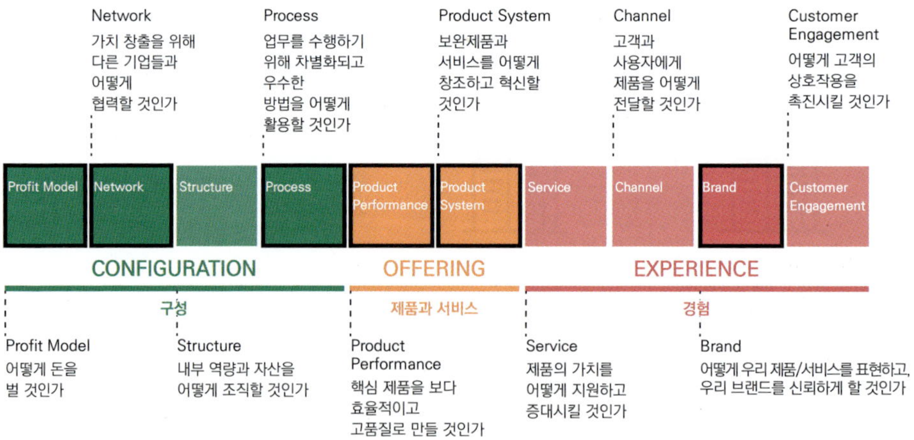

뉴트리인더스트리는 총 여섯 가지 유형의 혁신을 수행하고 있다.

Profit Model

뉴트리인더스트리는 음식물 쓰레기 문제를 근본적으로 해결하고자 곤충 리사이클링 기반의 스마트 시스템을 개발했다. 매립·소각에 의존하던 기존 처리 방식은 재활용률이 20%에 불과하고, 처리 후 생성되는 부산물의 시장 가치도 낮아 자원 선순환이 어려운 구조였다. 뉴트리인더스트리는 곤충을 활용해 음식물 쓰레기를 완전히 사료화하거나 분변토로 전환하는 구조를 설계하여, 폐기물을 가치 있는 자원으로 전환하고 있다. 이를 통해 음식물 쓰레기 처리 수수료 수익, 곤충·사료·비료 판매 수익 등 다양한 수익 모델을 확보하고 있다.

Network

기술 고도화와 현장 적용을 위해 국내외 다양한 파트너와 협력 관계를 구축하고 있다. 텍사스 A&M대학교, 국내 축산 및 지자체 파트너와 협력하여 국내 여건에 맞는 곤충 리사이클링 시스템을 구축했다. 특히, 기존 해외 기술이 비용과 적용 환경에서 한계를 보였던 반면, 뉴트리인더스트리는 지역 특성과 생태계에 맞는 최적화된 기술 운영 구조를 개발하고 이를 기반으로 파트너십을 확장하고 있다.

Process

음식물 쓰레기를 곤충의 먹이로 활용하고, 최종적으로 곤충과 분변토를 자원화하는 전 과정을 스마트 처리공정으로 구현했다. 음식물 100kg당 약 20kg의 곤충과 30kg의 분변토를 생산하며, 사육-건조-분리 등 전 공정은 자동화 설비를 통해 15~20일 이내에 처리된다. 기존에는 수작업 중심의 곤충 사육 방식으로 표준화가 어려웠던 반면, 뉴트리인더스트리는 효율적이고 반복 가능한 처리 프로세스를 구축했다.

Product Performance

폐기물 제로를 지향하는 뉴트리인더스트리의 리사이클링 제품은 곤충 자체와 그 부산물인 분변토이다. 사료화된 곤충은 단백질, 지질 함량이 우수해 다양한 축종에 적용 가능하며, 분변토는 고품질 유기질 비료로 활용된다. 특히, 사육 밀도 및 생장률에 따라 제품 품질이 달라지는 곤충 기반 제품 특성상, 뉴트리인더스트리는 사료 성분 분석, 성장률 모니터링 등 품질 제어 기술을 적용하여 제품 균일성과 생산 효율을 높이고 있다.

Product System

뉴트리인더스트리는 음식물 폐기물 처리 → 곤충 사육 → 가공 및 사료화 → 분변토 자원화로 이어지는 순환형 제품 시스템을 보유하고 있다. 이 시스템은 단일 설비 내에서 전 공정이 자동 연계되도록 설계되어 있으며, 처리 효율·부산물 발생률·사육 속도 등의 데이터를 통해 반복 가능한 운영이 가능하다. 또한, 산업별 수요에 맞춰 곤충을 생물, 건조, 분쇄 등의 형태로 맞춤형 공급할 수 있도록 분기 구조도 유연하게 설계되어 있다. 이처럼 제품 생산부터 후속 활용까지 연계된 구조는 단순한 사료 공급을 넘어, 보완 제품과 서비스까지 포괄하는 통합형 순환 시스템으로 기능하고 있다.

Brand

뉴트리인더스트리는 '곤충 리사이클링을 통한 음식물 쓰레기 제로화'라는 뚜렷한 브랜드 메시지를 중심으로, 환경문제 해결과 식량 문제 대응이라는 두 가지 가치를 함께 전달하고 있다. 실제로 해양수산부장관상, 해양스타트업 장관상 등을 수상하며 공공성과 전문성을 모두 인정받았으며, 지속가능한 바이오 사료 솔루션 기업으로서 시장 내 브랜드 신뢰도도 높아지고 있다.

알프래드(Alfred)
커피박 재활용을 통한 반려동물 용품의 혁신

1 기업개요

알프래드는 연간 26만 톤 이상 발생하는 커피박(커피 찌꺼기)을 업사이클링하여 반려동물의 위생 용품인 고양이 배변 모래를 제조하는 친환경 스타트업이다. 커피박은 매립 시 식물 생육을 저해하고, 소각 시 다량의 이산화탄소를 배출하여 환경 오염의 주범이 되지만, 알프래드는 이를 고양이 배변 모래로 재가공함으로써 연간 약 260톤의 커피찌꺼기를 재활용하고, 87,880kg의 이산화탄소 감축 효과를 창출하고 있다. 여기에 해조류 유래의 알긴산나트륨을 활용하여 고양이의 건강과 환경에 모두 안전한 원료를 적용하고 있으며, 최근에는 국내 유수 대학의 기술지주회사로부터 시드 투자를 유치하고, 글로벌 엑셀러레이터와 협업하여 북미 시장 진출을 준비하는 등 지속가능성과 확장 가능성을 동시에 입증하고 있다.

2 Business Model Canvas 분석

경쟁력

반려동물 시장이 급성장하고 있는 가운데, 폐기물 재활용과 반려동물 용품을 결합한 비즈니스 모델이 새로운 대안으로 부상하고 있다. **문제점 정의** 측면에서, 매년 전 세계적으로 1,150만 톤에 달하는 커피박이 배출되며, 이로 인해 막대한 처리 비용과 이산화탄소배출 문제가 발생한다. 커피박은 매립 시 토양 생태계에 부정적 영향을 주고, 소각 시 대기오염의 원인이 된다. 이에 따라 기존 벤토나이트 고양이 모래가 지닌 환경적 한계를 해결하고자, 커피박을 원료로 한 고양이 배변 모래를 제안한다. 이 **솔루션**은 커피박을 단순 폐기물이 아닌 자원으로 재정의하며, 탈취 효과와 흡수력 등 기능성까지 확보한 점에서 강점을 지닌다. **기존 대안**은 벤토나이트 기반 제품이나 단순한 커피박 재활용 시도에 머물렀던 반면, 이 모델은 업사이클링을 통해 실제 시장에서 사용 가능한 완제품을 상용화한 데에 의미가 있다. **핵심 지표**로는 연간 약 260톤의 커피박을 재활용하고, 이를 통해 연간 약 87,880kg의 이산화탄소를 감축하며, 약 1,000회의 정기 수거 주기를 운영하고 있다는 점이 있다. 이 수치는 알프래드 공식 홈페이지에 명시된 자사 산정 자료를 기반으로 제시되고 있다.

경쟁력 / **시장수용성**

문제점	솔루션	가치제안	경쟁우위	목표고객
- 전 세계의 커피박 처리에 연간 약 8,000억 원 이상의 사회적 비용이 발생 - 커피박 소각 시 다량의 이산화탄소를 발생시켜 대기오염 발생, 매립 시 식물의 생육작용을 막는 토양오염 발생	- 커피박을 업사이클링하여 고양이 배변 모래로 제작 - 커피박 처리 비용을 절감하고, 환경적·사회적 가치를 동시 창출	- 동애등에 기반으로 음식물 폐기물을 완벽하게 리사이클링 해보세요!	- 기존 고양이 모래보다 99.5% 이상 탈취력 우수 - 식물성 재료로 안전하며, 디카페인 커피박과 해조 유래 성분으로 구성 - 이산화탄소 감소 효과 - 고양이에게 유해하지 않고, 피부와 호흡기 건강에 이점	- 친환경에 관심 있는 소비자 - 반려동물의 건강을 중시하는 고객 - 커피찌꺼기 발생량이 많은 카페/외식업체 - 친환경 제품에 관심 있는 반려동물 시장
기존대안	**핵심지표**	**상위개념**	**채널**	**얼리어답터**
- 벤토나이트 모래 - 제한적인 커피박 재활용 시도(탈취제, 벽돌 첨가제 등)	- 110만 반려묘 가구 기준 연간 1,000회의 정기 수거 가능 - 연간 약 260톤의 커피박 재활용 - 연간 87,880kg의 이산화탄소 감축 효과	- 알프래드의 에티캣 제조 공법으로 기존 벤토나이트 기반 고양이 모래와 비교해 산림 파괴와 폐기물 배출을 최소화 할 수 있는 고양이 모래 제공	- 박람회 - SNS 광고 (인스타그램, 페이스북 등) - 온라인몰 - 해외시장	- 고양이의 건강을 중시하며 기존 제품에 불만이 있었던 소비자 - 재활용 제품에 호감을 갖고 제품에 대해 깊이 공감하는 반려묘 보호자

비용 구조	수익원
- 연구비용 - 인건비 - 마케팅 비용 - 제품 제작 비용 - 커피찌꺼기 구매 비용 - 블랙샌드 전용 자동 고양이화장실 연구 비용	- 커피박 업사이클 고양이 모래 판매 수익 - 연세대학교 기술지주회사 Seed 투자 수익(2억 원 규모) - 커피박을 활용한 강아지 패드 판매 수익(미래 수익) - 블랙샌드 전용 자동 고양이화장실 판매 수익(미래 수익) - 친환경적 반려동물 용품 판매 수익(미래 수익) - 고양이 모래 수거 서비스 구독형 구축(미래 수익)

생존가능성

Environmental(or Social) Costs	Environmental(or Social) Benefits
- 업사이클링 과정에서 세척, 건조, 분해 등 전처리에 에너지 소모 - 상대적으로 고가로 판매되어 소비자에게 부담	- 커피찌꺼기에 새로운 가치를 부여 - 커피찌꺼기에 대한 사회 인식 자체를 긍정적으로 전환시키고, 소비재 시장에서의 가치를 재정립 - 매년 60톤에 달하는 커피찌꺼기를 업사이클링해 연간 10.14톤에 달하는 이산화탄소 저감에 이바지

ESG가치

시장수용성

가치제안의 핵심은 '버려지는 자원에 새로운 생명과 가치를 부여한 고양이 배변 모래'다. 이 제품은 고양이의 건강을 고려한 안전한 소재(디카페인 커피박, 해조 유래 성분 등)를 활용하며, 기존 제품 대비 탈취력 99.5% 이상, 재사용 가능성 등에서 차별성을 보인다. **경쟁우위**는 기능성과 친환경성의 결합뿐 아니라, 제품에 내재된 사회적 가치로부터 발생한다. **고객 세그먼트**는 친환경적 소비를 추구하는 일반 소비자, 반려동물의 건강과 위생을 중시하는 보호자, 커피찌꺼기를 다량 배출하는 외식업체 및 카페 등으로 구성된다. 특히, **얼리어답터**는 기존 제품에 불만이 있거나, 재활용 제품에 관심을 가져온 고객층이며, 이들에게 새로운 해결책으로 기능한다. **상위개념**으로는 단순한 고양이 모래가 아니라, 폐기물의 순환 구조를 형성하는 자원 기반의 친환경 솔루션이며, **유통 채널**은 SNS 기반 온라인몰, 해외 이커머스 플랫폼, 박람회, 공공기관 협력 등을 포함해 B2C와 B2B를 모두 포괄한다.

생존가능성

수익원은 커피박 기반 고양이 배변 모래의 직접 판매 수익을 중심으로, 커피박 화장품 등 확장 제품군의 매출, 고양이 모래 수거·재생 서비스 등 미래형 비즈니스 모델로 다양화되고 있다. **비용 구조**는 커피박 구매비용, 제품 생산 및 마케팅비, 고양이 맞춤형 블랙샌드 화장실 시스템 개발비 등으로 구성되며, 이는 단기 수익보다는 장기적 자원 선순환 구조 구축을 지향하는 모델임을 보여준다.

ESG가치

ESG 측면의 환경 및 사회적 영향에서 이 모델은 명확한 강점을 보인다. 커피박을 단순 폐기물에서 새로운 자원으로 전환함으로써 폐기물 감축과 이산화탄소 저감을 동시에 실현하고 있으며, 연간 10.14톤당 약 1톤 이상의 온실가스 감축 효과가 나타난다. 또한, 직관적이고 기능적인 친환경 제품을 통해 소비자의 ESG 인식 개선과 책임 소비를 촉진하며, 초기에는 다소 높은 연구개발비와 공급망 구축 비용이 소요되나, 브랜드 충성도와 재구매율을 통해 장기적 지속가능성을 확보할 수 있는 구조를 형성하고 있다.

3 돈과 정보의 흐름 분석

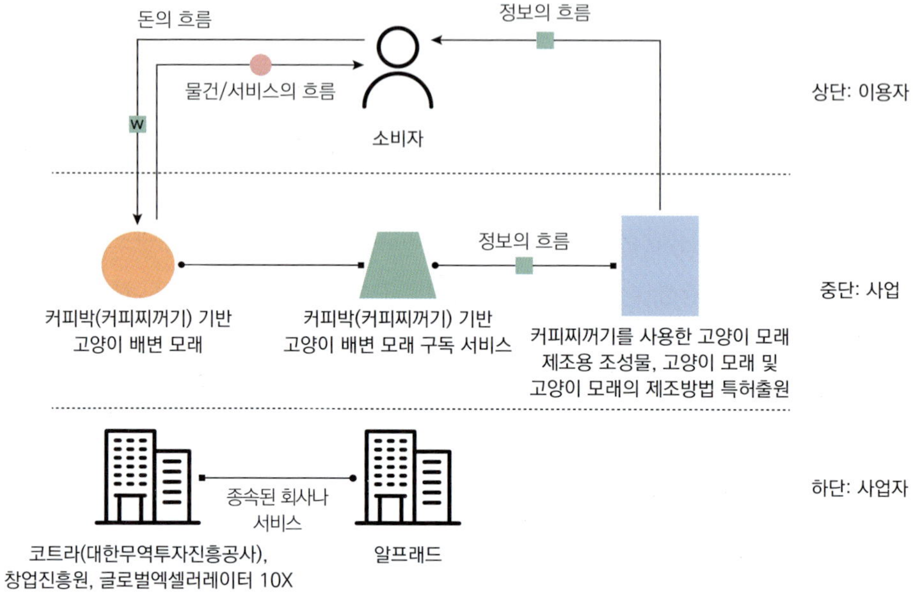

알프래드의 비즈니스 구조는 소비자, 제품 및 서비스 제공자, 기술 기반 제조 프로세스 간의 유기적인 정보 흐름과 금전 흐름을 기반으로 운영된다. 먼저 정보의 흐름은 커피박을 기반으로 제조된 고양이 배변 모래 제품과 구독형 모래 교체 서비스에 대한 이용 데이터에서 시작된다. 소비자는 정기적으로 제품을 수령하고, 사용 후의 반응이나 환경적 효용 정보를 피드백하는 과정을 통해 정보가 공급자 측으로 전송된다. 이 데이터는 제품의 지속적 개선과, 고양이의 건강 상태 또는 위생 관리에 관한 인사이트로 활용된다. 아울러, 커피박을 활용한 고양이 모래의 제조 조성물 및 제작 방식은 특허 기반으로 보호되며, 이를 기반으로 하는 제조 파트너와의 협업을 통해 품질 기준을 유지하고 있다.

돈의 흐름은 소비자가 커피박 기반의 배변 모래를 단품 또는 구독 형태로 구매하며 발생하는 직접적인 매출 구조로 구성된다. 정기 배송 모델을 통해 안정적인 현금 흐름이 형성되며, 향후에는 모래 수거 및 재사용 등 부가 서비스를 통해 수익 구조가 다층화될 수 있다. 이러한 구조는 제품 구매 → 사용 데이터 수집 → 품질 개선 → 반복 구매로 이어지는 선순환을 구축하며, 고객 경험과 환경적 효과를 동시에 극대화하는 데 기여한다.

4 Innovation Type 분석

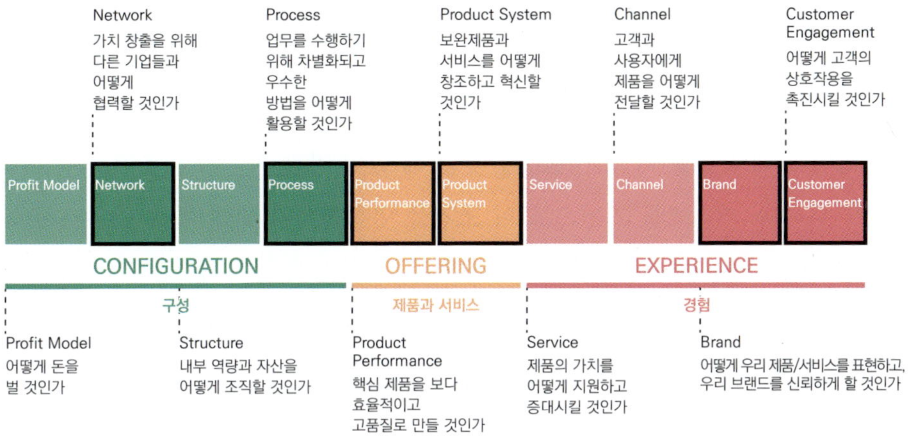

알프래드는 총 여섯 가지 유형의 혁신을 수행하고 있다.

Network

기존에도 커피박을 활용한 재활용 시도가 일부 존재했으나, 대부분은 탈취제, 벽돌 첨가제 등 부가적인 활용에 그쳤고, 실제 생활용품으로 상용화된 사례는 드물었다. 이에 반해 알프래드는 커피박을 업사이클링하여 고양이 배변 모래로 재탄생시키며, 소비재로서의 실질적 활용 가능성을 입증하였다. 또한, 커피 전문점, 커피박 수거 업체, 원재료 가공사, 제품 제조사 간의 연계를 통해 커피박 수급부터 제품화까지 전 과정에서 사회적 비용을 절감하고 ESG 가치를 실현하고 있다. 이는 자원 순환 구조 내 다양한 주체와의 협업을 기반으로 한 공공적 네트워크 전략으로 평가된다.

Process

고양이 배설물은 수분 함량이 높고 냄새가 강해 위생 문제가 발생하기 쉽다. 기존의 배변 모래는 흡수력과 응고력이 부족해 악취를 효과적으로 제거하기 어렵고, 재사용이나 폐기 처리에도 한계가 있었다. 이에 따라 알프래드는 벤토나이트 대비 두 배 이상의 탈취력을 확보하기 위한 고도화된 공정 조건을 구현하고, 커피박에 적합한 성형 및 건조 조건을 최적화하여 제품화에 성공하였다. KCL 테스트 결과, 30분 이내에 99.5%의 탈취 효과가 입증되었으며, 이는 단순한 원료 재활용을 넘어 실제 소비 환경에서 검증된 제조 공정상의 차별화 전략이다.

Product Performance

고양이 모래로 활용 가능한 원료를 찾는 데 있어 가장 까다로운 조건은 응고력과 탈취력이다. 커피박을 기반으로 이 조건을 만족시키기 위해 특허 등록된 조성과 PCT 국제 출원 기반의 기술이 적용되었다. 국내 등록된 특허 2건 외에도, 자사 테스트 결과 기준에 부합하는 응고성과 입자 안정성 확보가 가능해졌다. 이에 따라 기존 제품 대비 기능성과 친환경성을 모두 충족하는 고품질 제품으로 인정받고 있다.

Product System

고양이 모래의 기본 제품 외에도 카사바와 해초 추출물 등 100% 천연 원료를 활용한 보완 소재 시스템을 적용하고 있다. 이는 단일 제품에서 끝나는 것이 아니라, 고양이 건강과 위생을 종합적으로 고려한 원재료 조합 설계로 확장된다는 점에서 제품군의 시스템화를 보여준다.

Brand

2023년 기준 해당 제품군은 글로벌 오프라인 유통망에서 재구매율 32.8%를 기록했으며, 소비자 대상 만족도 평가에서도 긍정적 반응을 얻었다. 커피박이라는 버려지는 자원에 새 생명을 부여한다는 브랜드 스토리는 환경 의식이 높은 소비자층에 강하게 어필되고 있으며, 이는 브랜드 신뢰도와 충성도 형성에 기여하고 있다.

Customer Engagement

제품 출시 초기에는 샘플을 제공하고 고객의 반응을 체계적으로 수집하였다. 이후 사용 후기를 분석하여 제품군을 개선하고, '샘플 → 구독 → 재구매'로 이어지는 사용자 여정을 설계함으로써 고객 참여를 유도하고 있다. 특히, 커피박이라는 재료에 대해 소비자가 직접 제품 효과를 경험하고 평가할 수 있도록 체험 중심의 마케팅을 전개하고 있다.

마을도시락(Yirak)
지역사회와 순환경제를 잇는 친환경 도시락 플랫폼

1 기업개요

마을도시락은 안성 지역 아이들을 위한 도시락 브랜드 '이락'과 간편식 브랜드 '호미요미'를 운영하며, 지역 기반의 먹거리 순환 구조를 통해 지속가능한 식문화를 실현하고자 하는 사회적 기업이다. 단순한 도시락 유통이 아니라, 안성 지역에서 생산된 재료를 활용하고, 지역 공동체와 협업하여 아이들의 끼니를 챙기는 구조로 출발했다. 이 기업은 지역 농산물의 소비를 확대하고, 재사용 가능한 도시락 용기를 도입하며, ESG 경영 원칙을 도시락 사업 전반에 적용하고 있다. 나아가 다회용기 순환 캠페인, 지역사회 일자리 창출, 육아공동체 연계 등 다양한 사회적 가치를 실현하며, '먹거리 복지'와 '환경 보호'라는 두 축을 동시에 추구하는 식생활 기반 순환경제 모델을 구축하고 있다.

2 Environmental/Social Lean Canvas 분석

경쟁력

마을도시락의 비즈니스 모델은 지역 기반의 순환경제와 아동 식생활 복지를 결합하여, 사회적 문제 해결과 지속가능성을 동시에 추구하는 구조로 설계되어 있다. **문제점 정의** 측면에서 마을도시락은 기존 기초생활수급자 배달 도시락이 아이들에게 적절한 한 끼 식사를 제공하지 못하고 있다는 점에 주목하였다. 이에 따라 **솔루션**으로 아이들이 혼자서도 쉽게 조리하고 먹을 수 있도록 설계된 반조리형 도시락과, 지역에서 생산된 신선한 식재료를 활용한 건강 식단을 제시하고 있다. **기존 대안**으로는 정부 지원금 기반의 도시락이나 시중의 기성 제품이 있었지만, 이는 영양 균형과 아동 친화적 사용성 측면에서 한계를 지니고 있었다. 마을도시락은 아동 맞춤형 영양 설계를 통해 안전한 원재료를 사용하고, 지속가능한 환경을 위한 캠페인을 병행함으로써 제품의 사회적 가치를 강화한다. **핵심 지표**는 식사의 영양 균형, 조리 편의성, 그리고 ESG 활동 연계 여부 등으로 설정되어 있으며, 단순한 식품 공급을 넘어 복지적 접근과 환경적 실천을 통합한 모델이라는 점에서 경쟁력을 갖춘다.

경쟁력 / 시장수용성

문제점	솔루션	가치제안	경쟁우위	목표고객
- 기존 기초생활수급자 아이들이 균형 잡힌 한 끼 식사를 해결하지 못하는 현실	- 아이들이 혼자서도 간편하게 조리하고 먹을 수 있는 반조리 도시락을 제공 - 지역 농산물을 활용한 건강한 식단 구성	- 안성이 만드는 가장 건강한 도시락	- 일회용품 사용 억제 및 2025년까지 50% 다회용 용기 전환 목표 - 지역 농산물 기반 체험형(식사 연계 교육 · 가게체험, 주방수업 등)	- 맞벌이 가정 - 아이에게 건강한 식재료 기반 음식을 먹이고 싶은 부모
기존대안	**핵심지표**	**상위개념**	**채널**	**얼리어답터**
- 기초생활수급자 대상 도시락 - 정부 지원금	- 아이 맞춤형 영양설계, 안전한 원재료 사용 - 아이들도 조리 가능한 편리한 방식 제공 - 지속가능한 환경을 위한 캠페인 운영	- 아이의 건강한 한 끼를 위한 지역 식재료 도시락, 반찬, 밀키트 제공	- 박람회 - 각종 지자체 - 자사 홈페이지	- 같은 제품이라도 더 나은 재료로 만든 음식을 사고 싶은 소비자

비용 구조	수익원
- 제품 개발 및 제작 비용 - 인건비 - 마케팅 비용 - 공장 설립 및 유지 비용 - 반찬 배달 비용 - 도시락 지원 비용	- 투자 수익 - 경진대회 우승 상금 - 도시락, 반찬, 밀키트 판매 수익

생존가능성

Environmental(or Social) Costs	Environmental(or Social) Benefits
- 로컬 푸드 및 공정무역 운로 확보 비용 - 냉동저장 및 운송 등 에너지 사용	- 사회적 배려계층의 건강한 식생활 유지, 자립 능력 향상 - 지역주민, 경력단절 여성과 고령자의 일자리 창출 도모 - 아이들의 건강한 식사권 보장 - 탄소중립 - 제로웨이스트 진행

ESG가치

시장수용성

가치제안 측면에서 마을도시락은 "안성이 만드는 가장 건강한 도시락"이라는 브랜드 슬로건을 중심으로, 지역에서 재배된 신선한 식재료를 활용한 정직한 한 끼를 제공한다. 이는 단순한 급식이나 도시락 제공을 넘어, 소비자와 생산자를 연결하고 지속가능한 식생활을 촉진하는 구조로서 기능한다. **경쟁우위**는 다회용기 사용 확대를 통한 친환경 실천과, 식재료 생산 현장과의 연계 체험을 포함한 교육 프로그램 운영이다. 고객 세그먼트는 맞벌이 가정, 건강한 식습관을 중시하는 부모 등으로 구성되며, 얼리어답터는 더 나은 품질과 윤리적 소비를 중시하는 가치 소비층으로 설정되어 있다. 상위개념으로는 도시락을 단순한 제품이 아닌, 지역 농업과 연계된 건강한 식생활 플랫폼으로 바라보며, 지역 · 아동 · 환경을 아우르는 통합적 솔루션을 제안한다. 유통 채널은 박람회, 각종 지자체 연계, 자체 홈페이지 등 온 · 오프라인을 아우르며 확장되고 있다.

생존가능성

수익원은 크게 세 가지로 구성된다. 첫째는 투자 유치와 관련된 수익, 둘째는 각종 공공기관의 우수상금과 ESG 관련 지원금, 셋째는 도시락 · 반찬 · 밀키트 판매를 통한 직접 매출이다. 특히 사회적 가치 실현을 중심에 둔 구조이기 때문에 일반적인 영리 추구보다 공공성과 윤리성이 강조된다. 비용 구조는 제품 개발 및 제작비, 인건비, 마케팅, 공장 설비 및 유지비, 반찬 배송비, 도시락 지원 비용 등으로 구성되며, 이는 사회적 기업이 지닌 고정 비용 구조와 유사하다. 그러나 마을도시락은 이러한 비용을 지역 내 가치 순환 구조 안에서 흡수하고 있으며, 지역사회와의 연계를 통해 지속 가능한 운영 모델을 구축하고 있다.

ESG가치

ESG 측면의 환경 및 사회적 영향을 살펴보면, 마을도시락은 다회용기 사용 확대와 제로웨이스트 캠페인을 통해 탄소배출을 줄이고, 도시형 식생활에서의 자원 낭비를 최소화하고 있다. 또한, 지역 농산물 활용을 통해 물류 이동에 따른 환경 부담을 낮추고, 순환경제 구조를 실현하고 있다. 더불어 경력단절 여성과 취약계층의 고용을 통해 지역사회 자립을 지원하고 있으며, 아이들에게는 균형 잡힌 식사를 제공함으로써 식생활 복지를 실현하고 있다.

3 돈과 정보의 흐름 분석

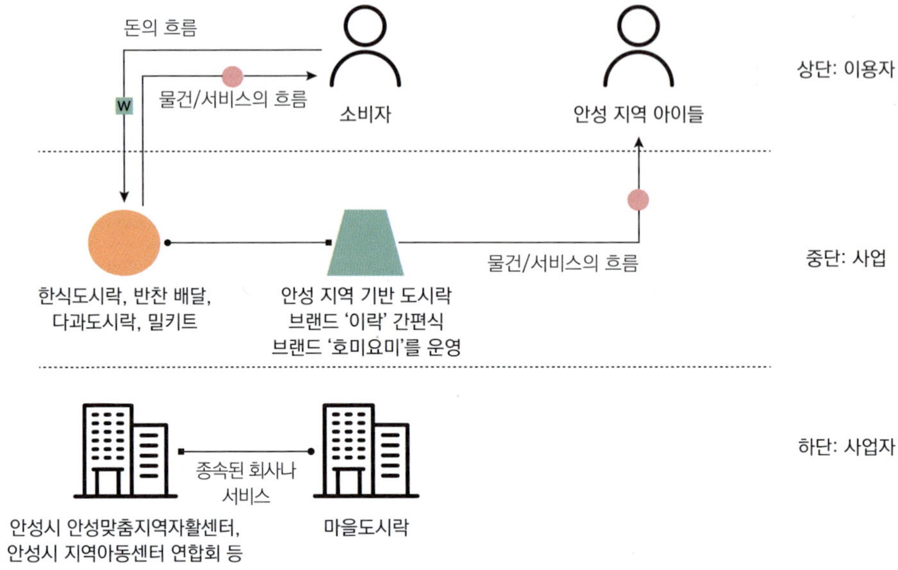

마을도시락의 비즈니스 구조는 소비자, 지역 아동, 그리고 마을도시락 본사 간의 물리적 서비스 흐름과 금전 흐름이 유기적으로 연결된 형태로 구성되어 있다. 먼저 물건/서비스의 흐름을 살펴보면, 마을도시락은 안성 지역 농산물을 기반으로 한 도시락 브랜드 '이락', 간편식 브랜드 '호미요미'를 운영하며, 완제품 형태의 한식 도시락, 반찬, 다과 도시락, 밀키트 등을 소비자에게 제공한다. 동시에 이 도시락은 지역 내 취약계층 아동에게도 후원 형태로 전달되며, 소비자는 일반 구매 또는 기부를 통해 이 흐름에 직접 참여하게 된다.

돈의 흐름은 제품을 구매한 소비자가 지불한 비용이 마을도시락 본사로 전달되는 구조를 기본으로 하며, 이 수익은 다시 제품 생산과 지역 아동 지원 사업에 재투입된다. 소비자의 일부 구매는 기부 연계형 상품으로 구성되어 있으며, 해당 수익은 도시락을 통해 지역 아동에게 건강한 식사를 제공하는 데 사용된다. 또한, 마을도시락은 지역 사회 기관(예: 안성시, 지역아동센터 연합회 등)과 협력하여 일부 사업을 위탁 운영하거나 재정을 연계받아 수행하기도 한다. 이처럼 마을도시락은 소비자에게는 건강하고 윤리적인 먹거리를 제공하면서, 동시에 지역 아동과 생산자,

지역 기관을 연결하는 순환형 구조를 실현하고 있다. 이는 도시락이라는 물리적 제품이 단순 소비를 넘어, 지역기반 공공성과 사회적 연대를 강화하는 촉매 역할을 수행하고 있다는 점에서 주목할 만하다.

4 Innovation Type 분석

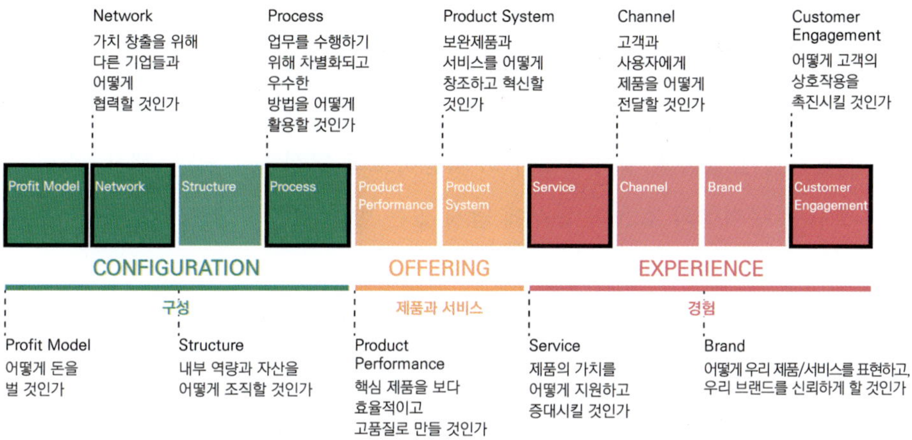

마을도시락은 총 다섯 가지 유형의 혁신을 수행하고 있다.

Profit Model

안성 지역에서 자란 식재료로 아이들을 위한 도시락을 만드는 구조를 통해, 매출과 사회적 가치를 동시에 실현하고 있다. 기초생활수급자 아동뿐만 아니라 맞벌이 가정의 아이들이 건강한 한 끼를 해결할 수 있도록 도시락을 생산·판매하고 있으며, 반찬 배달과 밀키트 판매, 지역 연계 프로젝트, 기부 활동 등 다양한 형태의 수익 경로를 보유하고 있다. 수익 구조 전반에 공공성과 복지적 목적이 통합되어 있다는 점이 특징이다.

Network

설립 초기부터 지역 주민들과의 협업으로 운영되었으며, 이후 공공기관, 로컬

단체, 사회적 기업 등과 파트너십을 확장해 왔다. 서울과 경기 지역의 로컬푸드 기반 단체, 지역아동센터 연합회 등과 함께 다양한 사업과 캠페인을 전개하고 있으며, 이를 통해 생산, 유통, 소비자 접점까지 지역 공동체 기반의 연대 구조를 구축하고 있다.

Process

도시락 설계와 생산 과정은 지역 농산물의 활용, 아동 영양 맞춤 설계, 자가 조리 편의성 등을 기준으로 구성되어 있다. 마을도시락은 이 과정에서 영양사, 교육기관, 지역 단체 등과의 협업을 바탕으로 다양한 아동에게 맞춤형 식단을 제공하며, 식사 자체가 돌봄과 교육의 도구로 작동하도록 구성하고 있다. 생산 · 소비 전반의 흐름에 목적성과 효율이 동시에 담겨 있는 방식이다.

Service

마을도시락은 제품 자체의 품질뿐만 아니라 그것이 제공되는 과정의 경험을 중요하게 다룬다. 단순히 도시락을 판매하는 것을 넘어, 지역 내 아동에게 도시락을 기부하거나, 다회용기 순환 캠페인을 함께 운영함으로써 '서비스로서의 도시락'이라는 개념을 확장하고 있다. 또한, 제품에 부착된 메시지나 스토리를 통해 소비자와 정서적 연결을 형성하고 있다.

Customer Engagement

체험 프로그램과 제품 참여 설계를 통해 소비자가 자연스럽게 브랜드의 사회적 목적에 공감하고, 반복적으로 참여할 수 있도록 유도한다. 지역 아동이 도시락을 직접 재배한 식재료로 조리하거나, 부모와 아이가 함께 식단을 선택하고 도시락을 완성하는 경험을 제공하며, 이 과정을 통해 제품은 공동체 내 정서적 연결 매개로 작동하고 있다.

라세미아(LaSemilla)
기후위기에 대응하는 식량작물 유전자 혁신 플랫폼

1 기업개요

라세미아는 기후변화와 식량위기에 대응하기 위해 고온·가뭄·물 부족 등 극한 환경에서도 견딜 수 있는 내성 작물을 개발하는 바이오기업이다. '라세미아(La Semilla)'는 스페인어로 '씨앗'을 뜻하며, 전 세계 농업이 직면한 탄소중립·식량안보·자원위기 문제에 근본적인 해법을 제시하고자 하는 방향성을 담고 있다. 이 기업은 최첨단 생명공학기술(GM/GE)을 활용해 BCAAs(필수 아미노산) 함량을 높인 작물, 가뭄 저항성과 질소 고정 능력을 지닌 작물, 물 사용량을 획기적으로 줄이는 작물 등 극한 기후 조건에서도 안정적으로 재배 가능한 고효율 식량자원을 개발하고 있다. 이를 통해 농업 탄소배출 저감뿐 아니라, 미래 식량 공급 안정성과 자원 보존이라는 두 가지 목표를 동시에 실현하는 지속가능 식물 플랫폼을 구축하고 있다.

2 Environmental/Social Lean Canvas 분석

경쟁력

라세미아의 비즈니스 모델은 기후위기에 대응할 수 있는 지속가능 식량 생산 시스템을 개발함으로써, 농업의 회복탄력성과 식량안보를 동시에 실현하고자 설계되어 있다. **문제점 정의**에서 라세미아는 2030년까지 전 세계 농지의 25%가 연간 3개월 이상 가뭄 피해를 겪을 것으로 예상되며, 탄소배출 감축에 실패할 경우 작물 수확량이 현재보다 30% 이상 감소할 수 있다는 위기 상황을 핵심 과제로 인식하였다. 이에 대한 **솔루션**으로는 가뭄 저항성과 질소 활용 효율을 극대화한 유전자 편집 작물, 탄소중립을 고려한 생태 효율 작물, 고부가가치 특성을 지닌 기능성 작물 등 다양한 기후 대응형 종자 개발을 제시하고 있다. **기존 대안**이 스마트팜 등 물리적 환경 제어 기술에 집중되었다면, 라세미아는 유전자 기반의 근본적 해결을 통해 지속가능성과 경제성을 동시에 확보하고자 한다. **핵심 지표**는 작물의 가뭄 저항성, 고질소이용률, 물 사용 절감 효과, GM/GE 작물 안정성 검증 시스템 등으로 구성되어 있으며, 이들은 기후 회복력과 농업 효율성 모두를 정량적으로 측정할 수 있는 데이터 기반 지표들이다.

경쟁력 / 시장수용성

문제점	솔루션	가치제안	경쟁우위	목표고객
- 전 세계 농지의 25%가 연간 3개월 이상 가뭄 피해 예상 - 탄소 배출 감축 없이는 식량 수확량 30% 이상 감소 전망	- 기후변화 대응 작물(GM/GE) 개발 - 고효율 질소 활용 작물, 가뭄 저항성 및 탄소 효율 작물 등 유전자 편집 기반 솔루션 제공	- 지속가능한 식량을 소비하여 환경을 지키자!	- 아미노산(BCAAS) 함량 증가 작물 - 물 사용 최소화 기술 - 형질전환 기반 맞춤 솔루션 제공	- 작물 개발 종자 회사 - 식량 생산 농민
기존대안	**핵심지표**	**상위개념**	**채널**	**얼리어답터**
- 스마트팜 등 기계적 환경 보정 방식	- 가뭄 저항성 및 고질소이용작물 확보 - 작물 유전자 프로파일 발굴 - 고효율 환경전환 시스템 개발	- 유전자 편집 작물을 통해 기후 변화 대응과 식량 안보를 동시에 해결하는 식물 플랫폼	- 박람회 - 경진대회 - 지자체 - 자사 홈페이지	- 지속가능 농업·신농업 기술에 관심 있는 실험적 농민 및 기업

비용 구조	수익원
- 제품 개발 및 제작 비용 - 인건비 - 마케팅 비용 - 공장 설립 및 유지 비용	- 투자 수익 - 경진대회 우승 상금 - 작물 판매 수익 - 탄소중립 솔루션 제공 수익 - 가뭄 저항성 밀 질소이용효율 증진 식량작물 종자 플랫폼 제공 수익

생존가능성

Environmental(or Social) Costs	Environmental(or Social) Benefits
- 실험실 및 데이터 센터 운용에 소비되는 에너지 - 시험표 운영 및 현지 적응 테스트 등 상업화 준비 과정에서 자원 소요	- 질소이용효율 증진 작물을 통해 효율 증진 및 비용 절감 가능 - 전통농산업을 첨단 산업으로 전환해 농업 혁신 성장, 일자리 창출 가능 - 전통농산업에서 발생되는 환경오염 해소 가능 - 온실가스 저감 농법으로 인해 탄소중립 가능

ESG가치

시장수용성

가치제안 측면에서 라세미아는 '지속가능한 식량을 소비하여 환경을 지키자'는 메시지를 중심으로, 식량안보와 기후위기 대응을 동시에 만족시키는 차세대 작물 솔루션을 제공한다. **경쟁우위**는 고온·가뭄에 강하고, BCAAs 함량을 증진시킨 고영양 작물과 물 사용을 최소화할 수 있는 작물 시스템, 그리고 맞춤형 유전자 편집 기술을 기반으로 한 형질전환 서비스에서 도출된다. **고객 세그먼트**는 기후 위기에 대응해야 하는 종자회사, 실질적 생산 부담을 지닌 식량 생산 농민 등이며, **얼리어답터**는 신농업 기술 도입에 적극적인 농업 스타트업과 실험적 민간 연구소, 지속가능 농업에 관심 있는 ESG 중심 기업으로 설정되어 있다. **상위 개념**은 '지속가능 식물 플랫폼'이며, 이는 유전자 편집 기술을 기반으로 식량 공급의 구조 자체를 변화시키려는 전략적 접근이다. **유통 채널**은 박람회, 경진대회, 각종 지자체 협력 사업, 그리고 자체 홈페이지 등을 활용한 B2B 중심의 구조를 갖는다.

생존가능성

수익원은 투자 유치와 기술 공모 수상금, 작물 자체의 판매 수익 외에도, 탄소중립 솔루션 제공 수익과 GM/GE 기반 기술 이전 및 라이선싱 수익 등으로 구성되어 있다. 이는 단기적 매출 중심이 아닌, 연구성과 기반의 중장기적 사업화를 지향하는 구조이며, 작물 자체보다 기술이 수익의 핵심 자산이 되는 것이 특징이다. **비용 구조**는 제품 개발 및 실험 설비 구축, 인건비, 마케팅, 기술 인증 및 유지관리 비용 등으로 구성되며, 고위험·고투자 중심의 바이오 사업 구조에 부합한다. 그러나 탄소배출권이나 국제 공동 프로젝트 등 외부 자금 조달 경로도 병행되고 있어, 재무적 지속가능성을 다각도로 설계하고 있다.

ESG가치

ESG 측면의 환경 및 사회적 영향을 살펴보면, 라세미아는 고효율 질소 활용 작물과 물 사용 최소화 작물을 개발하여 화학비료 사용과 수질 오염을 줄이고, 농업 과정에서 발생하는 탄소배출을 효과적으로 감축하고 있다. 또한, 유전자 편집 기술을 기반으로 작물 수확량을 안정화함으로써 기후 변화로 인한 식량 위기 대응력을 높이고, 지속가능한 농업 생태계를 조성하는 데 기여하고 있다.

3 돈과 정보의 흐름 분석

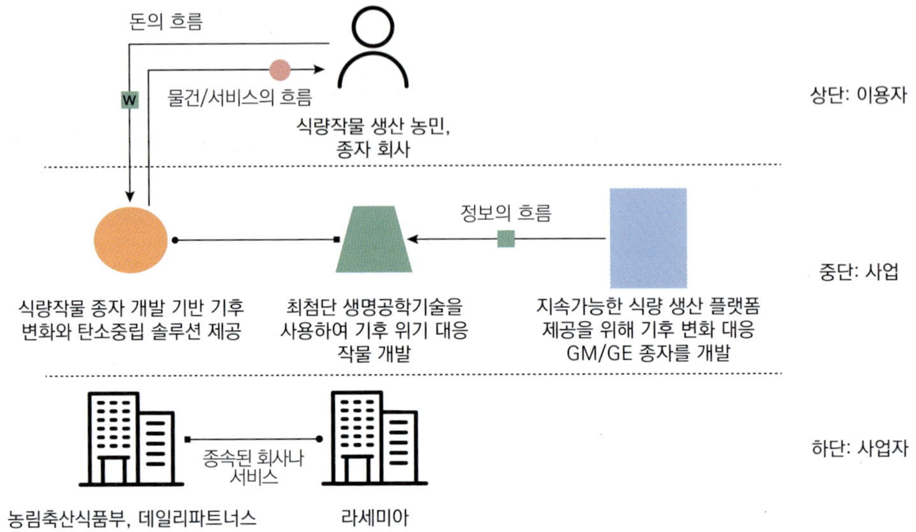

라세미아의 비즈니스 구조는 식량작물 생산자(농민, 종자 회사)와 라세미아 본사 간의 기술 기반 거래 관계를 중심으로, 정보 흐름과 금전 흐름이 맞물리는 구조로 설계되어 있다. 정보의 흐름은 최첨단 생명공학기술을 통해 개발된 기후변화 대응 작물의 유전자 정보 및 생육 데이터에서 출발한다. 라세미아는 GM/GE 작물의 효율성, 탄소저감 가능성, 질소 사용 최적화 효과 등을 지속적으로 분석하고 이를 종자회사 및 농업 주체들에게 제공한다. 이 데이터는 작물 선택, 재배 조건 설정, 작물 교배 전략 수립 등에서 핵심 정보로 활용되며, 각 이해관계자에게 실질적인 농업 의사결정 도구로 작동한다.

돈의 흐름은 기후변화 대응 작물을 구매하거나 기술 이전을 받는 고객으로부터 라세미아로 유입된다. 제품 자체의 판매 외에도, 유전자 기술 기반의 맞춤 종자 개발 서비스, 지속가능 식량 플랫폼 라이선싱, ESG 인증 솔루션 제공 등을 통해 다양한 수익이 발생한다. 이처럼 라세미아는 유전자 편집 기술을 중심으로 실험실 정보 → 농업현장 적용 → 재배 효율 향상이라는 정보의 선순환 구조를 만들고 있으며, 동시에 종자 판매 및 기술 서비스 제공이라는 돈의 흐름을 유기적으로 결합시켜 지속가능한 작물 생태계와 수익 모델을 함께 실현하고 있다.

4 Innovation Type 분석

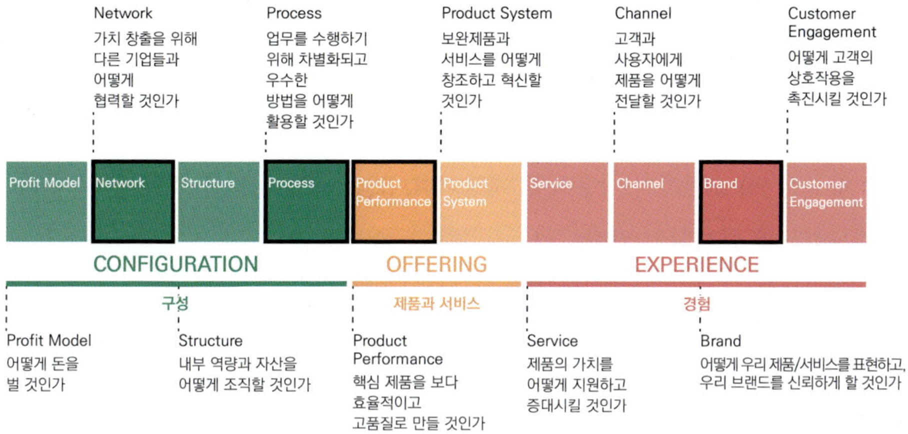

라세미아는 총 네 가지 유형의 혁신을 수행하고 있다.

Network

농림축산식품부 및 유관기관과 협업하여, 전통 농업을 고부가 첨단 산업으로 전환하는 데 힘쓰고 있다. 기존 종자 산업을 기후 기술 중심의 미래 산업으로 탈바꿈시키기 위해 공동 연구와 실증 실험을 병행하며, 생명공학 기반 종자 솔루션의 공공 적용 가능성을 검토하고 있다. 이러한 파트너십은 단순한 기술 상용화에 그치지 않고, 기후 대응 및 자원위기 해소라는 공익적 가치 실현에도 연결되어 있다.

Process

지속가능한 식량 생산 플랫폼을 구현하기 위해 기후 변화 대응 GM/GE 종자 개발 과정을 자체 기술로 체계화하고 있다. 가뭄 저항성과 BCAAs 함량 증진, 물 사용 최적화 등 다양한 형질을 확보한 종자를 개발하고, 이를 기반으로 수확량 감소와 환경 부담을 동시에 줄일 수 있도록 설계하였다. 또한, 형질전환 서비스 제공과 종자 검증 시스템도 함께 운영하여, 작물 유통 전 단계에 걸쳐 일관된 기술 프로세스를 구축하고 있다.

Product Performance

고온·가뭄 환경에서도 안정적인 수확이 가능한 작물, 질소 이용 효율이 높은 작물, BCAAs 함량이 강화된 고영양 작물 등 차세대 작물군을 개발하고 있다. 이는 생존성과 생산성을 동시에 충족하는 고효율 작물로, 단순한 유전자 편집을 넘어 재배 조건, 작물 성능, 영양 가치까지 종합적으로 고려된 완성형 솔루션이다. 해당 작물은 2030년까지 상용화될 예정이며, ESG 농업 실현을 위한 필수 자원으로 기능하도록 설계되고 있다.

Brand

라세미아는 '지속가능한 식량 생산 플랫폼'이라는 정체성을 중심으로, 고기능 작물, 생명공학 기반 기술, 탄소중립 솔루션, ESG 연계 농업 혁신 등의 메시지를 브랜드에 통합하고 있다. 질소 활용 최적화 기술, GM/GE 작물 안정성 검증 시스템 등은 단순한 기술 명칭이 아니라 브랜드 신뢰성을 뒷받침하는 핵심 자산으로 작동하며, 농업과 기술의 접점을 브랜드 언어로 표현해내고 있다.

쎄슬프라이머스(Ceslprimus)
AI 기반 도시형 스마트 수직농장 솔루션을 통해 도심 식량 자립과 탄소 저감을 실현

1 기업개요

쎄슬프라이머스는 AI와 빅데이터, 블록체인 기술을 접목한 컨테이너형 수직농장 '알파팜'을 운영하는 스마트 농업 스타트업이다. 도심 공간 내에서도 신선한 채소를 재배할 수 있는 중대형 수직농장 설비와 재배 솔루션을 공급하며, 당일 수확 · 당일 공급이 가능한 커뮤니티형 농장 플랫폼을 구축하고 있다. 농업 자동화와 표준화 기술을 기반으로 에너지 절감형 스마트 온실, 고성능 LED 시스템, 저지대 식물공장 등 다양한 기술을 고도화하고 있으며, 태양열 · 지열 등 신재생에너지를 연계한 재배 모델을 통해 토양 오염 저감, 탄소배출 감축 등 환경적 가치 실현에도 기여하고 있다.

2 Business Model Canvas 분석

경쟁력

쎄슬프라이머스의 비즈니스 모델은 기후변화, 고령화, 도시화 등으로 인해 악화되는 식량 수급 문제를 해결하고, 안정적인 식자재 공급망을 구축하기 위한 구조로 설계되어 있다. **문제점 정의** 측면에서 쎄슬프라이머스는 도심 인구 증가와 농업 인력 부족으로 인해 식자재 공급이 계절 · 기후 · 지역 조건에 크게 좌우되고, 특히, 1~4월처럼 수급이 불안정한 기간에는 신선 채소의 안정적 공급이 어렵다는 점을 핵심 과제로 설정하였다. 이러한 문제를 해결하기 위한 **솔루션**으로는 도심 공간에 설치 가능한 고밀 배지경 수경 재배방식을 기반으로 광환경 제어 기술을 적용한 스마트팜 컨테이너 '알파팜'을 제시한다. 해당 시스템은 단위 면적당 생산량을 극대화하며, 수확 작업 자동화, 작물 생장 분석, 기후 독립형 온실 환경 조성 등을 통해 연중 안정적인 작물 공급을 가능하게 한다. **기존 대안**으로는 온실 하우스

경쟁력 시장수용성

문제점	솔루션	가치제안	경쟁우위	목표고객
- 환경재해, 인구고령화, 기후변화 등의 사유로 인한 식량 부족 문제 - 농촌의 고령화, 농업 노동력의 부족 - 하우스 딸기는 연중 특정 시기(11월~4월 중)에만 재배 가능하여 공급·가격 측면의 불안정성	- 도심 속 마트, 백화점 등에서 지역과 환경에 관계없이 작물 생산·판매 가능 - 타사 대비 약 2~3배 생산성 높은 스마트팜 - 선별과 수확을 동시에 하는 자동화 시스템 개발	- 사시사철 도시에서도 즐길 수 있는 딸기! - 기존 스마트팜과 달리 '수요 예측 기반 스마트 유통'에 집중	- 고형배지형 수경재배방식을 통해 타사 수직농장 재배대 대비 약2~3배 생산성이 높고, 에너지 사용량 저감을 위해 광합성 효율에 따라 광량조절 등의 독자기술 적용 - 앱과 웹 서비스를 제공하여 작물의 생장 상태를 분석하는 '알파아이' 비전시스템 연동	- 신선 식자재가 필요한 외식업체, 급식 기업, 프랜차이즈 - 도심형 마트·소매점 - 기후변화 대응형 식물 재배가 필요한 지역/국가
기존대안	**핵심지표**	**상위개념**	**채널**	**얼리어답터**
- 스마트팜 - 하우스 재배 - 품종개발 - 대체식량	- 고형배지형 수경재배방식 (약 2sqrm 면적에 168주 재배) - 에너지 사용량 저감을 광합성 효율에 따라 광량 조절 - 작물의 생장 상태를 분석하는 '알파아이' 비전 시스템 연동	- 고형배지형 수경재배 방식의 스마트팜을 통해 도심 속 마트, 백화점, 쇼핑몰에서 지역과 환경에 영향 받지 않고 농산물 생산 및 제공	- 박람회 - 지하철역 상가 - 도심 상가 - 온라인몰 - 수출 시장 - 플래그샵	- 기후 대응 농업 솔루션 찾는 외식/급식업체 - 작물 수급 불안 겪는 도 심유통망 - 도시농업 및 푸드테크 관심 소비자

비용 구조	수익원
- 연구, 개발 비용 - 인건비 - 마케팅 비용 - 제품 제작, 설치, 관리 비용 - 해외 법인 설립, 투자, 홍보 비용 - 앱·웹 운영 비용	- 호반그룹 산하 엑셀러레이터 법인 플랜에이치의 투자 수익 - 알파팜으로 생산한 딸기, 엽채소, 허브 판매 수익 - 도심형 인-도어, 수직농장 솔루션 제공 수익 - 농산물 수확 자동화 시스템 및 자율 주행 이송 로봇 판매 수익(예정) - 딸기 모종 판매 수익 및 재배와 판매까지의 전 과정을 시스템화(예정) - 말레이시아 등 인근 국가에 생산 허브 구축(예정)

생존가능성

Environmental(or Social) Costs	Environmental(or Social) Benefits
- 냉난방, 조명, 전력 소모가 많아 에너지 사용에 따른 탄소배출 - 해외 설치 및 물류에 따른 탄소배출 부담	- 수확 자동화 시스템을 통해 단순 반복 작업을 자동화하고, 영상분석 시스템을 통해 딸기 생육상태를 최적화해 노동과 실패 비용을 절약 - 광합성 효율에 따라 광량조절이 가능하여 에너지 사용량 저감 - 일반농장 출하 대비 수확 후 배송시간은 10배 빠르고, 유통 폐기는 40% 적어서 물류비용과 운영비용이 각 80%, 50% 감소 - 지역과 환경에 관계없이 식량자원 생산이 가능하다는 점에서 사회적 가치를 창출한다. - 농업용 토지가 필요 없어 농업의 환경적 오염이 방지 가능

ESG가치

재배, 일반 하우스 스마트팜, 수입 식자재 공급망 등이 있으나, 이들은 외부 환경에 취약하고, 에너지 소비가 크며, 도심 근거리에서의 설치·운영이 어렵다는 한계가 있다. 이에 반해 쎄슬프라이머스는 **핵심 지표**로 단위면적당 재배 효율(예: 25㎡당 상추 168주 재배), 에너지 절감률, 생산 속도, 자동화 비율 등 다양한 정량 지표를 통해 기술성과 운영 효율을 검증하고 있으며, 이를 기반으로 국내외 도심형 식자재 공급 시장에서 경쟁력을 확보하고 있다.

시장수용성

쎄슬프라이머스는 '도시 속에서도 작물을 기후에 상관없이 바로 수확해 바로 먹을 수 있는 구조'를 핵심 **가치제안**으로 삼고 있다. 단순한 스마트팜이 아니라, 수요 기반의 생산 예측과 연계된 스마트 유통 시스템을 함께 제공함으로써 외식업체, 급식업체, 프랜차이즈 등 도심 고정 수요처에 적합한 솔루션을 제공한다. **경쟁 우위**는 고형배지 기반 수직재배 방식이 기존 대비 2~3배 생산성을 보이는 점과, 비전 기반 알파팜 시스템으로 자동화·예측·분석 기능까지 포함되어 있다는 점이다. 주요 **고객 세그먼트**는 대형 식자재 유통업체, 케이터링 기업, 신선 식자재를 안정적으로 공급받고자 하는 도심 소매상들이다. 초기 시장에는 신선 식자재 수급 불안정 문제를 겪는 대도시 상권을 중심으로 진입하고 있으며, **얼리어답터**로는 물류 재배가 어려운 외식·급식 관련 산업군, 프리미엄 식자재를 판매하는 도심형 유통매장 등이 해당된다. **상위 개념**은 단순한 수직형 농업이 아니라 '기후 무관 도심 농업 플랫폼'으로 정의되며, 오프라인 소매채널과 알파팜 플랫폼 등 다양한 **유통 채널**을 통해 시장 접근이 가능하다.

생존가능성

수익원은 크게 세 가지로 나뉜다. 첫째, 알파팜 스마트팜 설치 및 유지 관리 서비스로부터 발생하는 정기 수익, 둘째, 자체 생산한 도심형 채소의 유통 판매 수익, 셋째, 향후 밀리언팜이나 해외 법인을 통해 진행되는 알파팜 수출 및 로봇형 농업 장비 판매 수익(예정)이다. **비용 구조**는 스마트 자동화 설비 구축 비용, 광환경 설계 R&D 비용, 제품 설치 운영 인건비, 마케팅 및 국내외 유통 네트워크 구축 비용으로 구성된다. 초기 설치비는 일반 하우스 대비 1.8~2배 수준이지만, 인건비·물류비·물 사용량 절감 등을 통해 장기적으로는 경제성이 높다는 구조를 지닌다.

ESG가치

ESG 측면의 환경 및 사회적 영향을 살펴보면, 도심 내 스마트팜 시스템은 기존 농업 대비 물 사용량과 농약 사용량을 줄이고, 토양 오염을 원천적으로 차단할 수 있다는 점에서 친환경적이다. 에너지 효율성을 고려한 광원 및 온도 조절 기술은 탄소배출 저감에도 기여하며, 생산지와 소비지 간 거리를 단축함으로써 물류 에너지 소비 역시 절감된다. 또한, 고령화·농촌 인구 감소로 인한 식자재 공급 불균형을 완화하고, 일자리 창출 및 도시 식량 자립도 향상에 기여함으로써 사회적 가치도 함께 실현되고 있다.

3 돈과 정보의 흐름 분석

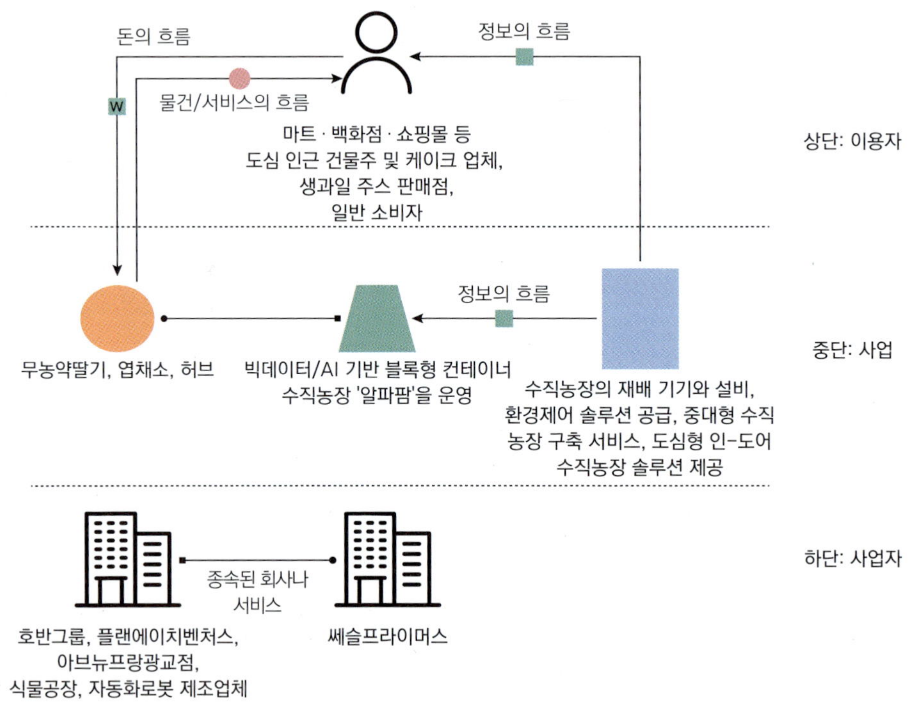

쎄슬프라이머스의 비즈니스 구조는 최종 소비자(도심 소비자 및 유통 고객), 중단 운영 주체(알파팜 스마트농장), 그리고 본사(설비·시스템 공급자) 간의 유기적인 정보 흐름과 금전적 가치 흐름을 기반으로 운영된다. 먼저 정보의 흐름은 도심형 스마트팜 운영에서 출발한다. 도시 내 설치된 블록형 컨테이너형 스마트농장은 작물 생장 데이터를 실시간 수집하며, 이 데이터는 빅데이터 기반의 환경제어 시스템을 통해 수광량, 온·습도, 양액 농도 등의 재배 조건을 자동으로 조절한다. 동시에 작황 상태 분석 결과는 본사와 연동되어 판매 수요 예측, 품종 조정, 설비 업그레이드 등에 반영된다.

돈의 흐름은 크게 소비자 구매와 설비 파트너십 수익으로 나뉜다. 유통 고객(마트, 백화점, 생과일 주스 브랜드 등)은 수확된 무농약 작물(딸기, 엽채소 등)을 구매하며, 이로 인해 직접적인 제품 수익이 발생한다. 동시에 쎄슬프라이머스는 스마트팜 구축을 원하는 외부 기관·지자체·법인 고객에게 수직농장 설비와 재배 솔루션을 공급하며, 이 과정에서 설비 납품 수익과 기술 라이선스 수익이 창출된다. 이와 함께, 중소 자동화로봇 제조사, 광고 콘텐츠 파트너사 등과의 협업을 통해 간접 수익 및 맞춤형 서비스 제공이 이뤄지고 있다. 이처럼 쎄슬프라이머스는 재배 데이터 수집 → 자동 환경제어 → 수확 최적화 → 실시간 유통 피드백으로 이어지는 정보의 선순환 구조와, 제품 판매 수익·설비 공급·라이선싱을 통한 수익 창출이라는 돈의 흐름을 결합해 도심 내 지속가능한 식량 공급 모델을 실현하고 있다.

4 Innovation Type 분석

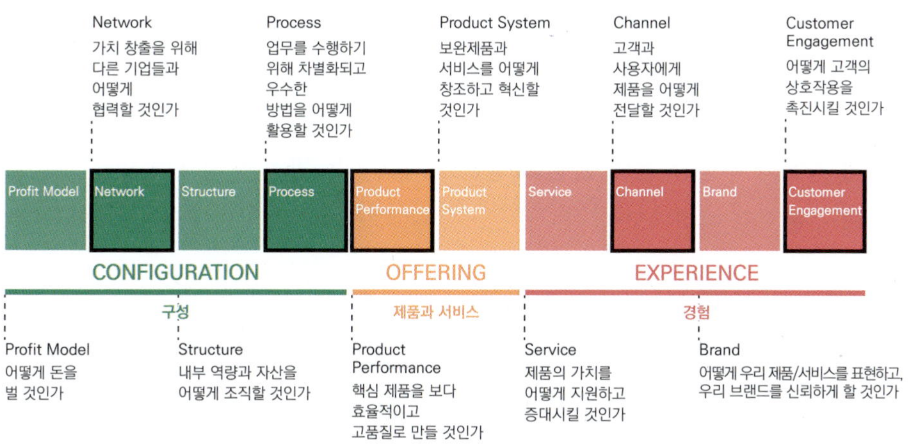

쎄슬프라이머스는 총 다섯 가지 유형의 혁신을 수행하고 있다.

Network

쎄슬프라이머스는 도시형 스마트팜 사업을 전개하는 과정에서 외부의 다양한 전문 주체들과 유기적으로 협력하고 있다. 수직농장의 핵심 기술인 '알파팜'은 스마트 컨테이너 구조를 기반으로 하며, 내부의 냉방·광조절·생장분석 기능이 통합되어 있어 고도의 기술 융합이 필요하다. 이를 위해 쎄슬프라이머스는 자동화 설비 업체, 로봇 제조사, 식물공장 기자재 공급업체, 유통 브랜드, 도시계획 파트너사 등과의 협업을 지속적으로 확장하고 있다. 특히 수소 냉방이나 태양광 기반 에너지 기술과도 연결하여, 에너지 자립형 도시 농업 시스템을 구축하려는 시도를 이어가고 있다. 이처럼 하나의 장비를 넘어 도심 내 분산형 농업 생태계를 구축하기 위한 전략적 협업은 기술적 완성도는 물론, 사회적 가치를 창출하는 데에도 기여하고 있다.

Process

농업은 전통적으로 높은 인력 의존성과 외부 기후 변수에 민감한 산업이지만, 쎄슬프라이머스는 이러한 한계를 극복하기 위해 자동화와 센싱 기술을 기반으로 한 차별화된 작물 재배 공정을 도입하였다. 수분 공급, 영양 조절, 광량 세기 조정, 온도 유지, 성장률 분석 등의 모든 공정이 사전 설정된 알고리즘과 실시간 센서 데이터에 따라 운영되며, AI 기반 분석을 통해 작물 생장 상태에 따른 조도나 영양 공급이 자동으로 조정된다. 특히, 수확 자동화 시스템은 단순 반복 작업을 로봇이 대체함으로써 인건비는 절감되고 수확 품질은 표준화된다. 이처럼 전체 재배 과정의 자동화 수준을 높여 운영 효율을 극대화하는 방식은 경쟁력 있는 스마트 농업의 구현으로 이어지고 있다.

Product Performance

주력 제품인 수직농장 '알파팜'은 공간 효율성과 생산 효율성을 동시에 높인 고밀도 재배 장비다. 약 2㎡의 면적에서 168주 재배가 가능하며, 이는 일반 온실 대비 2~3배 수준이다. 생산 효율뿐 아니라 운영 효율에서도 성과가 뚜렷하다. 일반 하우스에서 수작업으로 수행되는 수분 공급, 성장 모니터링, 수확 판단 등을 자동화 시스템이 일괄 처리함으로써 전체 생산 시간은 약 10배 단축되고, 노동력 투입은 80% 이상 감소한다. 광량 조절 기술을 통해 작물 품질의 균일성도 확보하고 있으며, 유휴 공간에서도 동일한 품질의 농산물을 생산할 수 있어 도심형 농업의 실행력을 높이고 있다.

Channel

알파팜 시스템으로 재배된 작물을 다양한 유통 채널을 통해 소비자에게 전달하고 있다. 도심 인근 대형 건물의 마트, 백화점, 쇼핑몰, 생과일 주스 매장, 케이터링 업체 등은 주요 납품처이며, 일부 채널은 매장 내에 알파팜을 직접 설치해 '생산-판매 일체형' 구조로 운영된다. 소비자는 작물의 재배 환경과 생장 과정을 직접 확인하며, 신선도에 대한 신뢰를 얻을 수 있다. 이러한 직생산-직소비 방식은 신선 식품 유통의 새로운 모델로 주목받고 있으며, 도심 소비자와의 밀접한 접점을 확보해 브랜드 경쟁력도 함께 높이고 있다.

Customer Engagement

단순히 장비를 판매하거나 작물을 유통하는 것을 넘어, 고객이 농업에 직접 참여할 수 있는 체험 기반의 소비자 접점을 구축하고 있다. '알파팜'은 대형 쇼핑몰, 병원, 복합 문화시설 등에 설치되어 있으며, 방문객은 작물의 성장 과정을 관찰하거나 수확을 직접 체험하고, 예약 수확 서비스를 이용할 수도 있다. 이러한 체험 중심의 운영 방식은 도시민이 농업의 가치를 직접 체감하게 하고, 브랜드에 대한 감정적 신뢰를 구축하는 데 기여한다. 고객이 단순한 소비자가 아닌 '참여자'이자 '지지자'로 작동하도록 유도하며, 반복 구매와 장기적 브랜드 로열티를 확보하는 구조로 이어진다.

올가니카
비가열 주스와 식물성 간편식을 선도하는 지속가능 식품 기업

1 기업개요

올가니카는 'Eat Clean'이라는 철학을 바탕으로, 인공첨가물을 최소화하고 원재료 본연의 맛과 영양을 살리는 식물성 제품을 개발해 온 친환경 식품 전문 기업이다. 2020년부터는 코스트코 및 암웨이에 식물성 단백질 제품을 공급하며 B2B 유통 기반을 확보했고, 국내 최초로 비가열 방식의 기능성 과채즙을 출시(2024년)하여 기술 혁신에서도 선도적 입지를 굳혔다. 2022년에는 중국 국영기업 씨틱캐피탈로부터 약 3,600만 달러 규모의 투자를 유치하며 글로벌 확장에 본격적으로 나섰으며, 같은 해 조인트벤처 '어퍼이스트'를 설립하여 글로벌 식물성 식품 시장 진출의 교두보를 마련했다. 2023년에는 식물성 뉴트리션 전문 브랜드 '올라(OLA)'를 론칭하며 기능성 중심의 제품군을 확장했고, 2024년에는 AI 기반으로 개발된 맞춤형 클렌즈주스를 선보이는 등 기술과 웰니스 트렌드를 접목한 식품 혁신을 주도하고 있다. 올가니카는 단순한 비건 식품을 넘어 '지구를 위한 음식, 몸을 위한 음식'을 지향하며, WWF(세계자연기금)와의 협업, 친환경 패키징 실천, ESG 중심의 브랜드 경영을 통해 지속가능한 식문화를 확산시키고 있는 기업이다.

2 Business Model Canvas 분석

경쟁력

육류 가공식품 중심의 소비 구조는 온실가스 배출과 환경오염, 식품 폐기 문제를 야기하고 있다. 기존 가열식 간편식 제품들은 조리의 간편성에는 강점을 보였으나, 영양소 파괴와 첨가물 사용이 불가피하다는 한계가 있었다. 이로 인해 건강을 중시하는 소비자의 수요를 충족시키기에는 **문제점**이 존재했다. 올가니카는 식

경쟁력 / 시장수용성

문제점	솔루션	가치제안	경쟁우위	목표고객
- 육류·가공식품 중심의 소비 구조가 온실가스 배출, 환경 오염 식품 폐기 문제를 심화시킴	- 식물성 자연재료 기반 비가열주스, 소낵 등 비건 제품군으로 건강과 환경을 동시에 고려한 제품 개발 - HPP 비가열 공법 적용으로 영양소 보존 및 '맛'을 훼손하지 않는 건강 중심 식품 제공	- 지구를 위한 내 몸을 위한 'Eat Clear' 문화 확산 - 비건 비가열 주스 및 간편식으로 건강과 환경을 동시에 만족시킴	- 국내 최초 비가열식 주스 및 비건 간편식 개발 - 업계 최초 비건 간편식 스프 출시 - AI 기반 레시피 개발 - 조이(JOEY) 도입으로 제품 R&D 혁신성을 확보	- ESG 경영 기업 - 채식·비건 라이프를 추구하는 소비자 및 웰니스 시장 이용자

기존대안	핵심지표	상위개념	채널	얼리어답터
- 일반 HMR, 수입 간편식은 단기 포만감 중심 식물성은 두부귀리 단순 활용 수준에 머물러 왔음	- 비가열 주스·식물성 간편식 누적 수백만 개 판매 - 스타벅스·세븐일레븐 입점 및 6개월간 35만 개 판매 성과	- 건강·환경·기술을 융합한 혁신 푸드 플랫폼으로, ESG 트렌드를 이끄는 브랜드 포지셔닝	- 박람회, 엑스포 - 자사 홈페이지 - 협업 기업 시장 - 스타벅스, SSG닷컴, 코스트코 등 온·오프라인 시장	- 비건, 채식주의자 - ESG 실천 기업사 - 건강 및 뷰티 의식이 높은 2030 세대 여성층 및 관련 산업 종사자

비용 구조	수익원
- 대체식품 연구/개발 비용 - 식품 연구 AL 개발 비용 - 해외 시장 진출 비용 - 유통 채널 운영 비용, 인건비 - 기업 협업 비용	- 식물성 제품 B2C 판매 수익(비가열 주스, 간편식 등) - 협업 기업과 공동 브랜드 프로젝트를 통한 B2B 수익 - 투자 유치를 통한 글로벌 확장

생존가능성

Environmental(or Social) Costs	Environmental(or Social) Benefits
- 대체식품의 특성상 초기 높은 R&D 비용 발생 - 비가열 생산 및 냉동 유통 시스템의 에너지 부하	- 축산 대비 메탄가스, 물토지에너지 사용량을 획기적으로 줄여 환경적 비용 우위 확보 - 축산업이 유발하는 기후문제 해결과 식량 다변화를 동시에 실현 - 식물성 제품 기반으로 탄소 배출 저감 및 지속가능한 식문화 정착 - WWF 기준 포장재 경량화 등 친환경 패키징 노력 통해 환경 기여

ESG가치

물성 자연재료를 기반으로 한 비가열 주스와 식물성 간편식 등 다양한 제품군을 개발하고 있다. 고압살균공법(HPP)을 활용해 열을 가하지 않고 미생물을 제어함으로써 원재료의 맛과 영양을 유지하면서도 장기 보존이 가능하도록 한다. 또한, 건강과 지속가능성을 모두 고려한 제품 설계를 통해, 소비자에게 신뢰받는 'Eat Clean' 제품군을 확장하고 있다. 2024년에는 국내 최초로 인공지능 기반 레시피를 적용한 기능성 주스를 개발하여 맞춤형 건강식품이라는 새로운 소비 트렌드를 선도하고 있다. 이러한 기술 융합형 제품 전략은 환경을 고려한 식문화 실천과 함께 고부가가치 건강식품 시장의 **솔루션**으로 부상하고 있다. **기존 대안**으로는 주로 열처리 중심의 HMR 제품이나, 수입산 비건 식품, 혹은 두부류 식재료에 한정된 채식 간편식이 활용되었다. 그러나 이들 제품은 단기 보관에 그치는 경우가 많고,

풍미 및 영양 균형 측면에서 소비자의 만족도를 충분히 충족시키기 어려웠다. **핵심 지표**는 다음과 같다. 대표 제품 '플랜트 함박&파스타'는 출시 6개월 만에 약 35만 개가 판매되어 초기 시장 반응을 증명하였다. 또한, 비가열 클렌즈주스는 누적 4,000만 병 이상 판매되며 국내 비가열 주스 시장을 주도하고 있다. 2023년에는 식물성 뉴트리션 브랜드 '올라'를 론칭하여 기능성 제품군을 확장하며 브랜드 포지셔닝을 강화하고 있다.

시장수용성

올가니카는 'Eat Clean' 철학을 바탕으로, 인공첨가물 최소화 및 원재료 본연의 맛과 영양을 살리는 식물성 제품을 제공함으로써 건강한 식문화라는 **가치를 제안**하고 있다. 국내 최초로 비가열 주스를 상용화한 바 있으며, 이후에는 식물성 단백질 기반 간편식까지 제품 라인을 확대하며 지속가능성과 기능성을 동시에 갖춘 대체식품 브랜드로 자리매김하고 있다. 올가니카는 고온살균 대신 고압처리 기술을 적용하여 원재료의 맛과 영양을 살리면서도 유통기한을 늘릴 수 있는 기술적 강점을 보유하고 있다. 또한 WWF와의 친환경 협약, 패키징 경량화 등의 ESG 실천을 병행하며 브랜드의 신뢰도를 높이고 있다. 씨틱캐피탈의 대규모 투자 유치와 브라잇벨리, 프레딧(hy) 등과의 협업을 통한 제품 개발 및 조인트벤처 설립은 향후 글로벌 경쟁력 확보에 기여하며 **경쟁 우위**를 높이고 있다. **고객 세그먼트**는 주요 타깃은 건강한 식습관을 추구하는 MZ세대 및 플렉시테리언, 채식주의자(비건, 락토-오보 등) 소비자층이다. 이들은 기존 식품의 안전성과 환경적 영향을 고려하는 경향이 강하며, 원재료의 출처와 첨가물 여부 등 정보 투명성에 민감하다. 또한 비가열주스, 식물성 단백질 기반 제품에 대한 선호도가 높은 편이다. **얼리어답터**는 초기 수요층은 고급 주스 시장의 유기농 제품이나 건강기능식 제품에 익숙한 프리미엄 소비층이었으나, 최근에는 ESG 가치 소비에 관심이 많은 스타벅스, SSG닷컴, 프레딧 등 유통채널을 통해 중가대 이상 제품을 선호하는 MZ세대로 확장되었다. 다음은 **상위개념**이다. 올가니카의 비즈니스는 단순한 대체식품을 넘어 '지속가능한 식문화'와 '기후위기 대응형 식품 생태계'를 구축하는 방향으로 진화하고 있다. 식물성 간편식을 통해 축산업의 환경부담을 낮추고, 메탄가스 배출 저감을 실현하는 한편, 글로벌 수준의 클린푸드 플랫폼으로서 브랜드 정체성을 구축하고 있다. 올가니카는 스타벅스, 세븐일레븐, SSG닷컴, 프레딧 등 온·오프라인 **유통 채널**을 통해 제품을 공급하고 있으며, 코스트코, 이마트, 암웨이, 삼성전자 등 대형 유통망 입점을 통해 브랜드 접근성을 확장하고 있다. 커피빈 등 프리미엄 브랜드와의 협업, 식품 박람회 참가, hy와의 공동 프로젝트를 통해 B2B 접점도 확대 중이며, 2021년에는 대체육 브랜드 '브라잇벨리'를 독립 법인으로 분리해 전문성을 강화했다.

생존가능성

이러한 시장 내 수용성과 브랜드 확장 전략을 바탕으로, 올가니카는 지속가능한 사업 구조를 통해 생존가능성을 확보하고 있다. 수익원과 비용 구조 측면에서의 안정성과 확장성을 다음과 같이 분석할 수 있다. 올가니카는 식물성 제품의 B2C 판매를 주된 **수익원**으로 확보하고 있다. 대표적으로 비가열 주스, 식물성 간편식 등 건강 중심의 제품군을 통해 국내외 소비자 시장을 공략하고 있으며, 다양한 유통 채널을 통해 매출 기반을 지속적으로 확대하고 있다. 이와 함께, 스타벅스, 세븐일레븐, 커피빈, hy 등 협업 기업과의 공동 브랜드 프로젝트를 통해 B2B 시장에서도 안정적인 수익을 창출하고 있다. 또한, 글로벌 투자자들로부터의 투자 유치를 통해 신규 사업을 확장하고, 해외 시장 진출 기반을 강화함으로써 성장성과 생존가능성을 동시에 확보하고 있다. 올가니카의 주요 **비용 구조**는 대체식품 및 식물성 단백질 기반 제품의 연구개발비에서 비롯된다. 특히 고기능성 제품과 고품질 원료를 확보하기 위한 기술 투자와 제품 다변화를 위한 개발 비용이 주요 항목을 차지한다. 여기에 해외 시장 진출을 위한 마케팅 및 물류 운영비, 신규 채널 개척을 위한 유통 관리비용과 인건비, 협업 기업과의 프로젝트 운영을 위한 제휴 비용 등이 지속적으로 발생하고 있다. 이러한 비용 구조는 고정비뿐 아니라 확장에 따른 변동비 성격을 동시에 가지며, 성장 속도에 비례해 점진적으로 확대되고 있는 양상을 보인다.

ESG가치

ESG 측면의 환경 및 사회적 영향을 살펴보면, 올가니카는 식물성 제품을 기반으로 축산업의 환경 부담을 줄이고 지속가능한 식문화를 확산하고 있다. 대체육은 일반 육류보다 물·토지·에너지 소비가 적고 온실가스 배출량도 현저히 낮아 환경적 이점이 크다. 올가니카는 WWF와의 파트너십을 통해 친환경 포장재 도입과 생분해성 소재 활용, 포장 경량화 등을 실천하고 있으며, 생산부터 유통까지 전 과정에서 환경 영향을 최소화하려는 전략을 이어가고 있다. 또한 ESG 가치를 공유하는 기업들과의 협업을 확대하며 지속가능 식품 브랜드로서의 정체성을 강화하고 있다.

3 돈과 정보의 흐름 분석

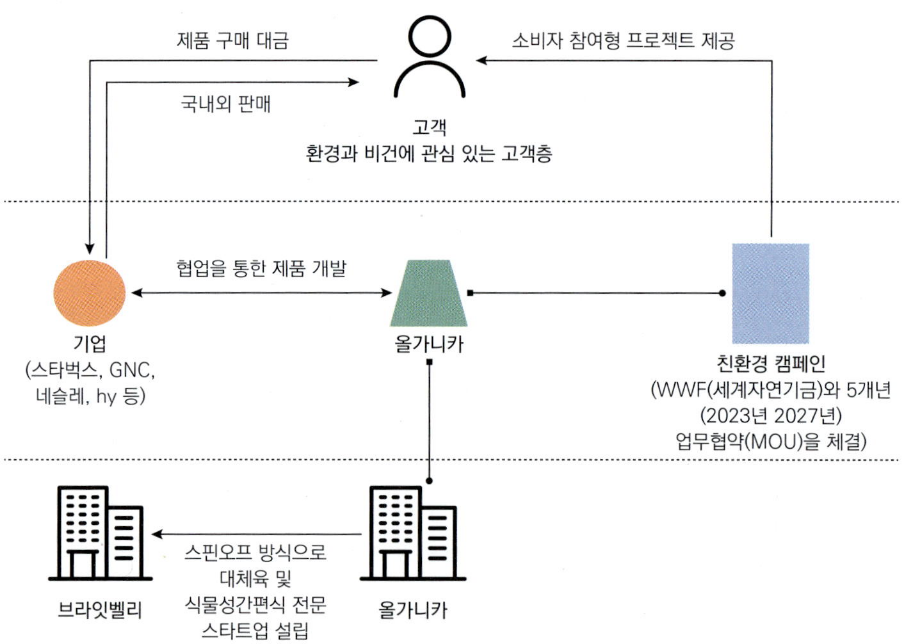

올가니카의 비즈니스 구조는 고객, 기업 파트너, 그리고 환경 캠페인 주체 간의 협력 생태계를 기반으로 구축되어 있다. 제품 개발은 주로 기업(스타벅스, GNC, 네

슬레, hy 등)과의 협업을 통해 이루어지며, 이를 통해 고객 수요와 환경적 가치가 결합된 제품이 출시된다. 이러한 협업은 단순한 납품 계약을 넘어, ESG 가치를 반영한 공동 프로젝트로 확장되고 있으며, 제품은 프랜차이즈 매장, 온라인 플랫폼, 건강식품 전문몰 등을 통해 최종 소비자에게 전달된다.

정보의 흐름은 제품의 개발 및 유통 과정 전반에 걸쳐 발생한다. 올가니카는 친환경 포장, 원재료의 공급망, 그리고 WWF와의 협업을 통해 수집된 ESG 관련 정보를 자사 브랜딩, 캠페인 콘텐츠, 고객 커뮤니케이션에 활용하고 있다. 소비자는 이러한 정보 기반 콘텐츠를 통해 제품이 가진 지속가능성 가치를 직관적으로 인식하며, 이는 친환경 소비 행동으로 이어지고 있다. 더불어 WWF와 체결한 장기 업무협약(MOU)에 따라, 기업은 환경 보호 캠페인에 정기적으로 기여하며 브랜드 신뢰도를 강화하고 있다.

자금의 흐름은 제품 판매를 통한 고객의 구매 대금이 올가니카로 유입되는 구조이며, 해당 수익은 다시 제품 개발, 협력 프로젝트, 친환경 캠페인 및 글로벌 진출을 위한 자회사 운영 등에 재투자된다. 특히 브라잇벨리와 같은 스핀오프 자회사를 통한 제품군 전문화 및 해외 수출 확대 전략은 장기적인 재무 건전성과 시장 영향력을 동시에 확보하는 기반이 되고 있다.

이처럼 올가니카는 정보, 제품, 자금이 순환하는 구조 안에서 기업 파트너, 소비자, 환경 NGO와의 유기적 연계를 통해 '먹거리의 지속가능성'이라는 핵심 가치를 실현하고 있다.

4 Innovation Type 분석

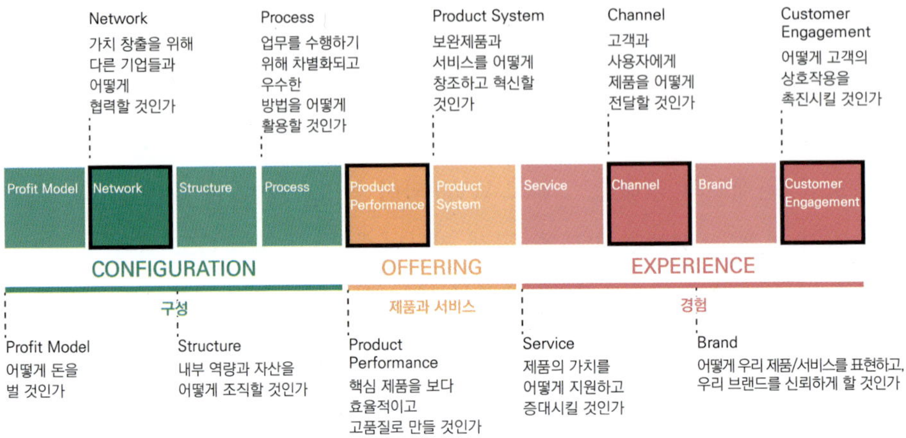

올가니카는 총 네 가지 유형의 혁신을 수행하고 있다.

Network

올가니카는 다양한 글로벌 파트너십을 통해 식물성 식문화의 확산을 가속화하고 있다. 세계적인 건강보조식품 브랜드 GNC와 협업하여 'GNC 올가니카 식물성 프로틴' 3종을 공동 개발하고, 중국 최대 온라인 유통 채널인 티몰과 징둥닷컴 입점을 통해 현지 시장 진출을 본격화하였다. 또한 글로벌 셰프 장조지와 협력해 뉴욕 시장에 K-비건 소스를 선보였으며, 네슬레와의 협업으로 국내 최초 영국 채식협회 인증 비건 스프 2종을 출시하는 등 B2B 연계 개발 전략을 통해 제품 신뢰도와 시장 파급력을 높이고 있다. 이외에도 중국 국영기업 씨틱캐피탈과의 전략적 투자 협력, 글로벌 대체육 사업을 위한 '어퍼이스트' 조인트벤처 설립 등 네트워크 기반 혁신을 통해 해외 사업 확장과 기술 역량 확보를 동시에 추진하고 있다.

Product Performance

올가니카는 제품 성능의 차별화를 위해 클렌즈 주스, 식물성 단백질 기반 뉴트리션 제품, 대체육 아시안 푸드, 비건 스낵 등 다양한 제품군을 선보이고 있다. 특히 고온살균 대신 고압처리 기술을 적용해 원재료 본연의 영양과 맛을 유지하면서도 장기 보존이 가능한 비가열 주스를 상용화한 점은 제품 신뢰성을 높이는 핵심 요인이다. 최근에는 국내 최초로 AI 기반 레시피를 도입한 기능성 주스를 출시하여, 데이터 분석을 기반으로 한 맞춤형 제품 개발이라는 기술적 진보를 실현하고 있다. 이와 함께 천보내츄럴푸드, CJ제일제당 안성공장, 그린팜, 담연 등의 식물성 식품 관련 기업을 연쇄적으로 인수하며 원재료 공급부터 제품 생산까지 수직계열화를 이루어내고 있다. 이를 통해 고품질 원료 확보와 제조 전문성 확보를 동시에 달성하며 제품의 완성도를 높이고 있다.

Channel

올가니카는 다양한 온·오프라인 유통 채널을 활용한 멀티채널 전략을 통해 고객 접점을 확장하고 있다. 스타벅스, 커피빈, 투썸플레이스, 세븐일레븐, CU, GS25, 이마트, 롯데마트, 코스트코 등 주요 오프라인 매장을 포함하여 쿠팡, 마켓컬리, SSG닷컴 등 온라인 플랫폼을 통해 제품을 유통하고 있으며, 자사몰과 건강식품 전문몰에서도 직판 채널을 운영하고 있다. 더불어 프레딧과의 공동 기획 상품 출시, 식품 박람회 및 산업 전시회 참가를 통한 B2B 채널 확대 등 다양한 접점을 지속적으로 확보하고 있다. 이러한 채널 다각화는 제품의 대중적 접근성을 높이는 동시에 브랜드 인지도를 강화하는 전략적 기반이 되고 있다.

Customer Engagement

올가니카는 WWF와의 장기 협업을 바탕으로 생태계 보전 및 친환경 캠페인을 전개하며 ESG 가치를 소비자와 공유하고 있다. 특히 2015년에는 WWF의 '한국 생태발자국 보고서' 발간 후원을 통해 생태적 감수성을 소비자에게 알렸으며, 이후 플라스틱 저감 캠페인 'PACT(Plastic ACTion)'에 참여해 지속가능한 생산·소비 문화를 위한 실천에 앞장서고 있다. 또한 'Better Earth, Better Life'라는 캠페인 슬로건 아래, 친환경 실천을 유도하는 소비자 참여형 프로젝트를 기획하고 있으며, 이를 통해 단순한 제품 소비를 넘어 공감 기반의 브랜드 경험을 제공하고 있다. 소비자와의 상호작용은 브랜드 충성도를 높이는 동시에, 사회적 기업으로서의 정체성을 강화하는 핵심 요소로 작용하고 있다.

CHAPTER 5

혁신적인 친환경 솔루션

바이오레스텍(BioRestec)
음식물 폐기물 연료화를 통한 탄소중립 에너지 실현

1 기업개요

바이오레스텍은 음식물 쓰레기를 고형연료로 전환하는 친환경 폐기물 처리 기업으로, 고속발효 기반의 처리 기술과 에너지 회수 시스템을 결합해 음식물 자원화를 추진하고 있다. 음식물 쓰레기를 별도 탈수·건조 없이 바로 투입해 악취나 침출수 없이 처리할 수 있는 독자 설비를 개발했으며, 처리 부산물은 고형 연료로 생산되어 난방이나 온실 에너지로 활용된다. 바이오레스텍은 기존의 위생 처리 중심에서 벗어나, 폐기물 감축과 에너지 전환을 동시에 실현하는 순환형 폐기물 솔루션 기업으로 주목받고 있다.

2 Environmental/Social Lean Canvas 분석

경쟁력 | 시장수용성

문제점

- 음식물 쓰레기 처리로 인한 온실가스 배출량이 전 세계의 약 10% 차지
- 기존 처리 방식(퇴비화, 매립 등)은 처리 한계와 악취 문제 동반
- 막대한 탄소배출량 유발 (연간 885만 톤)

솔루션

- 고속발효 기반 친환경 처리 기술 개발
- 음식물 쓰레기를 분리 없이 24시간 이내 무악취 처리
- 부산물은 고형 연료로 재가공해 난방연료로 활용 가능

가치제안

- 음식물 쓰레기를 가치 있게 배출하고, 자원순환 하자!

경쟁우위

- 설비 및 유지비 부담 낮음
- 무악취·무침출수 처리
- 기후대나 계절 무관하게 처리 가능
- 고형연료는 기존 보일러 연료 대체 가능성 입증

목표고객

- 대형 급식소 및 식품 공장 등 음식물 쓰레기가 다량 배출되는 기업
- 유가 변동에 민감한 난방 수요처, 에너지 효율 개선이 필요한 건물 등

기존대안

- 음식물 퇴비화, 매립 또는 위생 처리 중심

핵심지표

- 음식물의 85%를 탈수해 15%만 남기고 고형 연료화
- 1일 10톤 처리 가능, 2023년 기준 연간 3219톤 이상 처리
- 탄소배출량 약 1838톤 감축 효과

상위개념

- 음식물 쓰레기를 '폐기물'이 아닌 '자원'으로 인식
- 화석 연료 대체 가능한 친환경 고형 연료화 구조

채널

- 각종 정부 공모전
- 박람회
- 지자체 협력
- 자사 홈페이지
- 해외 수출

얼리어답터

- 기존 보일러 연료를 대체하고자 하는 비닐 하우스·농가·소규모 공장

비용 구조

- 제품 개발 및 제작 비용
- 인건비
- 마케팅 비용
- 공장 설립 및 유지 비용

수익원

- 투자 수익
- 경진대회 우승 상금
- 음식물 처리를 통한 수익
- 연료 판매 수익

생존가능성

Environmental(or Social) Costs

- 적절히 활용되지 못한 부산물은 대기 및 수질 오염 위험 동반
- 배양설비, 반응기, 공정 유지용 전력과 유지 보수 자원 필요

Environmental(or Social) Benefits

- 발효 부산물 15%와 바이오매스 85%를 혼합해 건조 압축시켜 제조한 친환경 고형 연료는 기존 보일러 상품을 대체해 난방비 절감 효과 가능
- 폐기물을 재활용하여 에너지를 만드는 사회적 가치 창출
- 저탄소 에너지
- 탄소중립
- 지속가능한 발전 가능

ESG가치

경쟁력

바이오레스텍의 비즈니스 모델은 음식물 쓰레기를 고형 연료화하여 자원화하는 방식으로, 온실가스 감축과 폐기물 재활용을 동시에 달성할 수 있도록 설계되어 있다. 문제점 정의에서 바이오레스텍은 전 세계 온실가스 배출량의 10%가 음식물 쓰레기에서 기인하며, 기존 처리 방식인 매립과 소각은 심각한 환경 피해와 악취, 비용을 초래한다는 점에 주목했다. 이에 대한 솔루션으로는 고속 발효 공정을 기반으로 한 대용량 음식물 쓰레기 처리 시스템과 부산물 기반 고형 연료 제조 기술을 제시한다. 기존 대안이 단순한 음식물 퇴비화나 처리 위주였다면, 바이오레스

텍은 고형 연료 생산까지 연결되는 연속 공정을 통해 경제성과 환경성을 동시에 확보하고 있으며, 핵심 지표로는 처리 효율, 부산물 활용률, 탄소배출 절감량 등이 명확하게 제시된다.

시장수용성

가치제안 측면에서는 음식물 쓰레기를 폐기물이 아닌 자원으로 전환함으로써, 처리 비용을 줄이고 에너지원으로 재활용할 수 있다는 점에서 순환경제에 기여한다. 또 부산물의 약 85%를 활용해 고형 연료를 생산하는데, 이는 기존 보일러용 연료를 대체할 수 있을 정도의 발열량을 지닌다는 점에서 차별화된다. 경쟁우위는 독자적인 미생물 배합과 기계 설계에 있으며, 악취 발생이 적고, 정제된 연료를 통해 대형 보일러나 산업용 열원에 직접 적용할 수 있다. 고객 세그먼트는 음식물 쓰레기가 다량 발생하는 급식소, 대형 식음료 생산기업, 오일 보일러를 사용하는 난방시설 등이 중심이며, 얼리어답터로는 난방 비용 절감과 ESG 전략이 필요한 비닐하우스 및 농가 등이 설정되어 있다. 상위 개념으로는 음식물 쓰레기를 기반으로 한 탄소저감형 에너지 솔루션으로 포지셔닝하며, 유통 채널은 박람회, 공공 조달, 자사 플랫폼, 해외 수출 등으로 구성된다.

생존가능성

수익원은 크게 네 가지로 구성된다. 첫째, 고형 연료 자체의 판매 수익, 둘째, 음식물 처리 수수료, 셋째, 기술 이전 및 시스템 설치 계약, 넷째, 정부 및 지자체 대상 시범사업 및 프로젝트 수행을 통한 수익이다. 비용 구조는 제품 개발 및 설비 구축, 인건비, 마케팅, 유지보수 등이 포함되며, 초기 진입장벽은 있으나 대용량 수요를 가진 고객 확보 시 안정적인 수익구조로 이어질 수 있다. 처리 효율을 높인 자동화 시스템과 부산물 수율이 수익성의 핵심이며, 장기적으로는 해외 수출 확대를 통해 수익원을 다변화할 수 있는 구조다.

ESG가치

ESG 측면의 환경 및 사회적 영향을 살펴보면, 음식물 쓰레기를 고형 연료로 전환하는 방식은 기존의 매립·소각 대비 탄소배출을 크게 줄이고, 자원 순환을 가능하게 한다. 연간 1,800톤 이상의 탄소 감축 효과는 저탄소 도시 구현에 직접적으로 기여하며, 재활용률 85%를 달성한 부산물 처리는 쓰레기 처리 부담을 완화하고 악취나 침출수 등의 2차 환경 피해도 줄여준다. 또한, 대용량 음식물 처리 시설은 다량 배출 사업장의 관리 효율을 높이고, 처리 비용 절감과 난방·에너지 전환이라는 추가 가치를 함께 제공함으로써 지속가능한 환경 운영 기반을 형성하고 있다.

3 돈과 정보의 흐름 분석

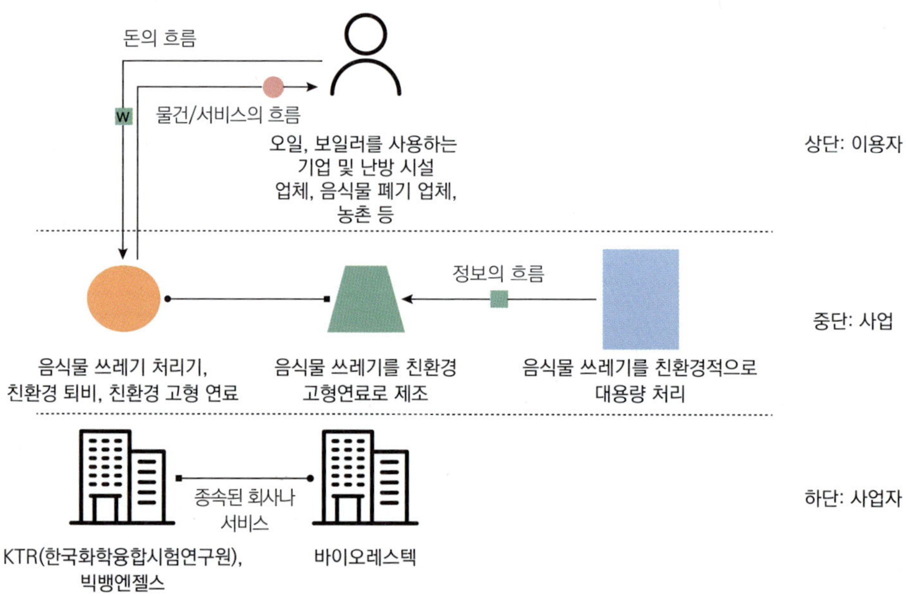

바이오레스텍의 비즈니스 구조는 음식물 쓰레기 처리 위탁자(지자체, 농가, 식품업체 등), 연료 수요처(보일러를 사용하는 산업체 및 난방 시설), 그리고 바이오레스텍 간의 정보 흐름과 금전적 가치 흐름을 기반으로 운영된다. 먼저 정보의 흐름은 음식물 쓰레기의 수거 및 처리 단계에서 출발한다. 음식물의 수분 함량, 부패 정도,

성상(性狀) 정보 등을 자동 감지하는 시스템을 통해 처리 적합성을 판단하고, 탈수·발효·건조 등 전 단계에서의 데이터를 실시간으로 수집한다. 이 정보는 처리 효율 분석, 배출 성분 확인, 고형 연료의 품질 검증 등으로 이어지며, 에너지 수요처에 제공될 연료의 품질 기준 충족 여부를 판단하는 데 사용된다.

돈의 흐름은 음식물 쓰레기 처리를 의뢰하는 기관이나 업체가 처리 비용을 지불하는 구조와, 고형 연료를 사용하는 기업이 바이오레스텍으로부터 연료를 구매하는 구조로 나뉜다. 이 과정에서 음식물 처리 수수료와 연료 판매 수익이 동시에 발생하며, 바이오레스텍은 이 두 수익원을 통해 안정적인 비즈니스 순환을 구축하고 있다. 이처럼 바이오레스텍은 음식물 쓰레기 수거 → 정보 기반 연료화 → 친환경 에너지 유통이라는 선순환 구조를 통해, 폐기물 감축과 에너지 생산을 동시에 실현하는 지속가능한 사업 모델을 운영하고 있다.

4 Innovation Type 분석

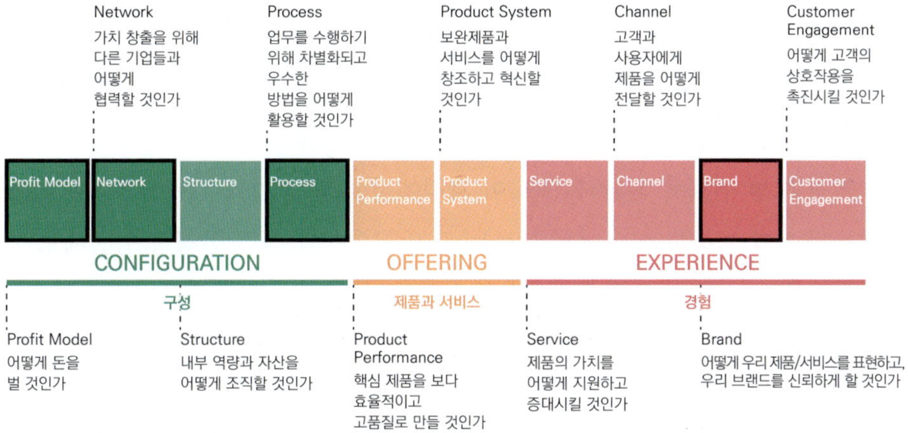

바이오레스텍은 총 네 가지 유형의 혁신을 수행하고 있다.

Profit Model

음식물 쓰레기를 단순히 폐기하는 데 그치지 않고, 이를 연료화하여 재판매함으로써 수익 구조를 다변화하고 있다. 고형 연료 제품을 산업용 보일러나 난방 설비용 대체 에너지로 판매하는 수익에 더해, 처리 수수료 수익과 기술이전 수익까지 확보하는 구조를 갖추고 있다. 특히 1일 처리량 10톤 규모의 고형 연료화 설비는 특허법인으로부터 14억 7,800만 원의 가치를 인정받는 등, 처리 기술 자체가 자산화되는 구조로 이어진다. 특히 1일 처리량 10톤 규모의 제품이 특허법인으로부터 14억 7,800만 원의 가치를 인정받는 등, 처리 자체가 곧 자산화되는 구조를 보유하고 있다.

Network

처음부터 자체 기술로 대용량 음식물 쓰레기 처리 설비를 개발하는 데는 기술적 장벽이 있었다. 바이오레스텍은 외부 전문기관 및 기술 네트워크의 도움을 받아 일본의 처리 방식을 벤치마킹하고, 실증실험 및 설비 운영 파트너십을 통해 설비 완성도를 높여왔다. 이를 통해 처리 용량을 지속적으로 확대하고 있으며, 다양한 이해관계자와의 협력을 기반으로 사회적 가치를 함께 창출하고 있다.

Process

기존 음식물 쓰레기 처리 방식의 비효율성과 악취 문제, 에너지 회수율 저하 문제를 해결하기 위해 기계화된 연속 발효 시스템을 설계했다. 탈수된 부산물에 유기성 폐기물을 투입하면, 기계가 자동으로 호기성 발효 및 유기물 분해를 수행하여 친환경 고형 연료로 전환하는데, 이 과정에서 물과 오염물질은 거의 배출되지 않는다. 공정의 자동화와 위생성 확보는 품질 균일성과 작업 안정성 향상에도 기여하고 있다.

Brand

바이오레스텍은 단순한 폐기물 처리 업체가 아니라, '친환경 연료 생산 기업'이라는 브랜드 이미지를 강화하고 있다. 음식물 쓰레기 처리 과정에서 발생하는 부산물까지 연료로 전환하며, 온실가스 감축 및 자원 순환 구조를 실현한다는 점을 핵심 메시지로 내세운다. 특히, 정부 지원사업 수상, 창업 경진대회 수상 이력 등은 브랜드 신뢰도를 높이고 있으며, 지속가능성과 환경 책임성을 동시에 강조하는 브랜딩 전략을 펼치고 있다.

스타스테크
불가사리 기반 친환경 자원화 솔루션

1 기업개요

스타스테크는 해양 생태계에 악영향을 미치는 불가사리를 자원화하여 친환경 제설제, 콜라겐 화장품 원료, 유기질 비료 등 고부가가치 제품으로 전환하는 업사이클링 기업이다. 특히 연간 300~400톤의 불가사리를 수거해 전 공정을 자원화하며, 독자적인 다공성 구조체 기술을 기반으로 한 제설제 'ECO-ST1'은 캐나다 도로교통부의 APL 'Proven' 인증을 획득했다. 국내 친환경제설제 시장에서는 2024년 기준 점유율 1위를 차지했으며, 2019년 조달청 우수조달제품으로 지정되어 공공기관 납품망도 안정적으로 확보하고 있다. 또한 콜라겐 원료 'Penellagen', 유기질 액상 비료 '불쑥이' 등 다양한 제품군을 기반으로 화장품 및 농자재 시장에도 진출했다.

2 Business Model Canvas 분석

경쟁력

스타스테크가 주목하는 **문제점**은 불가사리 재활용에 중점을 둔다. 불가사리는는 식용이 불가능하고 재생력이 강해 처리 난이도가 높으며, 별다른 활용 방안 없이 전량 폐기되고 있다. 이로 인해 연간 약 670억 원의 처리 비용이 발생하고 있으며, 기존의 염화물 기반 제설제는 도로, 차량, 토양의 부식을 유발해 환경 오염 문제를 가중시키고 있다. 이를 타개할 **솔루션**은 불가사리의 다공성 구조체를 활용한 저부식성 친환경 제설제를 개발하고, 콜라겐·비료 등 부산물까지 전 공정 자원화하는 업사이클링 기술을 도입하는 것이다. 스타스테크는 이를 통해 해양 생태계 정화와 동시에 경제적 부가가치를 창출하는 친환경 자원순환형 모델을 구축하고 있다. **기존 대안**으로는 염화칼슘·염화나트륨 등 고부식성 제설제를 사용하는 방식과, 별다른 활용 없이 막대한 비용을 들여 불가사리를 폐기하는 방식이 있었으며, 이는 환경성과 비용 효율성 측면에서 한계가 명확했다. **핵심 지표**로는 자원화 처리량, 국내 시장 점유율, 인증 획득 건수, 제품군 다변화 수치 등이며, 이들 성과는 ESG 기여도 및 기업 성장성과 밀접히 연계된다.

경쟁력 / 시장수용성

문제점	솔루션	가치제안	경쟁우위	목표고객
- 불가사리는 식용 불가, 재생력 강함, 처리 난이도 높음 → 전량 폐기 중, 연간 670억 원 낭비 발생 - 기존 염화물 제설제는 도로·차량·토양 부식 유발 → 환경 오염 가중	- 불가사리 다공성 - 구조체 기반 저부식 - 제설제 개발자원화 - 공정을 통해 콜라겐비료까지 업사이클링	- 기존 제품 대비 부식성 - 낮고 친환경 효과 우수	- 폐자원인 불가사리를 업사이클링하여 재자원화 독점 기술 기반 제설제+APL 인증 확보 - 다제품화 통한 시장 분산 대응	- 공공기관 조달 담당자, ESG 우선구매 기업 친환경 건설·토목 자재를 사용하는 민간 B2B 고객 - 지속가능한 농업 비료 수요처 - 천연 기능성 화장품 원료 수요 기업 등

기존대안	핵심지표	상위개념	채널	얼리어답터
- 염화칼슘·염화나트륨 등 고부식성 제설제 사용 - 불가사리는 별다른 활용 없이 막대한 비용 들여 폐기	- 폐기, 자원화, 원료 개발, 상품 개발의 과정을 한꺼번에 진행할 수 있는 업사이클링 기술로 불가사리 자원화	- 불가사리 자원화를 통한 친환경 제품 다각화 모델	- 조달청, 도로공사, 지자체, 농협, 해외 수출 시장(캐나다) 등	- 친환경 정책 우선 도입 기관 및 ESG 우선 구매처

비용 구조	수익원
- 특허 연구 비용 - 인건비 - 마케팅 비용 - 제품 제작 및 판매 비용 - 불가사리 폐기물 수거 비용 - 수출 특허 관련 비용 - 귤껍질, 패각 특허를 사용한 제설제 연구 생산 비용	- 일본 수출을 통한 수익 - ECO-ST1(불가사리 제설제) 판매 수익 - 불가사리 추출 콜라겐 앰플 'PENELLAGEN' 판매 수익 - 불가사리 부산물을 비료로 상품화하여 판매

생존가능성

Environmental(or Social) Costs	Environmental(or Social) Benefits
- 설비 운용과 처리 과정에서의 에너지 소비 - 제도 및 유통 과정에서의 탄소 발생 - 포장재 사용, 설비 자원 소비 등 발생	- 불가사리 폐기는 별다른 활용처 없이 전량 폐기되고 있으며, 연간 670억 원의 처리 비용 소요 - 기존 제설제는 도로와 토양, 차량 부식 유발로 사회적 비용 증가 - 불가사리 업사이클링을 통해 해양 생태계 정화 - 부식 없는 제설제, 천연 콜라겐, 유기질 비료 등으로 친환경 제품 확대

ESG가치

시장수용성

가치제안은 다음과 같다. 스타스테크는 기존 고부식성 제설제의 환경 문제를 해결하는 친환경 제품을 공급하면서, 불가사리 자원화를 통해 해양 정화 및 폐기 비용 절감까지 가능하게 한다. 동시에 천연 기능성 콜라겐과 액상 비료 등 고부가가치 제품을 통해 고객의 ESG 실천과 제품 효용을 동시에 만족시킨다. **경쟁우위**로는 캐나다 APL 인증을 받은 저부식 제설제 기술, 전 공정 자원화 체계, 부산물 활용 확대, 조달청 우수조달제품 지정, 제품군 다변화 등을 통해 경쟁사와 차별화된 경쟁력을 보유하고 있다. **고객 세그먼트**는 조달청, 도로공사, 지자체, 농협, 친환경 화장품 제조사, 유기농 비료 수요처 등 B2G 및 B2B 고객을 중심으로 하고 있다. **얼리어답터** ESG 경영을 실천 중인 공공기관 및 지자체, 친환경 인증을 요구하는 민간 기업, 천연 원료에 관심 높은 화장품 제조업체 등이 포함된다. **상위개념**으로는 불가사리 기반 친환경 순환소재 공급 모델로, 생태계 교란 생물을 활용한 자원순환형 ESG 인프라로 기능하고 있다. **유통 채널**은 공공조달 플랫폼(나라장터), 민간 B2B 유통망, 해외 수출 채널(캐나다 인증 기반), 화장품 OEM, 비료 대리점 등 온·오프라인 유통 채널을 통해 고객과 연결된다.

생존가능성

스타스테크는 해양 폐기물의 자원화를 기반으로 공공조달과 민간시장 모두에서 안정적인 매출 기반을 확보하고 있으며, 제품 고도화와 해외 인증 확보를 통한 글로벌 확장 전략으로 중장기적인 성장 기반을 마련하고 있다. **수익원**은 ECO-ST1 제설제 조달 매출, Penellagen 콜라겐 원료 B2B 판매, 불쑥이 유기질 비료 납품, 해외 수출을 통한 외화 수익 확보 등이 중심이다. **비용 구조**는 불가사리 수거 및 선별 비용, 제품 가공 및 생산비, 인증 확보 및 유지 비용, 국내외 마케팅비, 공공조달 납품 물류비 등으로 구성된다.

ESG가치

ESG 측면의 환경 및 사회적 영향을 살펴보면, 불가사리는 활용 방안 부재로 전량 폐기되며 연간 670억 원 이상의 처리 비용을 발생시키고 있다. 동시에 기존 염화물 기반 제설제는 도로, 차량, 토양의 부식을 유발하고 환경에 심각한 부담을 주고 있다. 스타스테크는 불가사리 자원화를 통해 해양 생태계 정화, 폐기물 비용 절감, 부식 최소화 제설제 공급, 친환경 콜라겐·비료 유통, 지역 일자리 창출, ESG 공공조달 확대 등 다양한 환경적·사회적 가치를 창출하고 있다.

3 돈과 정보의 흐름 분석

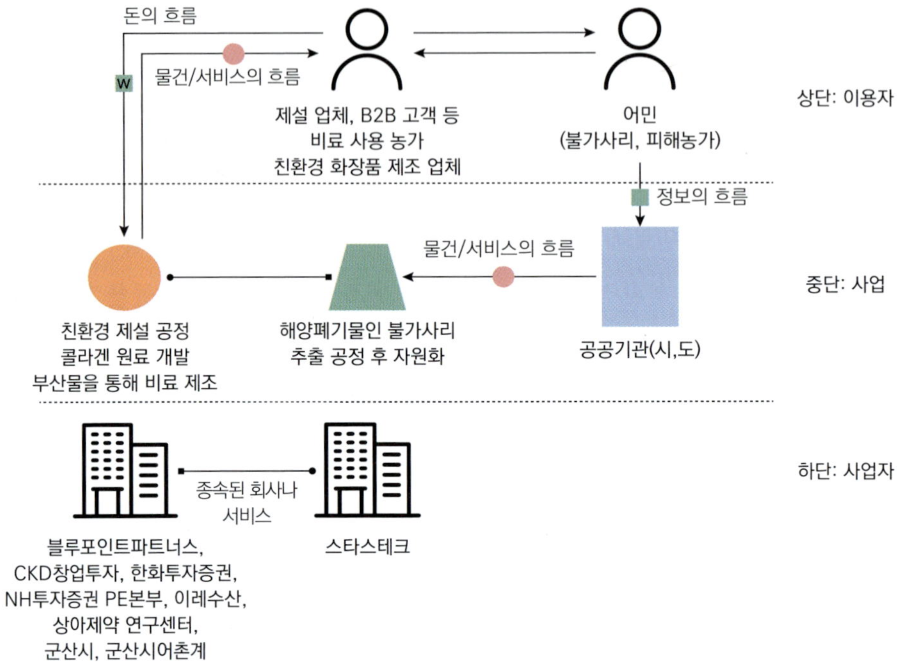

스타스테크는 해양 폐기물 자원화 기술을 바탕으로 한 친환경 제품 제조 모델을 기반으로, 물건과 서비스의 흐름, 정보의 흐름, 돈의 흐름이라는 세 가지 핵심 구조 안에서 비즈니스를 운영하고 있다.

물건과 서비스의 흐름은 해양 생태계 교란종인 불가사리의 수거에서 시작된다. 스타스테크는 이를 선별, 세척, 건조, 추출 등의 공정을 통해 친환경 제설제(ECO-ST1), 기능성 콜라겐 원료(Penellagen), 유기질 액상 비료(불쑥이) 등으로 전환하고 있다. 이렇게 제조된 제품은 공공조달 플랫폼을 통해 지자체 및 공공기관에 공급되거나, 민간 B2B 유통망, 화장품 OEM 채널, 비료 대리점, 해외 수출 채널 등을 통해 다양한 고객과 연결되고 있다.

정보의 흐름은 불가사리 수거량, 제품 가공 이력, 조달 납품 실적, 인증 보유 현황 등을 중심으로 구성된다. 스타스테크는 조달청 우수조달물품 지정, 캐나다 알버타 도로교통부의 APL 인증 등록, 화장품 원료 ICID 등재 등 각종 제품 인증과 유통 신뢰도를 기반으로 정보 신뢰성을 확보하고 있으며, 이러한 자료는 고객사 및 기관 납품 시에 참조용으로 제공된다.

돈의 흐름은 제설제, 콜라겐 원료, 비료 등의 완제품 판매를 통해 공공기관 및 민간 고객으로부터 발생하며, 이를 통해 창출된 수익은 신규 제품 개발, 인증 유지, 설비 고도화, 해외 수출 준비 등으로 재투자된다. 스타스테크는 생산 기반 제조 기업으로서 제품 중심의 실물 거래와 기술 신뢰도 기반의 선순환 수익 구조를 유지하고 있다.

4 Innovation Type 분석

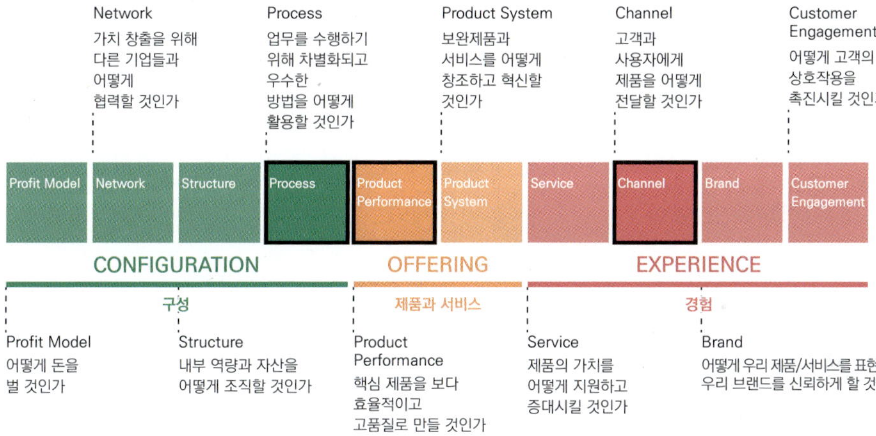

스타스테크는 총 세 가지 유형의 혁신을 수행하고 있다.

Process

스타스테크는 버려지는 해양 생물인 불가사리를 수거하여 자원화하는 공정을 통해 친환경 산업 자원으로 전환하는 기술을 개발했다. 불가사리는 세척과 선별, 열처리 과정을 거친 뒤 염분과 단백질을 제거하고 뼛조각에서 탄산칼슘 기반 다공성 구조체를 추출한다. 이 다공성 구조체는 제설제 소재로 사용되며, 미세한 기공 구조로 인해 제설 효율이 높고 부식 위험은 낮다. 해당 공정은 '친환경 제설제 및 제조방법', '불가사리 유래 다공성 구조체를 포함하는 조성물의 제조방법' 등 국내외에서 총 5건 이상의 특허를 보유하고 있으며, 한국, 미국, 중국, PCT 국제 특허를 포함한 글로벌 기술 보호 체계를 구축했다. 이를 통해 스타스테크는 해양 생물 처리 문제를 해결함과 동시에 업사이클링 산업 생태계를 선도하고 있다.

Product Performance

다공성 구조체를 활용한 친환경 제설제 'ECO-ST1'을 개발해 공공조달 시장에 공급하고 있다. 이 제설제는 제설 효과는 유지하면서 도로, 차량, 토양에 미치는 부식 영향을 크게 줄였으며, 캐나다 도로교통부의 조달 인증 리스트(APL)에 'Proven' 등급으로 등재되어 해외에서도 품질을 공식적으로 인정받고 있다. 구조체 추출 이후 남은 불가사리 원료에서 고기능성 콜라겐을 정제해 'Penellagen'이라는 원료로 공급하고 있으며, 이는 자사 화장품 브랜드 '라보페'의 침투 앰플 제품에 사용된다. 마지막 단계의 부산물은 액상 비료로 전환되어 '불쑥이'라는 제품명으로 농가에 공급된다. 하나의 원재료를 세 단계에 걸쳐 완전 자원화하여 고부가가치를 실현하고 있다.

Channel

공공조달, 민간 유통, 해외 수출 등 다양한 채널을 통해 고객에게 공급되고 있다. ECO-ST1은 조달청 우수조달제품으로 지정되어 국내 지자체와 도로공사 등 공공기관에 공급되고 있으며, 일본 조달시장 진입을 위한 수출 시범사업도 병행 중이다. '불쑥이'는 유기농 농가 및 일반 소비자를 대상으로 전국 유통 대리점을 통해 공급되며, Penellagen은 자사 브랜드 '라보페'의 온라인몰을 중심으로 판매되고 있다. 또한 콜라겐 앰플은 화장품 OEM 기업들과의 협업을 통해 B2B 유통도 진행 중이다. 제설제·비료·콜라겐이라는 세 가지 제품군이 서로 다른 채널에서 각각의 시장 수요를 충족시키며, 스타스테크의 전체 사업 포트폴리오에 안정성과 확장성을 부여하고 있다.

디캔트(Decant)
와인 부산물 업사이클링을 통한 지속가능 소비문화 창출

1 기업개요

디캔트는 와인 생산 이후 남는 부산물을 재가공하여 새로운 가치를 부여하는 업사이클링 기업으로, 지속가능한 소비문화 확산을 목표로 한다. 대표 브랜드 '빈느와(BINNOIR)'는 '버려지는 것에 아름다움을 입히다'라는 철학을 바탕으로 포도 껍질 등 와인 부산물을 친환경 화장품 원료 및 식품 소재로 재활용하는 제품들을 선보이고 있다. 디캔트는 업사이클링을 단순한 재사용이 아닌 소비자 인식 전환의 도구로 삼으며, 제품의 미적 가치와 기능적 효용을 동시에 추구한다.

지속가능성을 향한 노력은 다양한 인증과 파트너십을 통해 입증되고 있다. 디캔트는 2021년 환경부 녹색기술 인증을 비롯해 국제화장품원료집(ICID) 등재, 전 제품 비건 인증을 획득하였으며, 아마존에서 'Climate Pledge Friendly' 인증도 받았다. 또한, 뷰티를 넘어 식품, 라이프스타일까지 사업 영역을 확장하고 있으며, 국산 농산 부산물을 활용한 50개 제품 개발과 95% 이상 재활용률 달성, 농산 부산물 처리 시설의 해외 구축 등을 중장기 목표로 추진 중이다. 디캔트는 농업, 환경, 소비의 선순환 구조를 실현하며, 자원 순환 기반의 새로운 시장을 개척하고 있다.

2 Business Model Canvas 분석

경쟁력

디캔트의 비즈니스 모델은 식음료 산업의 미활용 부산물을 고부가가치 소재로 전환하여 자원 순환 구조를 구축하는 데 초점을 맞추고 있다. 문제점 정의에서 디캔트는 연간 1천만 톤 이상 발생하는 와인 부산물(퍼미스)이 대부분 매립 또는 소각되어 환경 부담을 유발하고, 활용되지 못한 채 낭비되고 있다는 점에 주목했다. 또한, 이러한 부산물은 이산화탄소배출과 직접적으로 연결되며, 기술적 처리 없

경쟁력 / **시장수용성**

문제점

- 연간 1천만 톤 이상의 와인 부산물(퍼미스)이 매립되거나 소각되며, 식품 쓰레기와 동일한 환경 문제를 유발
- 폭우나 우박 등 기상 재해로 버려지는 농산물 낭비

솔루션

- 디캔트의 자체 기술인 그린 티켄팅 테크놀로지(GDT) 활용
- 부산물의 기능성 성분을 약 800% 정도 증폭시켜주는 역할을 하고 친환경률도 높여 부산물의 약 93% 정도 재활용할 수 있는 기술

기존대안

- 유럽은 정부 차원의 부산물 관리
- 미국은 부산물 발생량에 따른 환경부담금 부과

핵심지표

- 그린 티켄팅 테크놀로지를 활용하여 농산 부산물 내 유효 성분 함량을 최대화하고, 적절한 소재로 전환
- 농산 부산물을 원료로 하는 화장품, 향수, 건강기능식품 제품을 생산
- 동일한 공정에서 만드는 식품과 화장품

가치제안

- 일상에 와인 문화를 담아내는 새로운 경험, 와인을 디캔팅하듯 하루 속 일상을 무드 있게 디캔팅하세요!

상위개념

- 농산물 부산물로부터 개발한 원료를 기능성 화장품과 건강기능 식품에 융합 적용하여, 제품 범위를 확대하는 다기능 플랫폼 전략을 지향

경쟁우위

- 국내 20여 곳 이상의 와이너리 네트워크를 통해 안정적인 원료 확보와 가격 경쟁력을 갖추고 있으며, 자원 연계성이 높음

채널

- 박람회
- SNS 광고 (인스타그램, 페이스북 등)
- 온라인몰

목표고객

- 친환경 및 비건 제품을 지향하는 가치소비 고객
- 농산 부산물의 활용을 고민하는 국내 농가
- 환경부담금을 부담해야 하는 와이너리

얼리어답터

- 친환경 소비에 관심이 많지만, 실제 부산물 기반 제품을 사용해 본 적이 없는 초기 수용자층

비용 구조

- 기술 연구개발 및 파일럿 공정 테스트 비용
- 인건비 및 마케팅비
- 제품 생산 및 유통비용
- 와인 부산물 해외 운송 및 가공 전 비용

수익원

- 와인 퍼미스를 활용한 화장품이나 건강기능식품 판매
- 그린 티켄팅 테크놀로지(GDT)를 적용해 개발한 원료를 화장품 기업에 납품하는 B2B로 사업 확장

생존가능성

Environmental(or Social) Costs

- 추출 공정과 설비 운영에서의 에너지 소비
- 와이너리로부터 퍼머스를 수거하고 이를 공장으로 운송하는 과정에서 에너지 소비

Environmental(or Social) Benefits

- 버려지던 와인 부산물에 자원으로서의 가치를 부여
- 부산물에 대한 사회 인식 자체를 긍정적으로 전환시키고, 소비재 시장에서의 가치를 재정립
- 아마존에서 '미래 세대를 위해 지구를 보호하는 지속 가능한 제품'임을 인정받아 'Climate Pledge Friendly' 배지 취득
- 그린 티켄팅 테크놀로지(GDT)를 통해 기능성 부분을 훨씬 더 증폭시킨다라는 기능적 측면이 우수할 뿐만 아니라 버려지는 부산물을 약 93% 이상 재활용 가능한 친환경 공정 구조 구현
- 국내 20여 곳의 와이너리에서 나오는 와인 퍼미스를 농협을 통해 무상으로 제공받고 있고, 와이너리 네트워크를 통해 해외에서 들여오는 와인 퍼미스도 운반료만 내고 있어 고품질의 제품을 중저가 가격대에 판매 가능

ESG가치

이 시장에서 가치 있게 활용되기 어려운 한계가 존재했다. 이 같은 문제를 해결하기 위해 **솔루션**으로는 디캔트의 자체 기술인 '그린 티캔팅 테크놀로지(GDT)'를 개발하였다. 해당 기술은 부산물 내 유효성분을 최대 800%까지 증폭시키며, 기능성과 안전성을 유지한 상태로 고기능성 화장품 및 건강기능식품에 활용할 수 있는 전환 원료를 생산한다. 동일한 공정 내에서 식품과 화장품 원료를 융합 생산할

수 있는 구조를 갖추고 있어 제조 효율성 측면에서도 경쟁력을 가진다. 기존 대안은 정부 보조금에 의존한 폐기물 처리 방식이거나 용도가 제한된 단순 재사용 수준에 그쳤던 반면, 디캔트는 민간 기술 기반의 전환 공정을 통해 제품성과 수익성을 동시에 실현할 수 있는 독립 모델을 구축하며, 핵심 지표(예: 전환 원료의 유효 성분 보존율, 제품화 전환 효율, 원료 융합 구조 적용 가능성)를 명확히 제시한다.

시장수용성

디캔트의 가치제안은 감각적 만족과 지속가능성을 결합한 소비 경험을 제공하는 데 있다. 와인 부산물이라는 낯선 소재를 정제 기술과 스토리텔링을 통해 일상 소비재로 전환하며, 소비자가 자원 순환을 실천할 수 있는 기회를 제공한다. 경쟁우위는 국내 20여 곳 이상의 와이너리 네트워크를 기반으로 안정적인 원료 확보와 가격 경쟁력을 동시에 갖추고 있다는 점이다. 이는 단순한 제품 생산 차원을 넘어, 유통 및 공급 구조 전반의 효율성과 연계성을 고려한 전략이라 할 수 있다. 고객 세그먼트는 비건·친환경 제품을 선호하는 MZ세대, 가치소비에 민감한 웰니스 소비자, 농산 부산물 활용을 고민하는 중소 와이너리 등으로 구성되며, 제품에 담긴 메시지와 기술력을 동시에 중시하는 소비층이 중심을 이룬다. 얼리어답터는 친환경 소비에는 관심이 있으나, 잔여물 기반 제품을 실제로 사용해 본 경험이 없는 소비자층이다. 이들에게는 실용성과 감각을 모두 갖춘 첫 경험으로써 브랜드가 전달된다. 상위개념으로 디캔트는 농산물 부산물로부터 도출된 기능성 원료를 화장품과 건강기능식품에 융합 적용하는 소재 플랫폼으로서의 확장 가능성을 지향하고 있다. 유통 채널은 박람회, 온라인몰, 인스타그램 및 페이스북 중심의 SNS 광고 등으로 구성되며, 직접 판매와 B2B 유통을 병행하여 브랜드와 제품에 대한 접근성을 높이고 있다.

생존가능성

수익원은 크게 두 가지로 구성된다. 첫째, 와인 부산물 퍼미스를 활용한 화장품 및 건강기능식품의 직접 판매, 둘째, GDT 공정을 통해 개발된 전환 원료를 타 화장품·식품 기업에 공급하는 B2B 납품 구조다. 이를 통해 자체 브랜드와 원료 사업을 병행하며, 수익 구조의 다변화를 추구하고 있다. **비용 구조**는 기술 개발 및 제품 테스트를 위한 연구개발비, 인건비와 마케팅비, 제품 생산 및 유통에 따른 직접비용, 해외 원료 운송에 따른 물류비 등으로 구성되며, 초기 고정비를 감수하더라도 장기적인 수익 기반 확보가 가능한 구조로 설계되어 있다.

ESG가치

ESG 측면의 환경 및 사회적 영향 모두에서 긍정적인 기여를 창출하고 있다. 와인 부산물이라는 버려지는 자원에 새로운 가치를 부여함으로써 폐기물 감축과 자원 순환이라는 환경적 효과를 실현하며, 약 93% 이상의 재활용률을 달성한 친환경 공정 구조를 구축하였다. 사회적 측면에서는 국내 와이너리의 부산물 처리 부담을 줄이고, 생산자에게 새로운 수익 기회를 제공하는 동시에, 소비자에게는 가치소비를 실현할 수 있는 선택지를 제공한다. 또한, 디캔트의 제품은 아마존 '기후서약 친화 제품(Climate Pledge Friendly)' 인증을 획득함으로써, 기술력과 사회적 신뢰를 동시에 확보하고 있다.

3 돈과 정보의 흐름 분석

디캔트의 비즈니스 구조는 사용자(소비자), 제품 기획 및 기술 운영 주체(디캔트), 그리고 와인 부산물 공급 파트너 간의 유기적인 정보 흐름과 금전적 가치 흐름을 기반으로 운영된다. 먼저 정보의 흐름은 기술 공정과 제품 기획에서 시작된다. 와인 제조 과정에서 발생하는 부산물 '퍼미스'는 디캔트의 자체 기술인 '그린 티켄팅 테크놀로지'를 통해 기능성 원료로 전환되며, 이 과정에서 생성되는 유효 성분 함량, 정제율, 활용 가능 범위 등의 정보는 제품 설계와 브랜드 전략에 반영된다. 전환된 원료는 뷰티 브랜드 '빈느와'의 제품으로 구현되며, 소비자에게 전달된 이후에는 사용 후 피드백, 만족도, 재구매 정보 등이 디캔트에 환류된다. 또한, 원료 수거 단계에서는 공급처와의 연계를 통해 품질, 수거 일정, 보관 상태 등의 정보가 실시간으로 교환되며, 공정 안정성과 수급 계획을 조율하는 데 활용된다.

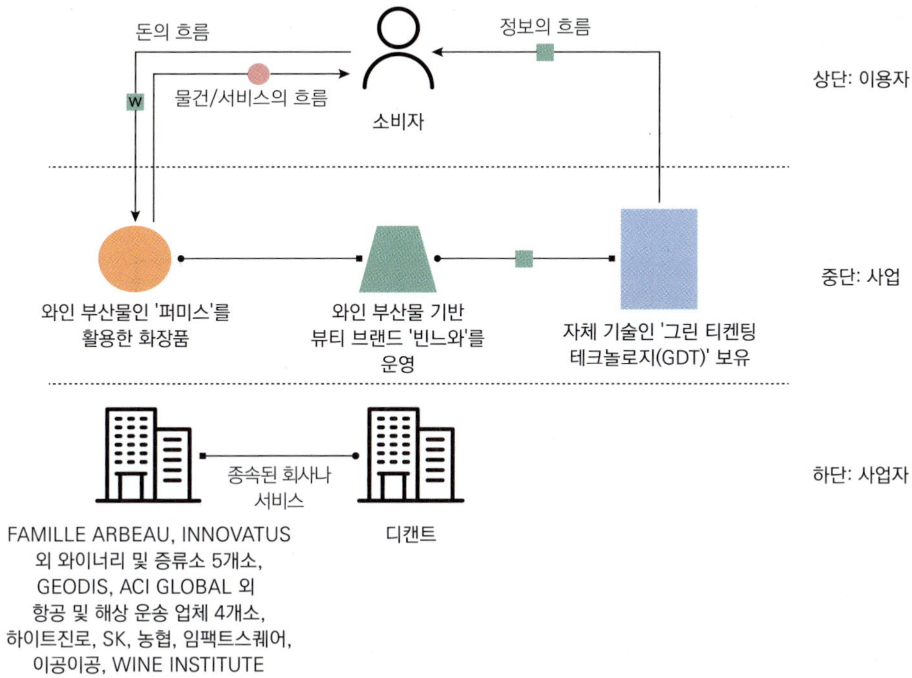

돈의 흐름은 제품 거래를 중심으로 소비자와 디캔트 간에 발생한다. 소비자는 '빈느와' 제품을 구매하며, 이에 대한 수익은 디캔트의 운영 재원으로 환류된다. 확보된 수익은 기술 공정 유지, 브랜드 마케팅, 유통 활동 등에 재투자되며, 일부는 원료 수급과 외부 협력 구조를 운영하기 위한 비용으로 사용된다. 파트너사 및 협력기관 등은 원료 제공, 물류 지원, 캠페인 협력 등 다양한 방식으로 디캔트의 가치사슬에 관여하며, 이들 간의 협업은 기술-브랜드-소비자 간 연결 구조를 강화하는 역할을 한다. 디캔트는 이와 같은 정보 순환과 금전 흐름을 통해 '부산물 수거 → 기능성 전환 → 브랜드 제품화 → 소비자 구매 → 수익 재투자'의 선순환 구조를 실현하고 있으며, 폐기물 기반의 제품화가 지속가능한 비즈니스 모델로 자리 잡을 수 있음을 증명하고 있다.

4 Innovation Type 분석

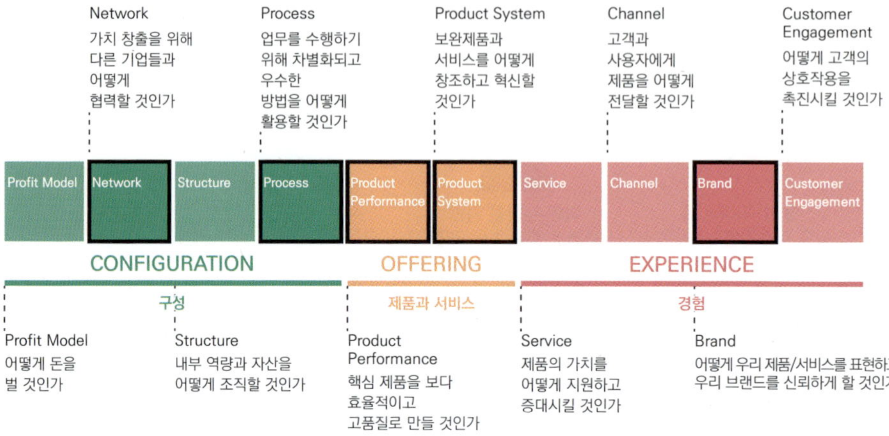

디캔트는 총 다섯 가지 유형의 혁신을 수행하고 있다.

Network

디캔트는 대구경북농협, 영주농산물유통센터 등과 협력하여 와인 부산물뿐 아니라 비상품 과일까지 수거 범위를 확장하며, 원물 확보 단계에서부터 지역 기반 연계 시스템을 구축하고 있다. 이러한 협력 구조는 공급 안정성을 넘어, 지역 농산물 순환 기반의 비즈니스 모델을 형성하는 데 기여한다.

Process

디캔트는 항산화 성분이 풍부한 와인 페머스를 활용하여 고기능 화장품 원료로 전환하는 공정을 개발하였다. '그린 티켄팅 테크놀로지'는 기존에 버려지던 부산물에서 유효 성분을 최대 800%까지 증폭시키는 기술로, 해당 공정을 통해 디캔트는 2021년 녹색기술인증을 획득하며 기술적 차별성을 인정받았다.

Product Performance

GDT 공정에서 생산된 전환 원료는 항산화, 진정, 보습 등의 효능을 갖춘 다기능 소재로, 화장품과 건강기능식품에 모두 적용이 가능하다. 특히, 캘리포니아에서는 와인 퍼미스 1톤 처리에 약 40만 원의 비용이 발생하는 반면, 디캔트는 동일 자원을 고부가가치 원료로 활용함으로써 환경비용을 절감하고, 역으로 수익화가 가능한 구조를 마련하고 있다.

Product System

디캔트는 와인 부산물을 원료로 활용하여 화장품과 식품 모두에 적용 가능한 고기능성 소재를 생산하고 있다. 자체 기술인 GDT 공정은 유효 성분을 안정적으로 보존하면서도 전환 효율을 높이는 방식으로 운영되며, 이를 통해 식품·뷰티 융합 제품 개발이 가능한 원료 전환 구조를 확보하고 있다. 또한, 공정 과정에서 발생하는 잔여물의 처리 효율이 높아 재활용률이 약 93%에 이르는 것으로 확인된다.

Brand

디캔트는 기술 중심의 기업임에도 감각적 디자인과 스토리텔링을 접목한 브랜드 전략을 통해 소비자와의 정서적 연결을 강화하고 있다. 국내외 공신력 확보 또한 병행하고 있으며, 아마존 'Climate Pledge Friendly' 인증을 비롯해 ICID 등재, 비건 인증 등을 통해 브랜드 신뢰도를 높여가고 있다.

마이셀(Mycel)
균사체 기반 바이오 소재로 산업의 순환 설계

1 기업개요

마이셀은 2020년 설립된 바이오 소재 기업으로, 곰팡이 균사체(mycelium)를 활용해 생물 유래의 대체 소재를 연구·개발하고 있다. 동물성 가죽과 플라스틱 소재의 환경적 한계를 해결하기 위해 생물 모방 기반의 자연순환형 공정을 구현하고 있으며, 생태계 내 순환을 고려한 대체가죽, 생분해 필름, 친환경 완충재 등 다양한 용도의 바이오 소재를 생산한다. 마이셀은 단순한 친환경 소재를 넘어서, 공생과 분해가 가능한 균사체의 생태적 특성에 주목하여 기존 산업의 구조를 바꾸는 스마트 패브릭 공정 개발에도 집중하고 있다. 특히, 버섯에서 채취한 430여 종 균주 중 100여 종의 산업 적용 가능 균주를 확보하고 있으며, 전 세계에서 플라스틱 대체재로 주목받고 있는 소재 시장에서 차세대 바이오 패브릭 선도 기업으로 성장하고 있다.

2 Business Model Canvas 분석

경쟁력

마이셀은 기존 가죽 산업이 초래하는 탄소배출, 수질 오염, 동물 복지 침해 등 다양한 환경·사회적 문제를 해결하고자, 곰팡이 균사체를 기반으로 한 바이오 소재 개발에 나섰다. **문제점 정의**에서 천연가죽은 가공 과정에서 막대한 물과 에너지를 소모하고, 인조가죽은 생분해가 불가능하다는 구조적 한계를 지닌다. 이러한 문제에 대한 **솔루션**으로 마이셀은 곰팡이 균사체의 유연한 조직 구조와 생물학적 특성에 주목하여, 실제 가죽과 유사한 촉감과 내구성을 가진 대체가죽을 제시하였다. **기존 대안**으로는 비건 레더, 식물성 원단 등이 존재하지만, 내구성이나 통기성 측면에서 품질 한계가 뚜렷했으며, 일부는 접착제나 방부제 등 화학물질을 포함해 오히려 친환경성과 거리가 있었다. 이에 비해 마이셀은 자체 공정을 통해 이산화탄소배출량을 기존 대비 99% 이상 줄이고, 인장강도는 14배 이상 향상시키는 등 기술적 차별성을 확보하였다. 실제 생산 공정에서는 4주 이내 제품화가 가능하며, 자동화와 AI 기반 공정으로의 전환도 추진 중이다. 이처럼 마이셀은 문제 해결 중심의 기술 개발을 통해, **핵심 지표**(온실가스 감축률, 물성 개선 효과, 생산 소요 기간 등)를 명확히 제시하며 경쟁력을 확보해 가고 있다.

경쟁력 / 시장수용성

문제점
- 천연가죽 인조가죽 가공 과정에서 엄청난 양의 물이 필요하고, 환경오염 물질을 배출
- 연간 온실가스 배출량의 20%를 차지하는 축산업
- 식물성 추출 단백질의 한계

솔루션
- 자동차에 사용되는 가죽, 옷 소재를 버섯 균사체 기반 가죽으로 대체
- 타 대체육 대비 배출되는 이산화탄소의 양이 14배 감소되는 버섯 균사체 기반 고기로 대체

가치제안
- 진정한 친환경 소재로 만든 옷과 신발! 졸깃탱탱, 실제 고기와 다를 바 없는 버섯 대체육을 느껴보세요!

경쟁우위
- 균사체 기반 대체가죽으로 이산화탄소 배출량 99% 저감
- 기존 가죽 대비 인장강도 14배, 소재 두께 및 밀도도 조절 가능
- 실제 고기와 유사한 식감과 구조감 · 촉감을 구현

목표고객
- 친환경 브랜드를 지향 하는 패션 및 소비재 기업
- 동물복지 · 비건 관련 가 치를 추구하는 기업 및 소비자
- 버섯 균사체 기반 대체 가죽, 대체육으로 친환경 제품을 생산하고자 하는 기업

기존대안
- 친환경 가죽, 비건 가죽
- 버섯 기반 대체소재는 해외 사례만 존재, 국내는 상용화 전무
- 콩 기반 대체육

핵심지표
- 대체가죽 공정에 들어가는 물 사용량과 이산화탄소 배출량을 99% 이상 줄일 수 있어서 친환경적
- 생산비용 감소
- 짧은 생산과정 (균 배양부터 가죽 공정까지 4주 소요)
- 타 대체육 대비 친환경적

상위개념
- 버섯 균사체 배양 연구를 통해 기존 대안 대비 친환경적인 버섯 균사체 기반 가죽과 대체육 제공
- 비건 트렌드, 순환경제 구조에 적합한 융합형 바이오 제품군

채널
- 박람회/엑스포
- 브랜드 협업 채널 (SNS, 디자이너 마켓)
- 자사 홈페이지

얼리어답터
- 식감 · 질감 중심의 가치 소비층
- 지속가능 소비에 민감한 소비층
- 가죽 대체재에 거부감이 낮은 신규시장, 기업

비용 구조
- 원료 배양, 가공 공정에 따른 설비비
- 소재 안정성 확보 위한 R&D 비용
- 자동화 · AI 기반 공정 전환 투자

수익원
- 버섯 균사체 기반 대체가죽, 대체육 판매 수익
- 완제품 협업 브랜드와의 라이선스 수익
- 버섯으로 만든 스니커즈 판매 수익(미래수익)

생존가능성

Environmental(or Social) Costs
- 균사체 소재를 대량으로 생산하기 위한 스마트 팩토리 설비 구축 및 운영에는 고온 · 전력 · 환기 등 에너지 투입이 많아 탄소배출과 전력소비 발생
- 스마트 팩토리 구축, 균사체 가죽 및 단백실 양산 설비에 대규모 투자 필요

Environmental(or Social) Benefits
- 대체가죽 공정에 들어가는 물 사용량과 이산화탄소 배출량을 99% 줄일 수 있어서 친환경적
- 버섯 균사체로 대체하면 가죽산업의 1%까지 탄소배출 감소 가능
- 버섯 균사체 대체육은 타 대체육 대비 배출되는 이산화탄소의 양이 14배 감소 가능
- 산업 폐기물 대체 가능성이 높고, 순환 경제형 원료로 확장 가능
- 타 대체가죽 대비 균 배양부터 가죽 공정까지 4주 정도 짧은 생산 과정
- 균사체는 흙을 잡는 생리적 특성이 있어서 가죽으로 만들 때 따로 접착제를 쓰지 않아도 되므로 생산 비용이 감소

ESG가치

시장수용성

마이셀은 곰팡이 균사체를 활용한 바이오 가죽을 통해 **가치제안**으로 '비건, 생분해, 고품질'이라는 세 가지 핵심 가치를 제시하고 있다. 균사체 기반 소재는 실제 가죽과 유사한 촉감, 밀도, 인장강도를 구현할 수 있으며, 사용자가 기능과 감각 모두에서 친환경 대체재로 인식할 수 있도록 설계되었다. 이는 단순한 대체재를 넘어 가죽 산업의 구조적 한계를 기술로 극복하려는 방향성을 반영한다. **경쟁우위**는 독자적인 배양 및 건조 공정 기술에 있으며, 특히, 소재의 밀도, 두께, 유연성, 강도 등 고객 요구에 맞게 조절할 수 있다는 점에서 차별성을 갖는다. 실제로 마이셀은 기존 가죽 대비 인장강도 약 14배 향상, 유사한 촉감 구현, 두께 및 밀도 커스터마이징이 가능해 고급 브랜드 소재로서의 수요를 충족할 수 있다. **고객 세그먼트**는 친환경 소재를 필요로 하는 패션·인테리어 브랜드, 고급 자동차 내장재 시장, 지속가능성을 중시하는 글로벌 브랜드뿐 아니라, 동물복지 및 푸드테크 기업 등 확장 가능한 시장을 포함한다. **얼리어답터**는 지속가능한 소재를 찾는 프리미엄 브랜드, 감각과 윤리를 중시하는 MZ세대 소비자, 혁신 소재에 관심이 높은 디자이너 집단으로 구성된다. **상위개념**으로는 균사체 배양 기반의 순환형 바이오 소재 생태계를 구축하는 것으로 단순한 대체재를 넘어 환경 규제에 적합한 차세대 표준 소재로 자리잡는 것을 목표로 한다. **유통 채널**은 국내외 B2B 수주 방식 외에도 박람회·엑스포 참가, SNS 및 디자인 마켓 활용, 자사 홈페이지를 통한 직접 판매 등으로 확대되고 있다.

생존가능성

수익원은 균사체 기반 대체가죽의 직접 판매(B2B)와 기술 라이선싱, 맞춤형 소재 개발 계약으로 구성된다. 향후 브랜드 맞춤형 소재 공급을 통해 프리미엄 수익구조를 확립할 계획이다. **비용 구조**는 균사체 배양 및 가공을 위한 R&D 비용, 생산 설비 유지비, 소재 인증 및 품질 테스트 비용, 파트너사 대상 기술 설명 및 영업비용 등으로 구성된다. 특히, 대체가죽의 대량 생산을 위한 제조 최적화 및 공정 자동화 비용이 핵심 투자 항목으로 꼽힌다.

ESG가치

ESG 측면의 환경 및 사회적 영향 측면에서, 동물 유래 가죽의 대안으로서 생분해가 가능한 균사체 소재를 통해 환경 부담을 획기적으로 줄이고 있다. 구체적으로 생물 기반 폐기물에서 균사체를 배양하는 방식은 가죽 생산 시 발생하는 물 오염, 탄소배출 등을 실질적으로 줄이는 효과가 있다. 또한, 동물복지에 대한 글로벌 사회적 요구에 부응하는 방식으로 소재 산업의 새로운 기준을 제시하며, 친환경 인증 및 지속가능 브랜드 파트너십을 통해 사회적 신뢰도를 확보해 가고 있다.

3 돈과 정보의 흐름 분석

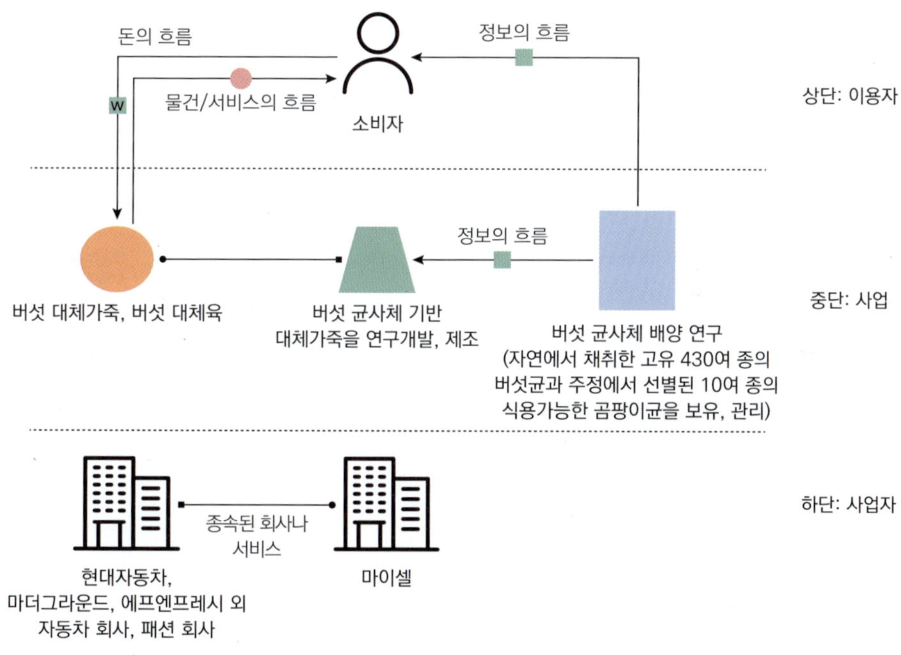

마이셀의 비즈니스 구조는 최종 소비자, 중간 설계·제조 주체, 그리고 마이셀 본사 간의 유기적인 정보 흐름과 금전적 가치 흐름을 기반으로 운영된다. 정보의 흐름은 균사체 기반 소재의 원천 기술에서 시작된다. 마이셀은 자연에서 채취한 약 430여 종의 버섯균과 주정균 중 식용이 가능한 10여 종을 선별하여 보유하고 있으며, 이를 기반으로 배양 최적화, 품종 관리, 제형 설계 등 제품화 과정 전반에 걸친 데이터를 축적하고 있다. 이 정보는 자체 기술을 통해 버섯 균사체를 가공하고 대체가죽으로 제조하는 데 활용되며, 이후 완제품의 품질, 적용 가능 분야, 물성 데이터 등은 소비자와 브랜드 파트너사에 다시 전달된다.

돈의 흐름은 소비자와의 제품 구매 거래, 그리고 파트너사와의 OEM · ODM 계약, 라이선싱 및 수주 계약을 통해 발생한다. 마이셀은 균사체 기반 대체가죽을 활용한 완제품(예: 스니커즈, 대체육)을 직접 판매하거나, 국내외 모빌리티 기업 및 패션 브랜드 등과 협업하여 소재를 납품하고 있다. 이때 발생하는 수익은 다시 균사체 배양 연구와 자동화 생산 설비 확장에 재투입된다. 또한, 원료 공급에서 제품 판매에 이르는 모든 가치사슬은 마이셀 중심으로 통합되어 있어, 정보와 돈의 흐름이 기술 기반 구조 내에서 순환하는 구조를 이룬다. 이를 통해 마이셀은 균사체 기반 원료 → 소재 전환 → 제품화 → 유통으로 이어지는 지속가능한 사업 모델을 구축하고 있다.

4 Innovation Type 분석

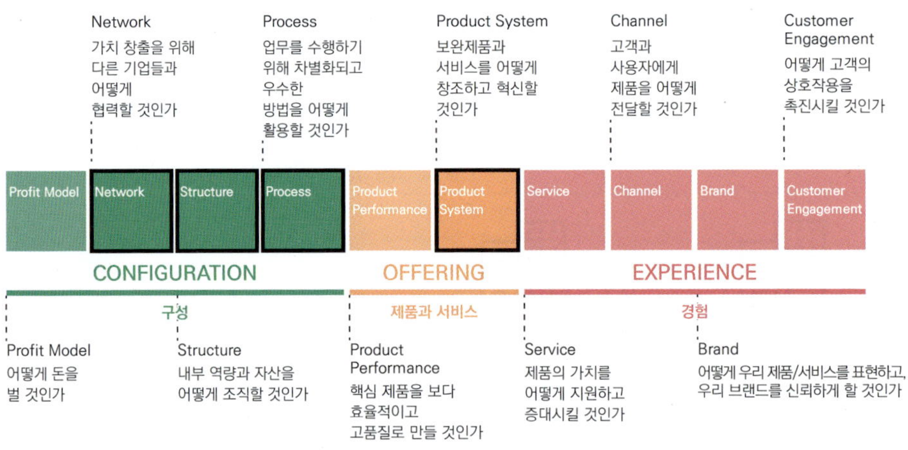

마이셀은 총 네 가지 유형의 혁신을 수행하고 있다.

Network

마이셀은 균사체 기반 대체가죽의 상용화를 위해 다양한 업계와의 협력을 확장해 나가고 있다. 특히 재생에너지 전환, 자동화 설비 구축, 라이선싱 등 각기 다른 산업 주체와의 협업을 통해 기술의 적용 범위를 넓히고 있으며, 일부 글로벌 패션·라이프스타일 브랜드와도 공동 프로젝트를 진행하고 있다. 단순한 소재 납품이 아닌, 브랜드 가치관을 공유하는 방식으로 파트너십을 설계하고 있다는 점이 특징이다.

Structure

균사체 기반 소재 연구부터 생산까지의 전 공정을 자체 개발하여 내재화하고 있다. 균사체 배양, 건조, 물성 제어 공정을 단일 설비 안에서 수행 가능하도록 설계하였으며, 에너지와 물 소비를 최소화하는 구조를 기반으로 친환경성과 대량생산 가능성을 동시에 확보하고 있다.

Process

마이셀은 균사체 기반 가죽을 빠르고 안정적으로 양산하기 위해 생산 공정 차별화에 주력하고 있다. 글로벌 시장에서는 이미 수십 개 기업이 관련 기술을 상용화하고 있으며, 일부는 명품 브랜드 및 글로벌 스포츠 브랜드와 협업을 진행 중이다. 이에 마이셀은 경쟁력 확보를 위한 핵심 전략으로 자동화 설비 기반의 생산체계를 구축하고 있으며, 이를 위해 강원도 원주에 약 3,000평 규모의 공장 부지를 확보하였다. 이러한 생산 기반은 향후 균일한 품질과 높은 생산성을 동시에 확보할 수 있는 중요한 기반이 된다.

Product System

균사체 기반 대체가죽 기술을 식품·패션·생활소재 등 다양한 분야에 적용할 수 있도록 설계하였다. 동일 균주에서 파생된 균사체를 활용해 비건 가죽 외에도 대체육이나 기능성 소재로 전환이 가능하며, 이를 위해 자사 공정은 소재 안전성과 용도 적합성을 동시에 고려한 구조를 갖추고 있다. 대체육 등 식품 용도의 확장을 위해 식품의약품안전처의 식품원료 목록 등록을 완료하였으며, 위생 검증 및 독성 테스트도 진행 중이다. 이처럼 하나의 균사체 공정에서 다중 제품군을 제조할 수 있는 시스템은 향후 제품 다각화와 시장 확장의 기반이 된다.

에이이에스텍(AESTech)
무수 암모니아 기반 수소 생산 기술을 통한 에너지 혁신

1 기업개요

에이이에스텍은 무수 암모니아를 활용한 전기 분해 방식으로 수소를 생산하는 시스템을 개발하는 청정에너지 기술 기업으로, 고온 반응이나 복잡한 분리 공정 없이 수소와 질소를 직접 추출할 수 있는 독자 기술을 보유하고 있다. 기존 수전해 방식 대비 에너지 소비를 3분의 1 이하로 줄일 수 있으며, 질소산화물 등 유해 부산물이 발생하지 않는 친환경 공정을 구현한다. 암모니아 저장 및 운반이 가능한 인프라 기반을 활용해, 안정적이고 효율적인 수소 공급망 구축을 가능하게 한다. 에이이에스텍은 무탄소 수소 생산이 가능한 전기화학 시스템과 고분자 전해질 분리막 기술을 바탕으로 질소를 포함하지 않은 고순도 수소를 생산하며, 동일 양의 수소 생산 시 에너지 소모와 공정 복잡도를 획기적으로 줄일 수 있다. 이를 통해 탈탄소 시대의 수소 활용 기반을 확대하고, 차세대 수소 경제 인프라의 핵심 기술로 자리매김하고 있다.

2 Business Model Canvas 분석

경쟁력

에이이에스텍의 비즈니스 모델은 기존 수소 추출 방식의 한계를 극복하고, 고효율·저에너지 기반의 수소 생산 체계를 실현하기 위한 기술 중심의 구조로 설계되어 있다. **문제점 정의**에서 에이이에스텍은 고온 반응을 기반으로 한 기존 수소 생산 방식이 높은 에너지 소모와 이산화탄소배출, 복잡한 분리 공정으로 인해 실효성이 낮다는 점에 주목하였다. 특히, 암모니아를 활용한 방식에서도 질소산화물(NOx)과 같은 유해가스가 발생하는 문제를 해결할 필요가 있었다. 이 같은 문제를 해결하기 위해 **솔루션**으로는 별도의 고온 반응 없이 수소와 질소를 직접 분리할 수 있는 무수 암모니아 기반 전기분해 기술을 제시한다. 해당 기술은 NOx를 포함한 유해가스를 발생시키지 않으며, 동일한 양의 수소를 생산하는 데 필요한 에너지를 기존 방식 대비 약 3분의 1 수준으로 줄일 수 있다. **기존 대안**은 신재생 에너지를 활용하거나 고온·고압 공정을 거치는 복잡한 방식에 의존해 왔지만, 에이이에스텍은 에너지 효율성과 구조적 단순성을 동시에 확보한 전기화학 기반 수소 생산 기술로 전환하였다. **핵심 지표**로는 수소 1kg 생산에 필요한 에너지 효율, 기존 대비 에너지 소비 절감률, 질소산화물 배출 여부, 별도 분리공정의 필요 유무 등이 있으며, 이는 기술의 친환경성과 상용화 가능성을 함께 판단할 수 있는 주요 기준으로 활용된다.

경쟁력 / 시장수용성

문제점	솔루션	가치제안	경쟁우위	목표고객
- 이산화탄소의 증가로 지구의 온도는 계속 상승하고, 온난화 현상이 가속 - 고온 반응이 필요한 기존 수소 추출 방식은 에너지 소모가 크고 공정이 복잡	- 기존 추출 방식들의 단점을 보완할 수 있는 전기분해 소수 추출 기술을 활용하여 수소 추출의 효율을 높이고, 안정적인 수소 공급을 통해 탄소 중립 사회로 가는 길을 개척	- 기존 추출 방식들의 단점을 보완한 액화 암모니아 기반 전기 분해 수소 생산 시스템으로 수소 효율을 높이고, 안정적으로 수소 수급을 받아보세요!	- 저에너지 비용 구조 - 고순도 수소 생산 가능 - 별도 분리공정 불필요 - NOx 발생 원천차단 - 소형 모듈화를 통한 분산형 적용 가능	- 수소전기차, 철도, 선박 기업 등 수소를 연료로 사용하는 산업체
기존대안	**핵심지표**	**상위개념**	**채널**	**얼리어답터**
- 신재생 에너지 사용 - 신재생 에너지 운송 수단으로 수소, 암모니아 수소 활용	- 우수한 에너지 효율 - 에너지 소모량 저감 - 분리공정 불필요 - NOx(질소산화물) 배출 없음	- 기존 암모니아 전기분해가 가지고 있던 낮은 전해율, 부식, 잔여 암모니아 발생의 문제점을 극복하여 낮은 에너지 효율, NOx 발생 등 타 기술이 가지는 한계에 대한 대안으로서 고효율 저비용 수소 생산 가능	- 박람회, 코엑스, 전시회 - 자사 홈페이지	- 기존 암모니아 기반 에너지를 사용하던 기업

비용 구조	수익원
- 연구개발비 - 인건비 - 마케팅 비용 - 설비 및 유지보수 비용	- 투자 수익 - 정부 지원금 - 액화 암모니아 기반 전기 분해 수소 추출기 판매 수익 - 액화 암모니아 기반 전기 분해 수소 에너지 판매 수익

생존가능성

Environmental(or Social) Costs	Environmental(or Social) Benefits
- 기술 개발과 인프라 구축에 상당한 자본 투입 필요 - 수소 생산 장비의 안전기준 준수, 제도적 인증 확보, 그리고 실증 프로젝트 추진 등 규제 적응에 따른 행정 및 시간적 비용 수반	- 동일 수소 생산 시 수전해 대비 1/3 에너지 비용으로 저에너지 비용 수소 제조 가능 - 에너지 효율을 높여 가격 경쟁력 부분에서 차별성 획득 - 암모니아는 단위 부피당 수소 저장 밀도가 액화 수소보다 1.7배 높고, 액화가 용이해 가장 현실적인 소수 운반체 - 수소와 질소를 분리하는 별도 다단계 분리 정제 공정 없이도 99.9% 이상의 고순도 수소 생산 가능

ESG가치

시장수용성

가치제안 측면에서 에이이에스텍은 기존 암모니아 기반 전기분해 방식의 한계를 보완하면서도, 에너지 효율성과 친환경성을 동시에 실현하는 수소 생산 솔루션을 제공한다. 이는 고비용 수소 추출 구조를 개선하고, 안정적인 공급망을 구축함으로써 다양한 산업 영역에 적용 가능하다는 점에서 의미가 있다. **경쟁우위**는 고순도 수소를 생산할 수 있는 기술력과 함께, 고온 반응이나 복잡한 공정 없이 수소와 질소를 직접 분리할 수 있는 공정 단순성에 있다. NOx가 발생하지 않으며, 별도의 스택 모듈화를 통해 공간 효율성과 확장성까지 확보할 수 있다는 점도 중요한 차별 요소이다. **고객 세그먼트**는 수소 전기차, 철도, 선박 등 수소를 에너지원으로 활용하는 운송 및 산업 분야 전반이며, **얼리어답터**로는 기존에 암모니아 기반 에너지 시스템을 사용해 본 경험이 있는 기업이 주목된다. **상위개념**으로는 기존 전기분해 기술의 구조적 한계를 넘어서 보다 단순하고 경제적인 수소 추출 시스템을 제공하는 것이며, 이는 기술 중심의 탈탄소 전환을 가능하게 하는 핵심적인 인프라로 작용할 수 있다. **유통 채널**은 박람회와 전시회 등을 중심으로 한 오프라인 홍보와 자사 홈페이지를 기반으로 한 B2B 채널이며, 초기 시장에서는 기술 도입 가능성이 높은 기업을 대상으로 한 직접 접점 형성이 중요한 전략으로 작용한다.

생존가능성

수익원은 투자 수익과 정부 지원금, 무수 암모니아 기반 수소 추출 장비의 판매, 그리고 수소 에너지를 공급하는 서비스 매출 등으로 구성된다. 이처럼 장비 판매와 에너지 공급이라는 이원화된 수익 구조는 기술 중심 기업의 안정적 재무 기반을 마련하는 데 유리하게 작용한다. **비용 구조**는 초기 단계에서는 연구개발비와 전문 인력 인건비 비중이 크며, 이후에는 마케팅, 전시회 참여, 설비 유지보수 등으로 지출 항목이 확장된다. 다만, 고온·고압 설비나 다단계 공정이 필요 없기 때문에 장기적으로는 유지 비용을 줄이고 원가 경쟁력을 확보할 수 있는 구조이다.

ESG가치

ESG 측면의 환경 및 사회적 영향을 살펴보면, 고온 반응 없이 수소를 생산하는 에이이에스텍의 기술은 공정 전반에서 탄소배출을 줄이고, 에너지 소비를 획기적으로 절감한다. NOx를 포함한 유해가스가 발생하지 않아 대기오염을 방지하고, 에너지 효율성이 높아 전체적인 전력 소비량을 낮출 수 있다. 또한, 암모니아는 저장 밀도가 높고 경제성이 뛰어나 기존 액화 수소 대비 운송과 저장의 부담을 줄이며, 이를 기반으로 한 분산형 수소 공급은 지역 단위의 에너지 자립에도 긍정적인 영향을 미친다. 고정형 설비에 의존하지 않고 다양한 환경에 유연하게 적용할 수 있는 구조는 에너지 접근성을 높이고 탈탄소 사회로의 전환을 실질적으로 앞당기는 데 기여한다.

3 돈과 정보의 흐름 분석

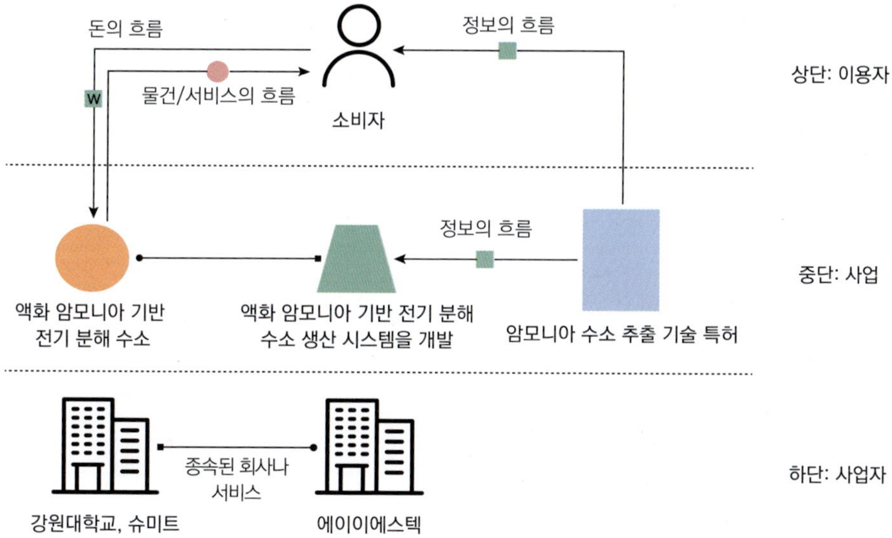

에이이에스텍의 비즈니스 구조는 상단의 최종 사용자(소비자), 중단의 기술 개발 및 공급 주체, 하단의 협력기관 및 파트너사 간의 유기적인 정보 흐름과 금전적 가치 흐름을 기반으로 설계되어 있다. 먼저 정보의 흐름은 암모니아 수소 추출

기술 특허를 기초로 하여, 전기 분해 기반의 수소 생산 시스템으로 이어진다. 이 시스템은 암모니아로부터 수소를 효율적으로 추출할 수 있도록 설계되어 있으며, 기술 개발 과정에서 발생한 데이터와 기술적 인사이트는 에이이에스텍 내부뿐 아니라 관련 특허 보유 기관과도 공유된다. 이후, 수소 생산 장비 및 수소 자체가 소비자에게 전달되며, 사용자는 해당 시스템의 성능에 대한 피드백을 정보 형태로 다시 사업자에게 제공한다. 이러한 반복적 정보 순환은 제품의 고도화와 시장 적응력 향상에 기여한다.

돈의 흐름은 수소를 구매하거나 기술을 활용하는 고객으로부터 시작된다. 소비자는 암모니아 기반 수소 생산 장비 또는 수소 자체에 대한 비용을 지불하며, 이 수익은 장비 공급 주체를 거쳐 에이이에스텍으로 귀속된다. 에이이에스텍은 기술 개발과 장비 운영, 특허 관리에 대한 대가로 협력사와 공동 수익 구조를 구성하며, 향후 상용화 시에는 수소 사용량에 따른 구독형 수익 모델로 확장될 가능성도 있다. 이러한 구조는 정보 기반의 기술 개발, 데이터 피드백, 상용화 매출이 선순환하는 형태로 구성되어 있으며, 기술 중심 청정에너지 기업으로서의 지속가능한 수익 창출 모델을 완성하는 데 기여하고 있다.

4 Innovation Type 분석

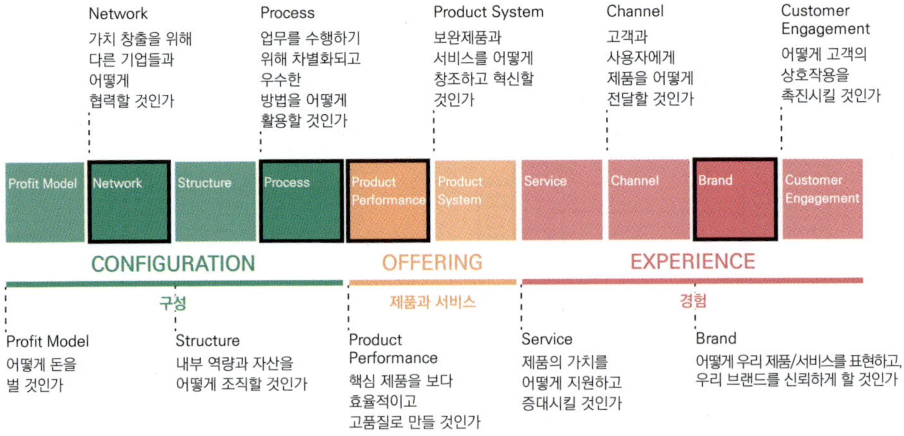

에이이에스텍은 총 네 가지 유형의 혁신을 수행하고 있다.

Network

무수 액화 암모니아 전기분해 수소 추출 시스템 개발을 위해 대학 연구팀과의 협력을 기반으로 기술 고도화를 추진하고 있다. 특히, 기술 이전 기관인 대학으로부터 암모니아 전기분해 시스템의 실험 검증 기반을 확보했으며, 관련 특허에 대한 안정적인 실행권리를 확보하고 있다. 또한, 지역 내 다수의 민간 협력 주체와 함께 기술 실증과 상용화 전략을 병행하고 있다. 이와 같은 기술 중심 협력 구조는 에이이에스텍의 수소 생산 시스템이 실제 현장 적용성을 갖출 수 있도록 뒷받침하며, 독립적인 연구개발보다 빠르고 효율적인 상용화로 이어질 수 있는 기반이 된다.

Process

에이이에스텍이 개발한 전기분해 수소 생산 기술은 기존 암모니아 분해 공정이 가진 고온 요구 조건, 복잡한 분리 시스템, 질소산화물(NOx) 배출 문제를 근본적으로 개선한 구조다. 500도 이상의 고온이 필요한 기존 방식과 달리, 에이이에스텍의 공정은 저온에서도 고효율 반응이 가능하며, 질소와 수소를 별도 공정 없이 분리할 수 있다. 이러한 간소화된 프로세스는 에너지 소비를 줄일 뿐 아니라, 공정 운영 시 발생 가능한 환경 오염 요소도 최소화함으로써 기술적 안정성과 친환경성을 동시에 확보하고 있다.

Product Performance

에이이에스텍은 단위 부피당 수소 저장 밀도가 높은 암모니아의 특성을 활용해, 보다 작고 효율적인 수소 생산 시스템을 설계하고 있다. 이 장비는 동일 조건하에서 수소 생산 시 기존 대비 약 3분의 1 수준의 에너지만을 소비하며, 고정형 설비 외에도 다양한 환경에서 설치와 운용이 가능하도록 모듈화된 구조로 제공된다. 또한, NOx 발생 없이 99.9% 이상의 순도를 구현할 수 있다는 점에서 제품 성능 차별성이 뚜렷하다. 고순도·저비용·소형화를 동시에 달성할 수 있는 설계는 실제 적용 시 에너지 전환 인프라로서의 경쟁력을 높이는 요인이 된다.

Brand

'세계 최초의 암모니아 전기분해 시스템' 상용화를 목표로 기술 고도화를 추진하고 있으며, 탄소중립 사회 전환을 위한 수소 기반 대안으로 주목받고 있다. 특히, 유해가스 배출 없이도 고순도의 수소를 안정적으로 생산할 수 있는 구조적 차별점은 기술력 중심의 브랜드 이미지를 형성하는 데 기여하고 있다. 또한, 유망 기술 기업으로 선정되어 국내외에서 기술력과 성장 가능성을 인정받은 점은, 파트너 및 투자자와의 신뢰 기반 형성에도 긍정적인 영향을 주고 있다.

이유씨엔씨(Eucnc)
에너지 절감 특수 도료로 실현하는 지속가능한 건축환경

1 기업개요

이유씨엔씨는 건축·산업 분야의 에너지 소비를 줄이기 위해 친환경 특수기능성 도료를 개발·생산하는 소재 기술 기업으로, 단차열 도료, 방염 도료, 불연 도료 등 맞춤형 코팅 솔루션을 통해 실내외 온도 조절과 에너지 효율을 동시에 개선하고 있다. ‘EUC-Therm(단차열 절감 도료)’, ‘EUC-Barrier(차열·방염 복합 코팅)’ 등 독자 기술을 보유하며, 공공시설, 산업단지, 민간 건축물 등 다양한 현장에 적용되어 탄소중립 기반의 건축환경 개선에 기여하고 있다. 이유씨엔씨는 단순한 기능성 도료 제조를 넘어, 지속가능한 도시 환경을 구현하는 에너지 절감 솔루션 기업으로 성장하고 있다.

2 Environmental/Social Lean Canvas 분석

경쟁력

이유씨엔씨는 에너지 효율이 낮은 건축환경과 탄소배출 증가라는 도시 인프라의 문제점을 해결하기 위해 특수 기능성 도료를 기반으로 한 친환경 솔루션을 제시하고 있다. **문제점 정의** 측면에서는, 도시 건축물에서 발생하는 냉·난방 에너지 손실과 그로 인한 탄소배출이 심각한 환경 문제로 지적되고 있으며, 이를 줄이기 위한 실질적 대응 수단이 부족한 상황이다. 이유씨엔씨는 이에 대한 **솔루션**으로, 고반사율 단차열 도료 및 열차단 기능이 강화된 절도 방염 도료 등을 개발하여, 외부 열 유입을 줄이고 에너지 사용을 절감하는 기술을 상용화하였다. 해당 도료는 여름철 실내 온도를 8~13℃ 낮추고, 냉방 설정을 1도만 줄여도 에너지 소비를 약 7% 절감할 수 있다는 현장 데이터를 바탕으로 기술 효과성을 입증하고 있다. **기존 대안**으로는 단열 또는 차열 특수 페인트가 일부 사용되고 있으나, 시공 복잡성이나 성능 편차, 친환경성 부족 등의 한계가 있다. 반면 이유씨엔씨의 기술은 **핵심 지표**로서 단순 도장만으로 시공이 가능하며, 친환경 소재 사용, 에너지 절감 효과, 열 차단 성능, 불연·방염 기능까지 포괄하고 있어 다양한 산업 현장에 적용 가능성이 높다.

경쟁력 / 시장수용성

문제점	솔루션	가치제안	경쟁우위	목표고객
- 탄소 배출량 증가로 환경 오염 심화 - 일반 건축물의 에너지 효율 낮음	- 탄소 저감 및 친환경 특수 코팅을 활용한 에너지 절감형 도료 개발	- 에너지 저감과 탄소중립을 선도하는 친환경 페인트	- 단차열도료(실내 온도 8~13°C 저감) - 불연도료(1800°C 이상에서도 열 차단 기능) - 절도 방염도료 (최대 5~7°C 저감) - 반사율 94.4%로 태양열 차단	- 친환경적 특수 페인트를 구매하고자 하는 기업

기존대안	핵심지표	상위개념	채널	얼리어답터
- 단열 또는 차열 특수 페인트	- 특수페인트를 통한 에너지 소비 감소 - 친환경 소재 사용으로 탄소 저감 - 기존 제품의 품질 편차나 불량률 최소화 - 시공 편의성/사회공헌 활동(페인트 기부 등)	- 탄소중립과 에너지 세이빙을 실현하는 지속가능 건축 솔루션	- 박람회, 엑스포 - 경진대회 - 지자체 - 자사 홈페이지 - 해외 수출	- 기존 제품의 한계에 불만을 느낀 기업 중 친환경성·단열·방염 성능을 중시하는 수요자

비용 구조	수익원
- 연구, 개발 비용 - 인건비 - 마케팅 비용 - 제품 제작 비용 - 공장 유지 비용	- 투자 수익 - 특수페인트 판매 수익

생존가능성

Environmental(or Social) Costs	Environmental(or Social) Benefits
- R&D 및 해외 인증비용 발생 - 해외 공장 설비 구축 시 발생하는 건설자재 활용 및 물류 등 환경적 영향	- 1~2회의 간단한 과정으로 시공 시간 단축 및 비용 절감 가능 - 기존 특수페인트에 불연/방열기능 추가

ESG가치

시장수용성

가치제안은 기존 건축물의 외피에 간단히 적용함으로써 에너지 절약과 탄소중립을 동시에 실현할 수 있다는 점에 있다. 특히 한 번의 도장만으로 실내 온도를 현저히 낮추고, 건물의 전체 에너지 소비를 줄일 수 있다는 점에서 시공성과 유지관리 효율 측면에서도 큰 장점을 가진다. **경쟁우위**는 고성능 차열 도료와 더불어, 불연도료(최대 1800℃ 이상 열 차단), 절도 방염 도료(5~7℃ 온도 저감 효과) 등 다양한 고기능 라인업을 자체 기술로 보유하고 있다는 데에 있다. 이는 일반 건축뿐만 아니라 공공시설, 물류창고, 산업단지 등 폭넓은 응용 가능성을 확보하게 해준다. **고객 세그먼트로**는 친환경 특수 페인트를 필요로 하는 민간 기업, 건설사, 산업체 등이 있으며, 특히 단열·방염 등 복합 기능을 요구하는 고객층에서 반응이 높다. 기존 제품의 기능에 불만족하거나 성능 한계에 도달한 수요처를 **얼리어답터**로 설정하고 있으며, **상위개념**으로는 단순 코팅을 넘어 에너지 절감과 탄소중립을 실현하는 지속가능 건축 솔루션으로 자리매김하고 있다. **유통 채널**은 박람회, 견적대회, 지자체 사업, 자사 홈페이지, 해외 수출 등 B2G와 B2B를 아우르는 방식으로 구성되어 있으며, 공공과 민간을 넘나드는 유연한 판로 전략을 유지하고 있다.

생존가능성

수익원은 주로 특수 기능성 도료의 판매 수익과 다양한 투자 유치로 구성된다. 실제로 고성능 도료에 대한 수요는 건설 및 에너지 산업 전반에서 꾸준히 증가하고 있으며, 에너지 절감 효과와 ESG 트렌드가 맞물리면서 시장성과 지속 가능성을 동시에 확보하고 있다. **비용 구조**는 도료 기술 특성상 연구개발 및 성능 검증에 상당한 비중이 있으며, 인건비, 마케팅비, 생산 및 유지관리 비용도 주요 항목에 해당한다. 다만 시공이 간단하고 유지 보수가 적다는 점에서 고객 측면의 도입 장벽은 낮은 편이다.

ESG가치

ESG 측면의 환경 및 사회적 영향을 살펴보면, 이유씨엔씨의 특수페인트는 단열·차열 기능을 바탕으로 에너지 사용량을 줄이고, 탄소배출을 효과적으로 저감시킨다. 또한 1~2회의 간단한 도장만으로 효과가 발휘되기 때문에 시공 과정에서의 자원 낭비나 추가 오염을 최소화할 수 있다.

3 돈과 정보의 흐름 분석

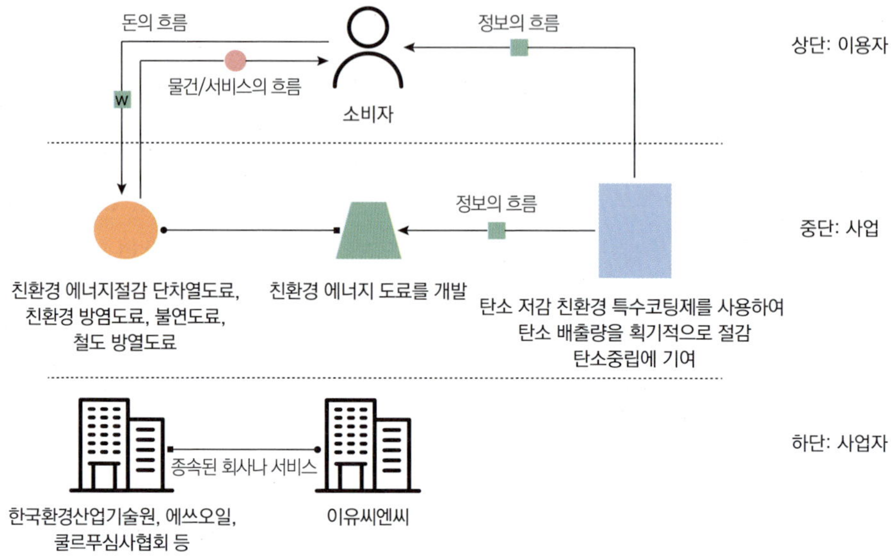

이유씨엔씨의 비즈니스 구조는 소비자, 제조 공정, 기술 개발 플랫폼 간의 유기적인 흐름을 통해 정보와 금전이 순환하는 구조로 설계되어 있다. 정보의 흐름은 고성능 친환경 도료 개발 단계에서부터 시작된다. 이유씨엔씨는 단차열 도료, 방염 도료, 불연 도료 등 다양한 특수기능성 코팅 제품을 개발하며, 이를 바탕으로 현장 실측 데이터와 사용자 피드백을 수집한다. 이 정보는 다시 제품 개선 및 기술 고도화에 활용되며, 고객 맞춤형 성능 구현과 품질 안정성 확보에 중요한 역할을 한다.

돈의 흐름은 고객이 이유씨엔씨로부터 도료 제품을 구매하면서 발생한다. 소비자는 도료를 통해 건물의 에너지 효율을 높이고 냉·난방 비용을 절감하며, 이를 통해 간접적인 비용 절약 효과도 누린다. 이유씨엔씨는 이로부터 발생한 수익을 다시 연구개발과 생산 설비 확충에 재투자하며, 기술 기반 비즈니스의 선순환 구조를 구축하고 있다. 이처럼 이유씨엔씨는 정보의 순환을 통해 제품 경쟁력을 강화하고, 수익의 순환을 통해 기술 혁신과 사업 확장을 지속하는 구조를 바탕으로, 친환경 건축 솔루션 기업으로서의 입지를 다지고 있다.

4 Innovation Type 분석

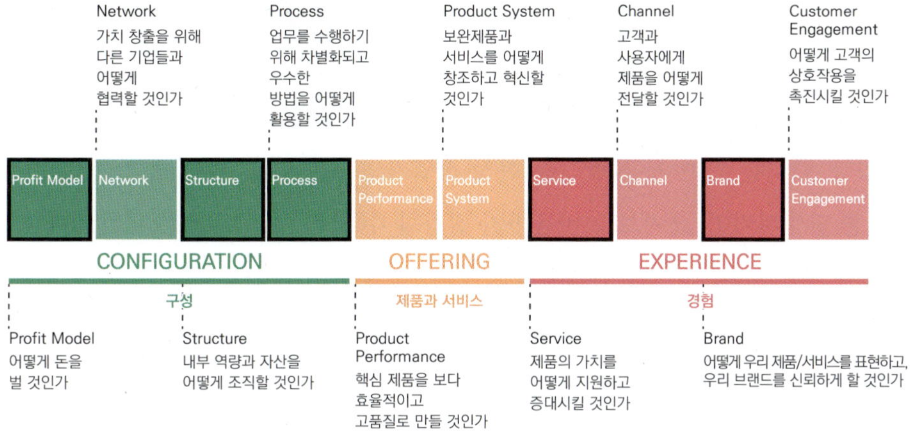

이유씨엔씨는 총 다섯 가지 유형의 혁신을 수행하고 있다.

Profit Model

기능성 도료를 통해 에너지 절감과 탄소 저감을 동시에 실현할 수 있는 기술 기반 제품을 개발하여 수익을 창출하고 있다. 특히 단차열 도료, 절도 방염 도료, 불연 도료 등 다양한 라인업을 확보하고 있으며, 기존 건축물에 추가 시공 없이 적용 가능한 점에서 비용 절감과 온실가스 감축이라는 이중 효과를 제공한다. 또한, 글로벌 친환경 정책 기조에 발맞춰 다양한 산업군(물류창고, 철도, 플랜트 등)으로 적용 범위를 확장하고 있어, 제품 자체의 성능을 중심으로 한 수익 구조를 강화해가고 있다.

Structure

기존 제품과 차별화된 성능을 구현하기 위해 기업부설연구소를 중심으로 한 내부 연구개발 역량에 집중하고 있다. 특히 산업별 맞춤형 도료를 개발하기 위해 기후, 용도, 설비 조건 등을 고려한 공정 테스트와 성능 시뮬레이션을 병행하고 있으며, 불연 성능이나 단차열 기능 등 특정 기술 요건에 대한 인증 확보도 병행하고 있다. 이는 단순 생산기업이 아닌 기술 기반 소재 기업으로서의 구조적 차별화를 가능하게 한다.

Process

기존 특수 도료 대비 간편한 시공 방식과 고효율 단열 성능을 결합한 자체 공정을 구축하고 있다. 단 1회의 도장만으로 기존 대비 약 13℃의 실내 온도 저감 효과를 실현하며, 냉방 설정 온도를 1도 낮출 경우 최대 7%까지 에너지 소비를 줄일 수 있다. 이러한 간편 시공 방식은 현장 작업자의 공사 부담을 줄이고, 전체 공정 시간을 단축시키며, 유지보수 비용까지 절감할 수 있는 구조를 만든다.

Service

단순 도료 제품을 판매하는 데 그치지 않고, 사용처 환경에 따라 성능을 최적화할 수 있도록 제품 적용 방식 및 기술 상담을 함께 제공하고 있다. 특히 냉방 에너지 절감 효과가 입증된 단차열 도료는 여름철 도시열섬 대응을 위한 정책·공공사업 수요에서도 활용되며, 지자체 단위의 대규모 현장 적용을 고려한 기술 지원과 시공 매뉴얼을 함께 제공하고 있다. 이는 제품 사용 과정에서의 고객 체감 가치를 높이는 방향으로 서비스가 구조화되어 있음을 보여준다.

Brand

미국 CRRC 인증을 비롯한 다수의 기술 인증과 수상 경력을 기반으로 브랜드 신뢰도를 구축해 왔다. CRRC 인증 외에도 친환경 건축자재 인증, 한국환경산업기술원, 한국산업기술진흥협회 등의 인증을 획득하며 제품의 안전성과 지속가능성을 객관적으로 입증하고 있다. 또한, 기술 기반 스타트업 생태계 내에서도 다수의 정부 과제 및 투자 유치 실적을 통해 기술력 중심의 브랜드 정체성을 강화하고 있다.

더데이원랩
자연 분해 바이오 소재로 플라스틱 문제를 해결하는 ESG 선도기업

1 기업개요

더데이원랩은 친환경 생분해성 소재를 개발하여 플라스틱 폐기물 및 미세 플라스틱 문제를 해결하고 있는 혁신적인 소재 기술 기업이다. 자연에서 얻은 해양 및 육지 유래 천연 고분자를 기반으로 플라스틱을 대체할 수 있는 친환경 소재를 연구·개발하여 '인오션(innocean)'과 '리타치(RETARCH)'를 상용화하였다. 특히 더데이원랩은 국제적으로 인정받는 TÜV Austria의 산업용 및 가정용 퇴비화 생분해 인증, 미국 농무부(USDA)의 100% 바이오베이스 소재 인증을 획득하며 글로벌 시장에서 제품의 친환경성과 기술력을 입증하였다. 또한 CES 2024에서 지속가능성 부문 혁신상을 수상하고 범부처 주관 도전 K-스타트업 대상(국무총리상)을 수상하는 등 기술력과 시장 가능성을 동시에 인정받고 있다.

2 Business Model Canvas 분석

경쟁력

석유계 플라스틱 사용 증가로 미세 플라스틱 문제가 심각해지고 있으며, 현재 사용되는 생분해성 플라스틱은 분해속도가 느리고 부분적으로만 분해되는 **문제점**을 가지고 있다. 더데이원랩의 **솔루션**은 다음과 같다. 자연 유래 천연 고분자를 활용한 '인오션'과 바이오매스 기반의 '리타치' 소재를 개발하여, 낮은 온도에서도 짧은 기간 내 완벽히 분해되는 혁신적인 생분해성 소재를 제공한다. 특히 15도 이하의 바다 환경에서 2주 이내에 완전 분해되는 등 기존 소재 대비 탁월한 성능을 갖추고 있다. **기존 대안**으로는 생분해성 플라스틱 소재가 있다. 이는 석유계 원료 기반이며, 분해 속도가 느리고 제한적인 환경에서만 분해 가능해 미세 플라스틱 문제를 완전히 해결하지 못한다. **핵심 지표**로는 국내외 출원·등록 특허를 다수 보유하고 있으며, TÜV Austria 생분해성 인증 및 USDA 바이오베이스 인증 등 국제 표준 인증을 획득하여 기술적 신뢰성을 확보하였다. CES 혁신상과 도전 K-스타트업 대상 수상 등 기술 경쟁력도 입증하였다.

경쟁력 / 시장수용성

문제점	솔루션	가치제안	경쟁우위	목표고객
- 플라스틱 사용은 지속되는 데 반해 미세플라스틱 문제는 해결되지 않음	- 미세플라스틱 문제를 유발하지 않는 다당류복합체 기반의 플라스틱유연포장 대체재 개발	- 자연에서 만들어져 자연으로 돌아갈 수 있는플라스틱 대체 소재	- 복합 소재 기술력으로 미세플라스틱제로 구현 - in-ocean 브랜드로유연포장·펠릿 상업화성공	- 안전한 소재 활용에 관심이 높은 유아용품 관련 기업 - ESG 경영을 실천하는 플라스틱 소비 기업 - 녹색제품에 대한 구매 의무가 있는 공공기관 및정부부처
기존대안	**핵심지표**	**상위개념**	**채널**	**얼리어답터**
- 플라스틱 생산을 줄이고 재활용을 늘림 - 분리수거정책을 시행	- 천연 유래 물질로 구성된 생산·가공 과정에서 미세플라스틱 발생 없이 분해 가능	- 플라스틱 대체 신소재를 통해 기존 플라스틱 문제를 해결하고, 플라스틱 환경 문제 개선	- B28 납품 (대기업 및 계열사) - 국제 전시회 - 해외 파트너사 협업 - 정부 및 공공기관 조달 확보	- ESG 활동 선도 기업 - 환경 주도 기관

생존가능성

비용 구조	수익원
- 고강도 플라스틱 대체 제품 연구개발 비용 - 지속가능 소재 연구/개발 및 특허 출원비용 - 해외 시장 진출을 위한 마케팅 및 인증 획득 비용 - 완제품 제조 및 성능 테스트를 위한 파일럿 생산 비용	- 플라스틱 대체 소재의 원재료(B2B) 판매 - 완제품(B2B/B2G) 납품을 통한 직접 수익 창출 - 공공기관·지자체 대상 조달 시장 진입을 통한 수익 확보 - 글로벌 친환경 브랜드와의 공동 프로젝트 및 제품화 수익

ESG가치

Environmental(or Social) Costs	Environmental(or Social) Benefits
- 말단 소재 공정에서 고온, 전력, 자동차 설비 운영 등 상당한 에너지 소비 발생 - 사용성과 안전성을 납득시키기 위한 실증 생산, 홍보, 교육 필요	- 기존 플라스틱 대비 적은 탄소배출 및 2주~2개월 내 완전 분해 - 새로운 친환경 소재 시장 창출

시장수용성

더데이원랩은 미세 플라스틱 발생 문제를 근본적으로 해결하는 친환경 생분해성 소재를 제공하며, 기업과 소비자의 ESG 경영 및 지속가능 소비 니즈를 충족한다는 명확한 **가치를 제안**하고 있다. 기존 소재 대비 월등히 빠르고 안전하게 분해되는 혁신적인 기술과 글로벌 인증을 통해 신뢰성을 확보하여 명확한 **경쟁 우위**를 점하고 있다. 특히 미세 플라스틱 배출 규제 및 글로벌 환경 규제가 강화되는 시장 상황에서 높은 기술적 장벽을 구축하고 있다. 더데이원랩의 **고객 세그먼트**는 안전한 소재를 요구하는 유아용품 기업, ESG 경영을 실천하는 대기업, 플라스틱 사용을 줄이려는 식품, 화장품 등 소비재 기업과 친환경 제품을 구매할 의무가 있는 공공기관 및 정부부처 등이다. 정부 주도의 환경 관련 실증사업에 참여하는 기관과 글로벌 시장에서 지속가능 패키징을 선도하는 다국적 기업, 초기부터 ESG 및 친환경 사업에 적극적으로 투자하는 기업들이 주요 **얼리어답터**로서 더데이원랩의 소재를 적극적으로 도입하고 있다. 더데이원랩의 **상위개념**은 다음과 같다. 단순한 친환경 소재 기업을 넘어 미세 플라스틱 및 해양오염 문제 해결을 위한 글로벌 생태계 구축을 목표로 하는 ESG 혁신 비즈니스 기업으로 분류할 수 있다. 기업 간 B2B 납품, 서울시와 같은 정부 및 지자체 실증사업 참여, 글로벌 전략적 제휴 및 파트너십을 통한 제품 공급 등 다양한 유통 경로를 확보하며 국내외 시장 진입을 촉진하고 있다.

생존가능성

더데이원랩은 생분해성 바이오 소재인 '인오션'과 '리타치'를 기반으로 국내외 시장에 제품을 공급하는 것을 주요 **수익원**으로 하고 있다. 특히 인오션은 해양과 토양에서 빠르게 분해되는 친환경 소재로, 미세플라스틱 문제 해결에 기여할 수 있다는 점에서 차별화된 경쟁력을 지닌다. 더데이원랩은 해당 소재를 유아용품, 생활용품 등 다양한 분야에 공급하고 있으며, 2021년 행정안전부 주관 실증사업 선정 및 도전 K-스타트업 국무총리상 수상 등을 통해 공공 수요 기반도 확보했다. 또한, TÜV Austria 생분해성 인증과 USDA 바이오베이스 인증을 취득해 향후 해외 시장 확대도 본격화하고 있다. 더데이원랩의 **비용구조**는 생분해성 소재 연구개발, 인증 획득 및 유지, 시험비용 등 기술 기반 운영비로 구성된다. 고분자 소재의 특성상 다양한 환경에서의 성능 검증과 품질 관리를 위한 시험비가 지속 발생하며, 글로벌 인증과 해외 시장 대응을 위한 행정·마케팅 비용 또한 적지 않다. 이 외에도 공공기관과의 협업 및 실증사업 운영을 위한 제휴 및 관리 비용이 포함된다. 더데이원랩은 이와 같은 비용 구조하에서 기술 경쟁력을 지속 확보하며 수익성과 지속가능성을 함께 추구하고 있다.

ESG가치

ESG 측면의 환경 및 사회적 영향을 살펴보면, 더데이원랩은 생분해 가능한 바이오 기반 소재 개발을 통해 플라스틱 오염과 탄소배출이라는 글로벌 환경 문제에 대응하고 있다. 석유 유래 플라스틱과 달리, 이들이 개발한 소재는 자연 유래 탄수화물과 단백질로 구성되어 있어 미세플라스틱을 발생시키지 않으며, 다양한 환경 조건에서 분해가 가능하다는 장점을 지닌다. 실제로 인오션(innocean) 소재는 토양에서 2개월, 해양 환경에서는 2주 이내에 완전 분해되는 특성을 지니며, 분해 과정에서 유해물질이 남지 않아 해양 생태계 보존에 기여할 수 있다. 또한, 기존 플라스틱 대비 탄소배출량이 약 84% 낮아 탄소중립 목표 달성에도 긍정적인 영향을 미친다. 사회적 측면에서도 더데이원랩의 기술은 소비자 안전과 공공 보건에 직결된 유아용품, 식품 포장재 등의 분야에 활용되며, 안전성과 지속가능성을 동시에 추구하는 ESG 경영 확산에 기여하고 있다. 더불어 CES 2024 혁신상 수상, TÜV 생분해 인증 및 USDA 바이오베이스 인증 획득을 통해 글로벌 기준에 부합하는 기술력을 입증하고 있으며, 이는 향후 해외 수출 확대와 글로벌 ESG 규제 대응에도 중요한 기반으로 작용할 전망이다.

3 돈과 정보의 흐름 분석

물류·서비스 흐름 측면에서 더데이원랩은 자체 개발한 생분해성 바이오 플라스틱 소재를 기반으로 B2B 및 B2G 시장에 완제품 또는 원재료 형태로 공급하고 있다. 유아용품 기업이나 일반 플라스틱 소비 기업 등 민간 고객에게는 완제품 및 소재를 납품하며, 정부 부처 및 조달청 등 공공기관에는 실증을 거쳐 직접 납품하는 구조를 갖추고 있다. 이 과정에서 더데이원랩은 지속적으로 생산 공정을 개선하며, 기업 맞춤형 제품개발을 통한 응용 확장을 꾀하고 있다.

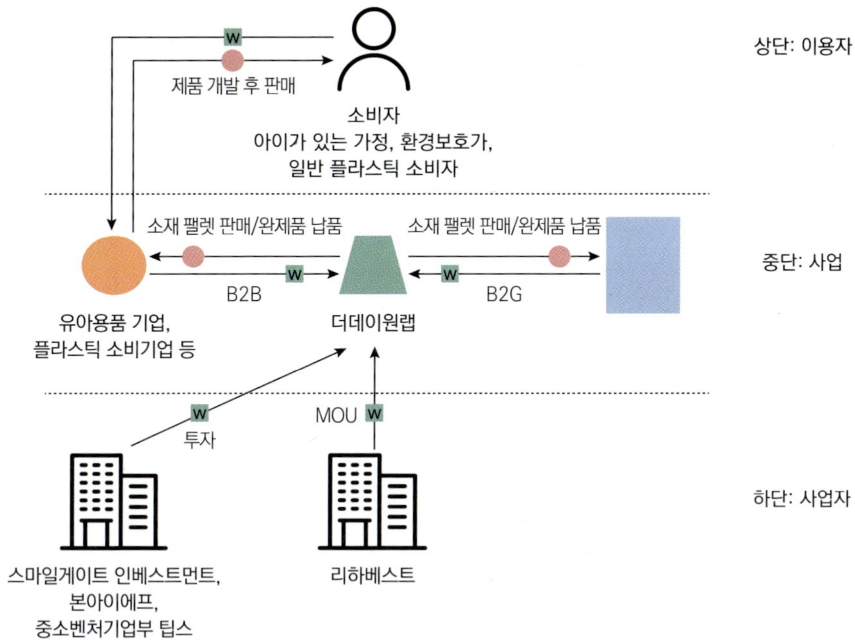

정보 흐름은 주로 투자자 및 정부기관을 통한 사업 보고 및 실증 결과 제출, 그리고 기업 고객과의 기술 피드백을 통해 이루어진다. 더데이원랩은 자사 기술력에 기반하여 R&D 및 특허 정보를 내외부에 공유하고 있으며, 실증사업을 통한 테스트 결과는 향후 조달 및 B2G 확장에 활용되고 있다. 또한 소비자의 안전성과 친환경 요구에 대한 시장 반응도 B2C 제품개발 및 마케팅 전략에 중요한 정보 자원이 된다.

자금 흐름은 투자 유치, 제품 판매 수익, 정부 과제 수행비 등으로 구성된다. 더데이원랩은 스마일게이트 인베스트먼트와 리하베스트로부터 민간 투자를 유치했으며, 중소벤처기업부의 지원을 통해 R&D와 실증사업을 수행했다. 수익 구조는 주로 대기업 및 공공기관에 대한 B2B · B2G 완제품 납품과 원재료 판매에서 발생하며, 향후 국제 인증 기반의 수출 확대를 통해 외화 수익 창출도 기대된다.

4 Innovation Type 분석

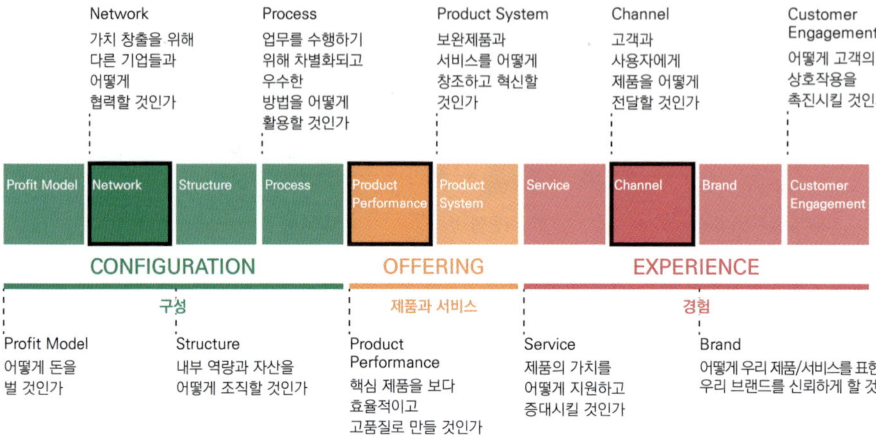

더데이원랩은 총 세 가지 유형의 혁신을 수행하고 있다.

Network

더데이원랩은 설립 초기부터 정부와 민간의 다양한 지원 네트워크를 기반으로 성장을 거듭해 온 기업이다. 중소벤처기업부의 민간투자주도형 기술 창업 프로그램인 '팁스'에 선정되며 스마일게이트인베스트먼트로부터 시드 투자를 유치하였고, 이후 기술력 고도화를 위한 R&D 체계를 강화해 왔다. 특히 2021년에는 법인 설립 2개월 만에 도전 K-스타트업(국무총리상), 환경창업대전(환경부장관상), KDB스타트업 프로그램, SK하이닉스 사회문제 해결 공모전 등 국내 주요 스타트업 경진대회에서 모두 대상을 수상하며 사회적 문제 해결형 기업으로 주목받았다. 2022년에는 해양수산부의 기술창업 Scale-Up 사업에 선정되어 2년간 약 6억 원 규모의 기술개발 자금을 지원받으며, 환경부 산하의 환경산업연구단지에 입주해 자연분해 테스트 및 공정 다각화를 병행하고 있다. 이와 함께 현대차 정몽구 재단이 주관한 'H-온드림 엑셀러레이팅 트랙'에서도 대상을 수상하며, 대기업-정부-민간의 파트너십 구조를 적극적으로 활용하는 스타트업의 대표 사례로 자리매김하고 있다.

Product Performance

더데이원랩은 자연 유래 성분을 기반으로 한 차세대 생분해성 소재 개발을 통해 제품 성능 측면에서의 혁신을 실현하고 있다. 대표 제품인 '인오션'은 해양 유래 탄수화물과 육지 유래 단백질을 조합해 개발된 업사이클 소재로, 해양 및 토양 환경에서도 단기간 내에 완전 분해되며 미세플라스틱이 발생하지 않는 특징을 갖는다. 해당 소재는 저온 환경에서도 2주~2개월 내 생분해가 가능해 해양 투기 또는 매립 환경에서도 안전성이 높다는 평가를 받는다. 더데이원랩은 R&D 중심 기업으로서 전체 인력 중 약 77%에 달하는 17명을 연구개발 인력으로 구성하고 있으며, 이러한 기술 집약 구조를 바탕으로 바이오매스 유래 플랫폼 소재인 '리타치'를 개발하였다. 리타치는 퇴비화, 혐기성 소화 등 다양한 환경 조건에서도 안정적으로 분해되며, 생분해 과정에서 미세플라스틱이 발생하지 않는다는 점에서 기존 생분해성 소재의 한계를 극복한 고도화 기술로 평가된다.

Channel

더데이원랩은 플라스틱 대체 소재에 대한 수요가 급증하고 있는 시장 환경에 발맞춰 다양한 유통 채널을 통해 시장 확장을 추진하고 있다. 국내에서는 B2B 채널을 중심으로 유아용품 기업, 식품 및 소비재 브랜드 등과 협력하여 생분해성 소재 및 완제품을 공급하고 있으며, 조달청 및 Test Bed 서울과의 실증을 통한 B2G 납품 가능성도 모색 중이다. 글로벌 확장 전략 측면에서는 국내 레퍼런스를 기반으로 미국, 유럽, 동남아시아 등지에 유연포장재 제품과 설비 수출을 계획하고 있으며, 특히 유럽 시장에서는 현지 파트너와의 조인트벤처 설립 및 기술 이전을 통해 지속 가능한 글로벌 밸류체인을 구축하고자 한다. 이를 통해 더데이원랩은 단순한 소재 판매를 넘어, ESG 중심의 고기능성 생분해 소재 공급자로서 글로벌 시장에서의 존재감을 강화하고 있다.

클린어스텍(CleanEarthtech)
미세먼지 저감 기술을 통한 도시 공기질 개선 실현

1 기업개요

클린어스텍은 미세먼지 저감물질을 연구·개발하고, 이를 활용한 환경용 소재 및 제품을 제조하는 기업이다. 특히 자체 개발한 친환경 미세먼지 억제제 'D-Zero'를 기반으로 비산먼지 저감, 소방방재, 헬스케어 등 다양한 분야에 적용 가능한 솔루션을 제공한다. 주요 기술은 미국 애리조나대학과 공동 개발한 미세먼지 및 초미세먼지 저감 기술을 기반으로 하며, 도심 내 공기질 개선을 목표로 국내외 필드 테스트 및 공공기관 협업을 통해 기술 고도화를 추진하고 있다. 클린어스텍은 환경 문제 해결과 공공 안전을 동시에 고려한 ESG 기반 기술기업으로, 미세먼지를 줄이고 도시의 청정 환경 회복을 돕는 데 주력하고 있다.

2 Environmental/Social Lean Canvas 분석

경쟁력 | 시장수용성

문제점	솔루션	가치제안	경쟁우위	목표고객
- 미세먼지로 인한 환경오염 및 인체 건강피해(호흡기·심혈관질환 등) 증가	- 수용성 미세먼지 억제제 'D-Zero'를 활용하여 지속 효과와 억제 성능 확보	- 인체에 안전한 소재로 미세먼지를 저감하고, 억제하여 공기질을 개선	- 초미세먼지 및 비산먼지를 동시에 포집억제 가능 - 미국 FDA 및 EPA 인증 보유	- 미세먼지 저감이 필요한 ESG 기업 - 공공기관 및 정부부처
기존대안	**핵심지표**	**상위개념**	**채널**	**얼리어답터**
- 물을 이용한 미세먼지 제거 방식 또는 일시적 저감조치	- 인체와 생물에 무해함 - 인화성·변색·부식성 없음 - 미세먼지와 비산먼지를 동시에 억제하는 수용성 친환경 제품	- 미세먼지 문제를 억제기반 솔루션으로 해결하는 공공보건형 기술	- B2B 납품(대기업 및 계열사) - 조달청 및 Test Bed서울 등을 통한 납품	- 환경 보호 기업 - 환경 정화 사업자

비용 구조	수익원
- D-Zero 활용 제품 연구/개발 비용 - 먼지 억제제 관련 연구·개발/특허 출원 비용 - 해외 시장 진출 비용	- D-Zero 원료 판매 (B2B) - 완제품 납품(B2B/B2G)을 통한 직접 판매

생존가능성

Environmental(or Social) Costs	Environmental(or Social) Benefits
- 에너지 집약적 설비 운영에 따른 전력 소비와 탄소배출 부담	- WHO 1군 발암물질 미세먼지를 안전하게 억제 - 인체 무해한 친환경 수용성 물질로 환경 개선 기여 - 국내외 공공현장에서 대기질 개선 및 예방효과 기대

ESG가치

경쟁력

클린어스텍의 비즈니스 모델은 대기오염 저감과 공공 보건 개선이라는 구조로 설계되어 있다. **문제점 정의**에서 클린어스텍은 기존 미세먼지 대응 방식이 물 분사 방식에 한정되어 있어, 낮은 지속력, 인체 유해성, 적용 범위의 제한 등 다각적인 한계를 가진다는 점을 핵심 과제로 설정하였다. 이러한 문제를 해결하기 위한 **솔루션**으로는 수용성 친환경 미세먼지 저감제 D-Zero를 제시한다. D-Zero는 초미세먼지와 비산먼지를 동시에 억제할 수 있는 제품으로 독성 · 인화성 · 부식성 시험을 통과하고, 미국 환경보호청(EPA) 및 식품의약국(FDA) 인증을 받은 안정성 높은 원료 기반의 제형이다. **기존 대안**은 물을 활용한 단기 분사 방식, 실외 중심의 미세먼지 억제 기술 등으로 고비용 대비 낮은 유지효율과 인체 안전성 문제를 동반해 왔다. 반면 클린어스텍은 실내외 모두 적용 가능한 수용성 제형, 장시간 유지력, 반복 사용 가능성이라는 측면에서 차별화된 경쟁력을 갖추고 있다. **핵심 지표**로는 지자체 및 공공기관 대상 B2G 납품 실적, 조달 등록을 통한 반복 수주 구조, 서울교통공사 및 공공 현장 테스트 기반 실증 사례 등이 있으며, 폐쇄 공간 및 실외 공간 모두에서 일정 수준 이상의 미세먼지 저감 효과를 입증하고 있다.

시장수용성

가치제안 측면에서는 인체에 무해한 소재로 미세먼지를 억제함으로써 기존 제품의 독성 문제를 해소하고, ESG 기준을 만족하는 대안 기술로 평가받고 있다. **경쟁우위**는 미세먼지뿐만 아니라 비산먼지(도로 분진, 건설현장, 지하차도 등)까지 동시에 억제할 수 있다는 점이다. 특히 기존 제품이 실내 사용이 제한되는 반면, D-Zero는 실내 · 실외 모두 사용 가능한 수용성 제형으로 다양한 활용처에 적용할 수 있는 확장성이 강점이다. **고객 세그먼트**는 미세먼지 저감에 대한 법적 의무를 가진 지방정부 및 공공기관, 건설사와 같은 B2B 기업으로 구성되어 있으며, **얼리어답터**는 환경 보호를 중시하는 대기업 및 대기질 개선 사업자다. **상위 개념**으로는 대기오염 억제를 통한 공공보건 개선이며, **유통 채널**은 조달청 및 정부 테스트베드를 통한 B2G, 환경장비 수요가 있는 민간 건설사를 통한 B2B 방식으로 운영되고 있다.

생존가능성

수익원은 크게 두 가지 축으로 나뉜다. 첫째, D-Zero 원료의 B2B 납품 수익이며, 둘째는 완제품 형태의 B2B · B2G 납품을 통한 직접 매출이다. 건설 현장이나 공공청사, 지하공간처럼 미세먼지 관리가 필수적인 공간에 정기 납품 계약을 체결하는 방식으로 반복 수익 구조를 갖추고 있다. **비용 구조**는 제품 개발 및 시험 인증, 미세먼지 관련 특허 출원 및 확보, 해외 진출을 위한 마케팅 및 테스트 비용 등으로 구성된다. 특히 공공조달 시장 진입을 위한 비용 투자 비중이 높다.

ESG가치

ESG 측면의 환경 및 사회적 영향을 살펴보면, 클린어스텍의 미세먼지 저감 기술은 대기 중 초미세먼지(PM2.5) 및 비산먼지로 인한 건강 피해를 줄이고, 인근 지역의 대기질을 실질적으로 개선한다. 특히 인체에 무해한 수용성 저감제를 활용함으로써 기존 물 분사 방식이 갖는 단기 효과, 자원 낭비, 2차 오염 문제를 해결하고, 반복 사용이 가능해 자원 효율성까지 높인다. 또한, 실내외 공간 모두에서 적용 가능하다는 점에서 고농도 미세먼지에 노출된 근로자, 학생, 시민 등 다양한 계층의 건강을 보호하는 데 기여하고 있으며, 공공기관과 연계된 현장 테스트와 조달 납품을 통해 지역 사회의 쾌적한 생활환경 조성에도 긍정적인 영향을 미치고 있다.

3 돈과 정보의 흐름 분석

클린어스텍의 비즈니스 구조는 사용자(일반 소비자 및 지자체), 산업체 고객(건설 현장, 화장품 제조업체, 병원 등), 그리고 정부 및 해외 파트너 기관 간의 유기적인 정보 순환과 금전적 가치 흐름을 기반으로 설계되어 있다. 정보의 흐름은 자체 개발한 미세먼지 저감 소재 'D-Zero' 제품의 실제 사용 과정에서 출발한다. 클린어스텍은 다양한 산업 현장에서 제품을 테스트하며, 현장 사용자로부터 수집한 사용 후기와 성능 데이터를 바탕으로 제품의 유효성을 검증하고 있다. 이렇게 축적된 정보는 제품 개선은 물론, 업종별 맞춤형 솔루션 제공에 활용되며, 정부 주도의 테스트베드 사업이나 해외 진출 전략에도 반영된다. 이 과정에서 클린어스텍은 공공기관 및 글로벌 파트너와 NDA 체결, MOU 등을 통해 기술 신뢰도를 높이고 있다.

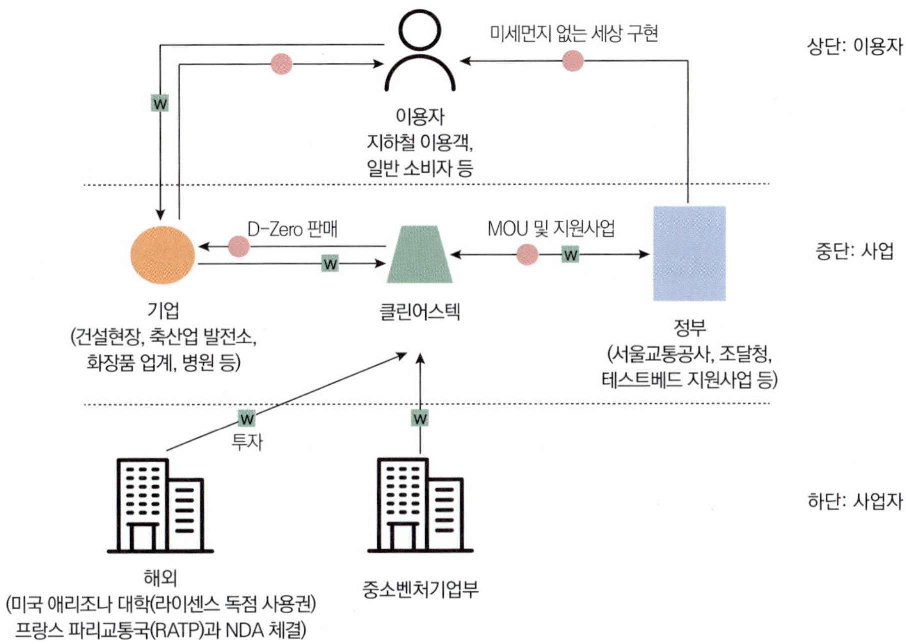

돈의 흐름은 제품 판매(B2B 중심)와 정부·지자체 협업 과제 수주를 통한 수익 구조로 나뉜다. 기업 고객(건설사, 발전소, 화장품 제조업체 등)은 D-Zero 기반의 친환경 미세먼지 저감 소재를 구매하며, 일부는 공동 연구개발 또는 맞춤형 납품 계약을 체결하기도 한다. 동시에 정부 및 공공기관(서울교통공사, 조달청 등)은 테스트베드 구축 및 실증 지원사업을 통해 클린어스텍에 비용을 지불하거나 기술 검증 기회를 제공한다. 해외 파트너 기관과는 독점 사용권, 시범 운영 등의 형태로 사업 협력이 이뤄지며, 이는 추가 매출 및 글로벌 레퍼런스로 연결된다. 이처럼 클린어스텍은 실제 사용 현장에서의 데이터를 기반으로 성능을 입증하고, 이를 통해 맞춤형 제품 판매 및 공공협업 수익 모델을 동시에 확보하는 구조를 갖추고 있다. 이는 기술 상용화와 ESG 가치 확산을 동시에 달성하는 지속가능한 비즈니스 흐름으로 작동하고 있다.

4 Innovation Type 분석

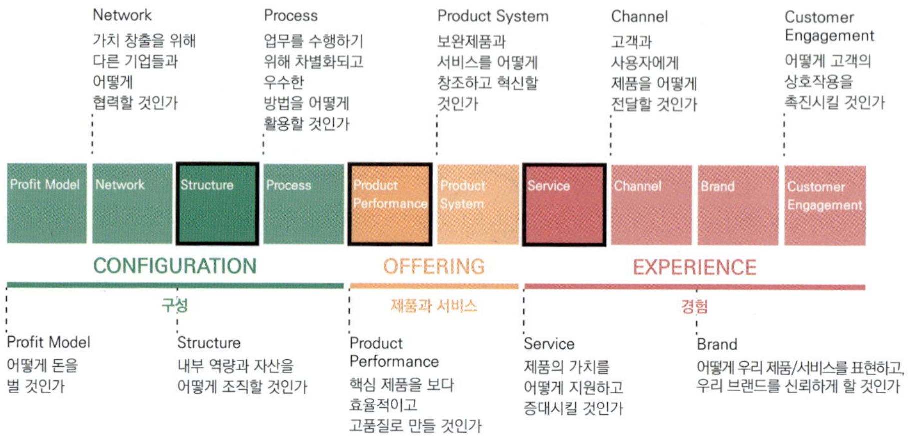

클린어스텍은 총 세 가지 유형의 혁신을 수행하고 있다.

Structure

미국 연구기관이 개발한 미세먼지 저감 기술을 바탕으로 제품 상용화를 추진하는 기술 기반 조직이다. 핵심 기술인 D-Zero에 대해 국내 독점권과 전속권을 확보함으로써, 단기간 내 경쟁사 진입을 차단할 수 있는 구조적 우위를 갖췄다. 특히 국내 지자체 대상 실증 협약뿐 아니라 해외 교통청과의 NDA 체결 등 기술 기반의 공공·글로벌 연계 구조를 병행하고 있어, 초기 기술 이전 기업이 흔히 겪는 시장 접근성 문제를 전략적 파트너십으로 보완하고 있다.

Product Performance

D-Zero는 물보다 응집력과 지속력이 뛰어난 비산먼지 대응 소재로, 기존 미세먼지 저감 방식의 한계를 정밀하게 보완한다. 적은 양으로도 동일한 효과를 내며, 물 분사 방식 대비 작업 횟수와 살포량을 줄여 현장 운영비 절감에 기여한다. 또한, 공기 중 중금속과 유기 화합물 등 복합 오염물에도 적용 가능하도록 설계되었고, 미국 FDA와 EPA의 인증을 통해 안전성과 신뢰성을 확보했다. 이러한 성능은 건설 현장, 공장, 의료기관 등 다양한 산업 환경에서 '원소재'로 직접 활용될 수 있

도록 설계되었으며, 높은 범용성과 응용 확장성을 동시에 갖추고 있다.

Service

클린어스텍은 제품을 일괄 납품하는 방식에서 벗어나, 각 산업군과 환경 조건에 따라 분사 농도, 적용 방법, 적용 위치를 맞춤 설계한다. 특히 건설 현장, 병원, 화장품 공장 등 실제 수요처에서 실증 데이터를 수집하고, 이를 바탕으로 조성비 개선이나 제품군 구성을 유연하게 바꾼다. 고객사 피드백이 단순 '사용후기'가 아닌 제품 개선의 출발점으로 기능하고 있으며, 이는 기술 중심 스타트업이 현장성과 고객 적합성을 동시에 확보하는 서비스 고도화 전략으로 평가할 수 있다.

CHAPTER 6

미래를 이끄는 지속 가능한 기업들

이퀄테이블(Equaltable)
탄소저감 커피 시스템을 통한 지속가능한 소비문화 실현

1 기업개요

이퀄테이블은 커피 생산과 소비 전 과정에서 발생하는 탄소배출을 최소화하는 데 초점을 맞춘 탄소저감형 커피 브랜드 '내일의 커피'를 운영하고 있다. 커피 원두 재배부터 로스팅, 패키징, 유통, 소비까지 이어지는 전 과정에 태양열 및 재생에너지 기반 설비를 도입하고, 100% 재생에너지 기반의 전력 전환과 물 사용 절감, 유기 비료 활용 등을 통해 친환경 프로세스를 실현하고 있다. 커피 1kg당 탄소배출량을 기존 대비 90% 이상 절감한 국내 첫 사례로 주목받고 있으며, 일회용품을 줄이고 난민 고용 및 커뮤니티 지원을 통한 사회문제 해결에도 기여하고 있다. 이퀄테이블은 커피라는 일상적 소비를 통해 탄소중립 문화 확산을 이끄는 사회적 기업으로 자리잡고 있다.

2 Environmental/Social Lean Canvas 분석

경쟁력 / 시장수용성

문제점	솔루션	가치제안	경쟁우위	목표고객
- 일반 원두 1kg 생산 시 약 15.33kg의 탄소배출 발생 - 생산·가공·유통 과정에서과도한 물·에너지·화학비료 사용	- 탄소가 발생하지 않고 오히려 흡수하는 방식의 탄소저감커피 개발	- 탄소저감커피 한 잔으로 종이컵 27개 배출 탄소를 줄일 수 있습니다.	- 국내 최초 1kg 단위 탄소배출 마이너스 커피 생산 - 에너지·자원 소비 줄이는 전 과정 친환경 설계 - 국내에 거주하는 난민을 바리스타로 육성해 취업지원	- 친환경을 추구하는 소비자 - 난민·다문화 커뮤니티 고용 연계 기업
기존대안	**핵심지표**	**상위개념**	**채널**	**얼리어답터**
- 대체 커피 생산	- 원두 1kg당 탄소배출량이 -0.97kg으로 탄소를 흡수 - 태양열·재생에너지 사용 - 포장재는 비닐이 아닌 생분해 필름 및 업사이클 원단 사용 - 생두 담는 자루는 업사이클가방으로 제작	- 일반 원두보다 탄소저감효과를 갖는 지속가능한 커피	- 박람회 - 경진대회 - 지자체 - 자사 홈페이지 - 해외 수출 - 팝업스토어	- 환경·맛·품질에 민감한 소비자 - 원두를 대량 사용하는 카페 운영

비용 구조	수익원
- 제품 개발 및 제작 비용 - 인건비 - 마케팅 비용 - 공장 설립 및 유지 비용 - 유기비료, 재생에너지 사용 비용	- 투자 수익 - 경진대회 우승 상금 - 원두 및 커피 판매 수익 - 커피 관련 소품 판매 수익

생존가능성

Environmental(or Social) Costs	Environmental(or Social) Benefits
- 커피 생산 및 로스팅 전 과정에서의 에너지 소모 - 시장 전환을 위한 교육 및 확산 비용	- 폐기물을 재활용하여 새로운 가치를 부여 - 국내 최초로 커피 1kg당 탄소배출량을 기존 대비 90% 이상 감축 - 100% 재생에너지를 통한 로스팅 - 소비자들에게 자연스럽게 탄소중립 실천 기회 제공 - 국내에 거주하는 난민들을 바리스타로 육성해 취업 지원

ESG가치

경쟁력

이퀄테이블의 비즈니스 모델은 커피 산업의 탄소배출 문제를 해결하고, 커피 소비가 곧 환경 기여로 이어지도록 설계된 ESG 기반 구조이다. **문제점 정의**에서 이퀄테이블은 일반 원두 1kg 생산 시 약 15.33kg의 이산화탄소가 배출되고, 생산·유통·소비 전 과정에서 과도한 에너지 소비와 자원 낭비가 발생한다는 점에 주목하였다. 이를 해결하기 위한 **솔루션**으로는 유기농 재배 기반의 저탄소 생두 공급, 재생에너지 기반 로스팅 공정, 생분해 포장재 및 업사이클 패키지 적용, 난민 고용을 연계한 커뮤니티 생산 구조 등을 제시한다. **기존 대안**은 비건 커피 또는 대체 커피 중심으로 제품만을 변경하는 방식에 한정되어 있었지만, 이퀄테이블은 커피의 전 생애주기를 설계 변경함으로써 구조적 전환을 시도하고 있다. **핵심 지표**로는 커피 1kg당 탄소배출량 -0.97kg 달성, 포장재 100% 재생 전환율, 재생에너지 사용률, 유기 비료 적용 면적 등이 있으며, 이는 제품 단위의 정량적 환경 성과를 통해 경쟁력을 증명하고 있다.

시장수용성

'탄소배출 없는 커피'라는 **가치제안**을 중심으로, 커피 한 잔을 기후 행동으로 전환시키는 참여형 소비 모델을 설계하고 있다. **경쟁우위**는 커피 생산 전 과정에 걸친 탄소저감 구조를 갖춘 국내 유일의 커피 브랜드라는 점에서 비롯되며, 원두 품질과 친환경 가치를 동시에 추구한다는 이중 메시지를 통해 소비자 신뢰를 확보하고 있다. **고객 세그먼트**는 탄소중립 실천에 관심 있는 일반 소비자, 친환경 원두를 찾는 카페 사업자, 사회공헌과 연계한 ESG 제품 도입을 추진하는 기업 및 공공기관으로 구성된다. **얼리어답터**는 커피 품질, 환경 기준, 사회적 가치에 민감한 친환경 소비층이며, 반복 구매율이 높은 것으로 나타난다. **상위개념**으로는 단순한 커피 브랜드가 아닌, 지속가능한 커피 문화를 만들어가는 '탄소저감 커피 플랫폼'으로 자리매김하고 있으며, **유통 채널**은 친환경 편집숍, 공공조달 납품, 자사몰 및 소셜 캠페인 기반 팝업스토어, 해외 수출 등 다각도로 구성되어 있다.

생존가능성

수익원은 커피 원두 및 친환경 굿즈 판매, ESG 기반 커피 워크숍 및 교육 프로그램 운영, 사회적 가치 중심 브랜드 협업 프로젝트 수주, 그리고 정부 지원 과제 수행 등을 통해 구성된다. 이와 함께 자사 플랫폼 기반의 정기 구독 모델도 새로운 수익 채널로 확대되고 있다. **비용 구조**는 유기농 원재료 및 재생에너지 조달 비용, 업사이클 패키지 제작비, 난민 인력 훈련 및 고용 비용, 친환경 인증과 웹사이트 운영비, 브랜딩 및 마케팅비용 등이 포함되며, 에너지 절감 및 폐기물 재활용 구조를 통해 일부 고정비는 상쇄되고 있다.

ESG가치

ESG 측면의 환경 및 사회적 영향을 살펴보면, 이퀄테이블은 커피 산업에서 발생하는 탄소배출 문제를 정면으로 다루면서, 소비 행위 자체를 친환경 행동으로 전환시키는 구조를 제시하고 있다. 생산 과정에서는 유기 비료 활용과 저탄소 농법을 적용하고, 로스팅에는 100% 재생에너지를 사용하며, 포장재 역시 생분해 필름과 업사이클 자재로 대체하고 있다. 이러한 구조는 폐기물 발생을 최소화하고, 커피 1kg당 -0.97kg 수준의 탄소흡수 효과를 달성하는 결과로 이어진다. 또한, 난민 바리스타 육성 및 채용 프로그램을 통해 사회적 취약계층의 경제적 자립을 지원하고 있으며, 이는 소비자와 브랜드 간의 정서적 연결을 높이는 요소로 작동하고 있다. 이퀄테이블은 환경성과 사회성을 통합한 모델을 바탕으로, 일상 속에서 ESG 가치를 실현하는 참여형 소비 문화를 확산시키고 있다.

3 돈과 정보의 흐름 분석

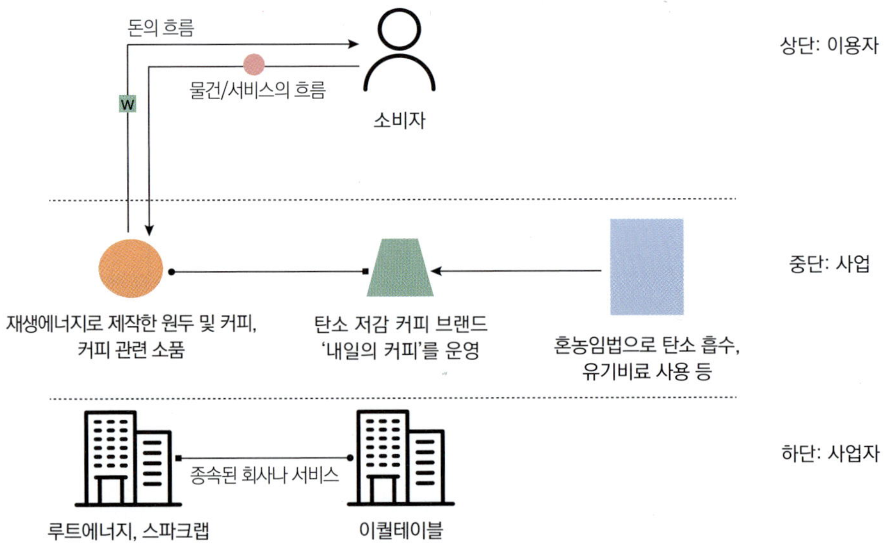

이퀄테이블의 비즈니스 구조는 소비자, 커피 생산 주체(혼농임업 기반 농가), 그리고 브랜드 운영사 간의 유기적인 정보 흐름과 금전적 가치 흐름을 기반으로 구성되어 있다. 정보의 흐름은 혼농임업 기반 커피 생산 과정에서 출발한다. 이퀄테이블은 커피 재배지에서 유기비료를 활용하고 탄소 흡수력을 갖춘 식생을 혼합해 재배하는 방식으로, 커피 원두의 생산 단계부터 탄소배출을 줄이는 정보를 수집한다. 이러한 탄소저감 생육 정보와 함께, 재생에너지를 활용한 로스팅 공정, 포장재 전환율, 탄소 저감량 등 제품별 환경 기여 데이터를 자체 분석해 관리한다. 해당 정보는 자사 플랫폼과 ESG 캠페인, 온·오프라인 스토어를 통해 소비자에게 전달되며, 소비자는 커피 한 잔을 통해 얼마만큼의 탄소를 줄였는지를 직관적으로 확인할 수 있다. 이러한 구조는 구매 행동이 기후 실천으로 연결되도록 유도하고, 정보 기반의 재구매와 공감 기반의 브랜드 확산을 가능하게 한다. 돈의 흐름은 크게 두 방향으로 구성된다. 첫째, 소비자는 '내일의 커피' 브랜드를 통해 탄소저감 원두와 친환경 굿즈를 구매하며, 이에 대한 대가를 이퀄테이블에 지불한다. 둘째, 이퀄테이블은 해당 수익을 기반으로 혼농임업 기반의 농가에 공정한 대가를 지급하고, 유기농 자재 지원 및 유통·브랜딩 비용에 재투자한다. 이 외에도 교육기관, 공공기관, F&B 기업 등과의 협업 프로젝트를 통해 커피 교육, 사회적 채용 연계 활동 등으로 추가적인 수익 구조를 형성하고 있다. 이처럼 이퀄테이블은 투명한 정보 제공을 기반으로 한 소비자 참여 → 제품 구매 → 생산지 보상 및 환경 기여라는 구조적 선순환을 실현하고 있으며, 이 흐름은 탄소 저감과 사회적 연대가 통합된 소비 생태계로 작동하고 있다.

4 Innovation Type 분석

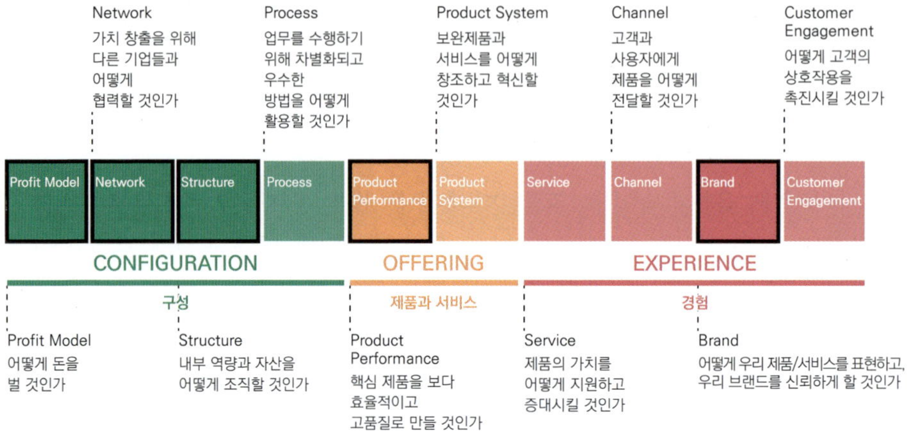

이퀄테이블은 총 다섯 가지 유형의 혁신을 수행하고 있다.

Profit Model

커피 1kg당 탄소배출량을 기존 대비 90% 이상 감축하는 방식으로 재배된 원두를 활용해 '내일의 커피'를 운영한다. 단순한 커피 제품 판매를 넘어, 탄소저감 효과가 명확히 정량화된 제품이라는 점에서 환경적 프리미엄 가치를 부여하고 있으며, 해당 데이터를 바탕으로 커피 관련 소품, 친환경 굿즈, 협업 제품군 등의 다각적인 수익 모델을 구축하고 있다. 이 과정에서 소비자는 커피 한 잔 구매를 통해 기후변화 대응에 직간접적으로 기여하게 되며, 브랜드 또한 이 사회적 가치를 기반으로 재무적 수익을 창출하는 구조다.

Network

커피 산업의 지속가능성을 높이기 위해 생산, 에너지, 유통 각 단계에서 다양한 기관 및 파트너와 협력 체계를 구축하고 있다. 특히 커피 로스팅 과정의 재생에너지 전환, 재사용 용기 도입, 원두 재배 농가와의 윤리적 거래 등은 단독 실행이 아닌 다기관 연계를 통해 실현되고 있다. 이러한 외부 협업은 탄소저감 커피 생산과 공급의 전 과정을 유기적으로 연결하며, 제품 이상의 사회적 가치를 창출하는 기반이 되고 있다.

Structure

난민 바리스타 교육 및 고용 프로그램을 운영하며, 커피 산업의 구조를 사회적 가치 중심으로 재편하고 있다. 단순한 CSR 활동을 넘어서, 제품의 생산·유통 과정에 사회적 취약계층을 포함시킴으로써 조직 내부의 역량을 확장하고 자산의 사회적 기여도를 높이고 있다. 이를 통해 브랜드는 친환경뿐 아니라 포용성과 연대라는 구조적 가치를 실현하는 내부 운영체계를 구축하고 있다.

Product Performance

이퀄테이블의 핵심 제품은 '원두 1kg당 탄소배출량 -0.97kg'을 기록한 탄소저감 커피다. 화학비료 대신 유기비료를 사용하고, 물 사용량과 전력 소비를 줄이며, 탄소 흡수력이 높은 작물을 함께 심는 혼농임법을 적용해 생육 단계부터 탄소를 흡수하는 생산 방식을 구현했다. 포장재 또한 생분해 가능 자재로 전환하고, 커피를 담는 컵은 업사이클링 가방으로도 재활용 가능하다. 이처럼 제품의 전 주기에 걸쳐 환경 영향을 저감하고, 수치 기반 핵심지표를 명확히 제시한다는 점에서 제품 성능 중심의 혁신이 구현되고 있다.

Brand

'탄소저감 커피'라는 개념 자체를 시장에 정착시키는 브랜드 전략을 전개하고 있다. 커피의 생산 이력, 탄소감축 수치, 생태농법 등의 내용을 포장에 명확히 기재하고, 홈페이지와 SNS를 통해 기후위기 대응 커피라는 메시지를 꾸준히 전파하고 있다. 또한, 난민과 같은 사회적 약자에게도 소비자와 연결될 수 있는 이야기 구조를 설계하며, 브랜드 신뢰와 지속성 모두를 확보하는 전략을 병행하고 있다.

서스테이너블랩(Sustainable Lab)
친환경 어메니티를 통한 여행산업의 ESG 전환

1 기업개요

서스테이너블랩은 여행과 소비의 접점에서 플라스틱 폐기물을 줄이고, 친환경 소재로 일회용 어메니티를 대체하는 제품 브랜드 '이든'을 운영하는 기업이다. 기존 여행 산업에서 관행적으로 사용되던 플라스틱 어메니티를 대체하기 위해, 생분해성 원료, 사과 부산물, 커피박 등의 업사이클 자원 기반으로 제작한 어메니티 제품을 개발하고 있다. 단순한 친환경 제품 공급을 넘어, 숙박·여행 공간에서 지속가능한 브랜드 경험을 설계하는 데 중점을 두고 있으며, 이를 통해 ESG 실천이 일상 속 소비 경험으로 연결될 수 있도록 설계된 구조다.

2 Environmental/Social Lean Canvas 분석

경쟁력 / 시장수용성

문제점	솔루션	가치제안	경쟁우위	목표고객
- 여행산업에서 발생하는 일회용 플라스틱 쓰레기 문제	- 여행키트 기능은 유지하면서, 플라스틱 용기 없이도 휴대 가능하도록 구현	- 버려지는 농업부산물을 활용하여 여행에 어울리는 제품을 만들기 때문에 친환경 가치가 높다.	- 인도네시아 정부 및 지역 환경단체와 협력하고 있어 직접적으로 환경을 보호하고 유전자 추적까지 투명하게 과정을 확인할 수 있음	- ESG 경영 실천 기업 - 여행을 자주 다니는 소비자 - 여행/관광/호텔업체
기존대안	**핵심지표**	**상위개념**	**채널**	**얼리어답터**
- 올인원 제품 개발	- 농업 부산물로부터 화장품을 만들며, 업사이클링과 친환경을 모두 달성	- 제품 사용을 통한 친환경 가치 제고 - 지속가능한 사회적가치 확산	- 자사 홈페이지 - B2B 시장 - 협업 기업 시장 - 해외 진출 시장	- 지속가능한 경영을 실천하는 기업 - 여행을 자주 다니는 환경운동가 - 환경에 관심이 많은 캠퍼(캠핑 애호가)

비용 구조	수익원
- 농업 부산물 업사이클링(뷰티 제품) 연구·개발 비용 - 열대우림 프로젝트 진행 비용 - 박람회, 엑스포 등 참여 비용	- 이든 어메니티 판매 수익 - B2B 수익(기업 협약을 통한 제품 판매) 등

생존가능성

Environmental(or Social) Costs	Environmental(or Social) Benefits
- 사회 인식 전환 및 교육 노력 - 소재 처리 과정 및 제작 설비 운용에서 전력과 에너지 사용	- 탄소 및 플라스틱 감소 효과 - 지역사회와 자연에 대한 긍정적 영향 - 글로벌 시장에서의 브랜드 신뢰 확보

ESG가치

경쟁력

여행 산업에서는 이동 중 발생하는 플라스틱 어메니티 폐기물 문제가 꾸준히 지적되어 왔다. 호텔이나 항공사에서 제공하는 일회용 어메니티는 편의성은 높지만 환경 부담이 크고, 소각·매립 과정에서 온실가스를 유발하는 한계가 있다. 서스테이너블랩은 이러한 **문제점 정의**를 바탕으로, 플라스틱 용기를 아예 없앤 친환경 여행키트 '이든'을 개발하였다. 고형 샴푸나 치약정 등 기능은 유지하면서 부피와 쓰레기를 최소화할 수 있도록 구성한 것이 핵심 **솔루션**이다. **기존 대안**이 단순한 소용량 제품 개발에 그쳤다면, 이든은 친환경 소재와 업사이클링 원료를 함께 적용해 차별화된 해결책을 제시한다. 특히 농업 부산물 기반의 화장품 성분은 자원 재활용과 환경 보호를 동시에 달성한다. **핵심 지표**로는, 이든 키트가 실질적으로 기존 플라스틱 어메니티 대비 평균 80% 이상 쓰레기를 줄였으며, 농업 부산물 활용을 통해 ESG 인증 가능성을 확보했다는 점이 주목된다.

시장수용성

가치제안 측면에서는 '버려지는 자원으로 여행의 경험을 바꾸자'는 명확한 메시지를 전달한다. 단순한 제품 제공을 넘어, 플라스틱 용기를 줄이기 위한 소비자의 행동을 유도하며, 자연과 연결된 여행 경험을 제안한다는 점이 강점이다. **경쟁우위**는 '트레이서블(Traceable) ESG'에 있다. 인도네시아 정부 및 지역 환경 단체와의 협업을 통해 고릴라 서식지 보호, 나무 심기 등의 프로젝트를 실제로 연계하고 있으며, 이든 제품 사용자가 참여 성과를 직접 확인할 수 있도록 설계된 점이 차별화 포인트다. **고객 세그먼트**는 ESG 경영에 관심 있는 기업 및 기관, 여행을 자주 다니는 40대 이상 소비자, 지자체 관광부서 등이다. **얼리어답터**는 '플라스틱 프리 여행'을 지향하는 환경 감수성 높은 여행자 및 ESG 이슈에 민감한 브랜드이다. **상위 개념**으로는 '지속가능한 소비 행동 확산'이며, **유통 채널**은 자사몰과 B2B 협약, 박람회 및 해외 진출이 병행된다.

생존가능성

수익원은 크게 두 갈래로 나뉜다. 첫째는 자사 브랜드 '이든'을 통한 어메니티 단품 및 패키지 제품 판매 수익이고, 둘째는 ESG 실천 기업 및 지자체 대상의 B2B 협약을 통한 수익이다. 예를 들어, 호텔 체인이나 공공기관에 납품 시 일정 단가의 납품 계약이 이뤄지고, 이득의 일부는 ESG 활동에 재투자되는 구조다. **비용 구조**는 농업 부산물을 활용한 화장품 원료 개발 및 제품화 비용, ESG 프로젝트(예: 열대우림 나무 심기 등) 진행 비용, 박람회 및 프로모션 참가비 등으로 구성되어 있다. 기존 제품 대비 개발 단가는 높지만, ESG 브랜딩 효과 및 이니셔티브에 참여하는 기업의 지원이 수익구조 안정성을 보완한다.

ESG가치

ESG 측면의 환경 및 사회적 영향은 명확하다. 환경적으로는 플라스틱 용기 제거, 농업 부산물의 자원화, 이산화탄소배출 저감이라는 효과가 있으며, 사회적으로는 인도네시아 여성 고용 창출, 열대우림 복원 등 지속 가능한 활동이 동반된다. 특히 이든 제품은 단순한 친환경 소재 활용을 넘어, 제품 소비를 통해 사용자가 ESG 프로젝트에 '참여'하게 되는 구조를 설계하였다. 이는 제품 단가보다 브랜드 가치를 높이는 데 효과적이며, ESG 전환을 추진하는 기업에게도 파트너십 관점에서 유의미한 선택지로 작용하고 있다.

3 돈과 정보의 흐름 분석

서스테이너블랩의 비즈니스 구조는 사용자(소비자 및 지역 공동체), 중간 유통 주체(지역 비즈니스 파트너 및 협업 기업), 그리고 서스테이너블랩 본사(브랜드 및 제품 기획 운영자) 간의 유기적인 정보 흐름과 금전적 가치 흐름을 기반으로 운영된다. 먼저 정보의 흐름은 서스테이너블랩의 친환경 생활용품 브랜드 '이든'을 통해 출발한다. 농업 부산물을 활용해 만든 제품은 사용처에서의 경험, 구매 반응, ESG에 대한 인식 정보와 함께 수집된다. 이 정보는 일반 소비자뿐 아니라 여행 업계 관계자, 지역 공동체, 환경단체 등 다양한 이해관계자에게 전달되며, 향후 제품 개선 및 캠페인 기획에 반영된다. 특히 이든 제품이 활용되는 관광지와 매장에서는 단순한 구매를 넘어 환경 메시지를 체험하는 방식으로 구성되어 있어, ESG 교육 및 인식 개선에도 기여한다.

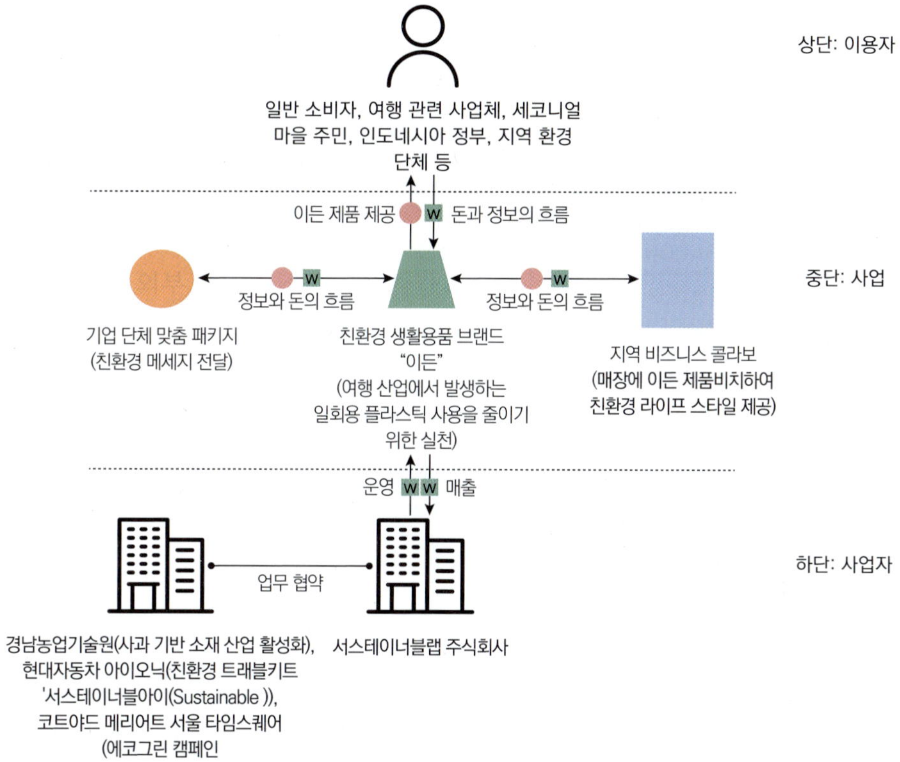

돈의 흐름은 고객과 서비스 제공자 간 거래, 그리고 중개 주체 및 파트너십 기반 수익 구조로 구성된다. 일반 소비자 및 기업 고객은 이든 제품(에코 어메니티, 기획 패키지 등)에 대해 직접 비용을 지불하며, 일부 기업은 캠페인 성격의 협업을 통해 B2B 형태로 구매를 진행한다. 동시에 여행지 매장이나 제휴 공간에서는 제품 판매를 통한 추가 수익이 발생하며, 서스테이너블랩은 이들과 수익을 배분하거나 공동 마케팅의 형태로 협력한다. 이처럼 서스테이너블랩은 업사이클 제품 기획 → 현장 배포 및 체험 → 환경 인식 개선 → 브랜드 신뢰 및 반복 구매로 이어지는 정보의 선순환 구조와, 제품 판매 및 B2B 협업, 지역 파트너십 기반 수익 창출이라는 돈의 순환 구조를 결합하여 지속가능한 비즈니스 모델을 실현하고 있다.

4 Innovation Type 분석

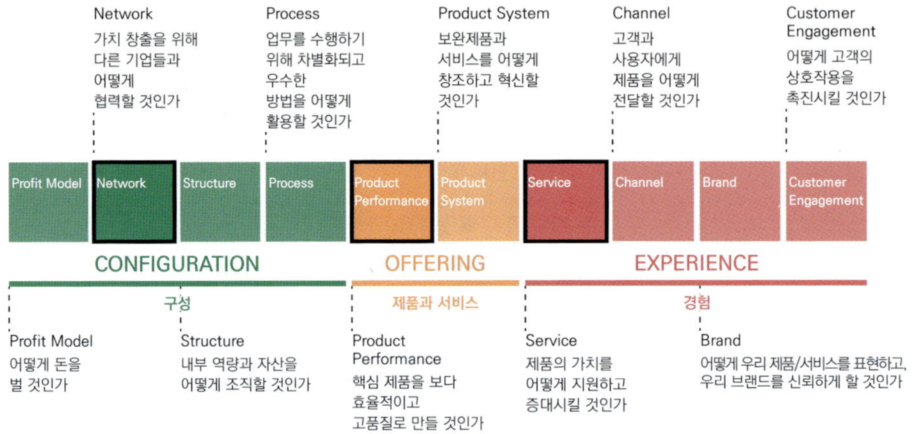

서스테이너블랩은 총 세 가지 유형의 혁신을 수행하고 있다.

Network

브랜드 '이든'을 통해 호텔·기업에 친환경 패키지를 공급하고, 인도네시아의 세코니얼 마을, 지역 정부 및 환경 단체와 협력하여 사회적 임팩트를 실현하고 있다. 제품 공급뿐만 아니라 숲 보호 활동, 나무 심기, 지역 일자리 창출 등 지속가능한 네트워크 확장을 통해 생태계 보존과 사회적 가치를 동시에 추구한다. 특히, 농업 기술기관과의 협력으로 사과 부산물 기반 화장품 소재 연구개발도 함께 추진하고 있다. 이러한 다양한 파트너십 구조는 단순 공급망을 넘어 환경적·사회적 연계를 강화하고 있다.

Product Performance

여행 업계에서 발생하는 일회용 플라스틱 쓰레기 문제를 해결하고자, 플라스틱 용기 없이 사용할 수 있는 어메니티 키트 및 트래블 키트를 개발했다. 기존 제품에서 플라스틱을 제거하고, 고체화된 올인원 비누, 치약, 렌즈용 세정제, 바디워시 등 6종 키트를 중심으로 제품군을 구성하였다. 이들은 종이 포장이나 대나무 케이스 등으로 대체되어, 휴대성과 환경성을 모두 만족시킨다. 또한 제품의 기능적 완결성을 유지하면서도 ESG 기준에 부합하도록 구성되어, 여행자 및 호텔 업계에서의 수요를 확대하고 있다.

Service

농업 부산물의 업사이클링을 기반으로 친환경 제품을 기획·생산하는 자체 공정을 보유하고 있으며, 지역 자원의 잉여분을 화장품 소재로 전환하는 기술 개발에 주력하고 있다. 예를 들어 사과박, 커피박, 자몽껍질 등 식품 부산물에서 유효 성분을 추출해 화장품 성분으로 활용하거나, 지역의 잉여자원을 원료로 하여 새로운 제품을 설계하는 방식이다. 이를 통해 단순 제품 공급을 넘어 지역과의 연결과 탄소 저감이라는 서비스적 가치를 동시에 실현하고 있다.

밸리스(Ballys)
업사이클링 원료를 활용한 반려동물 푸드 브랜드 실현

1 기업개요

밸리스는 어업 부산물과 미이용 자원을 업사이클링해 반려동물 식품 및 용품을 개발하는 브랜드로, 저평가된 생물 자원에 새로운 가치를 부여하고 있다. '배스'에서 추출한 기능성 원료를 기반으로 천연 타우린 보충제, 오메가3 오일, 반려동물용 펫푸드 제품 등을 개발했으며, 수익 일부는 멸종위기 해양동물 보호와 아미노산 추출 등 생물다양성 회복 사업에 재투자된다. 버려지는 해양 생물의 가치를 재발견하고, 반려동물 산업에 순환경제적 해법을 제시하는 친환경 기업으로 주목받고 있다.

2 Environmental/Social Lean Canvas 분석

경쟁력

밸리스의 비즈니스 모델은 생태계 교란종의 활용과 반려동물 건강이라는 두 가지 목표를 동시에 실현하기 위한 구조로 설계되어 있다. **문제점 정의**에서는 배스와 같은 외래 어종이 생태계를 파괴하고, 이로 인해 내수면의 어업 자원이 고갈되며 생계형 어업에 악영향을 미치는 상황을 핵심 과제로 설정하였다. 이에 대한 **솔루션**으로 밸리스는 배스에서 추출한 타우린, 오메가3 등 기능성 원료를 활용한 반려동물 영양제 및 식품을 개발·제조하고 있다. **기존 대안**은 단순한 퇴치작업이나 수거 중심의 일회성 관리에 그쳤던 반면, 밸리스는 배스를 활용한 실질적 제품화와 유통 구조를 통해 생태계 복원과 산업적 활용이라는 두 가지 목표를 결합한다. **핵심지표**로는 배스 기반 천연 타우린·오메가3 원료의 기능성 확보 여부, 반려동물의 기호성과 안전성에 대한 평가, 생산량 기준 단가 절감률 등 정량적 기준을 통해 사업성과를 점검하고 있다.

경쟁력 / 시장수용성

문제점	솔루션	가치제안	경쟁우위	목표고객
- 상태계 교란어종 배스로 인해 생물다양성 파괴 및 어민들의 소득 저하 발생	- 배스에서 타우린, 오메가3 등 기능성 원료를 추출해 펫푸드·건강식품으로 제품화 - 잡어류, 유휴농산물, 곤충단백질 등도 함께 활용하여 원재료의 다양화	- 생태계 교란 어종이었던 배스! 이젠 반려동물용 천연 타우린 영양제로 새롭게 만나보세요!	- 타우린의 천연 추출원료임을 입증 - 배스 내 잔류물질 제거기술 확보	- 반려동물 건강을 중시하는 소비자
기존대안	**핵심지표**	**상위개념**	**채널**	**얼리어답터**
- 지자체 중심의 단순 퇴치사업	- 배스에서 추출한 천연타우린,오메가3는 기능과 안전성이 확보된 원료 - 식품 기준 적합성 확보 - 생태계 교란 저감 및 내수면 수산업 문제 해결 효과	- 지속가능한 소비 및 생태계보전의 융합	- 박람회 - 지자체 - 자사 홈페이지 - 자사몰 - 해외 수출	- 반려동물에게 색다른 단백질원 제공을 원하는 펫푸드 트렌드 소비자

비용 구조	수익원
- 제품 개발 및 제작 비용 - 인건비 - 마케팅 비용 - 자사몰 유지 비용 - 연구시설 유지 비용	- 투자 수익 - 정부 지원금 - 타우린 보충제, 오일 등 상품 판매 수익

생존가능성

Environmental(or Social) Costs	Environmental(or Social) Benefits
- 업사이클링 소재 전처리 공정에 사용되는 에너지 - Supply chain 구축을 위한 사회적 신뢰 구축과 시장 형성 비용	- 배스로 인한 내수 생태계파괴와 이로 인한 내수어업 인구의 실직, 문제해결에 도움 - 배스의 부정적인 인식으로 인해 배스의 가치가 실제 측정되는 가치보다 현저히 낮게 측정되어 비교적 저렴한 원재료 비용으로 생산 가능 - 배스에서 추출한 천연 타우린 영양제는 반려동물에게 알레르기성 반응이 거의 없으므로 안전하게 급여 가능 - 생태계 교란어종인 배스를 활용해 영양제를 생산하며 새로운 부가가치 창출

ESG가치

시장수용성

가치제안 측면에서는 기존에 생태계 교란종으로 인식되던 배스를 '자원'으로 전환함으로써 반려동물 건강을 위한 고기능성 식품으로 제공하는 것이다. 이는 반려동물 영양제 수요의 증가와 맞물려, 환경·윤리적 소비 가치를 동시에 충족시키는 점에서 강한 시장 설득력을 지닌다. **경쟁우위**는 타우린 추출 기술력, 어류 특유의 비린내 저감 공정, 천연 기능성 원료의 함량 인증 등에서 확보되며, 배스의 기능성 성분을 생물학적으로 안정화해 활용하는 기술 기반이 제품 차별화를 이끈다. **고객 세그먼트**는 반려동물을 키우는 일반 소비자, 프리미엄 펫푸드 구매층, 그리고 환경·윤리적 소비를 실천하려는 **얼리어답터** 등으로 구성된다. **상위 개념**으로는 반려동물 식품을 통한 생태계 복원 기여라는 ESG 기반 스토리텔링을 중심에 두고 있으며, **유통 채널**은 박람회, 지자체 협력, 자사 온라인몰 및 수출을 병행하고 있다.

생존가능성

수익원은 기능성 반려동물 식품 및 영양제 판매 수익, 지자체 및 정부 단위의 생태계 복원 프로젝트 지원금, 타우린 원료 납품 수익 등으로 구성된다. **비용 구조**는 원료 확보를 위한 어획 및 가공비, 제품 개발 및 인증 획득 비용, 마케팅 및 유통 채널 운영비, 연구 시설 유지 비용 등이다. 초기에는 비교적 높은 연구개발 비용이 들지만, 배스의 안정적 확보 및 가공 시스템이 정착될 경우 단가가 점차 낮아지는 구조를 형성하고 있다. 이는 지속가능성과 수익성의 균형을 동시에 고려한 구조다.

ESG가치

ESG 측면의 환경 및 사회적 영향을 살펴보면, 밸리스의 사업은 생태계 교란종의 개체 수 조절을 통해 내수면 생태계 복원에 기여하고 있다. 동시에 버려지던 배스를 유용한 기능성 원료로 전환함으로써 자원의 순환 구조를 촉진하고, 폐기물 감축과 생물다양성 보전에 이바지한다. 또한, 제품을 구매하는 소비자는 반려동물 건강 관리라는 실용적 목적과 함께, 환경적 가치 실현이라는 사회적 책임을 동시에 실천할 수 있다. 이처럼 밸리스는 제품 중심의 비즈니스 구조에 생태적 가치와 순환 자원 활용이라는 ESG 가치를 내재화하고 있다.

3 돈과 정보의 흐름 분석

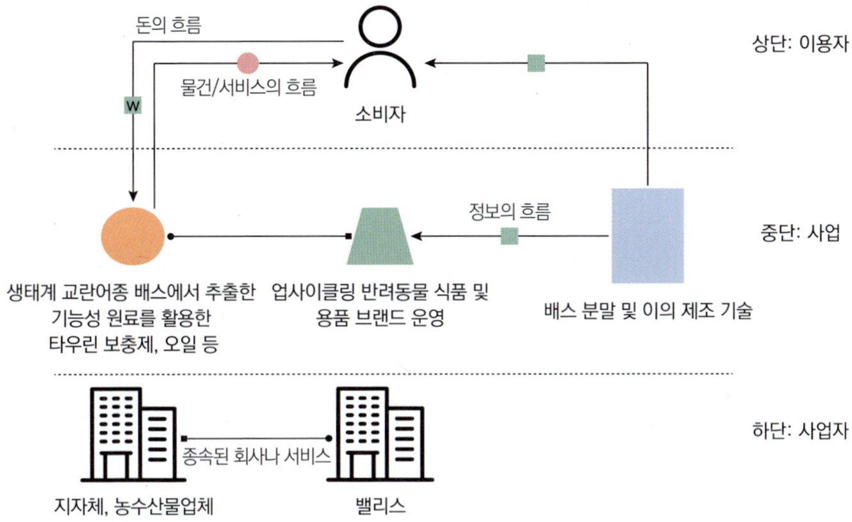

밸리스의 비즈니스 구조는 소비자(이용자), 기능성 원료 생산 및 제품 가공 주체(밸리스), 그리고 유관 기관(지자체, 농수산물업체 등) 간의 정보 흐름과 금전 흐름을 기반으로 운영된다. 먼저 정보의 흐름은 사업의 출발점인 생태계 교란어종 '배스'에 대한 분포 현황과 어획 정보에서 시작된다. 밸리스는 해당 정보를 바탕으로 배스를 수급하고, 이를 가공해 타우린 보충제, 반려동물 영양제, 오일 제품 등으로 개발한다. 이후 소비자 반응, 기호성, 유통 피드백 등 다양한 데이터를 수집하고, 이를 제품 기획과 개선에 반영한다. 이 과정은 단순한 상품 판매를 넘어, 생태계 복원 효과를 모니터링하고 사회적 공익성과 사업성과를 동시에 관리하는 순환 구조로 작동한다. 돈의 흐름은 소비자가 밸리스 제품(영양제, 오일, 펫푸드 등)을 구매하며 형성된다. 제품 수익은 다시 원재료 확보 및 가공, 브랜드 운영, 유통 채널 확보에 재투자된다. 동시에 일부 수익은 지자체나 농수산물업체와 협력하는 생태계 정화 활동 및 후속 어획 프로젝트로도 연계된다. 밸리스는 이 구조를 통해 기능성 제품 수익 → 생태계 복원 기여 → 새로운 자원 확보라는 선순환 흐름을 구축하고 있다. 결과적으로 밸리스는 생태계 교란종을 '폐기물'이 아닌 '가치 있는 자원'으로 전환하며, 제품 판매 수익과 환경 복원 성과를 연계한 비즈니스 모델을 실현하고 있다. 이는 ESG 기반 순환경제의 실천 사례로서, 생태와 시장이 동시에 작동하는 구조를 지향한다.

4 Innovation Type 분석

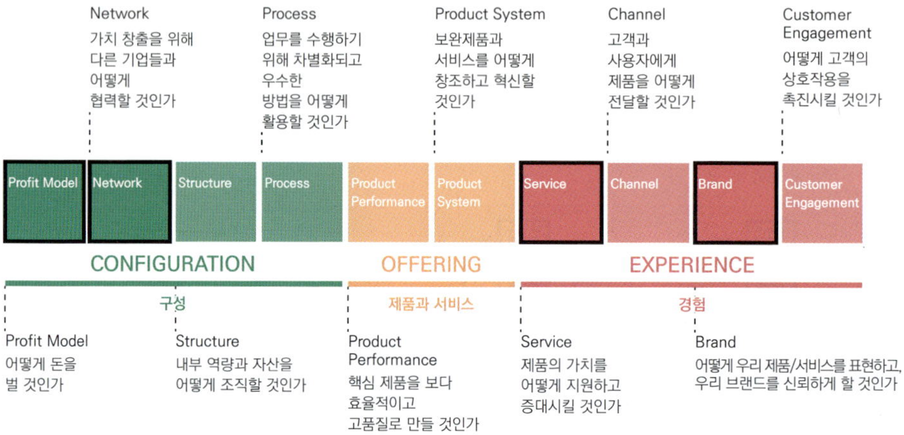

밸리스는 총 네 가지 유형의 혁신을 수행하고 있다.

Profit Model

버려지는 생태계 교란어종 '배스'를 활용한 업사이클링 비즈니스 모델을 통해, 기능성 원료와 반려동물용 식품 및 용품을 생산·판매하는 구조를 구축했다. 천연 타우린 추출물, 오일, 단백질 소재 등 다양한 제품군을 개발하며 수익을 창출하는 동시에, 기존에 경제적 가치가 없던 자원에 새로운 부가가치를 부여하고 있다. 이처럼 배스 활용 기반의 수익 구조는 제품 판매에 그치지 않고, 생태계 복원과 지역 순환경제에도 기여한다는 점에서 차별적이다.

Network

지자체, 농수산물 관련 기관 등과 협력해 생태계 교란어종 배스를 확보하고, 이를 낮은 원가로 가공 가능한 구조를 마련했다. 이러한 협력 체계는 단순한 공급망 확보를 넘어, 퇴치 작업과 동시에 배스를 유의미하게 활용할 수 있는 공공-민간 연계 모델로 작동한다. 특히, 버려지던 자원을 기업 활동에 통합함으로써 지역의 생태계 복원 및 내수 어업 기반 회복이라는 공공적 가치까지 연계하는 것이 핵심이다.

Structure

밸리스는 반려동물 산업 내에서 기존에 활용되지 않았던 '배스'를 식품 및 기능성 제품의 원료로 전환하면서, 내재화된 자원순환 구조를 만들어냈다. 이 과정에서 배스 분말 생산, 비린내 제거 기술, 타우린 함량 조절 등 독자적 제조 역량을 확보하였고, 제품 개발부터 브랜드 운영까지 일원화된 구조를 통해 제품 생산의 품질과 안정성을 높이고 있다. 이는 생물 기반 자원의 활용 가능성을 구조적으로 확장한 사례로 평가된다.

Brand

생태계 문제 해결과 반려동물 건강이라는 두 가지 사회적 가치를 중심으로 '업사이클링 반려동물 브랜드'라는 정체성을 확립하고 있다. 버려지는 자원을 건강한 먹거리로 전환하는 서사를 브랜드 핵심 내러티브로 설정하고 있으며, 실제로 사회적기업 육성사업, 해양수산 R&D 사업, 사회적가치평가 수상 등 외부 인증을 통해 공신력을 확보하고 있다. 브랜드 메시지는 '버려지는 생명을 위한 건강한 순환'으로 수렴되며, 시장 내 차별화된 브랜드 포지션을 구축하고 있다.

코스코페이퍼(Kosko Paper)
친환경 수용성 코팅기술로 바꾸는 종이 포장재의 미래

1 기업개요

코스코페이퍼는 친환경 수용성 코팅 기술을 기반으로, 식품용 포장지와 다양한 친환경 종이 소재 제품을 개발 · 제조하는 기업이다. 인체에 무해하고 재활용 가능한 수용성 코팅제를 자체 개발하여, 일반 종이의 기능성과 내구성을 높이는 동시에, 기존 플라스틱 코팅의 문제점을 대체하고 있다. 특히, 친환경 종이빨대, 포장지, 덮개, 용기류 등 다양한 제품군에 적용 가능하도록 연구 범위를 확장하고 있으며, 항균 코팅 및 초방수 코팅 등 고기능성 소재 분야로의 진출도 추진 중이다. 코스코페이퍼는 단순한 종이 제조기업을 넘어, 환경 문제 해결을 위한 기술 기반 소재 혁신 기업으로 성장하고 있다.

2 Environmental/Social Lean Canvas 분석

경쟁력

코스코페이퍼의 비즈니스 모델은 식품 포장 산업 내 환경성과 사용 편의성을 동시에 해결하기 위한 친환경 소재 기반 구조로 설계되어 있다. **문제점 정의** 측면에서, 코스코페이퍼는 기존 종이 빨대의 내구성과 기능 부족, 그리고 플라스틱 포장재 사용으로 인한 환경 오염 및 기후변화를 핵심 과제로 설정하였다. 이 문제를 해결하기 위해 **솔루션**으로는 인체에 유해하지 않으면서도 물에 강하고 재활용이 가능한 수용성 친환경 코팅 기술을 적용한 종이빨대 및 포장재를 제시하고 있다. **기존 대안**으로는 옥수수 유래 생분해 빨대, 단순한 종이 재질의 빨대 등이 있으나, 박상희 대표의 언급에 따르면 코스코페이퍼는 90% 이상 생분해되는 친환경 종이 빨대를 통해 차별화를 시도하고 있다. 또한, 140도 이상의 내열성, 전자레인지 사용 가능성, 인체 유해 화학물질 무검출 등의 **핵심 지표**를 기반으로 기술적 신뢰성과 실용성을 동시에 확보하고 있다.

경쟁력 | 시장수용성

문제점	솔루션	가치제안	경쟁우위	목표고객
- 플라스틱 사용 증가로 인한 환경 문제 및 기후변화 - 종이 빨대의 내구성과 사용성 문제	- 자연 분해되는 친환경 종이 코팅 기술 개발 - 매립 시 인체 · 환경에 무해하며 별도 분리 없이 재활용 가능한 포장지 생산	- 플라스틱 대신 친환경빨대 사용하고 환경지키자!	- 인체 및 환경에 해를 끼치지 않는 수용성고분자 기술 - 재활용 가능성 높은 내열성, 고강도 보유	- 대형 프랜차이즈 카페 및 식당 - 규제를 받는 아동용 식품 브랜드 및 장난감 포장회사
기존대안	**핵심지표**	**상위개념**	**채널**	**얼리어답터**
- 플라스틱 재활용 - 옥수수 빨대 - 종이 빨대	- 물에 강한 친환경 종이 빨대 - 종이컵, 식품용 용기 등에 적용 가능한 고강도 수용성 코팅 - 140℃ 이상 액체에 사용해도 무해 - 전자레인지 오븐, 포장재 등 실생활 활용도 높음 - 인체 유해 화학물질 무검출	- 자연을 해치지 않는 친환경 대체 소재 - 일상 속 플라스틱을 대체할 수 있는 포장 솔루션	- 박람회 - 각종 지자체 및 환경 단체 - 자사 홈페이지 - 해외 수출	- 습기에 약한 종이 빨대 사용에 불만이 있는 프리미엄 카페나 식음료 브랜드

비용 구조	수익원
- 제품 개발 및 제작 비용 - 인건비 - 마케팅 비용 - 공장 설립 및 유지 비용	- 투자 수익 - 경진대회 우승 상금 - 친환경 종이 빨대, 포장지 등 제품 판매 수익

생존가능성

Environmental(or Social) Costs	Environmental(or Social) Benefits
- 제조 설비, 코팅 및 성형 과정에서 전력 및 에너지 소모 - 시장 진입을 위한 브랜딩 비용	- 플라스틱 대신 수용성 코팅 사용으로 플라스틱 사용을 절감하여 원가 절약 - 플라스틱 사용량 감소로 처리비용 절약 - 추가접착제 사용 없이 열로 접착이 가능하여 생산 비용 절약 가능 - 온실가스 감소 효과 - 생분해 비율 90%로 쓰레기로 분리 배출할 때 종이로 버리면 될 정도로재활용성이 높음

ESG가치

시장수용성

가치제안 측면에서는 '플라스틱을 대체할 수 있는 안전한 포장재'라는 명확한 방향성을 기반으로, 규제를 받는 유럽 시장 및 대형 프랜차이즈 식음료 브랜드가 요구하는 환경성과 기능성을 모두 충족시키는 점이 강점이다. **경쟁우위**는 단순한 재료 변경이 아니라, 자체 특허를 보유한 수용성 고분자 코팅 기술을 통해 인체 무해성, 내열성, 재활용성을 실현한 데 있다. **고객 세그먼트**로는 플라스틱 빨대 규제가 강력한 시장(예: 아동용 식품업체, 장난감 포장회사, 프랜차이즈 식당 등)을 중심으로 설정되어 있으며, **얼리어답터**는 종이빨대의 품질에 민감한 고급 카페나 커피 브랜드로 설정되어 있다. **상위 개념**으로는 '재활용성과 건강을 모두 고려한 생활 속

ESG 소재 대체재'로, 고객에게는 제품의 기능성과 기업의 사회적 책임을 동시에 만족시키는 제품군으로 인식되고 있다. **유통 채널**은 박람회, 자사몰, 해외 수출, 그리고 각 지자체 연계 등 B2G 및 B2B를 포괄하고 있다.

생존가능성

수익원은 투자 유치 및 경진대회 수상금 등 초기 자금 조달 경로와, 이후 친환경 포장재(종이빨대, 코팅종이, 포장 용기 등)의 판매 수익으로 구성된다. **비용 구조**는 제품 개발 및 생산 비용, 친환경 코팅제 생산 원가, 마케팅 및 유통 비용, 공장 설비 및 유지비 등이다. 특히 열을 활용한 접착이 가능하고 별도의 추가 가공 공정 없이도 생산되는 구조 덕분에, 기존 포장재 대비 생산 원가를 절감할 수 있는 구조적 장점도 갖추고 있다.

ESG가치

ESG 측면의 환경 및 사회적 영향을 살펴보면, 코스코페이퍼의 제품은 플라스틱 사용을 줄여 탄소배출량 감축에 기여하며, 기존 종이빨대의 내구성 문제로 인한 소비자 불편을 해소하여 재사용률을 높인다. 또한, 매립 시에도 별도 분리 없이 생활 쓰레기로 배출 가능할 만큼 친환경적이며, 인체에 유해한 화학물질이 없다는 점에서 위생성과 안전성 모두를 만족시킨다. 이러한 구조는 환경 보호와 소비자 만족을 동시에 달성할 수 있는 지속가능한 비즈니스 모델을 형성한다.

3 돈과 정보의 흐름 분석

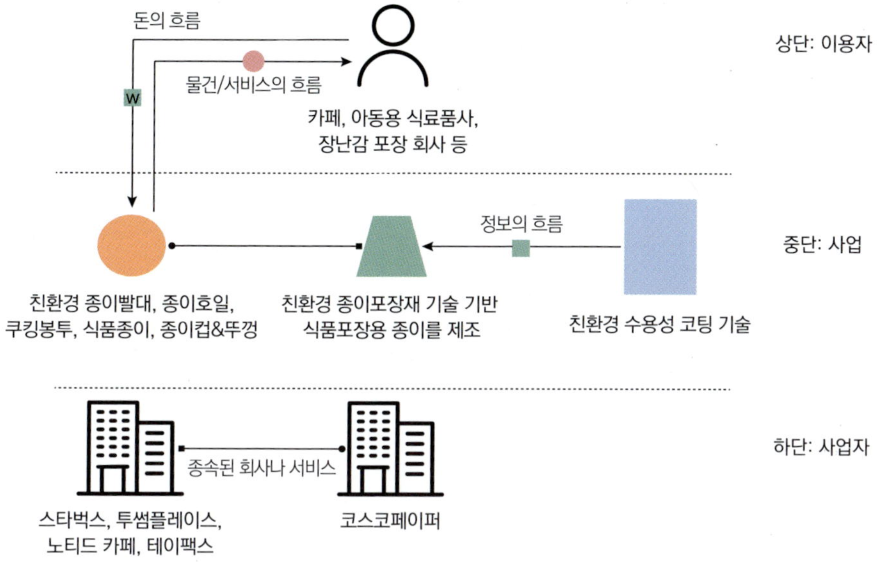

코스코페이퍼의 비즈니스 구조는 최종 소비자(카페, 유아식품 회사, 장난감 포장재 기업), 중간 유통 주체(제조 수탁 파트너 및 브랜드 협력사), 그리고 본사(코스코페이퍼) 간의 유기적인 정보 흐름과 금전적 가치 흐름을 기반으로 운영된다. 먼저 정보의 흐름은 코스코페이퍼의 친환경 종이포장재 기술력에서 출발한다. 코스코페이퍼는 자사 고유의 수용성 코팅 기술을 기반으로, 재활용이 용이하고 인체에 무해한 친환경 종이빨대 및 종이 포장재 제품을 생산한다. 이러한 기술은 소비자의 피드백(예: 분해 속도, 사용 편의성, 내열성 등)과 규제 대응 요구(예: 유럽식품안전기준, 어린이용 제품 인증 등)를 반영하여 지속적으로 고도화된다. 이 정보는 내부 연구개발팀뿐 아니라 중간 유통 채널(카페 브랜드, 식품 포장 협력업체 등)을 통해 실시간으로 수집되며, 제품 개선 및 신규 제품 개발에 반영된다.

돈의 흐름은 고객과 코스코페이퍼 간의 제품 판매 계약을 중심으로 구성된다. 고객사(대형 프랜차이즈 카페, 유아용 식품 브랜드 등)는 종이빨대, 종이컵, 종이뚜껑 등 친환경 포장재에 대한 단가 기반 대금을 코스코페이퍼에 지급한다. 이 외에도 일부 고객은 자체 브랜드와 결합된 주문제작 포장 솔루션을 요구하며, 이에 따른 프리미엄 수익이 발생하기도 한다. 중간 유통 주체는 자체 유통망(예: 외식업체, 커피 프랜차이즈 물류 시스템)을 통해 코스코페이퍼의 제품을 전달하며, 재계약 조건이나 대량 주문 시 일정 비율의 단가 할인이나 납품 수수료를 기준으로 금전적 흐름이 추가로 형성된다. 이처럼 코스코페이퍼는 친환경 코팅 기술을 활용한 제품 생산 → 규제 및 소비자 니즈 기반 정보 피드백 → 제품 개선 및 생산 고도화라는 정보의 선순환 구조와, 친환경 포장재 판매 → 고객 맞춤형 솔루션 제공 → 유통 파트너 수익 공유라는 돈의 순환 구조를 결합하여, 인체와 환경을 모두 고려한 지속가능한 포장 생태계를 구축하고 있다.

4 Innovation Type 분석

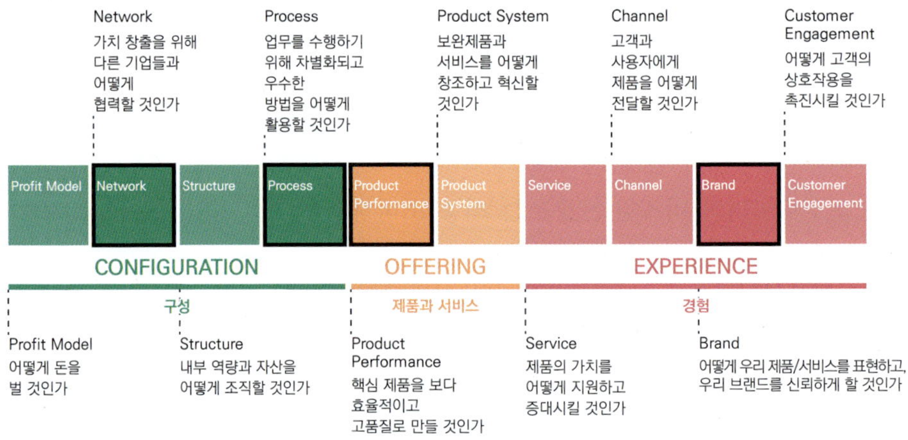

코스코페이퍼는 총 네 가지 유형의 혁신을 수행하고 있다.

Network

코스코페이퍼는 친환경 포장재 유통 파트너, 식품기업, 외식업체 등과 협력하여 자체 코팅 원단을 안정적으로 공급하고 있다. 이처럼 다양한 업종과의 협업을 통해 원자재 절감, 폐기물 최소화, 규제 대응 등의 복합 문제를 함께 해결하고 있으며, 특정 제품 판매에 한정되지 않은 범용 코팅 기술 공급 구조를 구축함으로써 파트너사와의 장기적 관계를 강화하고 있다. 이는 단순 납품 구조가 아닌, 친환경 생태계 기반의 산업 간 협업 네트워크로서 기능하고 있다.

Process

인체에 무해하고 재활용이 가능한 수용성 코팅제를 적용해, 기존 플라스틱 대체 종이 제품의 가공 과정에서 발생하던 환경 유해성과 코팅 공정의 복잡성을 동시에 줄였다. 별도의 추가 열처리나 복합 재질 없이도 매립 후 자연 분해되거나 소각 시 유해물질이 발생하지 않아, 생산 및 폐기 전 주기 전반에서 환경 부담을 최소화한다. 이는 원재료와 코팅 기술이 유기적으로 통합된 생산 공정을 통해 이루어진 것으로, 단순 가공 효율을 넘어 공정 구조 전체의 친환경화를 이끈 사례라 할 수 있다.

Product Performance

종이빨대와 종이포장재의 내수성과 내열성, 재활용 용이성, 인체 안전성 등을 고루 갖춘 고성능 제품을 제작하며, 기존 제품 대비 우수한 성능을 제공한다. 특히, 자체 개발한 수용성 친환경 코팅 기술은 기존 옥수수 빨대나 타사 종이빨대에서 발생하는 들뜸, 분리 불량, 분해 불균일성 등의 문제를 해결하며, 90% 이상이 종이로 분리배출 가능한 구조를 통해 재활용 효율성까지 높였다. 이를 통해 코스코페이퍼는 사용성과 환경성이라는 두 가지 가치를 동시에 충족시키는 제품 성능 혁신을 실현하고 있다.

Brand

코스코페이퍼는 환경부의 친환경마크 인증을 비롯해 2019년 자체 코팅 기술 특허 취득, 2020년 대한민국 중소기업 혁신 기술 대상 수상 등 신뢰도 높은 외부 평가를 기반으로 브랜드 신뢰를 구축해 왔다. 수용성 친환경 코팅이라는 기술적 강점을 바탕으로, 스타벅스, 투썸플레이스, 노티드카페 등 다수 브랜드에 납품되며 소비자와의 접점을 꾸준히 확보하고 있다. 일반 소비자들은 브랜드보다는 제품 품질을 우선시하는 경향이 있지만, 코스코페이퍼는 지속적인 품질 개선과 인증·기술 커뮤니케이션을 통해 친환경 소비에 대한 신뢰와 호감도를 동시에 높이고 있다.

피치바이피치(Pitch by Pitch)
여행을 통해 지속가능한 삶의 방식 전파

1 기업개요

피치바이피치는 지속가능한 여행 문화를 전파하기 위해 설립된 여행 콘텐츠·상품 기획 플랫폼 기업으로, 오프라인 매거진, 가이드북, 영상·브랜딩 콘텐츠, IP 기반 기획 상품 등을 통해 여행자의 인식을 전환하고 지속가능한 삶의 방식을 제안한다. 여행의 소비 구조를 지역경제 활성화, 자원 절약, 생물 다양성 보호 등의 가치와 연결하며, 다양한 파트너십과 협업을 통해 지속가능한 여행 기준을 상품과 경험에 반영하고 있다. '트래블 키트(제로웨이스트 키트)', 'UN SDGs 기반 지속가능 여행 6대 기준 콘텐츠', '로컬 체험 및 재사용 여행 아이템' 등의 독자 콘텐츠를 개발·운영하고 있으며, 온라인 플랫폼과 오프라인 채널을 통해 제품을 소개하고 판매하고 있다.

2 Environmental/Social Lean Canvas 분석

경쟁력

피치바이피치의 비즈니스 모델은 여행 소비를 통해 사회적 가치를 창출하는 구조로 설계되어 있다. **문제점 정의**에서 피치바이피치는 타인의 삶과 사회적 맥락을 고려하지 않는 소비 중심의 여행 문화를 비판하며, 이를 해결하기 위한 **솔루션**으로는 지속가능한 여행 상품을 기획·제작·판매하는 콘텐츠 중심의 온라인 플랫폼과, 여행의 의미를 전달하는 오프라인 매거진 발행을 제시한다. **기존 대안**은 단순히 현지 가이드를 고용하거나 일반 상품을 판매하는 방식에 머물렀던 반면, 피치바이피치는 콘텐츠 기획력과 메시지 중심 설계를 통해 차별화된 대안을 구축하고 있다. **핵심 지표**로는 지속가능한 여행 상품 제작 수, 오프라인 매거진 및 가이드북 발행 실적, 수익의 1% 기부 실적 등이 있으며, 이들은 피치바이피치가 추구하는 가치 중심 모델을 수치로 입증하는 기준이 된다.

경쟁력 / 시장수용성

문제점	솔루션	가치제안	경쟁우위	목표고객
- 타인의 삶과 사회적 가치를 고려하지 않는 여행 소비 문화	- 지속가능한 여행 상품을 기획 · 제작 · 판매하는 콘텐츠 중심 플랫폼 운영 - 여행의 의미를 전하는 오프라인 매거진 발행	- 지속가능한 여행을 위한 온라인 플랫폼!	- 여행가이드북 · 매거진 · 영상, 브랜딩 콘텐츠 등 독립적 기획 역량 - 수익의 1% 기부 구조 - UN SDGs 기반 6가지 기준에 맞춘 여행상품 기획	- 지속가능한 여행을 통해 환경 보호 · 지역경제 기여를 실천하고자 하는 소비자
기존대안	**핵심지표**	**상위개념**	**채널**	**얼리어답터**
- 현지 가이드를 고용한 여행 - 일반 상품 판매 중심 여행 플랫폼	- 지속가능 여행 상품 제작 수 - 오프라인 매거진 · 가이드북 발행 수 - 수익의 1% 기부 실적	- 지속가능성을 핵심가치로 삼은 여행 큐레이션 콘텐츠 플랫폼	- 박람회 - 공익광고 - 자사 홈페이지 - 온라인 플랫폼 - 서점	- 환경 보호 여행에 높은 관심을 가진 소비자

비용 구조	수익원
- 인건비 - 마케팅 비용 - 웹사이트, 온라인 플랫폼 유지 비용 - 앱, 데이터 관리 비용 - 기부 비용 - 매거진, 가이드북, 영상 등 여행의 지속가능성을추구하는 콘텐츠제작 비용	- 지속가능한 여행 상품 판매 수익 - 매거진, 가이드북 등 판매 수익

생존가능성

Environmental(or Social) Costs	Environmental(or Social) Benefits
- 콘텐츠 제작 및 플랫폼 운영 비용 - 유통 및 물류 비용	- 지역공동체 활성화, 지역 경제와 일자리 창출 등에 사용되므로 사회적가치 증진 - 사회적 가치를 기반으로 개인과 사회, 지역의 지속가능한 성장 도모 - 현지 문화 체험과 보존 가능 - 에너지 절약과 재활용을 통해 자연 환경 보호 가능 - 지속가능한 여행 프로그램을 통해 생물 다양성 보호 가능

ESG가치

시장수용성

가치제안 측면에서 피치바이피치는 지속가능한 여행을 위한 온라인 큐레이션 플랫폼이라는 정체성을 바탕으로, 여행을 소비가 아닌 실천의 수단으로 전환할 수 있는 경험을 제공한다. 경쟁우위는 독립적으로 제작되는 매거진, 여행 가이드북, 영상, 브랜딩 콘텐츠 등 콘텐츠 기반의 기획 역량과, 수익의 1%를 지속가능한 여행 확산에 기부하는 구조에 있다. 또한, UN SDGs 기준에 기반한 여섯 가지 지속가능 여행 기준을 상품과 콘텐츠에 반영함으로써 브랜드 신뢰성과 방향성을 명확히 하고 있다. 고객 세그먼트는 지속가능한 여행을 통해 환경 보호와 지역경제 기여를 실천하고자 하는 소비자이며, 얼리어답터는 환경 문제에 민감하고 책임 있는 소비를 지향하는 여행자다. 상위 개념으로는 '지속가능성을 핵심 가치로 삼은 여행 큐레이션 콘텐츠 플랫폼'으로 정의할 수 있으며, 유통 채널은 박람회, 광고매체, 자사 홈페이지, 온라인 플랫폼, 서점 등으로 구성된다.

생존가능성

수익원은 크게 두 가지로 나뉜다. 첫째는 지속가능 여행 상품(여행 키트, 가이드북, IP 상품 등)의 판매 수익, 둘째는 매거진, 콘텐츠 등 유료 콘텐츠의 판매 수익이다. **비용 구조**는 인건비, 마케팅 비용, 웹사이트 및 앱 운영비 외에도 지속가능성 콘텐츠 제작을 위한 매거진·가이드북·영상 제작비, 그리고 수익의 일부를 기부하는 비용 등이 포함된다. 이 구조는 수익성과 사회적 가치를 동시에 고려한 모델로 설계되어 있으며, 기획-생산-확산-기부로 이어지는 순환적 생존 구조를 기반으로 한다.

ESG가치

ESG 측면의 환경 및 사회적 영향을 살펴보면, 피치바이피치는 지역 커뮤니티와의 연계를 통해 지역경제 활성화와 일자리 창출에 기여하고 있으며, 여행 수익의 일부를 기부함으로써 지속가능한 여행 생태계 조성에 동참하고 있다. 콘텐츠 제작 과정에서는 제로웨이스트와 에너지 절약 개념을 반영하고 있으며, 다양한 지속가능 여행 프로그램을 통해 생물 다양성 보호와 자연 환경 보호를 실천하고 있다. 이러한 방식은 여행자의 인식을 전환시키는 데 그치지 않고, 여행 자체가 사회·환경적 행동으로 연결될 수 있도록 구조화되어 있다는 점에서 ESG적 가치가 높다.

3 돈과 정보의 흐름 분석

피치바이피치의 비즈니스 구조는 소비자, 기부자(후원자), 그리고 피치바이피치 본사 간의 정보 흐름과 금전적 가치 흐름을 기반으로 운영된다. 먼저 정보의 흐름은 피치바이피치가 운영하는 온라인 플랫폼과 오프라인 콘텐츠 제작 과정에서 발생한다. 피치바이피치는 여행자의 지속가능한 소비를 유도하기 위해 여행 상품, 매거진, 가이드북 등의 콘텐츠를 기획·제작하며, 이를 통해 여행의 사회적 가치를 전달한다. 콘텐츠 기획 정보와 현지 지역에 대한 자료는 다양한 파트너십을 통해 수집되며, 소비자에게는 큐레이션된 정보로 제공된다.

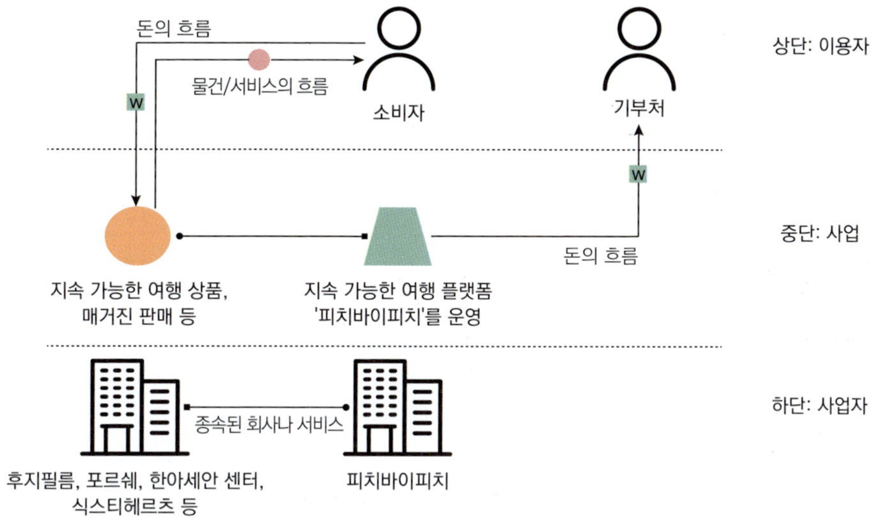

돈의 흐름은 크게 두 방향으로 나뉜다. 하나는 일반 소비자로부터 발생하는 수익 구조이며, 소비자는 피치바이피치 플랫폼을 통해 지속가능한 여행 상품 및 매거진 등을 구매하고 이에 대한 금액을 지불한다. 다른 하나는 기부자 또는 후원자로부터의 흐름으로, 피치바이피치는 수익의 일정 비율(1%)을 지속가능한 여행 확산을 위한 기금으로 기부하거나, 별도의 후원금 유입을 통해 운영의 공익성을 강화한다. 이처럼 피치바이피치는 정보 큐레이션 → 콘텐츠 기획 · 제작 → 판매 및 기부라는 순환 구조를 통해, 지속가능성 · 사회적 가치 실현 · 경제적 자립을 함께 추구하는 비즈니스 모델을 구축하고 있다.

4 Innovation Type 분석

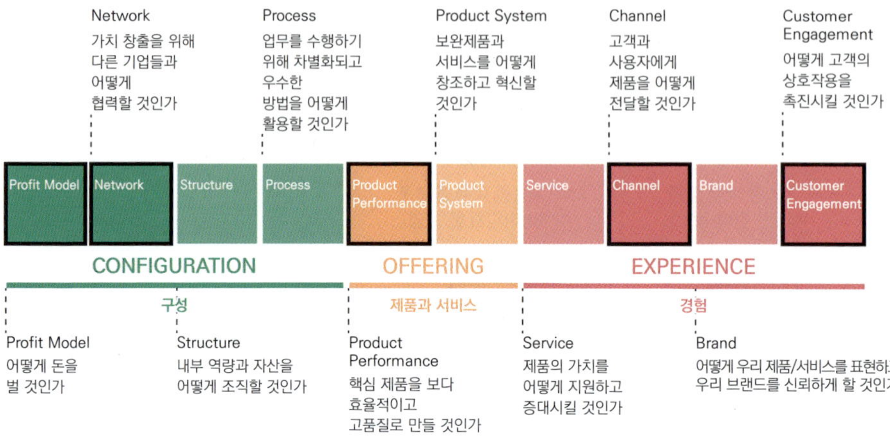

피치바이피치는 총 다섯 가지 유형의 혁신을 수행하고 있다.

Profit Model

지속가능한 여행 상품을 기획하고 콘텐츠로 제작한 뒤, 이를 직접 판매하며 수익을 창출한다. 여행 관련 브랜드 콘텐츠, 매거진, 가이드북 등은 단순한 판매 제품이 아니라 사회적 메시지를 담은 큐레이션 형태로 구성되며, 수익의 1%는 지속가능한 여행을 위해 기부된다. 이러한 기부 방식은 기업이 단순한 친환경 마케팅을 넘어, 지속가능성을 비즈니스의 핵심 가치로 내재화하고 있다는 점에서 의의가 있다. 이처럼 제품 구매가 곧 사회적 행동으로 연결되도록 설계되어 있으며, 실질적인 수익 구조와 공익 구조를 동시에 반영한 수익 모델이다.

Network

피치바이피치는 다양한 외부 기업·기관과의 협업을 통해 지속가능한 여행 메시지를 확산시키고 있다. 또한, 재생에너지 플랫폼을 통해 1,920킬로와트의 전력 구매와 탄소 감축을 실현했으며, 다양한 기업 파트너와 함께 여행과 에너지 소비를 연결하는 방식으로 확장적인 파트너십 네트워크를 운영하고 있다.

Product Performance

기존 여행 플랫폼과 달리, 피치바이피치는 여행의 사회적 의미를 반영한 큐레이션 콘텐츠를 중심으로 여행 상품을 제작하고 있다. 단순한 관광 정보가 아닌 여행자의 가치관과 태도를 변화시킬 수 있는 콘텐츠를 생산하며, 매거진 · 가이드북 · 브랜드 콘텐츠 등의 형태로 고유한 기획력을 구축해가고 있다. 독립적인 편집 · 제작 체계는 콘텐츠 품질과 메시지 전달력 모두에서 일관된 경쟁력을 형성한다.

Channel

박람회, 자사 웹사이트, 온라인 플랫폼, 서점, 공익 캠페인 등 다양한 유통 채널을 활용해 소비자와 접점을 만들고 있다. 특히, 매거진은 유통 채널인 동시에 메시지 전달 수단으로 활용되며, 단순 상품 구매가 아닌 '가치소비'로 이어지도록 설계되어 있다. 이러한 멀티 채널 전략은 콘텐츠와 브랜드가 사회적 맥락 속에서 유통될 수 있도록 돕는다.

Customer Engagement

피치바이피치는 여행자가 매거진이나 온라인 플랫폼을 통해 콘텐츠를 접하고, 상품을 구매하며 자연스럽게 기부 활동에 참여하게 되는 구조를 설계하였다. 여행지의 맥락과 사회적 가치를 함께 배우는 과정을 통해, 소비자는 단순한 '여행자'에서 '참여자'로 변화한다. 이는 고객과의 상호작용을 자연스럽게 유도하는 구조로서 브랜드 충성도와 사회적 임팩트를 동시에 높이는 전략이다.

그린굿스(GreenGoods)
구독형 양계 서비스를 통한 농촌 빈곤 해결

1 기업개요

그린굿스는 라오스 농가를 대상으로 구독형 양계 서비스를 제공하는 기업으로, 병아리 분양부터 사료 제공, 수의사 방문, 유통까지 일원화된 구조를 통해 농가의 안정적인 소득 창출을 지원한다. 농업 경험이 부족한 소농도 손쉽게 참여할 수 있도록 설계된 이 서비스는, 무항생제 친환경 방식과 공정한 수매 가격을 기반으로 운영된다. 그린굿스는 이를 통해 농업 생태계의 순환 구조를 만들고, 개발도상국 농촌의 지속가능한 자립 기반 구축에 기여하고 있다. 이러한 모델은 UN-SDGs(지속가능발전목표) 중 빈곤 퇴치(Goal 1), 양질의 일자리 제공(Goal 8), 책임 있는 생산과 소비 촉진(Goal 12) 등과 밀접하게 연결되며, 단순한 수익 창출을 넘어 개발협력과 ESG 가치를 실질적으로 구현하는 구조로 설계되어 있다.

2 Environmental/Social Lean Canvas 분석

경쟁력

그린굿스의 비즈니스 모델은 개발도상국의 농촌 경제 취약성과 식량 안보 문제를 동시에 해결하고자 설계된 ESG 기반의 순환형 양계 시스템이다. **문제점 정의**에서 그린굿스는 라오스 농촌의 60% 이상이 자급자족 농업에 의존하고 있으며, 초기 자본 부족, 병아리 폐사율, 사료 비용 부담, 기술 부족 등으로 인해 양계 진입 장벽이 높고, 소득화에 실패하는 농가가 많다는 점을 핵심 과제로 설정하였다. 이를 해결하기 위한 **솔루션**으로는 병아리 공급, 사료 지원, 수매 연계, 방역 교육 등을 포함한 통합형 '양계 구독 서비스'를 제시하였다. 농가가 일정 기간(평균 75일) 동안 병아리를 키우고, 일정 수익(평균 250달러)을 보장받을 수 있는 구조이다. **기존 대안**은 개별 농가가 시장에서 병아리와 사료를 자율적으로 구매하고 키우는 방식

경쟁력 / 시장수용성

문제점	솔루션	가치제안	경쟁우위	목표고객
- 개발도상국 농가는 양계 진입 장벽이 높고, 초기 투자비용 부담이 큼 - 병아리 폐사, 수급 불안정, 유통망 부재 등으로 소득화 어려움	- 병아리 공급, 사육 지도, 수매까지 통합한 양계 구독 서비스 - 정액 요금제 기반 저위험 순환형 모델 구축	- 누구나 손쉽게 참여할 수 있는 양계 순환모델	- 무항생제 친환경 방식기반 사육 - 병아리 폐사율 관리, 수매 연계로 수익 안전성 보장 - 라오스 전역 40개 마을, 83개 농가에 적용	- 라오스 등 저소득 농촌지역의 소농 - 라오스 여성 협동조합
기존대안	**핵심지표**	**상위개념**	**채널**	**얼리어답터**
- 개별 농가의 자율적 소규모 사육	- 계약 농가 평균 75일 기준수익 250달러 - 목표 소득 USD 82 달러/월상회 - 농가 수 확대 (30 농가 이상 → 83농가) - 태국의 CP그룹 대비 4분의 1 수준의 초기 투자금	- 개발도상국형 순환형 축산 모델 - 기초소득 창출을 통한 사회적 자립 지원	- 현지 방문 컨설팅 - 라오스 공공기관 - 자사 홈페이지	- 기존 양계 구조에 편입되기 어려운 소규모 농가, 여성농가, 고령자 농가

비용 구조	수익원
- 병아리 및 사료 구매 비용 - 농가 교육 및 현장 운영 인건비 - 수거/수매 및 물류비용 - 중고 장비 유지 및 농기계 보급비용	- 양계 구독 서비스 이용료 - 병아리·사료 공급 및 수매 후 재판매 수익

생존가능성

Environmental(or Social) Costs	Environmental(or Social) Benefits
- 구독 기반 시스템 도입에 따른 운용 비용 - 사료 및 농장 운영과 물류에서의 높은 에너지 소모	- 친환경 무항생제 양계 방식 - 여성 협동조합 중심의 농가 운영 모델 - 농촌지역 기초소득 보장 및 식량안보 기여 - 중고 장비 재사용 기반으로 장비 폐기 최소화

ESG가치

이었으나, 폐사율과 수익성의 불안정성, 유통 경로 부족으로 인해 지속되기 어려운 한계가 있었다. 그에 반해 그린굿스는 통합 제공 방식으로 위험 부담을 분산하고, 수매 보장으로 안정적인 소득을 창출할 수 있게 하였다. **핵심 지표**로는 농가당 평균 수익 250달러, 목표 소득 82달러/월, 40개 마을 및 83개 농가 도입 등의 수치를 기반으로 성과를 계량화하고 있으며, 태국 CP그룹 대비 4분의 1 수준의 초기 투자비용으로 동일 효과를 낼 수 있다는 비교 수치도 제시하고 있다.

시장수용성

가치제안 측면에서 그린굿스는 '누구나 손쉽게 참여할 수 있는 양계 순환모델'이라는 슬로건 아래, 농가의 소득 창출과 동시에 지역 식량 안보를 실현하는 이중 가치를 제공한다. **경쟁우위**는 무항생제 방식의 친환경 축산 기법을 유지하며, 폐사율을 낮추고, 농가에 교육과 방역까지 지원함으로써 기존 양계 모델보다 안전성과 지속가능성을 높인 데 있다. 실제로 기존 자율 양계 방식보다 병아리 생존율과 농가 수익 모두에서 높은 성과를 보이고 있으며, 소득 안정성을 제공함으로써 장기 참여율도 높다. **고객 세그먼트**는 라오스 내 소득이 불안정한 농가, 특히 여성 농가, 고령자 농가 등 양계 진입이 어려웠던 계층이며, **얼리어답터**로는 기존 방식의 한계를 인식하고 대안적 모델에 관심이 있는 저소득 소농과 협동조합을 주요 대상으로 한다. **상위개념**으로는 '개발도상국형 순환형 축산 모델'로 정의될 수 있으며, 이는 농촌 경제 자립과 식량 안보를 동시에 달성하고자 하는 글로벌 개발 목표와도 연결된다. **유통 채널**은 현지 공공기관과의 협업, NGO 및 공공개발기구와의 파트너십, 자사 홈페이지 및 직접 방문 상담 등을 통해 다층적이고 지속적인 방식으로 운영되고 있다.

생존가능성

수익원은 크게 두 가지로 나뉜다. 첫째는 농가로부터 수취하는 양계 구독 서비스 이용료이며, 둘째는 사료 및 병아리 재공급, 수매 후 재판매 과정에서 발생하는 유통 마진이다. 특히 수매 방식은 농가의 수익을 보장하는 동시에 그린굿스가 안정적인 공급망을 확보할 수 있게 해주는 구조로 설계되어 있다. **비용 구조**는 방역 및 병아리 사료 조달 비용, 농가 교육 운영 인건비, 중고 장비 확보 및 보급 관련 물류비, 시스템 유지 관리비 등으로 구성된다. 다만, 폐장 장비 재사용 기반의 저비용 구조를 유지하고 있어 초기 투자 대비 운영비가 매우 낮은 것이 특징이다. 이를 통해 고정비 부담을 줄이고, 높은 확장성과 지속가능성을 확보하고 있다.

ESG가치

ESG 측면의 환경 및 사회적 영향을 살펴보면, 그린굿스의 순환형 양계 시스템은 항생제를 사용하지 않는 친환경 방식으로 운영되며, 중고 장비를 재사용해 자원 낭비를 줄인다. 또한, 여성 협동조합 중심의 운영 모델은 농촌 지역의 젠더 포용성과 고용 기회를 확대하고, 공공기관과의 협력으로 지역 사회 기반의 지속가능한 농업 생태계를 구축하는 데 기여한다.

3 돈과 정보의 흐름 분석

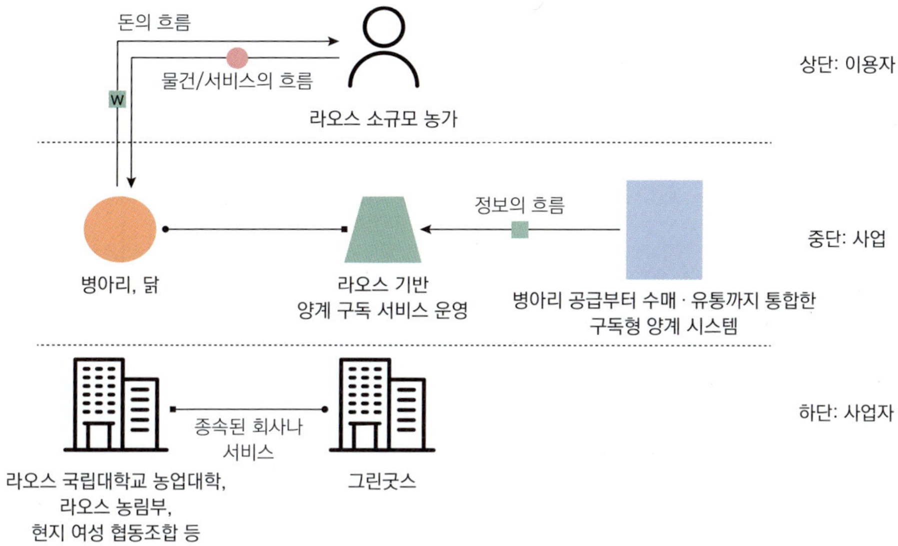

그린굿스의 비즈니스 모델은 농가(이용자), 병아리 및 사료 공급 시스템(중단 사업), 그리고 그린굿스 본사 및 현지 협력기관(하단 사업자) 간의 구조화된 흐름으로 구성되어 있다. 정보의 흐름은 현지 농가의 생산성과 생존율 향상을 위해 핵심적으로 작동한다. 병아리 공급 이후, 농가 단위에서 기록된 사육일수, 폐사율, 사료 소비량 등 주요 데이터는 주기적으로 수집된다. 이 정보는 그린굿스의 라오스 본부와 국립대학교 농업대학, 라오스 농림부, 지역 여성 협동조합 등과 공유되며, 구독형 양계 시스템의 개선 및 향후 컨설팅 자료로 활용된다. 특히 병아리 품질, 사료 급여 방식, 폐사율과 수익률 간 상관관계를 추적함으로써 농가별 맞춤형 양계 전략 수립이 가능하며, 이 같은 정보 기반 운영은 전체 모델의 순환성을 강화하는 기반이 된다.

돈의 흐름은 초기 구독 가입 시 농가가 병아리 · 사료 · 방역용품을 포함한 패키지 서비스를 일정 비용에 구매하는 구조에서 시작된다. 이후 닭이 일정 생육 주기(약 75일)를 거쳐 출하되면, 그린굿스는 이를 수매해 시장에 유통하고, 해당 수익 일부는 운영비 및 서비스 고도화에 재투자된다. 이 과정에서 농가는 사육비용을 선결제하거나, 일부 후불 구조로 선택할 수 있어 진입 장벽이 낮다. 또한 라오스

정부기관 및 국제개발 파트너들(예: ADB, KOICA)의 지원금을 통해 시스템 초기 구축비용을 보조받고 있으며, 여성 협동조합이나 소득 하위 농가에 대해서는 추가 보조금이나 기부 프로그램이 연계되어 있다. 이처럼 그린굿스는 정보의 흐름을 통해 농가의 사육 안정성과 시스템 개선을 유도하고, 돈의 흐름을 통해 수익·재투자 구조를 순환시킴으로써 농가의 자립 기반과 서비스 지속성을 동시에 달성하는 구조로 운영되고 있다.

4 Innovation Type 분석

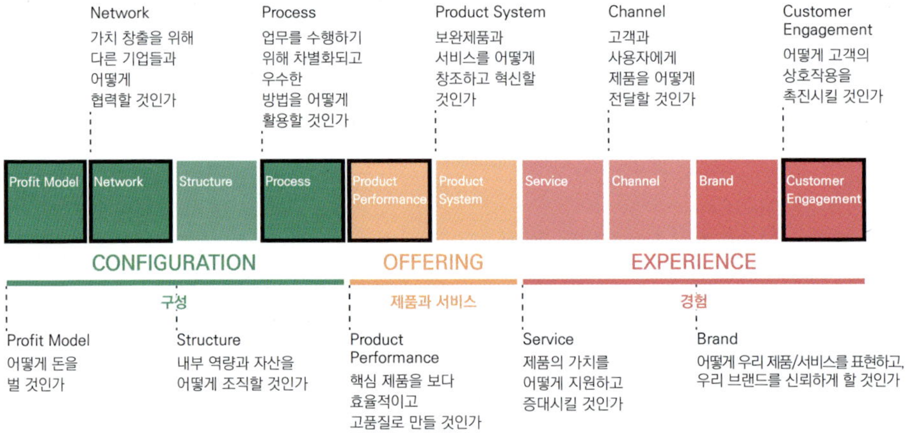

그린굿스는 총 네 가지 유형의 혁신을 수행하고 있다.

Profit Model

개발도상국 농가의 축산 진입장벽을 낮추기 위해 '양계 구독 모델'을 설계하였다. 기존에는 병아리 구매, 사료 조달, 사육, 유통까지 모두 농가가 개별적으로 처리해야 했지만, 그린굿스는 이를 하나의 통합형 서비스 구조로 바꾸었다. 농가는 일정한 구독료만 납부하면 병아리, 사료, 백신, 수의사 진료 및 기술 가이드를 함께 제공받고, 사육이 완료되면 그린굿스가 직접 닭을 수매해 부분육으로 가공 후 판매까지 진행한다. 수익은 제품 판매 수익 외에 구독료 수익, 도축·가공에 따른 유통 이익까지 포함된 다중 구조로 구성된다.

Network

그린굿스는 라오스 농림부 및 국립대학교 농업대학, 여성 협동조합 등 다양한 현지 파트너와의 연계를 통해 양계 생태계를 구축하고 있다. 이들은 농가 모집, 정책 협업, 병아리 품종 개량, 수의사 양성 등 다양한 역할을 분담하고 있으며, 현장 기반 실행력을 높이는 핵심 동력이다. 특히 ADB(아시아개발은행)는 단순 투자자 역할을 넘어서, 동남아 인근 국가로의 진출 전략까지 논의 중인 전략 파트너로 작동하고 있다.

Process

그린굿스는 사육 프로세스를 디지털 기반의 표준화된 운영 시스템으로 전환하였다. 농가는 사육 개시 시점부터 75일간의 사육 기간 동안 수의사의 정기 진료, 사료 급여, 방역 스케줄, 체중 측정 등의 절차를 매뉴얼에 따라 수행하며, 이 과정은 모바일 기반 가이드를 통해 실시간으로 관리된다. 또한, 라오스 최초로 HACCP 기반의 부분육 냉장 유통 체계를 도입하여 도축·가공·유통까지 위생성과 품질을 확보하였고, 출하 시점의 예측 가능성과 품질 균일화를 동시에 달성했다. 이처럼 농가의 숙련도에 관계없이 일관된 품질을 확보할 수 있다는 점은 운영 효율 측면에서 중요한 혁신이다.

Product Performance

기존 축산 서비스와 차별화되는 제품 품질을 확보하기 위해 '무항생제·무합성제' 사육 방식을 고수하고 있다. 이는 기존 라오스 농장에서 일반적으로 쓰이는 항생제 기반 축산과는 달리, 소비자 신뢰를 확보할 수 있는 핵심 기준으로 작동한다. 또한, 병아리 품종 개량, 위생 도축, 부분육 포장 시스템을 통해 농가 출하물의 고품질화를 가능케 했고, 이를 통해 현지 고급 식당 및 호텔을 대상으로 B2B 공급 계약을 확보하고 있다. 이러한 프리미엄 축산물 포지셔닝은 경쟁 업체와 명확한 차별화를 만든다.

공감만세(GongGammanse)
지역 기반 기부문화 혁신을 통한 공정여행 플랫폼

1 기업개요

공감만세는 기부자가 자발적으로 기부 목적과 지역, 용도를 직접 선택할 수 있는 참여형 기부 플랫폼 '위기브(WeGive)'를 운영하며, 지역 격차 해소와 공정여행 활성화를 동시에 추구하는 공익기업이다. 기존의 일방향적 기부 시스템과 달리, 사용자는 고향사랑기부제에 참여하거나, 특정 지자체 · 지정기부처 · 기부 목적을 직접 선택하여 기부의 흐름을 명확히 추적할 수 있다. 기부자는 숙박, 특산품, 지역투어 등 다양한 답례품을 수령하고, 기부금은 지역 청소년, 문화예술, 사회복지, 재난지원 등 구체적인 목적에 따라 사용된다. 이 플랫폼은 일본의 페어트래블재팬과의 협업 경험을 토대로 개발되었으며, 현재 전국 지자체와 업무 협약을 체결하며 공정여행과 지역 회복을 연결하는 지속가능한 기부 시스템으로 진화하고 있다.

2 Business Model Canvas 분석

경쟁력

공감만세의 비즈니스 모델은 지역 간 격차 해소와 지방 재정 확충이라는 공익적 목표를 중심에 두고 설계되었다. **문제점 정의** 측면에서 공감만세는 고향 소멸과 지역 공동체 붕괴를 핵심 과제로 설정한다. 전국 234개 기초지자체 중 절반 이상이 인구 감소 지역으로 분류되며, 출생지와 생활지가 분리된 도시화 사회에서 고향에 대한 관심과 연결이 빠르게 약화되고 있다. 이로 인해 특정 지역은 지속 가능한 자립 기반을 잃고 있고, 청년층 이탈과 사회적 불균형도 심화되고 있다. 이러한 문제를 해결하기 위한 **솔루션**으로 공감만세는 기부자가 응원하고 싶은 지자체를 직접 선택하고, 기부 목적(예: 청소년 보호, 재난지원 등)과 용도까지 지정할 수 있는 플랫폼형 고향사랑기부제 서비스를 제공하고 있다. 기부금은 지역별로 사회문

경쟁력 | 시장수용성

문제점
- 지역 소멸, 인구 감소 등으로 고향과 청년이 사라지는 현상 발생
- 지방, 지역 공동화가 대두되며 전체 243개의 지역 중 151곳이 소멸 위기
- 현지인의 생활 방식을 존중하지 않는 여행

솔루션
- 기부자가 자신의 고향이나 응원하고 싶은 지자체를 선택하고, 기부 목적에 맞게 기부 유형과 용도를 직접 선택하여 기부
- 기부금이 해당 지역 문제해결과 공정여행 실현에 직접 활용되도록 구조 설계

가치제안
- 고향에 기부하여 지역경제도 활성화하고, 세액공제 혜택과 답례품도 받자!
- 지구와 지역, 사람이 웃는 공정 여행!

경쟁우위
- 기부자가 선택하는 기부용도
- 답례품이나 지정기부, 재난지원 등 다양한 기부메뉴 제공
- 폭넓은 결제 수단 제공
- 빠른 배송과 알림
- 지방정부와의 협약을 통한 제도적 정합성 확보

목표고객
- 특정 지역을 응원하고자 하는 개인 기부자
- 기부를 통해 ESG 브랜드 이미지를 강화하려는 기업
- 공익 마케팅 수단을 찾는 중소 브랜드

기존대안
- 고향사랑e음 등 일방향적 기부 포털
- 현지인 가이드 채용

핵심지표
- 지방재정 확충 가능
- 지역경제 활성화 가능
- 우리나라의 균형 있는 발전이 가능
- 지역의 자립, 자주, 자존을 돕는 공생의 공정 여행 모델 구축

상위개념
- 고향 사랑 기부제 서비스를 통해 기부자가 고향이나 응원하고 싶은 지자체를 선택하고, 자신의 기부 목적에 맞게 기부유형과 용도를 선택하여 기부한 후 세액공제와 답례품 혜택
- 공정 여행을 통해 여행 시 원주민 공동체 보존

채널
- 박람회
- 공익광고
- 지자체 협약 채널
- 자사 홈페이지

얼리어답터
- 평소 기부에 관심있었지만 구체적 통로가 없던 사람
- 공정여행에 관심 있는 소비자
- 지역 문제 해결을 위해 소규모 액션을 원하는 세대

비용 구조
- 인건비
- 마케팅 비용
- 웹사이트 유지 비용
- 앱, 데이터 관리 비용
- 공정 여행 실행(교통, 숙박, 식비, 프로그램 등) 비용
- 일본-평화여행 개최 비용

수익원
- 기부 수익(기부금 연계 서비스 수수료 포함)
- 플랫폼 운영 및 정보 제공을 통한 홍보·광고 수익
- 지역 브랜드 제품 판매 수익
- 공정 여행 프로그램 운영 수익

생존가능성

Environmental(or Social) Costs
- 여행 프로그램 운영에 따른 교통, 숙박을 위한 에너지 소비 및 탄소배출

Environmental(or Social) Benefits
- 사회적 취약계층 지원, 청소년 육성 및 보호, 지역공동체 활성화 등에 사용되므로 사회적 가치 증진
- 지역 격차 해소 및 도시와 지역을 잇는 균형 발전 가능
- 사회적 가치를 기반으로 개인과 사회, 지역의 지속가능한 성장 도모

ESG가치

제 해결에 직접 활용되며, 기부자는 세액공제 혜택과 함께 지역 특산품, 숙박권, 관광 프로그램 등 다양한 답례품을 수령할 수 있다. 기부와 소비, 여행을 결합한 새로운 형태의 참여형 공정여행 구조다. **기존 대안**으로는 고향사랑e음 같은 정부 운영 포털이 있으나, 이는 기부처와 용도를 지정할 수 없고, 사용자 맞춤형 참여 구조가 부족하다는 한계가 있다. 또한 현장 기반 공정여행 프로그램은 일부 지자체에서만 운영되어 왔으며, 제도적 일관성과 참여 접근성에서 제약이 있었다. 공감만세는 이러한 기존 방식의 한계를 극복하고, 플랫폼 구조를 통해 제도, 참여자, 지역 간 연결을 통합적으로 설계했다. **핵심 지표**로는 지방재정 활용 가능성, 지역경제 활성화 기여도, 고향 여행 및 지역 체류 유도 지표, 지역 자립과 자존을 기반

으로 한 공정 여행 모델 구축 가능성 등을 들 수 있다.

시장수용성

가치제안은 '기부자가 고향을 선택하고, 지역 문제 해결에 직접 기여할 수 있는 기회를 제공한다'는 데 있다. 단순한 기부를 넘어 기부 목적(청소년 보호, 재난지원, 문화예술 등)과 용도까지 직접 지정 가능하며, 기부자는 지역 특산품, 숙박권, 체험 프로그램 등 다양한 답례품을 받을 수 있다. 또한, 세액공제 혜택이 함께 제공되어 실질적 만족도도 높다. **경쟁우위**는 이러한 사용자 맞춤형 기부 구조에 있으며, 카드결제, 계좌이체, 네이버페이 등 다양한 간편 결제 수단과 플랫폼 기반 접근성을 제공함으로써 기존 제도보다 높은 활용성과 만족도를 보인다. **고객 세그먼트**는 자신이 응원하고 싶은 지역에 기여하고자 하는 개인 기부자, ESG 실천이 필요한 중소 브랜드, 공익적 소비를 선호하는 일반 소비자 등으로 구성된다. 특히, 기부에 관심은 있었지만 구체적 실천 수단이 없었던 시민들이 주요 **얼리어답터**로 작용하며, 공정여행에 대한 이해도와 행동의지를 동시에 갖춘 세대와도 접점이 높다. **상위개념**으로는 단순한 여행이나 기부가 아닌 '지역 재생을 위한 사회참여형 기부 플랫폼'을 지향하며, **유통 채널**은 지자체 협약, 박람회, 공공 플랫폼, 자사 홈페이지 및 블로그 등 온·오프라인을 아우른다.

생존가능성

공감만세는 기부 기반 비즈니스 모델이지만, 단순 수혜 구조에 머물지 않고 명확한 수익원과 비용 구조를 통해 지속가능성을 확보하고 있다. **수익원**은 크게 네 가지로 구성된다. 첫째, 플랫폼 기반의 기부 수익과 이에 따른 답례품 운영 수수료, 둘째, 공정여행 프로그램 운영 및 참가비, 셋째, 지역 연계 제품 판매와 홍보 연계 콘텐츠 수익, 넷째, 공공기관 협업에 따른 캠페인 및 브랜드 파트너십 수익이다. **비용 구조**는 플랫폼 운영 및 데이터 관리 비용, 마케팅 및 인건비, 공정여행 실행을 위한 숙박·체험·교육비, 일본 파트너십 유지비 등으로 구성된다. 이는 수익성뿐 아니라 사회적 가치와 확장성을 함께 고려한 구조로 다양한 기관 및 소비자와의 접점을 확보할 수 있는 기반이 된다.

ESG가치

ESG 측면의 환경 및 사회적 영향을 살펴보면, 공감만세는 지역 기반 기부 구조를 통해 지역 간 불균형 해소와 지방재정 보완이라는 공공적 가치를 실현하고 있다. 기부금은 청소년 보호, 취약계층 지원, 지역 공동체 회복 등 사회 문제 해결에 직접 투입되며, 소비자가 선택한 지역의 특산물이나 관광 콘텐츠 소비는 지역경제 활성화와 일자리 창출로 이어진다. 이러한 구조는 일회성 기부가 아닌 장기적 참여와 반복 가능한 소비·기부 구조로 이어지며, 지역 기반 공정여행 생태계 조성에도 기여하고 있다. 특히, 공감만세는 유엔 지속가능발전목표(SDGs)의 '지역불균형 해소', '지속가능한 공동체' 조항과도 연계되며, 일상 소비를 통한 ESG 실천의 가능성을 열어주는 모델로 주목받고 있다.

3 돈과 정보의 흐름 분석

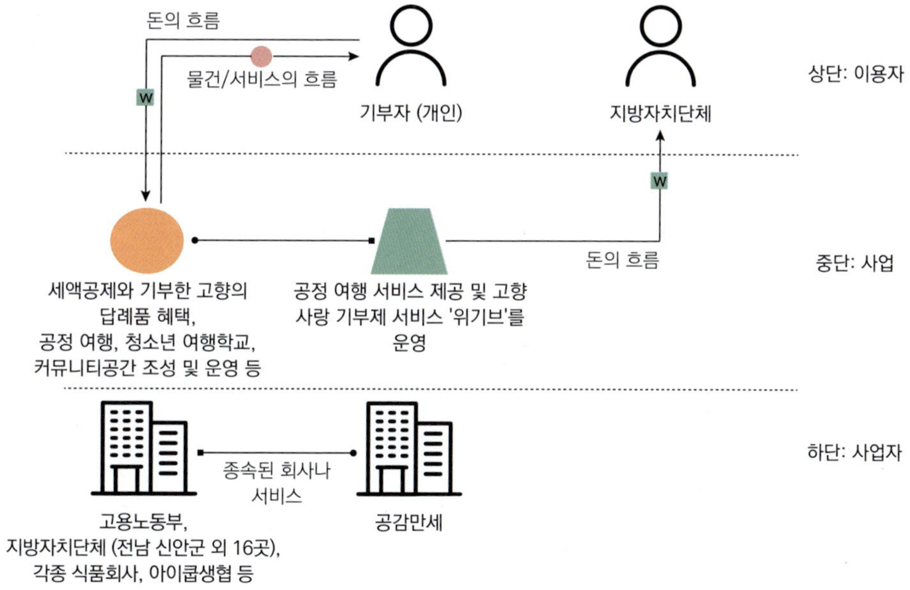

공감만세의 비즈니스 구조는 기부자(개인), 플랫폼 운영자, 지방자치단체 간의 유기적인 정보와 금전 흐름을 중심으로 설계되어 있다. 정보의 흐름은 기부자와

지자체 간 투명한 연결을 기반으로 한다. 위기브 플랫폼을 통해 기부자는 본인이 응원하고 싶은 지역을 선택하고, 기부 목적(청소년 육성, 지역 공동체 지원, 재난 대응 등)과 용도까지 직접 지정할 수 있다. 이 정보는 시스템에 기록되어 지자체에 전달되며, 해당 자치단체는 기부 목적에 맞는 실질적인 활용 계획을 수립하고 결과를 공감만세를 통해 공유한다. 기부자는 본인의 기부가 어떤 프로젝트에 쓰였는지에 대한 결과와 활동 내용을 확인할 수 있어, 단순 기부를 넘어 기여감 있는 참여가 가능해진다. 또한, 답례품 수령, 세액공제 처리, 커뮤니티 공간 운영 현황 등 실시간 정보가 제공되어 기부에 대한 신뢰도를 높이고 있다.

돈의 흐름은 기부자 → 지자체 → 공감만세 플랫폼 → 지역 사회로 이어지는 구조로 운영된다. 기부자가 선택한 지자체에 기부금을 납부하면, 해당 금액 중 일부는 지역 내 공익 사업에 사용되고, 일부는 플랫폼 서비스 이용료 또는 기획 운영비로 공감만세에 지급된다. 기부자는 세액공제 혜택과 함께 지역 특산물, 숙박·체험 프로그램 등 실물 중심의 답례품을 수령하게 된다. 공감만세는 이를 통해 공정여행 운영, 청소년 여행학교 기획, 커뮤니티 공간 운영 등 공익적 서비스를 재투자하며, 금전 흐름이 단순 수익으로 끝나지 않도록 선순환 구조를 형성하고 있다. 이처럼 공감만세는 정보 투명성과 금전 사용의 목적성을 동시에 충족시키는 플랫폼 구조를 통해 지역 기반 기부문화의 새로운 흐름을 만들어가고 있다. '기부자가 선택하고, 지역이 응답하며, 사회가 함께 성장하는' 이 구조는 ESG 실천과 공공 민간 협력의 새로운 모델로 기능한다.

4 Innovation Type 분석

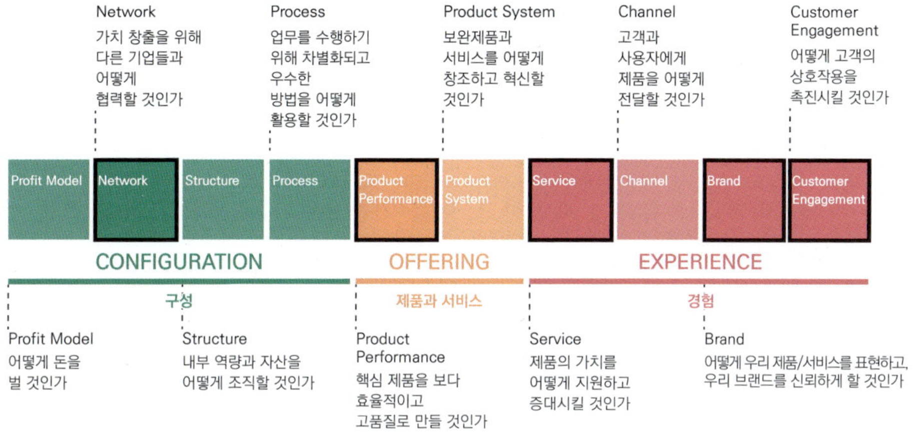

공감만세는 총 다섯 가지 유형의 혁신을 수행하고 있다.

Network

기존에도 지방자치단체와의 협업을 기반으로 한 고향사랑e음 기부 서비스가 존재했으나, 대부분 행정 중심의 단방향 구조로 기부자의 선택권이 제한되고 참여 유인이 낮다는 한계가 있었다. 이에 공감만세는 기부자에게 지역, 기부 목적, 용도를 모두 직접 선택하게 함으로써, 지자체와의 파트너십을 실질적 참여 기반 네트워크로 전환하였다. 특히, 전남 신안군을 포함한 16곳 이상의 지자체와 협업해 제도 운영을 확대하고 있으며, 기부금의 약 30%에 해당하는 지역 답례품 제공까지 포함하여 공정여행형 지역 활성화 네트워크를 실현하고 있다.

Product Performance

공감만세는 고향사랑기부제의 행정적 틀을 넘어, 사용자 중심 기획으로 서비스의 실질적 사용성과 가치를 높였다. '위기브' 플랫폼에서는 기부자가 자신이 응원하고 싶은 지자체를 선택할 수 있을 뿐 아니라, 기부 목적과 용도를 직접 지정할 수 있다. 이는 단순 후원 형태에서 벗어나 정책 참여자적 기부자 경험으로 진화한 것으로 특정 사회 문제에 대한 인식 제고와 행동 연계를 동시에 가능하게 한다.

또한, 간편결제 시스템과 실시간 기부 내역 확인 기능 등은 접근성과 정보 신뢰도를 동시에 향상시킨다.

Service

다양한 기부 메뉴, 지역 문제별 분류, 간편 결제 시스템 등으로 기부 과정 전반의 사용자 경험을 개선하였다. 플랫폼 내에서 기부 목적(예: 청소년 보호, 재난 대응 등)을 카테고리별로 분류하여 제안하고, 이를 기준으로 기부 금액과 답례품을 선택할 수 있도록 유도한다. 특히, 기부자의 입장에서 편리하고 반복 가능한 기부 동선을 설계함으로써, 서비스 전반에 대한 체감 가치를 높였으며, 기존 공공 플랫폼보다 훨씬 높은 참여율을 유도하고 있다.

Brand

공감만세는 기부를 공익적 행동이자 지속가능한 소비로 전환시키는 브랜드 정체성을 강화하고 있다. 일반적인 고향사랑기부제가 행정 중심의 홍보에 그쳤던 반면, 공감만세는 지정기부제, 공정여행 기반 기획형 상품, 기부자의 자율적 참여라는 차별화 요소를 브랜드 메시지로 내세우고 있다. 또한, 일본 페어트래블재팬과의 공동 프로젝트 경험을 녹여낸 스토리텔링은 브랜드의 신뢰성과 경험 기반 확장성을 동시에 높이는 데 기여하고 있다.

Customer Engagement:

기부자는 플랫폼에서 지역, 목적, 용도를 스스로 선택하고, 해당 지자체의 답례품 및 사용 내역까지 실시간으로 확인할 수 있다. 이처럼 기부자 개인이 서비스 운영 과정에 '기여자'로 참여할 수 있는 구조는 고객과의 심리적 거리감을 줄이고 반복 참여를 유도하는 핵심 요소다. 특히, 개인의 사회적 관심이 특정 지역 사회 문제 해결로 연결될 수 있다는 점에서, 공감만세는 참여 기반의 관계형 플랫폼으로 기능하고 있다.

업드림코리아(Updream Korea)
생리대 기부를 통한 건강한 월경 환경 조성

1 기업개요

업드림코리아는 생리대 구매와 기부를 1:1로 연결한 구조를 통해, 취약계층 청소년의 건강한 월경 환경을 지원하는 소셜 브랜드 기업이다. 소비자가 구매한 수량만큼 동일한 생리대를 기부하는 방식을 기반으로, 기부를 일상 속 행동으로 전환하는 참여형 소비 구조를 설계하고 있다. 제품 생산부터 유통, 마케팅에 이르기까지 기부 효율을 높이기 위한 구조를 갖추고 있으며, 소비자가 직접 기부 활동에 참여할 수 있도록 다양한 접점을 마련하고 있다. 업드림코리아는 단순한 여성용품 브랜드를 넘어, 소비와 기부의 경계를 허무는 지속 가능한 사회적 소비 모델을 실현해 나가고 있다.

2 Business Model Canvas 분석

경쟁력

업드림코리아의 비즈니스 모델은 생리대 구매와 기부를 1:1로 연계한 구조를 통해 월경 빈곤 문제를 해결하고 사회적 소비 문화를 일상에 정착시키기 위한 사회가치 기반으로 설계되어 있다. **문제점 정의** 측면에서 한국의 생리대 가격은 OECD 국가 중 가장 높은 수준이며, 저소득층 청소년들이 생리 기간에 휴지 등 비위생적 대체재를 사용할 수밖에 없는 현실이 지속되고 있다. 또한, 정부의 무상 생리대 지원 정책은 대상이 한정되어 있어 실질적인 문제 해결에는 한계가 있다. 이를 해결하기 위한 **솔루션**으로 업드림코리아는 소비자가 생리대를 구매할 때마다 동일한 제품을 기부하는 '1:1 평생 기부 캠페인'을 도입하였다. 후원자 중심의 일방적 기부 방식에서 벗어나, 구매가 곧 기부로 이어지는 자발적 소비 구조를 통해 참여율을 높이고 있다. 유통 수수료 절감, 마케팅 최소화를 통해 기부 단가

경쟁력 시장수용성

문제점	솔루션	가치제안	경쟁우위	목표고객
- 한국의 생리대 가격은 개당 331원으로 OECD 회원국 가운데 가장 비쌈 - 정부의 무상 생리대 정책이 한계에 직면 - 휴지나 깔창 등 대체품을 사용하는 취약계층 여학생 존재	- 취약계층 여성을 위한 다양한 생리대 기부 활동 - 소비자 구매 수량과 동일 수량 기부(1:1 평생 기부캠페인) - 참여 유도형 캠페인 운영(마라톤, 계절 캠페인 등)	- 생리대 구매하고, 취약계층 여성들에게 생리대를 기부하세요! 생리대 하나 사면, 하나기부!	- 다양한 SNS · 브랜드 협업을 통한 접근성 - 계절별 맞춤형 기부 프로그램 - 기부 받는 대상의 기호와 생활 패턴에 따라 맞춤형 기부를 진행 - 타 브랜드 대비 높은 기부 투명성	- 같은 제품을 사더라도 사회적 의미를 추구하는 소비자 - 생리대를 구매하면서 동시에 누군가에게 도움을 주고자 하는 고객
기존대안	**핵심지표**	**상위개념**	**채널**	**얼리어답터**
- 생리대 대신 깔창이나 휴지 사용 - 정부 중심 생리대 지원사업	- 압도적인 흡수력과 고품질원료 - 꾸준한 소비자 재구매율 - 부드러운 착용감 - 1:1 생리대 기부 캠페인 - 성분 걱정 없는 안심생리대	- 취약계층 여성을 위한 다양한 기부(생리대 기부 및 소비자가 생리대를 구매한 개수만큼 똑같이 생리대를 기부하는 1:1 평생 기부캠페인 제공)	- 박람회 - 공익광고 - 각종 지자체 - 자사 홈페이지 - 자사 몰 - 해외 수출	- 자신의 소비가 타인에게 미치는 영향에 관심 있는 사람 - 소셜 소비와 생리대 후원에 관심 있는 고객

비용 구조	수익원
- 제품 개발 및 제작 비용 - 인건비 - 마케팅 비용 - 웹사이트 유지 비용 - 생리대 자판기 설치 및 운영 비용 - 기부하는 생리대 제작 비용	- 투자 수익 - 정부 및 민간 기관의 기부금 - 생리대 판매 수익

생존가능성

Environmental(or Social) Costs	Environmental(or Social) Benefits
- 기부 모델로 인한 재정압박 가능성 존재(생산 차질이나 매출 정체 시 재정 리스크 있음) - 안전성 인증 및 브랜드 신뢰 구축에 시간과 비용 소요	- 사회적 취약계층을 지원함으로써 사회적 가치 증진 - 국내 결식 우려 아동에게 도시락 배송, 주거환경 개선, 학습 및 정서지원 사업 등을 위해 '행복상자' 프로젝트에 참여하여 생리대 지원 - 생필품 지원을 통해 저소득층, 취약계층에게 심리적 위안 제공

ESG가치

를 낮춘 점도 구조적 차별성에 해당한다. **기존 대안**이 정부의 제한적 무상 지원이나 민간 후원에 의존한 단발성 기부에 그쳤다면, 업드림코리아는 소비자 구매를 기반으로 한 반복 가능한 기부 구조를 제시함으로써 지속가능성과 참여 확장성을 동시에 확보하고 있다. **핵심 지표**로는 반복 구매율, 제품 신뢰도, 기부 수량의 누적 변화 등이 있으며, 이는 브랜드 지속성뿐만 아니라 사회적 기여 효과를 측정하는 지표로도 기능한다.

시장수용성

가치제안 측면은 생리대 구매가 곧 기부로 이어지는 구조를 통해 소비자가 일상에서 쉽게 선한 영향력을 실현할 수 있도록 한다는 데 있다. 이는 단순한 소비재 구매를 사회적 행동으로 전환시키며, 브랜드 충성도를 높이는 데 기여한다. 특히, '산들산들', '코지앤' 등 자체 브랜드는 품질을 유지하면서도 유통 수수료와 마케팅 비용을 최소화하여 기부 효율을 극대화하도록 설계되어 있다. **경쟁우위**로는 '1:1 평생 기부 캠페인'이라는 차별화된 구조와 함께, SNS 인플루언서 협업, 글로벌 브랜드 연계, 계절별 사회 이슈에 맞춘 캠페인 기획 역량 등이 있다. 주요 **고객 세그먼트**는 착한 소비에 관심이 높은 2030 여성층이며, 이들은 사회문제에 공감하면서도 가격·품질을 동시에 고려하는 소비 특성을 가진다. 특히, SNS, 디지털 마케팅, 커뮤니티 협업 등 **유통 채널**의 다양화와 온라인 기반 접근성이 높은 점은 **얼리어답터** 층의 적극적인 유입과 콘텐츠 확산에 유리하게 작용하고 있다. 업드림코리아는 단순 제품 판매를 넘어, 구매자의 행동을 기부로 전환시키는 '사회적 참여 경험'까지 설계하며 참여와 확산을 함께 유도하는 구조를 형성하고 있다.

생존가능성

수익원은 생리대 등 여성용품의 제품 판매에서 발생하며, 해당 매출은 기부 구조와 직결된다. 판매 수익 중 일부가 아닌, 판매 수량 자체를 기준으로 동일 수량의 제품을 기부하는 방식이기 때문에 매출이 증가할수록 사회적 기여도 자연스럽게 확대된다. 또한, 일부 기업 파트너십이나 협약을 통해 캠페인 공동기획 및 제품 납품 형태의 B2B 매출 구조도 병행하고 있다. 이에 따라 비영리적 기부 활동과 영리적 사업 활동 간의 균형을 유지하면서도 사회적 임팩트를 잃지 않는 수익 구조를 설계하고 있다. **비용 구조**는 제품 제조, 포장, 물류, 캠페인 운영으로 구성되며, 유통 마진과 마케팅 비용을 줄이는 방식으로 기부 효율성을 높이고 있다. 또한, 반복적인 고객 유입을 위한 충성도 기반 마케팅보다는 공익 캠페인과 바이럴 중심의 콘텐츠 확산 전략을 활용하고 있어 비용 대비 영향력이 높은 구조를 구축하고 있다.

ESG가치

ESG 측면의 환경 및 사회적 영향 측면에서 업드림코리아는 구매와 기부를 연결한 모델을 통해 단발성 후원이 아닌 지속 가능한 기부 생태계를 조성하고 있다. 기부 대상자 중심의 지원뿐만 아니라, 참여자 중심의 소비 구조를 만들어냄으로써 사회문제 해결 과정에 민간이 자연스럽게 개입할 수 있도록 설계되었다. 특히 생리대 구매 비용 부담으로 인해 생리 기간에 정상적인 생활을 하지 못했던 취약계층 청소년에게, 안정적이고 위생적인 생리용품을 꾸준히 제공함으로써 청소년 건강권과 생활권 보장에 기여하고 있다. 또한, SNS 캠페인과 계절별 이벤트를 통해 생리 빈곤이라는 문제를 대중적으로 가시화함으로써, 사회 인식 전환과 공론화에도 긍정적인 영향을 미치고 있다.

3 돈과 정보의 흐름 분석

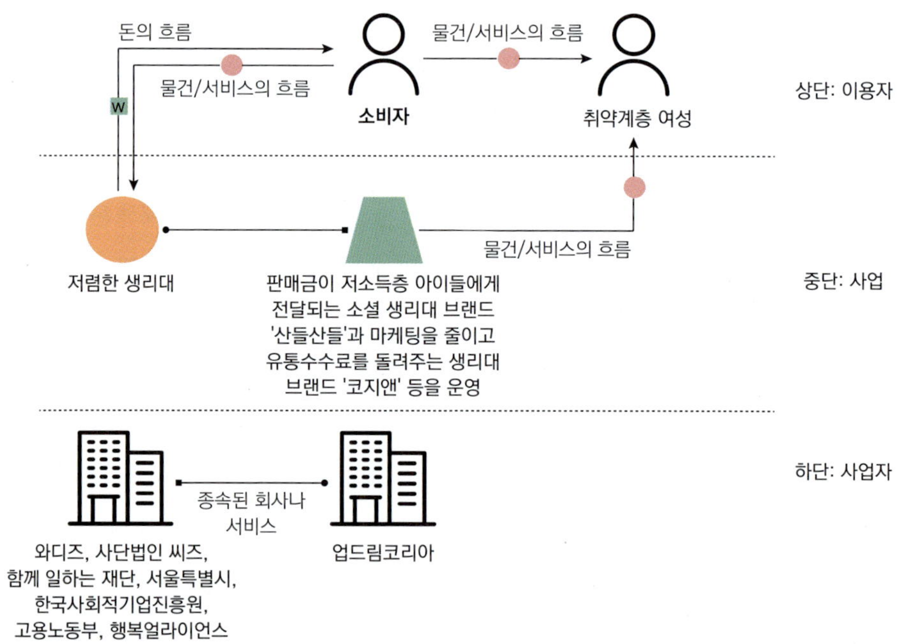

업드림코리아의 비즈니스 구조는 소비자(구매자), 수혜자(취약계층 여성), 그리고 기업 자체(제품 및 기부 제공자) 간의 유기적인 물리적 흐름과 금전적 가치 흐름, 그

리고 참여 기반의 정보 흐름을 기반으로 운영된다. 먼저 정보의 흐름은 제품 구매 단계에서 시작된다. 소비자는 '산들산들', '코지앤' 등 업드림코리아의 브랜드를 통해 생리대 제품을 구매하고, 해당 구매 정보는 기업 내부 시스템에 자동 반영된다. 이 정보는 수량 기준으로 기부 물량을 산정하는 기준이 되며, 실시간으로 소비자에게 '구매가 곧 기부로 이어진다'는 피드백을 제공함으로써 기부 참여 실감과 행동 유도를 함께 달성한다.

돈의 흐름은 소비자 구매로부터 출발한다. 고객이 제품을 구매하면, 해당 수익은 기부 물량 확보 및 제품 운영에 사용되며, 일반적인 제품 판매 수익 구조와는 달리 별도 마진 분리 없이 전체 매출이 '판매 + 기부'라는 구조로 활용된다. 업드림코리아는 유통 수수료와 마케팅 비용을 최소화하여 동일한 가격대에서 더 많은 제품을 기부할 수 있도록 구조를 설계하였고, 이를 통해 재무 효율성과 사회 기여를 동시에 확보하고 있다. 이처럼 업드림코리아는 구매자 → 기업 → 수혜자라는 직선적 흐름을 기반으로, 기부 산정과 실시간 피드백을 통해 반복 참여를 유도하는 정보의 선순환 구조와 판매 수익을 제품 제작과 기부로 연결해 브랜드 신뢰를 높이는 돈의 순환 구조를 결합하여 지속가능한 사회참여형 소비모델을 구축하고 있다.

4 Innovation Type 분석

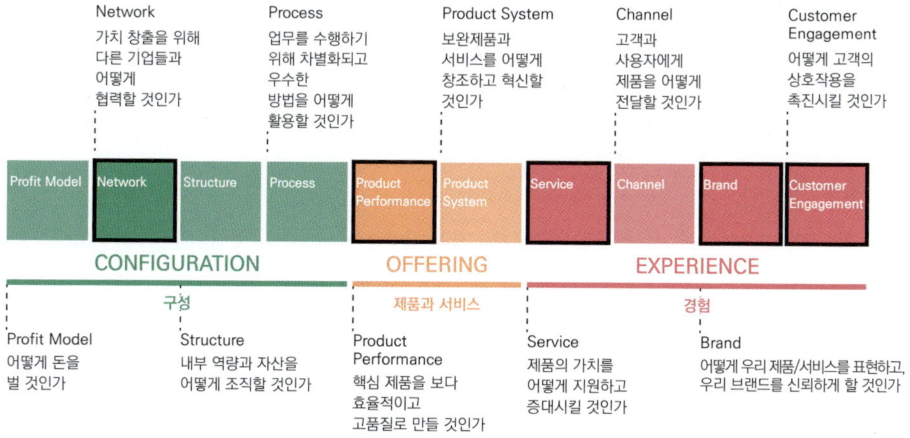

업드림코리아는 총 다섯 가지 유형의 혁신을 수행하고 있다.

Network

업드림코리아는 기업 내부에서 생리대를 직접 제조·판매하되, 기부 물품의 전달은 외부 네트워크와의 협력을 통해 이루어진다. 전국 지역아동센터, NGO, 지방자치단체, 민간 파트너 등 다양한 주체가 유통 및 전달에 참여하며, 수혜자 접근성과 기부 효율을 함께 높이고 있다. 단일 주체 중심이 아닌, 연대 기반의 구조를 통해 기부의 지속성과 확장성을 확보하고 있다.

Product Performance

저렴한 대체재나 정부 지원 제품이 위생·안전 측면에서 충분하지 않다는 문제를 인식한 업드림코리아는 기부용 생리대의 품질을 일반 제품 수준으로 유지하는 데 집중하고 있다. '산들산들' 브랜드는 피부자극 테스트, 무향·통기성 확보, 유기농 소재 적용 등을 통해 착용감을 개선하고, 수혜자의 만족도를 높이고 있다. 기부 제품임에도 기능성과 안전성 면에서 신뢰를 확보함으로써, 제품 자체의 성능을 통해 시장과 수혜자 모두에게 긍정적인 평가를 받고 있다.

Service

업드림코리아는 구매가 곧 기부로 이어지는 구조를 중심으로 소비자가 직접 참여할 수 있는 기부 경험을 설계한다. '1:1 평생 기부 캠페인' 외에도 '브리프런' 기부 마라톤, SNS 캠페인 등 다양한 참여 경로를 제공하며, 소비자 스스로 기부의 주체가 될 수 있도록 유도한다. 이러한 참여 기반 서비스는 일회성 후원이 아닌, 반복적이고 일상적인 실천으로 이어지도록 돕는다.

Brand

브랜드의 메시지와 정체성은 제품의 기능을 넘어서 사회적 의미를 전달하는 데 중점을 둔다. '산들산들'은 생리대를 단순한 생필품이 아닌, 함께 나누는 연대의 상징으로 포지셔닝하며, 포장 디자인, 광고 문구, 브랜드 슬로건 등에서도 지속적으로 사회적 메시지를 담아낸다. 이를 통해 브랜드에 대한 정서적 신뢰와 공감이 형성되고 있다.

Customer Engagement

고객은 단순한 구매자가 아닌, 기부의 실질적인 참여자 역할을 한다. 구매 수량에 따라 기부가 자동으로 이루어지고, 기부 현황을 SNS를 통해 공유할 수 있도록 하여 참여의 확산도 가능하게 한다. 생리대 자판기, 취약계층 맞춤 키트 구성 등은 참여자와 수혜자 간의 연결감을 높이며, 행동의 지속성을 유도하는 중요한 동기로 작용하고 있다.

CHAPTER 7

재활용과 순환 경제

리클(Recl)
프리미엄 의류 리세일을 통한 순환경제 실현

1 기업개요

리클은 모바일 기반 의류 수거 및 프리미엄 리세일 플랫폼을 운영하는 기업으로, 의류 폐기물 문제 해결과 의류 생명주기 연장을 목표로 순환경제 구조를 실현하고 있다. 사용자는 앱을 통해 의류 수거를 신청하고, 문 앞에 옷을 내놓는 방식으로 간편하게 수거 서비스를 이용할 수 있다. 수거된 의류는 상태를 판별해 100% 재판매를 지향하며, 프리미엄 중고 패션으로 선별된 품목은 온라인 및 글로벌 유통망을 통해 큐레이션 판매된다. 리클은 단순한 중고 수거가 아닌, 데이터 기반 프리미엄 선별과 정가 판매라는 구조를 통해 고부가가치 리세일 생태계를 구축하고 있다.

2 Business Model Canvas 분석

경쟁력 　　　　　　　　　　　　　　　　　　　　　　　　　　　　　　　 시장수용성

문제점	솔루션	가치제안	경쟁우위	목표고객
- 헌옷이 방치되거나 무분별하게 폐기되며 사회적, 환경적 손실이 발생 - 의류 폐기물이 전 세계 환경오염의 주범 2위 - 국내 헌옷 수거 시스템은 재활용률이 낮고, 재판매되지 못한 의류가 소각 또는 매립됨	- 앱을 통해 수거 신청을 하고, 문 앞에 옷을 배출하면 수거부터 입금까지 진행해 주는 서비스 제공 - 수거된 의류는 프리미엄 가치에 따라 분류 · 재판매됨	- 옷장 정리를 위한 스마트방법, 리클!	- 상태 좋은 옷은 1벌당 별도 매입 금액으로 산정 - 무게와 상관없이 20벌 이상 의류로도 신청이 가능 - 수거 고객에게 리워드 지급 등 사용자 유지 구조 - 매입한 모든 의류는 재판매	- 의류를 정리하고 싶은 일반 개인 - 중고 거래가 귀찮거나 번거로운 사용자 - 리세일에 관심 있는 친환경 소비자
기존대안	**핵심지표**	**상위개념**	**채널**	**얼리어답터**
- 헌옷 수거함 - 중고거래 - 폐기 - 매입 업체 - 기부	- 비대면 헌옷 매입 수거서비스(성인 의류, 가방, 신발의 합이 20개 이상부터 이용 가능) - 29,904톤의 탄소 저감효과, 소나무 10,050,000그루 심은 효과 - 버려지는 의류에 새로운 가치 부여	- 앱을 통해 수거 신청을 하고, 헌옷을 문 앞에 배출하면 수거부터 입금까지 진행해 주는 비대면 헌옷 매입 수거 서비스 제공(성인 의류, 가방, 신발의 합이 20개 이상부터 이용 가능)	- 자사 홈페이지, 자사 앱 - SNS 광고 (인스타그램, 페이스북 등) - 포털 검색 광고 - 오프라인 스토어	- 헌옷을 자주 버리지만 리세일은 어려운 소비자 - ESG나 순환소비에 관심이 많은 세대

비용 구조	수익원
- 인건비 - 마케팅 비용 - 웹사이트 유지 비용 - 앱, 데이터 관리 비용 - 국내/해외 오프라인 스토어 운영 비용	- 프리미엄 의류 리세일 수익 - 온/오프라인 스토어 판매 수익 - B2B 의류 수출 수익 - 투자 유치 기반 확장

생존가능성

Environmental(or Social) Costs	Environmental(or Social) Benefits
- 의류 수거 · 처리 설비 및 물류의 에너지 소비 - AI 기반 분류 시스템 및 데이터 인프라 운영 부담	- 의류 폐기물 저감 효과 발생 - 29,904톤의 탄소 저감 효과 발생 (소나무 10,050,000그루 심은 효과 발생) - 리클이 폐기 전 단계의 의류를 대량으로 확보하면 다시 재판매 할 의류들이 많아지므로 의류 선순환 구조 형성 가능

ESG가치

경쟁력

리클의 비즈니스 모델은 의류 폐기물 문제 해결과 생애주기 연장을 동시에 달성하기 위한 ESG 기반의 구조로 설계되어 있다. 문제점 정의에서 리클은 헌옷이 방치되거나 무분별하게 폐기되어 발생하는 환경오염, 의류 쓰레기의 낮은 재활용률, 그리고 헌옷 수거함의 불투명한 처리 구조를 핵심 과제로 설정하였다. 이 같은 문제를 해결하기 위해 리클은 모바일 앱 기반 비대면 의류 수거 신청 시스템, 상

태에 따라 매입 금액을 차등 지급하는 프리미엄 평가 체계, 그리고 100% 재판매 기반 리세일 플랫폼이라는 **솔루션**을 제시한다. **기존 대안**은 헌옷 수거함, 종교기관 기부, 매입 업체 방문 등으로, 사용자 편의성과 처리 투명성이 낮았던 반면, 리클은 수거 후 분류 및 재판매까지 모든 과정을 플랫폼화하여 고객 중심의 순환 구조를 구축하고 있다. 또한, **핵심 지표**로는 20벌 이상 수거 시 신청 가능, 누적 수거량 1,050만 벌, 약 29,904톤의 탄소 저감 효과, 프리미엄 매입 비율 약 70% 등의 성과를 통해 명확한 ESG 효과와 시장성과를 입증하고 있다.

시장수용성

가치제안 측면에서는 헌옷 정리를 간편하게 해결할 수 있을 뿐 아니라, 의류에 새로운 가치를 부여하고, 탄소 저감에 기여하는 서비스 경험을 제공한다. 이는 단순한 정리 서비스가 아니라, 소비자 참여형 리세일 활동으로 작동한다는 점에서 의미가 있다. **경쟁우위**는 사용자 앱 기반 수거 신청 구조, 상태별 매입 금액 차등화, 수거 고객에 대한 리워드 제공, 프리미엄 의류 분류·판매 전환 시스템 등에서 나타나며, 리세일 플랫폼으로의 확장성과 반복 이용 유도 효과를 동시에 갖추고 있다. **고객 세그먼트**로는 의류 처리를 미루고 있는 일반 사용자, 리세일에 관심은 있으나 직접 판매는 어려운 사용자, ESG 가치 소비에 민감한 MZ세대 등이 포함되며, **얼리어답터**는 특히, 리세일 경험이 없거나 새롭게 참여하고자 하는 젊은 고객층으로 설정된다. **상위개념**으로는 단순 수거를 넘어선 의류 순환 경제 플랫폼으로서의 역할이 강조되며, **유통 채널**은 자사 앱, SNS 광고, 검색광고, 오프라인 리세일 스토어 등 온라인·오프라인 통합 구조로 구성된다.

생존가능성

수익원은 크게 네 가지로 구성된다. 첫째, 프리미엄 의류 리세일 수익, 둘째, 오프라인 리세일 스토어 판매 수익, 셋째, B2B 의류 수출 수익, 넷째, 투자유치를 통한 사업 확장 기반 확보이다. **비용 구조**는 수거 및 물류 인건비, 마케팅 및 앱 운영비, 창고 및 재고 관리비, 오프라인 매장 운영비 등으로 구성되며, 전체 구조는

ESG 기반의 순환경제 모델 안에서 지속적인 수익성을 유지할 수 있도록 설계되어 있다.

ESG가치

ESG 측면의 환경 및 사회적 영향을 살펴보면, 리클은 단 1%의 의류도 폐기하지 않는 100% 재판매 구조를 운영하며, 이를 통해 약 1,050만 벌의 헌옷을 순환시켜 29,904톤의 탄소 저감 효과를 실현하였다. 또한, 소비자가 단순히 헌옷을 배출하는 것이 아니라 리세일 생태계에 참여하도록 유도함으로써 ESG 인식 확산에도 기여하고 있다. 특히, 매입된 의류 중 약 70% 이상이 리클 스토어를 통해 재판매되며, 이는 단순 재활용을 넘어 순환 패션 문화 조성이라는 사회적 가치를 실현하는 기반이 되고 있다.

3 돈과 정보의 흐름 분석

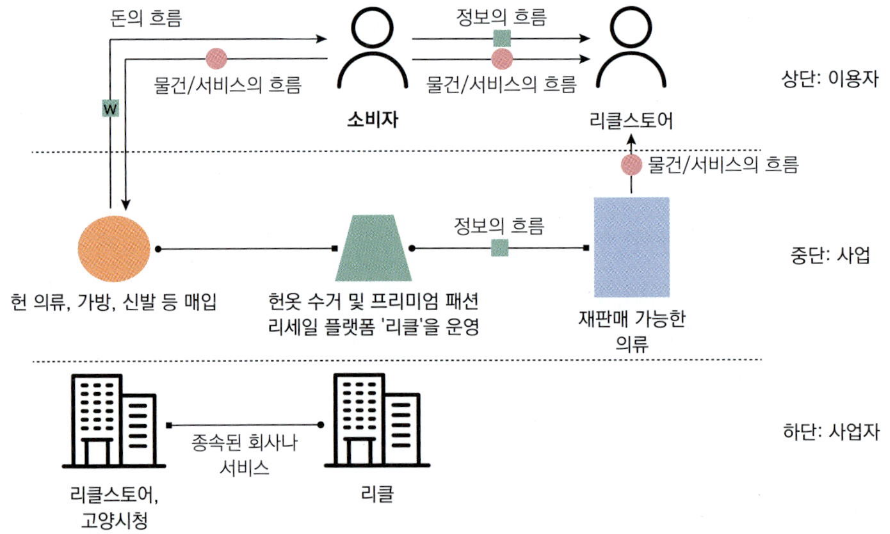

리클의 비즈니스 구조는 소비자(헌옷 제공자), 재구매 고객(리세일 구매자), 그리고 리클 자체 운영 플랫폼 간의 유기적인 물류 및 금전 흐름을 기반으로 한다. 먼저 정보의 흐름은 소비자가 모바일 앱을 통해 수거를 신청하면서 시작된다. 리클은 수거된 의류를 평가하여 매입 여부와 금액을 결정하고, 해당 결과를 소비자에게 통지한다. 상태가 양호한 의류는 리세일 대상 품목으로 분류되며, 이 정보는 다시 리클스토어로 전달되어 오프라인 또는 온라인 판매가 진행된다.

돈의 흐름은 두 방향으로 형성된다. 첫째, 소비자에게는 의류 상태에 따라 차등적인 매입 보상이 지급된다. 기본 단가 외에도, 프리미엄 품목에 대해서는 별도 단가가 책정되어 금전적 인센티브가 제공된다. 둘째, 재판매된 의류는 리클스토어를 통해 최종 소비자에게 판매되며, 이 수익은 리클의 주요 수익원 중 하나로 작용한다. 이러한 구조는 단순한 기부 또는 폐기 기반의 선순환을 넘어, 유료 기반의 의류 순환 경제를 실현한다는 점에서 차별화된다. 정보의 흐름은 앱 신청 → 의류 분류 → 매입/판매까지 전 과정을 투명하게 연결하며, 돈의 흐름 역시 수거와 소비 양측에서 리클 중심으로 형성되어 지속적인 사업 순환이 가능하다.

4 Innovation Type 분석

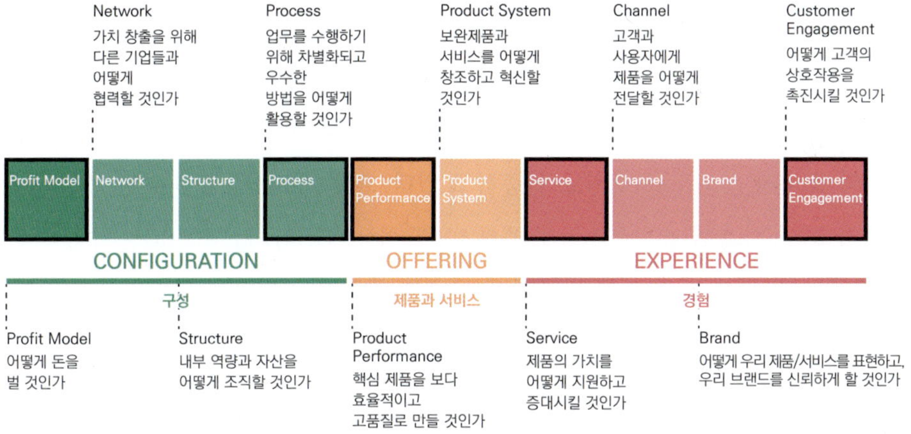

리클은 총 다섯 가지 유형의 혁신을 수행하고 있다.

Profit Model

리클은 수거한 의류를 100% 재판매하여 폐기 비용 대신 수익으로 전환시키는 수익 모델을 운영한다. 이는 단순 의류 기부나 리사이클링과 달리, 정가 기준 매입, 상태별 별도 보상 등을 통해 재판매 가능성과 매입 단가를 높인 방식으로, 프리미엄 리세일 플랫폼으로서 차별화된 수익 구조를 갖추고 있다.

Process

앱을 통해 누구나 신청만 하면 집 앞 수거부터 검수, 매입, 리세일까지 일원화된 구조로 운영되는 자동화된 수거 프로세스를 구축하였다. 특히, 의류 상태에 따라 매입가를 차등 산정하고, 브랜드·품목별 필터링 구조를 통해 재활용 및 리세일 효율성을 높이고 있다.

Product Performance

일반적인 의류 재활용이 대부분 원단 분해 또는 소각에 그치는 데 반해, 리클은 매입된 의류를 그대로 리세일 가능한 제품으로 전환하는 데 성공했다. 이는 사용자의 눈에 보이는 직접적인 품질 개선이 이뤄지는 방식으로, 단순 자원 회수 차원을 넘어 프리미엄 리세일 시장에서 다시 구매될 수 있을 만큼의 품질 기준을 충족시킨다. 실제로 매입된 의류의 80% 이상이 7일 이내 재판매되며, 이는 재사용 가능성과 소비자 신뢰도를 수치로 입증하고 있다. 또한, 중량 중심이 아닌 개별 품목 기준의 보상 시스템(조건 충족 시 한 벌당 500원 이상 지급)과, kg당 300원 수준의 기본 매입 가격 등은 품질 기반의 재판매 구조를 더욱 안정적으로 뒷받침하고 있다.

Service

리클은 오프라인 기반의 중고의류 매장과 달리, 비대면 수거 서비스를 전국적으로 확대 운영하고 있다. 택배 기반 수거부터 수거 봉투 제공, 자동 입금 처리까지 원스톱으로 지원되며, 사용자 부담을 최소화해 접근성과 편의성을 동시에 높였다.

Customer Engagement

단순 수거를 넘어 '정리', '재판매', '탄소저감' 효과까지 사용자에게 직관적으로 전달하고 있다. 수거 의류의 무게, 예상 탄소 절감량, 재판매 가능 여부 등 개인이 기여한 내용을 실시간으로 확인할 수 있도록 하여, 참여가 곧 환경적 가치 실현으로 이어진다는 점을 강조한다. 이러한 사용자 경험 설계는 실제 성과로 이어지고 있다. 리클스토어의 재구매율은 2023년 기준 50%를 넘었으며, 일부 채널에서는 78%까지 상승한 바 있다. 이는 단순한 의류 기부나 정리 서비스를 넘어, 의미 있는 소비와 환경 기여라는 감정적 보상이 결합된 사용자 참여 구조로 작동하고 있음을 보여준다.

올수(Allsu)
폐식용유 수거와 바이오 리사이클을 연결하는 실시간 순환경제

1 기업개요

올수는 폐식용유를 수거하고 이를 고부가가치의 바이오 자원으로 전환하는 폐유지 리사이클 플랫폼을 운영하는 기업이다. 사용자가 수거를 요청하면 인근의 수거 파트너가 직접 방문하여 폐식용유를 수거하고, 수거 품질과 양에 따라 실시간 시세 기반 경매가 이루어진다. 이를 통해 기업은 폐기물 처리 비용을 줄일 수 있고, 수거 사업자는 안정적인 수익을 확보하며, 사회 전체적으로는 탄소저감 및 바이오에너지 전환이라는 친환경 순환이 가능해진다. 특히, 수거-처리-재활용 전 과정을 데이터화하여 기업 ESG 리포트용 환경 기여도 정량 측정 데이터를 제공하며, 탄소중립 및 자원순환 전략 수립에 기여하고 있다.

2 Business Model Canvas 분석

경쟁력

올수의 비즈니스 모델은 폐식용유 수거의 실효성과 순환경제 실현 가능성을 동시에 달성하기 위한 구조로 설계되어 있다. 문제점 정의에서 올수는 폐식용유가 하수구에 무단 방류되거나, 기준 없이 방치되는 상황에서 발생하는 수질 오염, 토양 오염, 악취 문제 등을 핵심 과제로 설정하였다. 또한, 수거 주체와 방식이 불분명하고, 거래 기준이 없으며, 전체 프로세스가 비공식적으로 이뤄지는 기존 수거 시스템의 비효율성 역시 중대한 문제로 인식하고 있다. 이 같은 문제를 해결하기 위해 솔루션으로는 수거 요청 시 인근 수거 파트너가 방문하여 폐식용유를 회수하고, 실시간 시세 기반 경매 시스템을 통해 공정하게 거래 단가를 책정하는 데이터 기반 수거 플랫폼을 제시한다. 수거된 폐식용유는 품질 및 수량에 따라 정량화된 데이터로 기록되며, 이후 바이오디젤이나 바이오중유 등으로 재자원화된다. 이 전

경쟁력 시장수용성

문제점
- 하수구로 배출된 폐식용유는 막힘·악취·수질오염 문제를 유발
- 폐유지가 방치되거나 무단 배출되면 토양 및 농작물 오염 가능
- 기존 수거 시스템은 불투명하고 비표준화되어 있음

솔루션
- 실시간 시세 반영 플랫폼 기반 폐식용유 수거 시스템 구축
- 인근 수거 파트너가 방문 수거 후 시세 기반 금액으로 정산
- 실시간 입찰 시스템 도입 및 수거 품질·양에 따른 데이터화

가치제안
- 환경 보호하고, 리사이클되는 소중한 자원, 폐유지 이제는 버리지 마세요! 올수에서 실시간 시세에 맞춰 수거 받을 수 있어요.

경쟁우위
- ESG 활용 가능한 수거데이터 제공
- 실시간 시세 경매 기반 수거 단가 책정
- 폐유지를 바이오디젤·바이오중유 등으로 재자원화
- 일평균 10톤 기준 수거·처리·전환 단가 수치화 가능

목표고객
- 폐식용유 다량 발생 사업장(식당, 급식소, 식품공장 등)
- ESG 성과를 수치화하려는 기업 고객
- 수거 효율을 높이려는 지자체 및 폐기물 위탁업체

기존대안
- 비누 제조 등 폐유지 단순 재활용
- 키친타월이나 신문지로 기름을 흡수시켜 일반 쓰레기로 배출
- 기름 응고제 이용
- 폐식용유 수거함 이용

핵심지표
- 수거한 폐유지는 디젤 원료의 대체 에너지인 바이오 디젤과 수소화 식물성 오일, 지속가능한 항공유로 재활용
- 토지, 하수 오염 저감
- 합리적인 리사이클에 동참
- 식당, 기업 순이익 증대

상위개념
- 올수 플랫폼을 통해 폐유지를 실시간 시세에 맞춰 수거 및 책정 금액을 지급
- 수거된 폐유지는 디젤 원료 대체에너지로 재활용되어 환경 보호에 동참 가능

채널
- 박람회, 코엑스
- SNS 광고(인스타그램, 페이스북 등)
- 지자체 협약 및 기업 홍보제휴
- 재처리시설 및 리사이클 협력사

얼리어답터
- 친환경 정책을 먼저 시도하려는 기업
- 음식물 폐기 비용을 줄이고 싶은 외식업체
- 유류 재자원화에 관심있는 에너지 기업

비용 구조
- 연구비용
- 인건비
- 마케팅 비용
- 제품 제작 및 설치 비용
- 앱, 데이터 관리 비용
- 폐식용유 처리, 운반 비용

수익원
- 수거 폐식용유 시세 기반 판매 수익
- 지자체·기업 대상 데이터 기반 ESG 성과 보고 수익
- 배출처-수거처 간 매칭 플랫폼 수수료
- 투자 유치 및 기술 검증 기반 자본 조달

생존가능성

Environmental(or Social) Costs
- 운송 및 수거 시스템의 에너지 사용
- 인증 취득 및 주요 제휴 비용

Environmental(or Social) Benefits
- 폐유지 판매로 얻게 되는 합리적인 수입
- 하수처리 비용을 절감시키는 경제적인 효과
- 일평균 10톤 가량의 폐식용유를 수거하여 전량을 바이오디젤과 바이오중유로 재생시켜 리사이클을 실천하여 탄소저감
- 연간 식수량 50억 톤의 12배 수질개선 효과
- 매연 2.1기가 톤의 CO_2 배출억제
- 나무 280만 그루를 심는 효과
- 수거파트너 고용창출

ESG가치

과정은 투명하게 관리되며, ESG 환경 기여도로 환산 가능한 형태로 전환된다. 기존 대안은 일부 지역 또는 업소에서 비공식적으로 이뤄지던 수거 활동, 자가 처리, 혹은 저가에 유통되는 비표준 거래 방식 등이 대부분이었으며, 이는 거래 투명성, 위생 안전성, 환경 관리 차원에서 한계를 지니고 있었다. 반면, 올수는 실시간 시세 기반 수거 시스템과 데이터 기반의 투명한 수거 이력 관리 방식을 통해 기존의 비공식 구조를 구조화하고, 수거 효율성과 거래 신뢰성을 동시에 확보했다. 또한, 폐식용유의 단위 수거량과 거래 금액, 바이오 연료로의 전환률, 탄소저감량 등을 정량적으로 환산할 수 있는 핵심 지표(예: 10톤당 탄소저감 수치, 폐유지 1L당 단가 기준 등)를 통해 플랫폼의 환경적·경제적 성과를 명확히 제시하고 있다.

시장수용성

가치제안은 폐식용유를 단순 폐기물이 아닌 '거래 가능한 유가 자원'으로 전환함으로써, 수거자와 배출자 모두에게 실질적 보상과 데이터를 제공하는 데 있다. 배출자는 환경부담금을 줄이는 동시에, 수거 시세에 맞춘 수익을 얻게 되며, 수거자는 시세 기반의 합리적 보상을 통해 소득 구조를 안정화할 수 있다. **경쟁우위**는 실시간 시세 기반 입찰 시스템과 정량화된 ESG 활용 데이터를 동시에 제공한다는 점이다. 특히, 수거한 폐유지는 바이오디젤 원료로 전환되어 연료 대체 효과를 낼 수 있으며, 이 과정은 전량 기록되어 기업 ESG 보고서에 활용 가능하다. 폐기물 처리와 자원 순환을 동시에 해결하면서도 기술 기반의 거래 투명성을 확보한 점에서 기존 수거 방식과 명확히 구별된다. **고객 세그먼트**는 음식점, 급식업체, 대형마트 등 폐유지를 다량 배출하는 기업이나 기관이며, 이들은 통상 높은 처리 비용과 위생적 부담을 동시에 안고 있다. 이외에도 ESG 데이터를 확보하고자 하는 식음료 제조업체, 유통사, 프랜차이즈 본사 등도 주요 고객이다. **얼리어답터**로는 친환경 사업을 추진 중인 외식 브랜드, 폐기물 비용을 줄이고자 하는 중소형 요식업체, 탄소중립 연계 보고 체계를 고민하는 대기업 ESG팀 등이 있다. **상위개념**으로는 폐기물 수거를 단순 청소업무에서 벗어나, **유가자원 회수와 ESG 데이터 축적**이라는 전략적 기능으로 확장시킨 것이며, 이는 기존 B2B 환경과 공공 폐기물 수거 영역에 모두 접목 가능한 형태다. **유통 채널**은 박람회와 전시회를 비롯해, 지자체 및 배출사업장과의 업무 제휴, SNS 채널 홍보, 재활용 업체 및 바이오디젤 제조사와의 파트너십 등으로 다층적으로 구성되어 있다.

생존가능성

수익원은 실시간 시세 기반 폐식용유 거래를 통해 발생하는 중개 수익과, 수거 데이터 기반 ESG 보고서·탄소배출 감축 수치를 활용한 기업 대상 서비스 수익으로 구성된다. 또한, 지자체와의 협업을 통해 공공기관 대상 계약형 수거 서비스 수익도 확보하고 있으며, 탄소중립 실적 데이터 판매 수익, 투자 유치 및 파트너십 기반 성장 자금도 포함된다. **비용 구조**는 수거 파트너 운영비, 데이터 시스템 유지비, 시세 알고리즘 서버 운영비, 마케팅 및 고객 확보 비용 등으로 구성되며, 이는 기존 오프라인 수거 서비스와 달리 기술 및 운영 데이터 기반의 지출이 주요 비중을 차지한다.

ESG가치

ESG 측면의 환경 및 사회적 영향을 살펴보면, 올수는 폐식용유의 무단 배출로 인한 하수구 막힘, 토양오염, 수질 악화 등의 문제를 근본적으로 해결하고자 한다. 폐유지를 재활용 연료로 전환함으로써 탄소배출 저감 효과를 얻고 있으며, 유가자원화 구조를 통해 순환경제 기반의 에너지 대체 모델을 실현하고 있다. 실제로 폐식용유 10톤을 수거하면 약 2,100kg 이상의 CO_2를 저감할 수 있으며, 바이오디젤 전환율, 유통 투명성 확보, 거래 표준화는 ESG 평가 항목과 정량 보고 기준에 모두 부합한다. 또한, 수거 파트너의 분산형 일자리를 창출하고, 기업이나 지자체가 폐기물 수거와 ESG 실적 관리를 동시에 달성할 수 있도록 해준다. 이처럼 올수는 폐기물 수거와 에너지 전환, ESG 정량 평가를 통합한 플랫폼 구조를 통해, 자원순환의 실효성과 수익성, 그리고 사회적 가치를 동시에 실현하고 있다.

3 돈과 정보의 흐름 분석

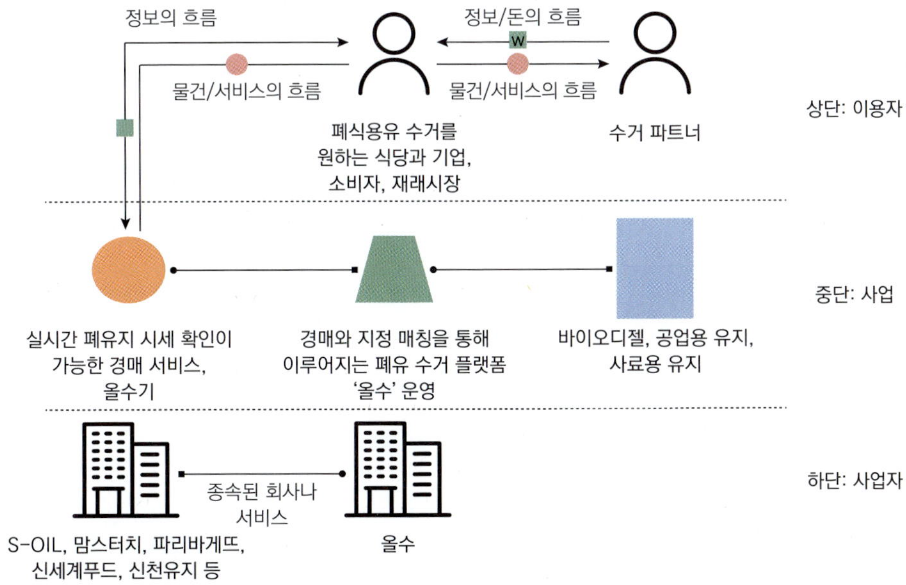

올수의 비즈니스 구조는 폐식용유를 배출하는 소비자(식당, 기업, 재래시장 등), 수거를 수행하는 파트너, 그리고 플랫폼 운영자인 올수 간의 유기적인 정보 및 금전 흐름을 기반으로 작동한다. 정보의 흐름은 폐식용유를 배출하는 사용자가 올수기라는 실시간 시세 확인 시스템을 통해 수거 요청을 등록하는 과정에서 시작된다. 사용자는 자신이 보유한 폐식용유의 수량과 종류, 위치 등의 정보를 입력하고, 이 정보는 수거 파트너에게 실시간으로 전달된다. 수거 파트너는 이를 확인한 뒤 방문 여부를 결정하며, 수거 완료 후 품질과 중량에 따라 실시간 시세 기반으로 정산된다. 이 수거 정보는 폐유지의 유통 경로, 바이오 전환 가능성, 탄소저감 효과 등과 함께 데이터화되어 ESG 보고서 작성에 필요한 정량적 지표로 활용된다. 플랫폼은 수거 이력과 처리 결과를 시각화해 제공함으로써, 기업 고객이 환경적 기여도를 직접 확인하고 기록할 수 있는 구조를 갖추고 있다.

돈의 흐름은 수거를 요청한 사용자가 폐식용유를 무상 또는 일정 조건하에 제공함으로써 시작된다. 수거 파트너는 해당 유류를 정해진 품질 기준에 따라 수거하고, 중량 및 품질에 따라 책정된 금액을 실시간 시세에 따라 보상받는다. 이때 수거된 폐유지는 바이오디젤 및 바이오중유 등의 에너지원으로 전환되며, 재래시장 또는 산업체와의 거래를 통해 판매 수익이 창출된다. 이 수익은 수거 파트너와 플랫폼 사이에 일정 기준에 따라 배분되며, 플랫폼 운영자는 이 과정에서 중개 수수료 및 데이터를 기반으로 한 ESG 서비스 수익을 동시에 창출하게 된다. 이처럼 올수는 배출자-수거자-처리자 간의 연결을 단순한 물류가 아닌 '거래 가능한 자원' 기반의 시스템으로 정비하고 있으며, 정보의 투명성과 금전의 실질 보상이 균형 있게 맞물리는 구조를 통해 지속가능한 자원순환 플랫폼으로 자리잡고 있다.

4 Innovation Type 분석

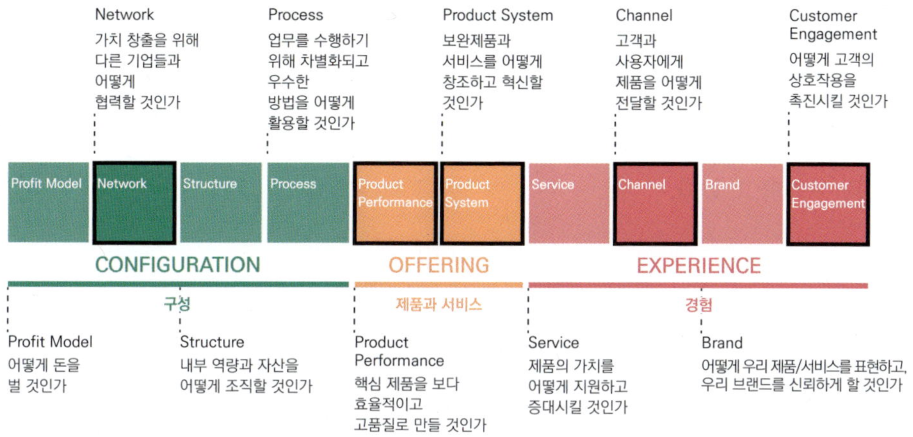

올수는 총 다섯 가지 유형의 혁신을 수행하고 있다.

Network

기존에도 식품업계에서는 식용유 및 폐유를 수거해 재활용하는 사례가 존재했지만, 이들은 대부분 고정 단가에 의존한 단순 회수 서비스에 그쳤다. 이에 반해 올수는 실시간 시세 기반의 경매 시스템과 수거 파트너 매칭 구조를 통해 투명한 수거·유통 체계를 구축했다. 수거된 폐유지는 바이오디젤, 바이오중유 등으로 재가공되며, 이를 통해 탄소 감축과 자원 순환이라는 환경적 가치 실현뿐 아니라, 맘스터치, 파리바게뜨 등과의 협업을 통해 유통 네트워크도 확대하고 있다.

Product Performance

올수는 폐유 수거와 재활용 전 과정에서 수거량, 탄소저감 효과, 정산 단가 등의 데이터를 실시간으로 제공하며, ESG 환경 기여도를 정량화한다. 배출자와 수거자 모두 플랫폼을 통해 데이터를 확인할 수 있으며, 수거된 자원은 바이오에너지화되어 고부가 가치를 창출한다. 기업 고객은 이 데이터를 ESG 리포트 작성에 활용할 수 있어, 제품의 기능적 성능과 활용도를 동시에 갖춘 시스템이다.

Product System

올수는 폐식용유의 수거 요청, 품질 기준 확인, 정산 및 재활용까지의 모든 과정을 단일 플랫폼 내에서 처리한다. 특히 배출량 기록, 품질 검수, 수거 이력, 바이오 전환율 등을 데이터로 연동해 자원 흐름 전반을 구조화하고 있으며, 수거된 폐유가 최종적으로 어떻게 활용되는지를 추적할 수 있는 데이터 기반 폐자원 가치사슬을 구축하고 있다.

Channel

사용자는 모바일 앱을 통해 폐유 수거를 요청하고, 실시간 시세를 확인한 뒤 입찰 방식으로 거래를 체결할 수 있다. 과거 전화나 직접 접촉을 통한 불투명한 수거 방식과 달리, 디지털 기반 유통 채널을 통해 사용성과 투명성이 모두 개선되었다.

Customer Engagement

올수 플랫폼에서는 수거량, 정산 금액, 탄소 감축 효과를 시각적으로 확인할 수 있어 참여자 스스로가 환경 기여도를 체감할 수 있다. 수거 파트너에게는 거래 이력 기반의 수익 전략 수립이 가능하며, 배출자에게는 ESG 실천의 동기를 부여한다. 이처럼 폐유 수거 과정 전반에 참여를 유도하는 구조를 통해 자원순환과 환경 인식 개선이라는 두 가지 효과를 함께 실현하고 있다.

민팃(Mintit)
중고폰 리사이클링으로 만드는 자원순환형 디지털 생태계

1 기업개요

민팃은 SK네트웍스가 운영하는 중고 모바일기기 거래 플랫폼 브랜드로, 중고폰의 투명한 거래와 자원 순환을 실현하는 리사이클 비즈니스 모델을 구축하고 있다. 민팃은 무인 ATM 기기를 통한 휴대폰 평가-매입-기부 프로세스를 제공하며, 자체 AI 기반 가격 산출 알고리즘과 독일 TUV SUD 인증을 받은 개인정보 랜덤 삭제 기술을 적용해 안전성과 신뢰도를 확보했다. '대국민 폰 순환 캠페인'과 여의샛강 생태숲 조성, 저소득층 IT기기 기부 등 다각적인 사회공헌 활동을 전개하며, 환경 보호와 디지털 포용을 동시에 실현하는 순환경제 플랫폼으로 자리잡고 있다.

2 Business Model Canvas 분석

경쟁력

민팃의 비즈니스 모델은 ICT 기반의 자원 순환과 개인정보 보호를 동시에 실현하는 ESG 중심 구조로 설계되어 있다. **문제점 정의**에서 민팃은 중고폰이 일반 폐기물로 버려지며 발생하는 환경오염, 희귀금속 자원 낭비, 그리고 개인정보 유출 문제를 핵심 과제로 설정하였다. 이를 해결하기 위한 **솔루션**으로는 비전 AI 기술을 기반으로 중고폰을 자동 진단하고 가격을 산출하는 민팃ATM, 독일 TUV SUD의 국제 인증을 받은 랜덤필 방식 데이터 삭제 시스템, 거래 후 기부 연계 기능 등을 제시한다. **기존 대안**이 오프라인 매장 중심의 수동 거래, 또는 신뢰성이 낮은 중고폰 플랫폼에 그친 반면, 민팃은 전국 5,600여 개 설치 지점을 통해 접근성과 편의성을 확보했으며, AI 기술을 기반으로 가격의 공정성과 삭제의 안전성을 자동화한 점에서 차별화된다. 또한 민팃은 거래 금액 일부를 사회 기부로 전환 가능하도록 시스템화함으로써, 단순 리사이클을 넘어 사회적 가치 실현까지 포함하는 통합형 순환 비즈니스 모델을 구현하고 있다. 이를 통해 설치 지점 수, 자동화 수준, 기부 연계율 등의 **핵심지표**를 명확히 제시한다.

경쟁력 / 시장수용성

문제점	솔루션	가치제안	경쟁우위	목표고객
- 중고폰 폐기로 인한 환경 오염과 개인정보 유출 위험 - 불투명한 거래 구조와 낮은 재활용률	- AI 기반 중고폰 평가·가격 산출 - 랜덤필 방식 데이터 삭제 기술 - 기부 연계 거래 시스템	- 독일 TUV SUD에서 인증한 랜덤필 삭제 방식으로 개인정보 유출 위험 없이 안전하게 중고폰 판매&기부하세요!	- 비전 AI 기반 자동 평가 시스템 - 전국 규모 무인 거래 인프라 - 국제 인증받은 데이터 삭제 기술	- 친환경 소비자 - 안전한 중고폰 거래 및 기부를 원하는 고객 - 중고폰 리사이클을 고려하는 기업
기존대안	**핵심지표**	**상위개념**	**채널**	**얼리어답터**
- 중고폰 기부 - 오프라인 중고 거래	- 자원 순환과 일상적 기부 실현 - 비전 AI 기반 최적화된 환경 제공 - 전국 5,600여 개 설치, ICT 리사이클 생태계 조성 - 약 820억 원 수준의 사회적 가치실현	- 비전 AI와 랜덤필 삭제 방식을 통해 전국 5,600여 곳에서 효과적으로 중고폰을 판매&기부할 수 있는 서비스 제공	- 박람회 - SNS 광고 (인스타그램, 페이스북 등) - 지자체 및 공공기관 협업	- 전자기기 매장, 통신사 대리점, 할인마트 - 유동인구가 많은 공간 관리자

비용 구조	수익원
- 데이터 및 서버 관리 - 인건비, 마케팅 - 제품 제작, 설치, 관리 - 중고폰 수거 및 분류	- 회수 중 재사용 가능한 중고폰의 ICT 기기 재활용 - 리사이클 제품 판매

생존가능성

Environmental(or Social) Costs	Environmental(or Social) Benefits
- 운송과 설비 운영으로 인한 에너지 소비와 관련된 탄소배출 - 기술개발 및 인증 확보 이용	- 폐기물·자원낭비·환경오염 감소 - AI 기반 안전한 기부 시스템 제공 - 랜덤필 삭제 기술을 통한 개인정보 보호 - 일상 속 자원 순환 환경 조성, ESG 가치 실현 - 2023년 11월 기준 사회적 가치 실현 비용 약 820억 원 (재료비 약 779억 원, 온실가스 비용 약 41억 원, 환경오염 비용 약 3백만 원)

ESG가치

시장수용성

가치제안 측면에서는 중고폰 거래의 진입장벽을 낮추고, AI 기반 자동 평가 및 국제 인증 데이터 삭제 기술을 통해 '더 안전하게, 더 간편하게, 더 투명하게' 중고폰을 처리할 수 있는 사용자 경험을 제공한다. 이는 단순한 거래 편의성 향상이 아닌, 자원 순환과 개인정보 보호라는 사회적·환경적 가치 실현과도 직결된다. **경쟁우위**는 비전 AI 기술과 연동된 무인 ATM 인프라, 그리고 TUV SUD 인증을 받은 데이터 삭제 솔루션을 중심으로 구축되어 있으며, 이는 기술 신뢰성과 자동화 수준에서의 진입장벽을 형성한다. **고객 세그먼트**로는 중고폰을 안전하게 처리하고자 하는 일반 소비자뿐 아니라, 전자제품 매장, 할인마트, 통신사 대리점 등 중고폰을 다량 취급하는 유통 채널 기반의 기업 및 공간 운영자까지 포함된다. 전자제품이나 통신 서비스를 제공하는 유통 현장을 중심으로 한 **얼리어답터** 타깃 전략은 민팃의 빠른 시장 확산에 기여하고 있으며, 사용자의 자발적 기부를 유도하는 ATM 시스템은 '기부형 거래'라는 새로운 사용 방식을 통해 ESG 실천과 사용자 참여를 동시에 유도한다. **상위 개념**으로는 단순한 중고폰 수거 솔루션이 아닌, 디지털 기반의 개인정보 보호, 자원 순환, 사회 기여라는 3중 가치를 통합 제공하는 서비스형 순환경제 플랫폼이라는 점에서 의미가 있으며, **유통 채널** 또한 ATM 설치, SNS 광고, 공공기관 및 CSR 연계 캠페인 등 B2C, B2B, B2G를 아우르는 유연한 구조를 갖추고 있다. 기부형 채널을 활용한 사회적 마케팅 전략은 민팃의 ESG 정체성과 자연스럽게 맞물리며 시장 확산에 긍정적으로 작용하고 있다.

생존가능성

수익원은 크게 두 가지로 구성된다. 첫째, 회수된 중고폰 중 재사용 가능한 기기를 ICT 기기로 재활용하거나, 이를 리사이클 제품으로 가공·판매함으로써 발생하는 제품화 수익이 있다. 둘째, 민팃 플랫폼과의 파트너십을 통해 이루어지는 기부형 거래 시스템과 데이터 기반 B2B 확장 가능성이 수익 창출의 보조 수단으로 작용한다. **비용 구조**는 비전 AI 기반 플랫폼 운영을 위한 데이터 및 서버 유지비, ATM 기기의 생산·설치·관리 비용, 인건비와 마케팅비, 그리고 중고폰의 수거·분류·물류 비용 등으로 구성된다. 이러한 수익 및 비용 구조는 민팃이 친환경 순환경제 플랫폼으로서의 지속가능성과 수익성을 함께 고려하고 있음을 보여준다.

ESG가치

ESG 측면의 환경 및 사회적 영향을 살펴보면, 민팃은 중고폰의 자동 수거 및 재활용 과정을 통해 전자 폐기물의 무단 배출을 줄이고, 자원 채굴에 따른 환경적 부담을 완화하는 데 기여한다. AI 기반의 자동 평가 및 국제 인증 데이터 삭제 기술은 사용자의 개인정보 보호를 보장하는 동시에, 중고 전자기기 유통의 신뢰성과 안전성을 높이는 사회적 효과를 창출한다. 또한, 전국적으로 분산된 무인 ATM을 통해 누구나 쉽게 중고폰을 거래하거나 기부할 수 있는 접근 환경을 제공함으로써 일상 속 ESG 실천을 가능하게 하고, 기부 연계 시스템을 통해 디지털 소외계층을 위한 IT 기기 지원 등 사회적 가치 창출로 확장되고 있다.

3 돈과 정보의 흐름 분석

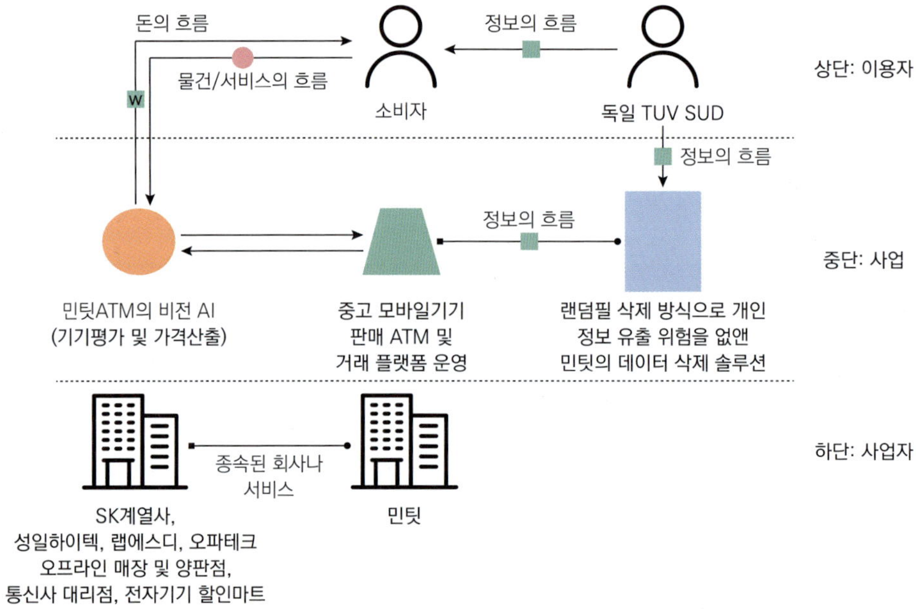

민팃의 비즈니스 구조는 사용자(개인 소비자), 중간 채널(전자기기 유통 매장, 통신사 대리점, 유통 파트너), 그리고 민팃 본사(서비스 운영자) 간의 유기적인 정보 흐름과 금전적 가치 흐름을 기반으로 운영된다. 정보의 흐름은 사용자와 설치 지점에서 시작된다. 중고폰을 ATM에 투입하면, 비전 AI 기술이 자동으로 기기의 상태를 진단하고 적정 가격을 산출하며, 이 정보는 민팃의 중앙 플랫폼으로 실시간 전송된다. 이 과정에서 개인정보 삭제 여부, 기기 상태, 가격 데이터 등 거래 정보가 자동 기록되고, 사용자에게 결과가 제공된다. 또한, 수거된 기기의 상태 데이터와 거래 이력은 민팃 본사와 파트너사(예: 리사이클 처리 업체, 유통 협력사 등)에게 전달되어 기기 재활용 및 제품화 과정에 활용된다. 이 정보는 기부 시스템, 사회 공헌 캠페인, ESG 보고용 데이터로도 연계되며, 디지털 기반 순환 구조의 핵심 자료로 활용된다.

돈의 흐름은 사용자와 민팃 간 거래, 그리고 파트너사와의 유통 수익 구조로 나뉜다. 사용자로부터 회수된 중고폰 중 재사용이 가능한 기기는 ICT 기기로 재활용되거나, 리사이클 제품으로 판매되어 민팃의 주요 수익원이 된다. 동시에, 민팃은 ATM 설치를 통해 파트너사와 제휴를 맺고, 공간 제공 및 운영에 따른 비용 또는 수수료를 지불하거나 기기 회수 성과에 따른 인센티브를 제공한다. 민팃은 이처럼 AI 기반 자동 평가 → 거래 및 기부 시스템 연동 → 기기 재활용 및 판매 → 수익 환류라는 정보와 금전의 선순환 구조를 통해, 지속가능한 순환경제 비즈니스 모델을 실현하고 있다.

4 Innovation Type 분석

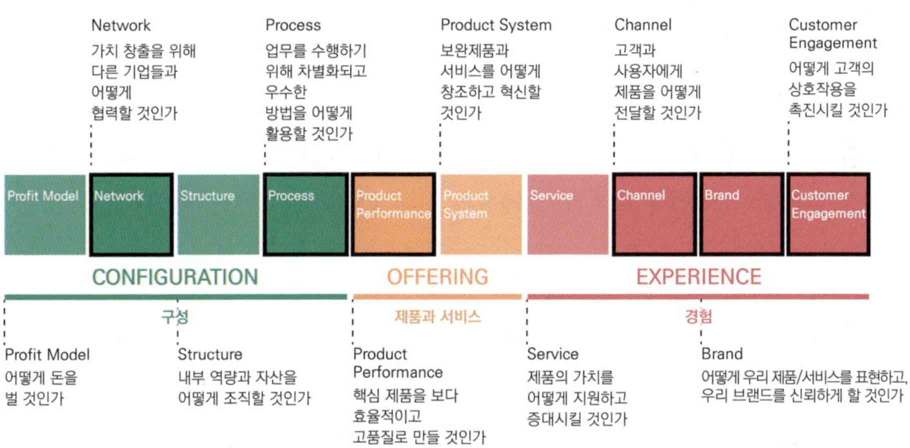

민팃은 총 여섯 가지 유형의 혁신을 수행하고 있다.

Network

민팃은 회수된 중고폰을 다양한 스타트업이나 사회적기업, 양사지원 기관 등과 연계해 새로운 가치를 실현하고 있다. 예를 들어, 숙련된 수리 기술을 보유한 랩에스디와 협업해 중고폰을 재사용 가능하게 만들고, 보건 솔루션 기업과의 협력을 통해 중고폰을 활용한 감염관리 기기 개발 등 저소득 국가의 실험 예방에 일조하고 있다. 이러한 민팃의 네트워크는 단순한 제품 회수를 넘어 사회적 가치 창출형 협력 모델로 확장되고 있다.

Process

휴대폰에는 다수의 개인정보가 포함되어 있어, 민감한 소비자일수록 거래나 기부에 대한 불안감을 가질 수 있다. 민팃은 이러한 우려를 해결하기 위해 국내 최초로 독일 TUV SUD 인증을 획득한 랜덤필 삭제 기술을 도입하여, 누구나 신뢰할 수 있는 방식으로 중고폰을 거래·기부할 수 있도록 보안 중심의 거래 프로세스를 정립하였다.

Product Performance

민팃ATM은 비전 AI 기술을 통해 중고폰 상태를 자동으로 진단하고, 객관적인 기준으로 가격을 산출할 수 있도록 설계되어 있다. 기기 버튼, 센서, 소프트웨어가 통합 작동하며, 외관 평가 및 작동 상태를 종합적으로 판단한다. 민팃AI는 사진 촬영을 통한 학습 데이터를 기반으로 성능을 지속 개선하고 있으며, 수많은 평가 사례를 학습한 알고리즘은 거래 정확성과 신뢰성을 동시에 확보해 주고 있다.

Channel

기존 중고폰 거래는 오프라인 매장을 직접 방문해야 하는 번거로움이 있었다. 민팃은 이 문제를 해결하고자 전국 약 5,600여 개 ATM을 유통망(전자기기 할인마트, 통신사 대리점, 오프라인 매장 등)에 설치해 누구나 쉽게 접근할 수 있도록 하였으며, 접근성과 편의성 기반의 유통 채널 전략을 정착시켰다.

Brand

민팃은 축적된 데이터와 AI 기술을 바탕으로 중고폰 유통의 혁신을 주도하고 있으며, 특히 중고폰 거래 시 PASS앱을 연동해 본인 인증 절차를 간편화하였다. 데이터 삭제 분야에서는 TUV SUD 인증 외에도 SQA 품질 인증, 3년 연속 고객

가치혁신 브랜드 대상 등 다양한 인증을 획득하여, 보안·신뢰 기반 브랜드 포지셔닝에 성공하였다.

Customer Engagement

민팃은 '민팃 프로젝트'를 통해 중고폰을 재활용하고 기부할 수 있는 기회를 제공하고 있다. 사용자는 거래 여부뿐 아니라 기부 여부를 선택할 수 있으며, 그 이력이 실시간으로 기록되고 누적 기부 내역은 사용자 개인에게도 확인 가능하다. 이를 통해 민팃은 참여 중심의 순환 경제 모델을 실현하고 있다.

이노버스(Inobus)
AI 자원 수거 로봇으로 일상 속 탄소중립 실현

1 기업개요

이노버스는 인공지능 기반의 리사이클링 로봇 기술을 통해 생활 속 자원 회수와 재활용 문화를 혁신하는 순환경제 솔루션 기업이다. 'RePET high(AI 페트병 무인수거로봇)', 'ReCUP(일회용 컵 수거 로봇)', 'AI 캔 수거 로봇' 등 다양한 제품 라인업을 통해 24시간 비접촉 자원 회수가 가능한 시스템을 구축하고 있으며, 실시간 데이터 분석과 포인트 보상 플랫폼도 함께 운영하고 있다. 전국 지자체, 오피스, 복지기관 등과의 협력을 기반으로 AI 기반 자원순환 인프라를 확대하고 있으며, ESG 실천을 생활 속에서 유도하는 데이터 기반 리사이클링 플랫폼 기업으로 성장하고 있다.

2 Environmental/Social Lean Canvas 분석

경쟁력

이노버스의 비즈니스 모델은 폐페트병 재활용률 향상이라는 **문제점 정의**에서 출발한다. 국내에서 매년 50억 개 이상의 폐페트병이 발생하지만, 기존 대안은 플라스틱 재활용에 머무르며 투명 페트병 선별 수거와 같은 고도화된 선별 체계가 없어 재활용률이 30%에 머무른다. 이에 대한 **솔루션**으로 이노버스는 'AI 자원 수거 시스템'을 제시했다. 해당 시스템은 투명 페트병만 자동으로 선별 · 수거하며, 사용자에게 포인트를 제공하고, 실시간 모니터링이 가능한 운영 데이터 플랫폼과 연동된다. **기존 대안** 대비 24시간 무인 운영이 가능하고, 선별 정확도 95%, 0.8초 내 인식 등의 기술력이 강점이다. **핵심 지표**로는 누적 수거된 페트병 수량(78만여 개), 탄소 절감량(85톤 이상), 그리고 실질 재활용률 향상 수치가 제시된다.

경쟁력 / **시장수용성**

문제점
- 국내에서 연간 50억 개 이상의 페트병이 배출되지만, 기존 재활용 시스템은 구조적 한계로 인해 재활용률이 30%에 그침

솔루션
- 페트병을 재활용되기 쉬운 상태로 수거하기 위해 AI 기반 수거로봇을 도입해 최대 95%까지 재활용률 향상

가치제안
- AI 로봇으로 페트병 배출하고 재활용률 향상시키자

경쟁우위
- 24시간 무인 운영 시스템
- 저소음 설계
- 운영 데이터 관리를 위한 대시보드 제공
- 포인트 적립
- 간단한 사용 방법

목표고객
- 쉽고 빠르게 분리 배출을 하고 싶은 일반 소비자
- 고품질 플라스틱 원료가 필요한 기업

기존대안
- 일반적인 플라스틱 재활용 시스템

핵심지표
- 현재까지 설치한 제품 대수는 103대, 수집한 깨끗한 페트병은 782,154개, 절감한 탄소는 852,547kg
- 재활용을 통해 탄소 절감 가능
- 실질 재활용률 상승
- 고품질 원료 수집 가능

상위개념
- 재활용 가능한 투명 페트병만 자동으로 선별하는 AI 기반 무인 회수 시스템

채널
- 박람회
- 경진대회
- 자사 홈페이지

얼리어답터
- 공공기관, 아파트, 지하철 등 다중이용 시설

비용 구조
- 연구, 개발 비용
- 인건비
- 마케팅 비용
- 물류 비용
- 설립 비용
- 어플 유지, 보수 비용

수익원
- AI 페트병 비압축 수거로봇, 일회용컵 세척 수거기 판매 · 렌탈 수익
- 수거한 플라스틱 원료 판매 수익
- AI 로봇 기반 광고 프로모션 수익
- 투자 수익

생존가능성

Environmental(or Social) Costs
- 설비 설치 및 운영 시 전력 및 자원 사용
- 운송, 설치 물류로 인한 탄소 배출
- 기기 개발 및 대규모 투자 비용

Environmental(or Social) Benefits
- 재활용 가능한 투명 페트병만 자동으로 선별, 수집되어 고품질 원료 수집 가능
- AI 로봇으로 판별 인식하여 페트병을 분리하므로 인건비 절약, 분리배출 시간 단축 가능
- 자원 재활용을 통해 탄소 절감
- 자발적 참여 유도와 인센티브 시스템 제공

ESG가치

시장수용성

가치제안은 'AI 로봇으로 누구나 간편하게 재활용에 참여할 수 있는 경험'을 제공하는 데 있다. 기존 분리배출이 불편하거나 정확하지 않아 재활용 효율이 떨어졌던 문제를 기술적으로 해결하고자 한 것이다. **경쟁우위**는 실시간 데이터 수집, 대시보드 기반 운영, 탄소 감축량 가시화 등으로 ESG 관점의 기여도를 명확히 제시할 수 있다는 점이다. **고객 세그먼트**는 ESG 경영을 실현하고자 하는 공공기관, 고품질 플라스틱 원료 확보가 중요한 기업 등으로 설정되며, **얼리어답터**는 유동인구가 많은 공공기관, 공동주택, 대형 건물 등이다. **상위 개념**으로는 '생활 속의 자원 순환 인프라'라는 개념을 지향하며, **유통 채널**은 박람회, 경진대회, 온라인 홍보, 자체 홈페이지 등을 활용하고 있다.

생존가능성

수익원은 AI 수거 로봇 자체의 판매·렌탈 수익 외에도, 페트병 압축 수거된 자원의 판매 수익, 대시보드 기반 운영 솔루션 구독 수익, 일회용 컵 세척 수거기 등 신규 기기의 렌탈 수익, 그리고 탄소 감축 실적을 기반으로 한 인센티브 프로그램 등으로 다각화되어 있다. **비용 구조**는 연차별로 기기 개발·설치 비용, 운영·유지 비용, 앱·어플 유지비, 마케팅비, 인건비 등이 포함되며, 특히 대규모 설치 확산을 고려한 표준화된 제조와 유지보수 체계를 통해 효율화를 추구하고 있다.

ESG가치

ESG 측면의 환경 및 사회적 영향을 살펴보면, 이노버스의 AI 자원 수거 로봇은 기존의 분리배출 한계를 극복하며 재활용률을 실질적으로 향상시키는 역할을 한다. 특히, 투명 페트병만을 자동 인식·수거함으로써 고품질 원료 확보가 가능해져, 자원순환의 효율성이 크게 높아진다. 이와 함께, 포인트 보상과 직관적 인터페이스를 통해 시민 누구나 참여 가능한 시스템을 만들며, 일상 속에서 탄소 절감을 실천하게 하는 데 기여한다. 재활용을 통한 사회적 가치 환원, 저소득층 일자리 창출 등도 함께 고려하고 있어, 환경과 사회적 기여가 균형 잡힌 ESG 실천 사례라 할 수 있다.

3 돈과 정보의 흐름 분석

이노버스의 비즈니스 구조는 사용자(공공기관 및 기업), 중간 유통 주체(지자체 및 자원순환 관련 협력기관), 그리고 이노버스 본사(서비스 제공자) 간의 정보 흐름과 금전적 흐름을 중심으로 구성된다. 정보의 흐름은 AI 기반 리사이클 로봇 '쓰샘'을 통해 시작된다. 이노버스는 자사의 AI 자원 수거 시스템을 통해 투명 폐페트병과 일회용 컵을 자동으로 인식·분리·수거하며, 수거된 데이터는 실시간으로 대시보드에 전송된다. 이 정보는 공공기관과 기업 고객에게 제공되어, 탄소 감축량, 수거량, 재활용률 등 주요 ESG 지표 관리에 활용된다. 또한, 수거 효율과 현장 사용성에 대한 피드백도 시스템에 반영되어 기기 성능 개선과 운영 최적화에 기여한다.

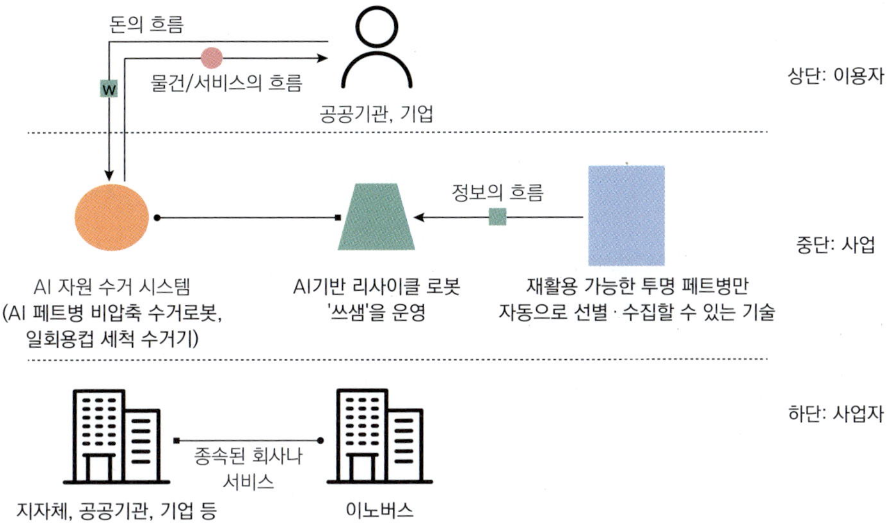

돈의 흐름은 크게 두 방향으로 구성된다. 첫째, 공공기관 및 기업 고객은 이노버스로부터 AI 자원 수거 기기(페트병 수거로봇, 일회용컵 세척 수거기 등)를 구매하거나 렌탈 형식으로 도입하며, 이에 따른 초기 설치비 및 월 사용료를 지불한다. 둘째, 이노버스는 자원 수거 및 세척된 컵의 처리 과정에서 발생하는 재활용 자원의 부가가치(예: 고품질 원료)나 ESG 실적 연계 인센티브 등을 통해 간접 수익을 창출한다. 특히 일부 자치단체나 기업은 ESG 캠페인의 일환으로 수거량에 따라 탄소 포인트를 발행하거나 기부 시스템을 연계함으로써, 이노버스의 수익원과 사회적 가치 실현이 동시에 이루어지는 구조를 만든다. 이처럼 실시간 데이터 수집 → 재활용률 향상 → ESG 성과 관리 → 수익화로 이어지는 정보와 돈의 선순환 구조를 통해, 기술기반의 자원순환 플랫폼으로 자리매김하고 있다.

4 Innovation Type 분석

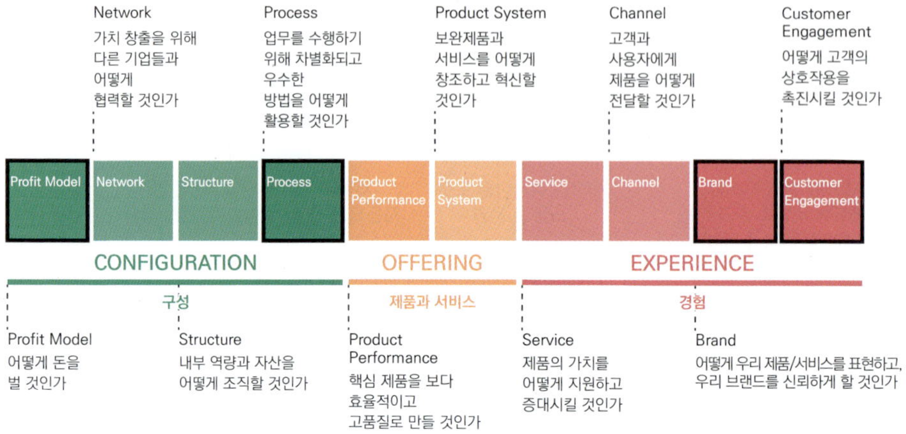

이노버스는 총 네 가지 유형의 혁신을 수행하고 있다.

Profit Model

재활용률이 낮은 기존 분리배출 구조의 문제점을 해결하고자, AI 기반 로봇을 통해 실질 재활용률을 높이는 시스템을 고안하였다. 페트병 중에서도 고품질로 재활용 가능한 투명 페트병만 자동으로 인식·선별·수거할 수 있는 AI 비전 기술을 바탕으로, AI 페트병 비압축 수거로봇, 일회용컵 세척 수거기, AI 캔 수거로봇 등 다양한 제품군을 판매하거나 렌탈 방식으로 제공한다. 여기에 더해, ESG 프로젝트용 단기 서비스 제공, 수거 데이터 기반 인센티브 프로그램 운영, 광고 부착 수익 등 수익 모델을 다각화하였다. 이노버스는 제품 단순 판매를 넘어, 지속적 서비스와 실시간 모니터링을 결합한 구독형 비즈니스 구조를 확립해 가고 있다.

Process

실시간 데이터 수집과 자동 분류가 가능한 AI 자원 수거 시스템을 통해 기존 분리배출 방식의 비효율성을 해소하고 있다. 재활용 가능한 투명 페트병만 자동으로 선별하는 알고리즘이 탑재되어 있으며, 사용자가 투입한 병은 0.8초 내에 인식·분석되어 상태별 분류가 이루어진다. 수거된 자원은 대시보드를 통해 배출 시각, 사용자 재활용률, 환경 효과 등으로 시각화되며, 이를 통해 실시간 운영 데이터 관리가 가능하다. 특히, 실외 환경에도 설치 가능한 무인 수거 시스템은 인건비 절감과 지속적 수거 운영이 가능하다는 점에서 도시 인프라 자동화의 핵심 프로세스로 기능하고 있다.

Brand

이노버스는 '재활용이 번거롭지 않고, 누구나 일상에서 쉽게 실천할 수 있는 사회를 만든다'는 브랜딩 전략을 바탕으로, 기술 중심이 아닌 '참여 기반의 순환경제' 실현을 브랜드 가치로 내세운다. 이노버스의 제품군은 모두 '쓰샘'이라는 브랜드 아래 통합되며, 페트병 수거로봇, 컵 수거기, AI 캔 수거 로봇 등으로 확장 중이다. 또한, '깨끗한 투명 페트병을 넣으면 포인트가 적립되는 보상 시스템'은 브랜드 정체성과 일관성을 강화시키는 역할을 한다. 사용자로부터 '환경에 기여했다'는 경험을 축적시키고, 해당 경험이 다시 브랜드 신뢰로 이어지는 구조를 지향하고 있다.

Customer Engagement

고객이 일상 속에서 환경 행동을 체감할 수 있도록 사용자 경험을 설계한다. 사용자가 페트병을 넣는 순간마다 '환경 포인트'를 제공하고, 이 포인트는 기부, 경품 이벤트, 리워드 스토어 등에서 활용할 수 있다. 별도의 앱 설치 없이 키오스크 화면에서 바로 참여 가능한 인터페이스는 진입 장벽을 낮췄고, 사용자의 행동 데이터를 실시간 대시보드로 시각화하여 가시적인 성과를 제공한다. 특히 실제 운영 현장에서는 페트병 무인 회수기 1대당 주 3회 이상 사용되고 있으며, 전체 배출량 중 98% 이상이 재활용 가능한 페트병으로 수거된다는 데이터를 통해 고객의 긍정적 상호작용을 유도하고 있다.

오이스터에이블
AIoT 기반 자원순환 플랫폼 기업

1 기업개요

오이스터에이블은 AIoT 기반 자원순환 시스템 '랄라루프(Lalaloop)'를 통해 재활용과 재사용이 가능한 폐기물을 자동으로 회수하고, 사용자에게 보상을 제공하는 환경 기술 기업이다. '오늘의 분리수거' 앱과 연계된 무인 수거 인프라를 바탕으로, ESG 경영을 실천하려는 기업과 지자체를 주요 파트너로 확보하고 있다. 현재 서울시, 부산시 등 20개 지자체와 롯데칠성, 매일유업, 서울우유 등 20개 기업과 협력 중이며, 전국에 약 650대의 장비를 설치해 월간 1.5만 명의 활성 사용자를 확보하고 있다. 단순 회수 시스템을 넘어, 수거 데이터 기반의 탄소배출 추적 및 ESG 실적 관리 기능을 제공하며, 순환경제 전환을 위한 통합 솔루션 플랫폼으로 성장하고 있다.

2 Business Model Canvas 분석

경쟁력

재활용 및 재사용품은 수거 단계에서부터 오염과 혼합 문제로 인해 실질 재활용률이 매우 낮은 수준에 머물러 있다. 특히 시민 참여 기반의 분리배출은 정보 부족과 동기 부재로 인해 효율적으로 이뤄지지 않으며, 회수 이후의 품질 관리나 탄소배출량 추적 등은 대부분 이뤄지지 않고 있다. 기존 기업들의 분리배출 시스템은 수거함 설치에 국한되며, 회수 이후의 자원화 및 데이터 기반 운영의 부재가 많다는 **문제점**이 있다. 오이스터에이블은 AIoT 기반 무인 회수기 '랄라루프'를 중심으로, 분리배출부터 회수, 리워드, 탄소 데이터 추적까지 통합 제공하는 **솔루션**을 운영하고 있다. 사용자는 '오늘의 분리수거' 앱을 통해 포인트를 적립하고 제휴처에서 활용 가능하며, 자동 분류와 실시간 데이터 관제를 통해 실질 재활용률을

경쟁력 / 시장수용성

문제점
- 재활용품 및 재사용품 회수의 어려움
- 회수 이후에도 오염이나 혼합으로 폐기물 감축 어려움

솔루션
- AIoT 기반 무인 회수
- 시스템 '랄라루프' 운영
- 분리배출 → 자동 회수 →보상 지급→ 탄소추적 통합 제공

가치제안
- 누구나 쉽게 참여할 수 있는 재활용 리워드 플랫폼 제공
- 재사용·재활용 실천 시 즉시 보상, 탄소 절감 효과까지 연결

경쟁우위
- 단순 회수 장치가 아닌 데이터 기반 순환경제 솔루션
- 탄소 배출 추적 리워드 지급·API 연계 기능 통합 제공

목표고객
- ESG 경영 기업
- 지자체, 공공기관
- 식·음료 생산 기업체
- 무역센터, 박람회관 등

기존대안
- 정부 지자체 분리배출 가이드 제공
- 기업은 회수함 설치에 그쳐 실질적 자원화 어려움

핵심지표
- 전국 약 650대 장비 설치, MAU 약 1.5만 명
- 연간 5톤 투명 페트병 수거 목표, 코엑스 트레이드타워등 디지털 배출함 12대 운영
- 서울시·부산시 등 20개 지자체 및 롯데칠성, 매일유업, 서울우유 등 20개 기업과 파트너십 유지 중

상위개념
- ESG 경영과 탄소중립을 지원하는 AIoT 자원순환 플랫폼

채널
- 박람회·엑스포
- 자사 홈페이지
- 연계 기업 플랫폼
- 배달 어플리케이션
- 자사 어플리케이션

얼리어답터
- ESG에 민감한 대기업 및 스타트업
- 탄소배출 데이터를 필요로 하는 중견·공공 부문

비용 구조
- 랄라루프 플랫폼 유지 비용
- 재사용품 수거 비용
- 어플리케이션 유지 비용
- 데이터 수집·분석, 리워드 시스템 유지 비용
- 탄소배출권 거래 추진 사업 비용

수익원
- 기업-기관의 사업장에 재활용 과정 데이터를 지원 서비스 수익
- 랄라루프 플랫폼 인프라 공급
- 랄라루프 디바이스(분리배출함) 판매 수익

생존가능성

Environmental(or Social) Costs
- 무인 수거함 설치 및 시스템 구축에 초기 비용 발생
- 기술 개발 및 인증 절차 비용

Environmental(or Social) Benefits
- 설치 후 무인 운영 가능, 장기 사용으로 교체 비용 최소화
- 자체 제작 및 모듈화 설계로 단가 절감 및 유지보수 효율화
- 직접 수거 인력이 필요 없어 운영비 절감 효과 있음
- 재활용되지 못하던 플라스틱을 고효율 자원으로 전환
- 탄소배출량 추적 및 정량화 가능한 시스템 확보
- 기업에 ESG 성과 측정 데이터를 제공해 사회적 가치 창출

ESG가치

높이고 있다. 다음은 **기존 대안**이다. 정부 및 지자체는 캠페인과 분리수거 가이드를 통해 시민 참여를 유도하고 있으며, 일부 기업들은 분리배출함 설치 등 물리적 수단을 활용하고 있다. 그러나 이 방식은 단편적인 시도에 그치고 있으며, 회수된 자원의 품질 확보나 전 과정의 디지털 관리로 이어지지 못하고 있다. 기술적 확장성과 사용자 리텐션이 확보되지 않은 상황에서, 순환경제 구현을 위한 실질적 효과에는 한계가 존재한다. **핵심 지표**는 다음과 같다. 오이스터에이블은 2025년 기준 전국 약 650대의 랄라루프 장비를 설치했으며, 월간 활성 사용자(MAU)는 약 1.5만 명, 누적 가입자는 약 6만 명에 달한다. 무역센터 내 코엑스, 트레이드타워, 아셈타워 등에는 총 12대의 장비를 운영하고 있으며, 이를 통해 연간 5톤 이상의

투명 페트병 수거를 목표로 한다. 또한, 서울시, 부산시 등 20개 지자체와 롯데칠성, 매일유업, 서울우유 등 20개 이상의 민간기업과 파트너십을 체결하고 있으며, 향후 30~40개 파트너로 확대될 예정이다.

시장수용성

가치제안의 경우 오이스터에이블은 누구나 쉽게 참여할 수 있는 무인 회수 기반 자원순환 플랫폼을 통해, 재활용과 재사용을 생활 속 행동으로 유도하고 ESG 가치 실현을 가능하게 하는 솔루션을 제공하고 있다. 랄라루프와 '오늘의 분리수거' 앱을 중심으로, 사용자는 폐기물을 자동으로 반납하고 리워드를 획득하며, 기업과 지자체는 탄소배출량과 순환율 등 ESG 데이터를 확보할 수 있다. 이처럼 시민 참여와 ESG 데이터를 동시에 엮어내는 구조는 기존 분리배출 시스템과의 본질적인 차별점으로 작용한다. 오이스터에이블은 단순 회수 장치가 아닌, AIoT 기술을 기반으로 자원 회수, 사용자 행동 유도, ESG 데이터 추적을 통합한 서비스를 제공함으로써 경쟁사 대비 기술적·운영적 **경쟁우위**를 확보하고 있다. 특히, 디지털 식별 기술을 통해 회수 정확도를 높이고, 수거된 데이터를 클라우드로 연동해 실시간 탄소배출량을 정량화할 수 있다는 점에서 기술 차별성이 뚜렷하다. 일반적인 자원순환 업체가 회수 이후의 관리나 데이터 분석에 미흡한 반면, 오이스터에이블은 순환 전 과정의 가시성을 확보하고 있다. **고객 세그먼트**는 ESG 경영을 강화하고자 하는 민간기업과 공공기관, 친환경 인증 또는 사회적 가치 실현이 필요한 대형 리테일 매장, 오피스 단지, 스마트시티 등이다. 또한 지자체 단위의 폐기물 관리 효율화 및 시민 참여 유도를 위한 파트너십 수요도 꾸준히 증가하고 있다. 최근에는 대학, 아파트 단지, 프랜차이즈 매장 등 일상 공간에서도 고객군이 점차 확대되고 있다. **얼리어답터**는 ESG 평가를 강화하려는 대기업, 사회적 가치 실현에 민감한 소비자 기반 브랜드, 그리고 탄소배출 관리 지표 확보가 필요한 지자체이다. 특히 일회용품 사용에 대한 규제와 사회적 시선이 강화됨에 따라, 재사용컵 반납기와 같은 실질적 인프라를 필요로 하는 기업들의 도입이 활발히 이뤄지고 있다. 오이스터에이블은 자원순환 시스템과 ESG 데이터 기술을 결합한 디지털 순환경제 플랫폼으로, 탄소중립과 환경 거버넌스를 실현하는 사회 기반 기술로 **상위개념**을 정의할 수 있다. 기존 하드웨어 중심의 친환경 사업을 넘어, 정량적 데이터를 제공하는 환경 기술 솔루션으로 자리매김하고 있다. 주요 **유통 채널**은 지자체 및 기업과의 직접 협업을 통한 설치 계약 방식이며, 박람회 · 지자체 시범사업 등을 통해 새로운 고객을 발굴하고 있다. 또한 자사 애플리케이션 '오늘의 분리수거', 배달 어플리케이션, 제휴 브랜드 앱 등과 연계하여 사용자의 접근성과 활용도를 높이고 있으며, 향후에는 플랫폼 기반 확장을 통해 SaaS 형태로 전환 가능한 구조도 검토 중이다.

생존가능성

오이스터에이블은 무인 수거 인프라의 하드웨어 판매와 데이터 기반 ESG 서비스를 결합한 복합 수익 구조를 바탕으로, 안정적인 사업 지속 가능성을 확보하고 있다. 주요 **수익원**은 랄라루프 장비의 판매 및 임대, 그리고 이를 기반으로 한 유지관리 서비스다. 장비 설치 이후에는 기업 및 지자체를 대상으로 한 데이터 기반 리포트 제공, ESG 경영 성과 보고서, 탄소배출 추적 결과 등을 유료 서비스로 제공함으로써 지속적인 수익을 창출하고 있다. 또한 '오늘의 분리수거' 애플리케이션을 활용한 리워드 연계 제휴 광고, 친환경 제품 쇼핑몰 운영, ESG 관련 브랜드와의 공동 캠페인 등을 통해 추가적인 간접 수익 구조도 보유하고 있다. 향후에는 수거 데이터를 활용한 탄소배출권 거래 및 ESG 인증 연계 솔루션으로의 확장도 계획하고 있다. **비용 구조**는 랄라루프 장비의 자체 제작 및 설치 비용, 어플리케이션과 클라우드 관제 서버의 유지보수 비용, 리워드 제공에 따른 운영비 등이다. 특히 랄라루프는 모듈형 설계를 통해 제작 단가를 낮추고 유지보수를 간소화함으로써 장기적으로 비용 효율성을 확보하고 있다. 이외에도 사용자 리텐션 강화를 위한 마케팅 및 제휴 리워드 예산, ESG 지표 관리 시스템 고도화와 관련된 기술 개발비, 파트너사 대응을 위한 운영 인력 확보 등이 지속적인 지출 항목에 포함된다.

ESG가치

ESG 측면의 환경 및 사회적 영향을 살펴보면, 오이스터에이블은 무인 수거 인프라 '랄라루프'를 통해 그동안 제대로 활용되지 못했던 플라스틱 폐기물을 효과적으로 회수하고, 이를 고효율 자원으로 전환함으로써 실질적인 환경 가치를 창출하고 있다. 기존 분리배출 시스템이 수거 이후 자원화로 이어지지 못했던 한계를 극복하고 있으며, 모듈형 장비를 활용한 장기 운영으로 불필요한 에너지와 자원의 낭비도 줄이고 있다. 환경적 가치 외에도, 오이스터에이블은 시민과 기업의 ESG 참여를 촉진하는 구조를 설계했다는 점에서 사회적 가치 측면에서도 강점을 가진다. 사용자는 '오늘의 분리수거' 앱을 통해 리워드를 획득하고 이를 기부하거나 제휴 쇼핑에 사용할 수 있으며, 기업과 지자체는 이 데이터를 기반으로 ESG 실적을 정량적으로 관리할 수 있다. 특히 랄라루프는 탄소배출량을 실시간으로 측정·관제할 수 있는 시스템을 갖추고 있어, 환경성과를 투명하게 추적할 수 있는 ESG 도구로 활용 가능하다. 이와 같이 오이스터에이블의 시스템은 자원순환이라는 환경적 기여를 넘어서, 행동 변화 유도와 ESG 성과 정량화를 가능하게 하며, 기술 기반의 지속가능한 사회 실현에 기여하고 있다.

3 돈과 정보의 흐름 분석

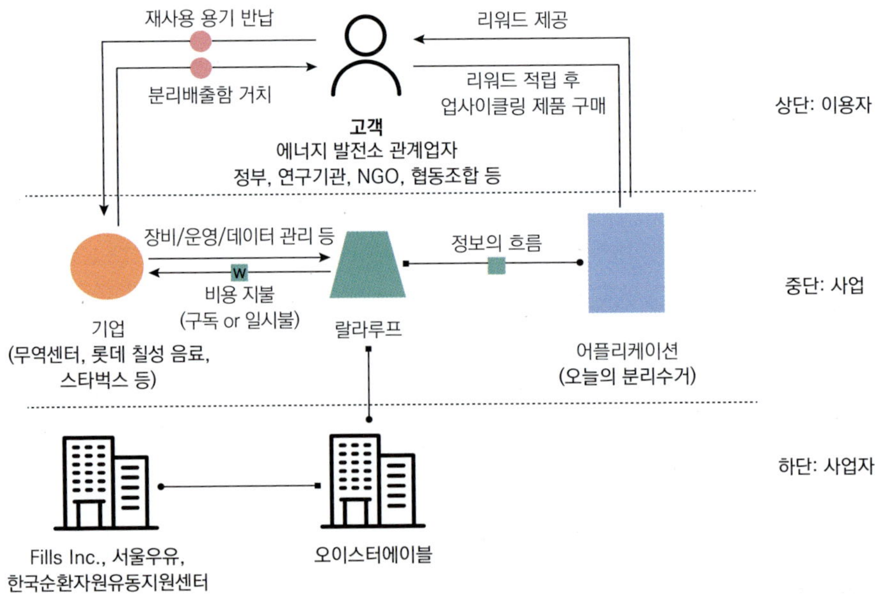

오이스터에이블의 사업 구조는 물류·서비스 흐름, 정보 흐름, 자금 흐름 세 축으로 구성된다. 물류·서비스 흐름에서는 오이스터에이블이 개발한 AIoT 기반 무인 수거함 '랄라루프'를 중심으로 재활용품 및 재사용품의 회수와 처리 과정을 자동화하고 있다. 설치된 장비를 통해 소비자가 플라스틱 용기나 다회용 컵 등을 반납하면, 해당 정보는 실시간으로 시스템에 연동되어 적절한 보상(포인트 또는 보증금 반환)과 함께 자원화 공정으로 연결된다. 특히, 랄라루프는 기업 사옥, 공공기관, 전시장, 매장 등 다양한 채널에 배치되며, 스타벅스, 롯데칠성, 코엑스 등과 협업하여 기업 내 자원순환 시스템으로 활용되고 있다.

정보 흐름 측면에서는 '랄라루프 ID' 시스템을 기반으로 플라스틱 용기별 배출 이력과 탄소배출량 데이터를 수집·분석하고 있다. 사용자는 스마트폰 애플리케이션 '오늘의 분리수거'를 통해 자신의 반납 기록을 확인할 수 있으며, 기업은 해당 데이터를 통해 ESG 성과를 정량적으로 관리할 수 있다. 인공지능 및 클라우드 기반의 관제 시스템은 랄라루프 장비와 앱에서 발생하는 대규모 데이터를 실시간으로 수집·분석하고, 이를 통해 자원 회수량, 탄소 감축량, 사용자 행동 패턴 등 ESG 관련 핵심지표를 제공한다.

자금 흐름은 랄라루프 장비 및 플랫폼의 B2B 설치 계약, ESG 데이터 기반 구독형 수익, 기업 맞춤형 캠페인 운영 수익 등으로 구성된다. 특히 ESG 데이터는 구독형으로 기업이나 기관에 제공되며, 브랜드 친환경 캠페인이나 탄소배출 저감 실적 보고 등 실무에 활용되고 있다. 랄라루프 자체는 보급형, 표준형, 기업형 등 다양한 버전으로 공급되며, 유지보수와 플랫폼 통합 사용료를 포함한 정기적 수익 모델을 형성하고 있다. 더불어, 일부 프로젝트는 지자체와의 협약을 통해 공공지원을 받거나 민간 기업의 ESG 예산을 활용해 운영되고 있으며, 이를 통해 안정적인 현금 흐름을 확보하고 있다.

4 Innovation Type 분석

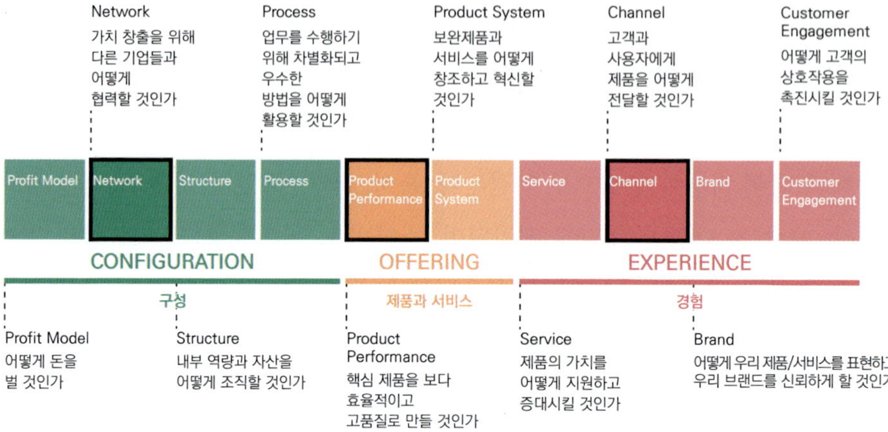

오이스터에이블은 총 세 가지 유형의 혁신을 수행하고 있다.

Network

오이스터에이블은 AIoT 기반 스마트 자원순환 플랫폼 '랄라루프'를 기업 및 기관과의 협업을 통해 상용화하고 있다. 무역센터 관리 기업인 더블유시티 서울과의 계약을 통해 코엑스, 트레이드타워 등 대형 시설에 투명 페트병 분리 배출함을 설치하고 있으며, 1년간 5톤 이상의 수거를 목표로 공동 캠페인을 진행하고 있다. 또한 롯데칠성음료와의 협업을 통해 사내 분리배출 캠페인을 전개하고, SK텔레콤, 스타벅스 등과는 리유저블 컵 회수 시스템을 공동 운영하며 기업별 맞춤형 순환 자원관리 체계를 구축하고 있다. 이러한 전략적 제휴는 랄라루프의 설치 확장과 ESG 실천 기반 확보에 실질적인 기여를 하고 있다.

Product Performance

랄라루프는 플라스틱 폐기물 문제를 해결하기 위한 AIoT 자원순환 인프라로, 무인 회수 및 보증금 인센티브 지급을 실시간으로 처리할 수 있는 고성능 자동화 시스템이다. 디지털 워터마크, QR, 바코드, RFID 등 다양한 인식 기술을 활용하여 재사용·재활용 용기를 정확하게 식별하고, 사용자의 행동을 데이터화하여 보상 체계와 연계한다. 또한, 클라우드 기반 관제 서버를 통해 대규모 데이터를 실시간으로 수집·관리하며, 탄소배출권 데이터 추적 기능도 내장되어 있다. 이러한 기능적 완성도는 랄라루프를 단순한 회수 장비가 아닌, 고품질의 스마트 자원순환 플랫폼으로 차별화시킨다.

Channel

오이스터에이블은 박람회 및 기업 협업을 통해 랄라루프를 직접 체험할 수 있는 접점을 확대하고 있으며, 사용자는 '오늘의 분리수거' 앱을 통해 무인 회수기를 손쉽게 이용할 수 있다. 앱 내에서 리워드를 즉시 확인하고 누적된 포인트를 업사이클링 제품 구매에 사용할 수 있도록 설계되어 있으며, 이러한 사용자 친화적 채널 구조는 서비스의 반복 사용을 유도하고 고객 충성도를 높이는 핵심 요소로 작용하고 있다. 실제로 앱 기반 리워드 시스템은 자원순환 행동의 실천을 촉진함으로써 지속가능한 소비 문화를 확산시키고 있다.

PART 5

결론 및 미래 전망

1 친환경 비즈니스 모델의 미래

탄소중립은 더 이상 하나의 선택지가 아니다. 탄소중립은 이미 기업의 생존과 경쟁력을 좌우하는 필수 요건이자, 산업 전반의 구조적 전환을 요구하는 핵심 동력으로 자리 잡았다. 앞으로의 비즈니스 환경에서는 단순한 친환경 이미지를 넘어서, 측정 가능하고 투명한 저탄소 구조를 설계하는 기업만이 시장의 신뢰를 획득하게 될 것이다.

특히, 디지털 기술의 발달과 함께 탄소배출의 측정, 보고, 검증(MRV: Monitoring, Reporting, Verification) 시스템이 고도화되고 있으며, 이 과정에서 데이터 기반 솔루션 기업들이 새로운 비즈니스 주체로 부상하고 있다. 예를 들어, 탄소 회계 SaaS 플랫폼, 제품 단위의 탄소발자국 자동 측정 툴, ESG 리포팅 API 등은 기업들이 Scope 1, 2, 3 배출량을 체계적으로 관리할 수 있도록 지원하며, 그 자체로 경쟁력 있는 비즈니스 모델로 발전하고 있다.

또한, 자원순환형 모델(Circular Economy), 공유경제 기반의 서비스 모델(Servitization), 지역사회와의 연계 모델(Local Co-Creation) 등은 저탄소 사회를 구성하는 핵심 아키텍처로 평가되고 있으며, 향후 정책적 인센티브 및 소비자 수요가 집중될 영역으로 예상된다. 미래의 친환경 비즈니스는 단지 기술 중심의 전환에 머물지 않고, 사회적 연대와 지속가능한 가치의 창출을 포함한 다차원적 전략으로 진화할 것이다.

2030년 이후의 시장은 탄소배출량이 아닌 탄소감축능력(Carbon Capability)을 경쟁력으로 평가하게 될 것이다. 이는 기존의 제품 혁신이나 가격 경쟁력을 넘어, '얼마나 적은 탄소로 같은 가치를 창출할 수 있는가'를 판단 기준으로 삼게 됨을 의미한다.

2 기업의 역할과 책임

탄소중립 실현은 더 이상 일부 산업이나 선진국 정부의 과제가 아니다. 전 세계적인 기후 위기 대응 흐름 속에서, 이제는 모든 기업이 자신의 규모와 산업 특성에 맞는 탄소 감축 전략을 설계하고 실행해야 할 시기에 직면하고 있다. 각 기업이 직면한 현실은 다르지만, 역할의 중요성과 영향력은 예외 없이 커지고 있다.

대기업: 글로벌 공급망의 조정자이자 구조 설계자

대기업은 단순히 자신들의 사업 영역에서 탄소를 줄이는 것을 넘어, 전 세계 공급망에 걸쳐 있는 협력사들에게까지 감축 기준을 설정하고 행동을 유도할 수 있는 위치에 있다. 특히 Scope 3 배출량—즉, 기업 활동 외부, 주로 공급망 전반에서 발생하는 탄소배출—이 전체 온실가스 배출의 70~80%에 달한다는 점에서, 이들의 조정자 역할은 기후 전략의 실질적 핵심이다.

예를 들어, 애플은 2030년까지 전체 공급망에서의 탄소중립을 달성하겠다고 선언하며, 협력업체들에게 100% 재생에너지 사용 전환을 명문화하였다. 애플은 이를 위해 단순 요구에 그치지 않고, 협력사에게 기술적 가이드라인 제공, 금융 지원, 재생에너지 구매 연계 플랫폼 제공 등의 다차원적 지원 프로그램을 병행하고 있다. 이와 같은 전략은 단기적 비용이 들더라도 장기적으로는 공급망의 지속가능성과 기업 전체의 ESG 성과 향상에 기여하고 있다.

네슬레는 농업·축산 기반 공급업체를 대상으로 '탄소 진단 프로그램(Carbon Footprint Diagnostics)'을 운영하고 있으며, 측정된 배출량을 기준으로 맞춤형 감축 로드맵을 설계하고 보조금 및 기술 지원을 차등 제공한다. 이와 같은 공급망 중심 접근은 단순한 계약 관계를 넘어, 지속가능한 협력 생태계를 구축하는 전략으로 진화하고 있다. 이러한 공급망 중심의 구조 혁신이 Scope 3 감축뿐 아니라, 원가 절감 · 리스크 관리 · 규제 대응력 강화 등 기업 전반의 성과에 긍정적인 효과를 미칠 것으로 예상되고 있다.

중소기업: 민첩성과 유연성을 활용한 틈새 전략 실현

중소기업은 대기업과는 달리 자본과 인력이 제한적이지만, 의사결정의 속도와 기술 수용 유연성 측면에서는 강점을 지닌다. 특히 탄소중립 전환의 초기 단계에서 중요한 것은 대규모 투자가 아니라, 자신의 사업 특성에 맞는 '실현 가능한 저탄소 전략'을 빠르게 도입하고 실행하는 것이다.

실제로 최근 많은 중소기업이 SaaS[5]기반의 탄소 회계 자동화 툴이나 간소화된 LCA시스템을 도입하여 자체적으로 배출량을 측정하고 있으며, 이를 바탕으로 ESG 보고서와 인증 획득에 나서고 있다. 이들은 ESG 보고가 점차 공급망 납품 조건으로 확대되면서, 시장 내 생존력 확보 차원에서 전략적 선택을 하고 있는 것이다.

그러나 이러한 전환이 모든 중소기업에게 가능한 것은 아니다. 따라서 공공부문과 정책 입안자들은 친환경 제품 인증 취득을 위한 비용 지원, 녹색금융 프로그램을 통한 장기 저리 대출 제공, ESG 가이드라인 컨설팅 및 디지털 도구 무상 보급 등의 정책적 레버리지 전략을 통해 전환을 지원해야 한다. 이와 같은 지원은 단기적 보조금이 아니라, 중소기업이 자생적인 친환경 전략을 수립하도록 돕는 투자이자 경제 전환 기반이 된다.

스타트업 및 기술기업: 탄소중립 혁신의 촉매자

기존 산업 구조의 한계를 돌파하고, 새로운 방식으로 문제를 해결하는 스타트업과 테크기업의 역할은 탄소중립 생태계의 '엔진'이라 할 수 있다. 이들은 대기업이 감당하기 어려운 민첩한 실험과 파괴적 기술을 통해 혁신의 선도자로 기능하

5 Software as a Service의 약자로 서비스형 소프트웨어를 의미함. 사용자가 인터넷을 통해 클라우드 기반의 소프트웨어에 접속하여 사용하는 모델.

고 있다. 이들의 성공은 단순한 비즈니스 모델의 차별성이 아니라, 기후문제를 해결하려는 명확한 목적과 기술·시장 전략이 결합되었기 때문이다.

3 실천을 위한 행동 가이드: 독자 유형별 전략

탄소중립은 정부와 기업의 몫이라는 생각은 이제 낡은 인식이다. 개인, 학교, 기관 등 모든 주체는 자신의 위치에서 실질적인 전환 행동을 실현할 수 있으며, 그것이 곧 거대한 변화의 시작점이 된다.

독자 유형	전략적 접근	구체적인 실행 방안
일반 시민·소비자	개인 탄소발자국 최소화, 책임 있는 소비 실천	채식/로컬푸드 소비, 중고 제품 활용, 탄소 라벨 제품 선택
기업 경영자·ESG 실무자	데이터 기반 ESG 시스템 구축	Scope 3 기준 탄소 회계 도입, 협력사 감축 가이드, 외부 인증 확보
정책 담당자·공공기관	제도 기반 녹색 생태계 구축	친환경 조달 기준 강화, 녹색 스타트업 보조금, 탄소세 기반 인센티브
대학 및 교육기관	지속가능한 인재 양성 및 커리큘럼 혁신	ESG 및 LCA 기반 과목 개설, 산업계 연계 수업, 캠퍼스 탄소중립 모델 실현

탄소중립은 단지 탄소 수치를 '제로'로 만드는 과정이 아니라, 산업 구조와 사회 시스템을 '지속가능성 중심'으로 다시 설계하는 대전환의 여정이다. 기술은 도구일 뿐이고, 자본은 수단일 뿐이다. 궁극적으로 탄소중립을 실현하는 주체는 '방향성을 가진 의지를 가진 사람과 조직'이다. 우리는 이제 지속가능성을 마케팅 슬로건이 아니라, 기업 생존의 언어로 말해야 한다. 이 글을 읽는 이 순간, 바로 지금이 변화가 시작되는 시간이다.

"변화는 기술의 문제가 아닌, 의지의 문제다"

참고문헌

1. Asif, M. S., Lau, H., Nakandala, D., & Hurriyet, H. (2023). Paving the way to net-zero: Identifying environmental sustainability factors for business model innovation through carbon disclosure project data. Frontiers in Sustainable Food Systems, 7, 1214490.
2. Bai, Y., Wang, Z., Huang, Q., & Ding, H. (2025). The impact of ESG performance on corporate value in listed sports companies: The mediating role of intangible assets and moderating role of policy environment. Sustainability, 17(6), 2523.
3. Evro, S., Oni, B. A., & Tomomewo, O. S. (2024). Global strategies for a low-carbon future: lessons from the US, China, and EU's pursuit of carbon neutrality. Journal of Cleaner Production, 142635.
4. Hakovirta, M. (2024). Technology Platforms-Carbon Neutral Technologies. In Carbon Neutrality: Follow the Money (pp. 65-104). Cham: Springer Nature Switzerland.
5. Khodykina, V. (2023). China's Green Transition: Between Sustainability Ambitions and Strategic Competition in the Global Climate Agenda. Università Ca' Foscari Venezia. https://unitesi.unive.it/handle/20.500.14247/24821
6. Küfeoğlu, S. (2024). Net Zero: Decarbonizing the Global Economies. Springer Nature.
7. Li, W., Xiao, X., Yang, X., & Li, L. (2023). How does digital transformation impact green supply chain development? An empirical analysis based on the TOE theoretical framework. Systems, 11(8), 416.
8. Liu, Y., Dong, L., & Fang, M. M. (2023). Advancing 'Net Zero Competition'in Asia-Pacific under a dynamic era: a comparative study on the carbon neutrality policy toolkit in Japan, Singapore and Hong Kong. Global Public Policy and Governance, 3(1), 12-40.
9. Ma, J. (2023). China's Carbon Neutrality Policies: Economic Impact on Corporations, Challenges, and Recommendations. Advances in Economics,

Management and Political Sciences, 52, 155-163.

10. Maurya, A. (2010). Why Lean Canvas vs Business Model Canvas? LinkedIn. https://www.linkedin.com/pulse/why-lean-canvas-vs-business-model-ash-maurya.
11. Mukherjee, S., Baral, M. M., Singh, R. K., Chittipaka, V., & Kamble, S. S. (2024). Achieving carbon neutrality for the improvement of the business performance: a systematic literature review and future research directions. International Journal of Productivity and Performance Management, 73(8), 2385-2413.
12. Osterwalder, A., & Pigneur, Y. (2010). Business model generation: a handbook for visionaries, game changers, and challengers. John Wiley & Sons.
13. Patil, A., Shardeo, V., Dwivedi, A., Moktadir, M. A., & Bag, S. (2024). Examining the interactions among smart supply chains and carbon reduction strategies: To attain carbon neutrality. Business Strategy and the Environment, 33(2), 1227-1246.
14. Puriwat, W., & Tripopsakul, S. (2023). Sustainability matters: Unravelling the power of ESG in fostering brand love and loyalty across generations and product involvements. Sustainability, 15(15), 11578.
15. Salin, A. S. A. P., Abd Wahab, R., Adam, A., & Abdullah, W. R. W. Leveraging Risk Management to Enhance ESG Performance.
16. Wang, H., Turpin, D. V., Wang, Y., He, Z., Lee, S. K. J., & Price, L. J. (2023). 2023 CEIBS ESG White Paper. CEIBS. https://repository.ceibs.edu/files/55266203/2023_ESG-en.pdf
17. Yang, D., & Vezzoli, C. (2024). Designing environmentally sustainable furniture products: Furniture-specific life cycle design guidelines and a toolkit to promote environmental performance. Sustainability, 16(7), 2628.
18. 곤도 데쓰로. 한 장으로 끝내는 비즈니스 모델 100: 끌리는 사업, 남다른 혁신, 지속 가능한 수익을 위한 모든 것. 김정환(역). 청림출판, 2019.
19. 래리 킬리, 라이언 피켈, 브라이언 퀸, 헬렌 월터스. 비즈니스 모델의 혁신: 성공 기업을 위한 10가지 혁신 전략. 유효상(역). 마로니에북스, 2015.

탄소중립시대의 비즈니스 모델링

초판발행 2025년 9월 30일

지은이 김형진 · 곽단비 · 장민주
펴낸이 안종만 · 안상준

편 집 소다인
기획/마케팅 김민규
표지디자인 BEN STORY
제 작 고철민 · 김원표

펴낸곳 (주) 박영사
서울특별시 금천구 가산디지털2로 53, 210호(가산동, 한라시그마밸리)
등록 1959. 3. 11. 제300-1959-1호(倫)
전 화 02)733-6771
f a x 02)736-4818
e-mail pys@pybook.co.kr
homepage www.pybook.co.kr
ISBN 979-11-303-2402-9 93320

정 가 27,000원